刘胜湘 等·著

美国国家安全危机预警体制机制及启示研究

时事出版社
北京

课题组主要成员

课题组第一负责人：刘胜湘
课题组主要成员：樊　冰　李明月　许　超
　　　　　　　　　姚　全　辛　田　朱宝林
　　　　　　　　　李虎平　刘明周　刘　骞

国家社科基金重点项目终期成果（17AGJ004）
上海外国语大学"双一流"建设项目资助
上海高校一类智库建设项目资助

目录
Contents

导　论 　(1)

第一章　美国法律法规与国家安全危机预警体制机制 　(18)
　第一节　美国宪法与国家安全危机预警体制机制 　(19)
　第二节　美国国家安全法与国家安全危机预警体制机制 　(24)
　第三节　美国国防法规与国家安全危机预警体制机制 　(31)
　第四节　美国应急法与国家安全危机预警体制机制 　(40)
　第五节　美国反恐法与国家安全危机预警体制机制 　(50)
　本章小结 　(59)

第二章　美国国家安全危机预警体制的结构 　(61)
　第一节　美国国家安全危机预警体制的结构设计 　(61)
　第二节　美国国家安全危机预警与情报机构、情报总监 　(70)
　第三节　美国国家安全危机预警与国家安全委员会、国家安全顾问 　(81)
　第四节　美国国家安全危机预警体制与总统 　(89)
　第五节　美国国家安全危机预警体制与国会 　(96)
　本章小结 　(104)

第三章　美国国家安全情报的传递机制 　(108)
　第一节　美国国家安全情报的总体传递机制 　(109)
　第二节　美国国家安全情报的分类传递机制 　(117)
　第三节　对美国国家安全情报传递机制的评估 　(128)

第四节　特朗普政府对美国国家安全情报体系的调整及其影响　（135）
本章小结　（143）

第四章　美国国家安全风险评估与预警机制　（144）
第一节　美国应急安全风险评估与预警机制　（144）
第二节　美国恐怖主义风险评估与预警机制　（158）
第三节　美国军事安全风险评估与预警机制　（174）
第四节　美国战略安全风险评估与预警机制　（184）
本章小结　（197）

第五章　美国国家安全危机预警流程　（199）
第一节　美国应急安全危机预警流程　（199）
第二节　美国反恐安全危机预警流程　（208）
第三节　美国军事安全危机预警流程　（217）
第四节　美国战略安全危机预警流程　（228）
本章小结　（238）

第六章　美国国家安全危机预警联动机制　（241）
第一节　美国国家安全危机预警纵向联动机制　（242）
第二节　美国国家安全危机预警横向联动机制　（251）
第三节　美国国家安全危机预警联动运作特征　（259）
本章小结　（270）

第七章　美国国家安全预警体制机制的演变、改革与发展　（272）
第一节　美国国家安全预警体制机制的演变　（272）
第二节　美国应急安全预警机制的改革与发展　（285）
第三节　美国反恐安全预警机制的改革与发展　（294）
第四节　美国军事安全预警机制的改革与发展　（301）
第五节　美国战略安全预警机制的改革与发展　（309）

第六节　美国国家安全预警整体联动机制的新发展　(317)

第八章　美国国家安全预警体制机制的特征　(323)
　　第一节　美国国家安全预警体制机制的总体特征　(323)
　　第二节　美国应急安全预警机制的特征　(334)
　　第三节　美国反恐安全预警机制的特征　(343)
　　第四节　美国军事安全预警机制的特征　(348)
　　第五节　美国战略安全预警机制的特征　(353)

第九章　美国国家安全预警机制评估　(359)
　　第一节　美国强大的情报系统　(359)
　　第二节　美国强大的国家安全预警联动机制　(369)
　　第三节　美国应急安全预警机制的效率与缺陷　(378)
　　第四节　美国反恐安全预警机制的成功与不足　(389)
　　第五节　美国强大的军事安全预警系统及情报政治化　(400)
　　第六节　美国强大的战略安全预警机制及其阻碍因素　(409)

参考文献　(420)

后　记　(451)

导 论

一、研究背景

国家安全是国家生存的前提和基本条件，也是国际关系中各国关注的重点与核心问题。人类进入近代以来，传统安全始终是国际关系的基本命题，战争与和平问题长期成为世界主题。冷战的结束终结了世界的战争与和平主题，人类进入以和平与发展为主题的新时代，传统安全与非传统安全相互交织成为人类面临的共同威胁。进入21世纪，"9·11"事件加大了非传统威胁对人类安全的影响。在"伊斯兰国"极端组织被基本清除前后，传统安全再次回归，重新成为大国政治的核心议题，传统安全与非传统安全交织进一步加深。美国作为世界的霸权国家，对非传统安全威胁，如对恐怖主义、全球气候变化、毒品交易、传染疾病、大规模杀伤性武器扩散等的情报搜集与评估，以及对传统安全"威胁"，如对中国、俄罗斯、朝鲜、伊朗等国家实力和意图的情报聚焦与评估，成为美国制定国家安全战略的基本情报来源。2017年1月，特朗普成为美国总统后，美国正是依据这些安全情报将大国竞争作为其国家安全战略的重点，并将中国、俄罗斯等视为美国的战略竞争对手，传统安全问题进一步凸显。2021年1月，拜登宣誓就职后，美国继续推进对中俄两国的战略遏制、围堵和防范，尤其是对俄罗斯地缘政治的持续挤压和不断加深的经济制裁，成为2022年2月24日俄乌冲突爆发的导火索和催化剂。"美国治下的和平"因美国四处"火上浇油"而变得越来越具有不确定性，美国日益成为世界动荡之源而不是稳定之器。作为当今世界的霸权国家，美国的一举一动都牵动着世界安全的神经，对世界的和平与稳定产生着重大影响。世界不同地区的冲突反复表明，世界既不安全，也不稳定，美国是地区冲突的主要制造者。

随着我国的迅猛发展和在世界上地位的快速提升，我国面临的国家安全问题也越来越严峻，因此也越来越重视国家安全问题，国家安全议题也被纳入国家法治轨道。2007年8月，全国人大常委会通过了《中华人民共和国突发事件应对法》，2015年7月，又通过《中华人民共和国国家安全法》。2013年11月，中共十八届三中全会决定成立中央国家安全委员会统筹协调重大国家安全工作。2014年4月15日，中央国家安全委员会第一次会议首次正式提出"总体国家安全观"，这一天也于2015年被全国人大常委会确定为"全民国家安全教育日"。2015年1月，中共中央政治局审议通过《国家安全战略纲要》，提出维护国家安全"必须坚持以总体国家安全观为指导，坚决维护国家核心和重大利益，以人民安全为宗旨，在发展和改革开放中促安全，走中国特色国家安全道路。要做好各领域国家安全工作，大力推进国家安全各种保障能力建设，把法治贯穿于维护国家安全的全过程"。"坚持集中统一、高效权威的国家安全工作领导体制。要加强国家安全意识教育，努力打造一支高素质的国家安全专业队伍。"

2016年12月，中共中央政治局审议通过《关于加强国家安全工作的意见》，提出必须坚持总体国家安全观，以人民安全为宗旨，统筹国内国际两个大局，统筹发展和安全两件大事，有效整合各方面力量，综合运用各种手段，维护各领域国家安全，构建国家安全体系，走中国特色国家安全道路；必须坚持集中统一、高效权威的国家安全领导体制；必须坚持国家安全一切为了人民，一切依靠人民；必须坚持社会主义法治原则；必须开展国家安全宣传教育，增强全社会国家安全意识。[①]

2017年1月，习近平主席强调，"要增强工作预见性，不断创新理念思路、体制机制、方法手段，全面提升防范应对各类风险挑战的水平，确保国家长治久安、人民安居乐业"。[②] 2017年2月，习近平主持召开国家安

[①] 《中共中央政治局召开会议 分析研究2017年经济工作》，新华网，2016年12月9日，http://xinhuanet.com/politics/2016-12/09/c_1120089875.htm。

[②] 《习近平：全面提升防范应对各类风险挑战的水平》，中国新闻网，2017年1月12日，http://www.chinanews.com/gn/2017/01-12/8122222.shtml。

全工作座谈会,再次强调要"健全国家安全工作体制机制""加强网络安全预警监测,确保大数据安全,实现全天候全方位感知和有效防护",指出"不论国际形势如何变幻,我们要保持战略定力、战略自信、战略耐心,坚持以全球思维谋篇布局,坚持统筹发展和安全,坚持底线思维,坚持原则性和策略性相统一,把维护国家安全的战略主动权牢牢掌握在自己手中"。[①] 2017 年 6 月,全国人大常委员会第二十八次会议通过了《中华人民共和国国家情报法》,以规范情报机构的行为活动。

2018 年 3 月,根据中共中央印发的《深化党和国家机构改革方案》要求,中央外事工作领导小组改为中央外事工作委员会,是中共中央政治局领导外事、国家安全工作的议事、协调机构。2018 年 4 月,中共十九届中央国家安全委员会第一次会议通过了《党委(党组)国家安全责任制规定》,明确了各级党委(党组)维护国家安全的主体责任。在这次会议上,习近平总书记提出,"要加强党对国家安全工作的集中统一领导,正确把握当前国家安全形势,全面贯彻落实总体国家安全观,努力开创新时代国家安全工作新局面",指出我国"初步构建了国家安全体系主体框架,形成了国家安全理论体系,完善了国家安全战略体系,建立了国家安全工作协调机制,解决了许多长期想解决而没有解决的难题,办成了许多过去想办而没有办成的大事,国家安全工作得到全面加强,牢牢掌握了维护国家安全的全局性主动",[②] 进一步明确国家安全战略方针和总体部署。

2021 年 11 月,中共中央政治局召开会议,审议《国家安全战略(2021—2025 年)》,会议指出,"新形势下维护国家安全,必须牢固树立总体国家安全观,加快构建新安全格局。必须坚持党的绝对领导,完善集中统一、高效权威的国家安全工作领导体制,实现政治安全、人民安全、国家利益至上相统一;坚持捍卫国家主权和领土完整,维护边疆、边境、周边安定有序;坚持安全发展,推动高质量发展和高水平安全动态平衡;

[①] 《习近平主持召开国家安全工作座谈会》,新华网,2017 年 2 月 17 日,http://www.xinhuanet.com/politics/2017-02/17/c_1120486809.htm。

[②] 《习近平:全面贯彻落实总体国家安全观 开创新时代国家安全工作新局面》,新华网,2018 年 4 月 17 日,http://www.xinhuanet.com/politics/leaders/2018-04/17/c_1122697734.htm。

坚持总体战，统筹传统安全和非传统安全；坚持走和平发展道路，促进自身安全和共同安全相协调"。① 至此，我国国家安全体系基本建成。由于起步较晚，我国国家安全体系和国家安全危机预警体系还有很多不够完善的地方，有必要借鉴外国建立国家安全危机预警体系的经验和教训。

美国是世界上最早建立国家安全体系的国家，其国家安全体系最复杂也最完善，效率较高，并会根据时局的变化不断进行改革。因此，研究美国国家安全预警体系对我国国家安全体制机制和国家安全预警体系建设具有很大的启示意义。由于美国试图长期维持和加强其霸权体系，其对世界各国、各地区，以及各类安全问题的监测、监控和评估非常细致、精密和迅捷，各种不同的安全情报源源不断地输往美国国家情报总监办公室，总统、副总统、国务卿、国防部长和即将上任的总统也乐于每天阅读《总统每日简报》，涉及美国和世界的重大安全议题会快速进入美国国家安全委员会，经过辩论后形成国家安全决策方案，以应对美国认定的安全威胁。其迅速、快捷的国家安全危机预警体制使美国能够快速应对不同的安全威胁，如美国在应对柏林危机、古巴导弹危机、朝鲜战争、越南战争、伊拉克战争，以及2022年2月俄乌冲突中，都能做出快速的反应，这得益于美国强大的情报能力、国家安全体制和预警机制。然而，美国存在对"9·11"事件、"卡特里娜"飓风、"桑迪"飓风等应对上的缺陷，"阿桑奇事件""斯诺登事件"等也说明美国国家安全体制和预警体制存在不少漏洞和问题。因此，研究美国国家安全危机预警机制对我国国家安全体制和预警机制建设有重要的意义。学界鲜有深入系统研究美国国家安全预警机制和安全预警联动机制的学术成果，笔者的研究可以弥补学界的不足。

二、研究综述

目前学界还没有关于美国国家安全危机预警体制机制问题的系统性研

---

① 《中共中央政治局召开会议　审议〈国家安全战略（2021—2025年）〉〈军队功勋荣誉表彰条例〉和〈国家科技咨询委员会2021年咨询报告〉中共中央总书记习近平主持会议》，新华网，2021年11月18日，http://www.news.cn/2021-11/18/c_1128077610.htm。

究成果，一些观点散见于学界的著作、研究项目、研究报告和论文。国外的研究开始于安全情报的探索，最早可以追索到美国情报之父——谢尔曼·肯特的《战略情报：为美国世界政策服务》一书。他在书中将战略情报分为三类：情报知识、情报组织和情报行动。情报作为一种知识包括描述情报、动态情报和预测研究情报。预测评估是战略情报最难的一部分，是战略情报的灵魂。肯特开创式的研究一直影响着美国安全危机预警体制机制问题的进展，安全情报与情报体制自此成为探寻美国安全危机预警体制机制研究的一条重要线索。①

1962年古巴导弹危机使美国安全危机预警研究进入项目推进时期，美国开始以项目形式推动安全危机预警问题研究，研究重点是国际危机事件预警。其中影响最大的是20世纪60年代初由麦克莱伦指导的"世界事件交互调查"项目和罗姆尔的"国家维度项目"，美国国防高级研究项目局最早研究出预警军事政治危机的早期预警和监视系统。② 随后美国又下达一批安全危机预警项目，包括阿扎尔的冲突与和平数据库和赫尔曼的国家事件比较研究，美国初步建立起来外部安全危机预警数据库系统。辛西娅·格拉博在1968年至1972年完成的《预警情报手册：国家安全威胁评估》中简单勾画了从杜鲁门到尼克松担任总统之间的美国预警情报简史。③ 1975年，布雷切和威尔肯菲尔德等开始的"国际危机行为"研究致力于从不同的危机变量探讨危机的发生和预防。亚伯拉罕·本在《预警、决策、行动：反应》一文中分析了危机管理的三个层次和步骤，并提出了预警、预防在危机管理中的重要作用。④

1979年卡特总统上台后更加重视应急事务管理，并成立联邦应急管理局，美国安全危机预警的研究得到进一步发展，研究的重点转入国内危机

---

① ［美］谢尔曼·肯特著，刘微、肖皓元译：《战略情报：为美国世界政策服务》，金城出版社2012年版。
② 许蔓舒：《国际危机预警》，时事出版社2008年版，第3页。
③ ［美］辛西娅·格拉博著，熊贵帆、宁洪波、姜磊译：《预警情报手册：国家安全威胁评估》，金城出版社2019年版，第17—22页。
④ Abraham Ben-Zvi, "Warning, Decision, and Action: A Response," International Studies Quarterly, Volume 21, Issue 3, September 1977, p. 553.

预警。1983年，联邦应急管理局和国家公共政策分析与管理学会认识到，需要将应急管理的学术和专业实践结合起来，他们就"在公共管理学者中培养应急管理学者"的看法达成一致，其目标是建立一个强大的灾害研究共同体。1985年斯科特负责的"堪萨斯事件数据系统"，以及1988年哈佛大学启动的"评估非暴力直接行动协议项目"等使美国的危机预警体系研究进一步扩展深化，美国初步形成安全危机预警理论。① 柯福特和沃格指出，美国联邦应急管理局官员还一直探索其在地震、飓风准备、核电站安全和恐怖主义方面的责任和角色。② 冷战结束以前，斯美德尔和杰金斯提出，美国已经建立起预测自然灾害的预警模型。③ 1988年，以色列学者卡姆在《突然袭击：被袭国的视角》一书中提出情报预警的主要功能在于争取时间，提出了"预警时间跨度"的概念。④

冷战结束以后，联合国、美国国务院和一些人道主义援助机构一起发起了人道主义危机预警倡议。罗皮辛何及柯罗达讨论了美国关于创造冲突和人道主义灾难预警模型的方法问题，戈尔则探索了美国国家预警演习的失败案例。此时美国已经建立起更多的安全危机预警数据库系统，启动了很多危机预警研究体系与项目，其中最重要的是1994年美国马里兰州大学的"全球事件系统"、1996年哈佛大学在"评估非暴力直接行动协议"项目的基础上成立的"虚拟研究联盟"和美国加州大学的"冲突预警系统"，以及加州大学于2002年建立的"社会冲突研究一体化网络"等。⑤ 斯美德尔和杰金斯认为，学术研究需要理解冲突和灾难的前瞻性方法的影响，以及开发新的建模和数据开发技术以克服迟到警告的问题，美国安全危机预

---

① 许蔓舒：《国际危机预警》，时事出版社2008年版，第5页。
② Louise K. Comfort, "Managing Disaster: Strategies and Policy Perspectives," Duke University Press, 1988; Richard T. Sylves, William L. Waugh, "Cities and Disaster: North American Studies in Disaster management, 2nd ed.," Charles C. Thomas Publisher, Ltd., 1990.
③ Susanne Schmeidl and J. Craig Jenkins, "The Early Warning of Humanitarian Disasters: Problems in Building an Early Warning System," International Migration Review, Vol. 32, 1998.
④ [以]伊弗雷姆·卡姆著，王静、朱里克译：《突然袭击：被袭国的视角》，金城出版社2018年版，第42页。
⑤ Abraham Ben-Zvi, "Warning, Decision, and Action: A Response," International Studies Quarterly, Volume 21, Issue 3, September 1977, p. 553.

警研究开始进入技术与数据时代。①

"9·11"事件暴露出美国国家安全预警体制机制的问题，尤其是情报体制和政策行动体制之间的协调与分离问题，一些学者呼吁美国进行包括安全预警体制机制在内的国家安全体制机制改革，情报体制再次受到学界关注，尤其是安全情报与安全体制的关系问题、安全危机预警问题，反恐情报预警成为美国学界研究重点。库明戈和马赛认为，美国国家安全危机预警的关键在于情报体制，包括联邦调查局和中央情报局等，联邦调查局必须提高自身收集、分析和传递情报的能力。② 2004年美国出台的"9·11"事件独立调查报告也指出了其情报机构与预警体制的缺陷，尤其是情报机构彼此之间，以及情报机构和决策机构之间缺乏沟通机制，这是美国国家安全预警出现障碍的主要原因。③ 贝斯特指出，美国2004年通过的《情报改革及预防恐怖主义法》试图确保情报机构之间更密切的协调，特别是在反击恐怖主义方面，并设立直接对总统负责的国家情报总监职位，国家情报总监取代了中央情报局局长的情报协调作用。2006年，美国白宫发表的调查报告《联邦政府对"卡特里娜"飓风的响应：经验与教训》对美国国家安全预警机制进行了反思，并提出了安全预警机制的改革计划。④ 2008年，美国国家安全改革项目集中体现了美国国家安全改革的思想和动机，其中包含了美国国家安全预警体制机制的改革，内容涉及国家安全委员会的角色、功能，国家安全事务助理的角色，国会的角色，情报体制，海外安全行动的一体化，跨机构合作等。⑤ 2009年，兰姆进一步提出了美国一体化

---

① Susanne Schmeidl and J. Craig Jenkins, "The Early Warning of Humanitarian Disasters: Problems in Building an Early Warning System," International Migration Review, Vol. 32, 1998.

② Alfred Cumming and Todd Masse, "FBI Intelligence Reform Since September 11, 2001: Issues and Options for Congress," August 4, 2004, https://irp.fas.org/crs/RL32336.pdf.

③ [美]"9·11"独立调查委员会著，赵秉志、王志祥、王文华译：《"9·11"委员会报告——美国遭受恐怖袭击国家委员会最终报告》，中国人民公安大学出版社2004年版，第418—430页。

④ "The Federal Response to Hurricane Katrina: Lessons Learned," http://georgewbush-whitehouse.archives.gov/reports/katrina-lessons-learned.pdf.

⑤ "Project on National Security Reform, Forging a New Shield," November 2008, https://apps.dtic.mil/sti/pdfs/ADA491826.pdf.

安全体制改革的基本思路，强调安全体制改革的重点是预防和反应。①
2010年，美国国会研究服务局提出了情报与预防体制改革对国家安全危机预警的重要性。2011年，冯稼时认为，情报分析在美国国家安全事务中具有很重要的作用，情报分析能提高情报的准确性，是做出正确安全决策的前提，可以大大减少国家安全的不确定性。②

目前外国学界的研究主要包括四个方面："历史与个案研究""军事视角研究""批评与改革研究"，以及"NSC学派"。

"历史与个案研究"。代表人物包括阿美林格尔、贝茨等，他们主要从美国情报史和历史案例分析美国情报预警与情报运行模式。阿美林格尔在《美国对外情报：美国历史的秘密》一书中通过分析情报的概念与含义，以美国历史为线索，探讨了情报在美国战争历史上所发挥的作用。他认为，美国在战争与外交中的胜利与失败跟美国的情报工作有关。③贝茨则在《突然袭击—防御计划的教训》一书中通过考察大量历史案例，探讨了突袭容易获得成功的原因，也提出了战略突袭存在的困难，并就如何应对突袭提出了建议。作者认为，不能将希望完全寄托于情报，应将全部精力集中于情报预警，不仅要考虑政治、外交、心理等因素，还要从战略的高度考虑袭击与预警、情报与决策、威慑与防御之间的关系。防止突袭，预警是必要条件，但不是充分条件，还要看决策者本身对情报预警有关安全危机的判断，决策者更愿意相信与自己判断一致的情报。情报预警与决策者之间会有障碍，而且很多时候会出现"狼来了综合征"。④哈斯迪德的《情报控制》一书集中对美国情报控制的历史与现状、成功与失败，以及影响情报控制的各种原因进行了深入分析，展望了美国情报控制的前景。书中托马斯的论文《情报与美国政治系统的关系》，重点论述了中央情报

---

① Christopher J. Lamb, "Pentagon Strategies," From "Challenges in U. S. National Security Policy," Edited by David Ochmanek, Michael Sulmeyer, Rand Corporation, 2014, http：//www. rand. org/content/dam/rand/pubs/corporate_pubs/CP700/CP765/RAND_CP765. pdf.

② [美]冯稼时著，陈枫译：《减少不确定性：情报分析与国家安全》，金城出版社2020年版。

③ Ameringer, "U. S. Foreign Intelligence：The Secret Side of American History," Lexington Books, 1990.

④ Richard Betts, "Surprise attack：Lessons for Defense Planning," Brookings Institution, 1982.

局与美国政治体制的关系，梳理了战后美国情报工作体制与情报控制模式的演变。①

"军事视角研究"。军事视角研究主要从军事角度研究美国情报体制和安全预警体制。约翰·古奇和阿莫斯·佩尔穆特在其编辑的《军事欺骗与战略突袭》一书中，通过总结历史上的战略欺骗，提出弱势一方具有更强的使用战略欺骗的动机。欺骗有误导敌人、钝化敌人、浪费敌人资源三种方式，但欺骗有可能造成自欺欺人。因此，区分战略预警中的"噪音"和"信号"的难度很大，需要在同一基础上对待"噪音"和"信号"。② 韩德尔在其主编的《情报与军事行动》一书中探讨了军事情报与安全危机预警的重要性，认为情报犹如放入敌方的魔镜，是解决军事危机不确定性的技术办法。书中强调了情报搜集和使用的困难，指出有效的情报可以导致军事行动的胜利，而缺乏军事情报的支持，或虚假的军事情报（敌方情报欺骗）会导致军事行动的失败。书中还强调了军事情报传递时间的重要性，认为"如果不能将情报及时传递到军事指挥官，即使是最精准的情报也是无用的"。③ 其他学者还有芬尼根、里维特等。芬尼根在《军事情报》一书中指出情报组织的结构是由国家安全威胁和军队结构决定的，技术因素也会对情报体制结构产生影响，并指出了冷战结束后美国军事情报体制的新变化。里维特在《情报与战略突袭》中，则指出了情报与战略突袭的关系，他认为，情报机构获取情报、传递情报、评估情报和决策者理解情报等环节，均有可能导致突然袭击的发生。④

"批评与改革研究"。每到一个历史上的关键时期，美国情报体制与安全体制就会成为学界批评的对象，于是就产生了一派支持情报与安全预警体制改革的学者。这些学者包括科迪维拉、古德森、奥多姆等。科迪维拉在《明晓治国方略：新世纪情报》一书中勾画出美国情报工作的基本框架，阐述了美国搜集情报、反情报、情报分析和秘密工作的情报工作机

---

① Hastedt Glenn P., (ed.), "Controlling Intelligence," Routledge, 1991.
② John Gooch and Amos Perlmutter, "Military Deception and Strategic Surprise," Frank Cass, 1982.
③ Michael I. Handel, "Intelligence and Military Operations," Frank Cass, 1990.
④ Ariel Levite, "Intelligence and Strategic Surprises," Columbia University Press, 1987.

制。作者认为，为了使情报为国家政策服务，情报工作必须在改革中求发展，改革是美国情报工作的必由之路。作者指出，美国情报机构缺乏效率，主要原因是美国情报成为美国国内政治的牺牲品，情报工作体制混乱，内部缺乏协调，即使在同一情报机构内部，也因利益冲突而缺乏合作，致使工作效率低下。① 古德森在《美国情报的十字路口——改革议程》一书也论述了情报与决策者的关系以及情报改革。② 奥多姆在《重建情报——为了一个更安全的美国》一书中则更为详细地指出了要改革美国安全预警体制，必须对情报的传递路径、情报的内容、情报的搜集方式等进行改革，他通过批判美国情报界存在的严重问题，提出需要从结构上对美国情报进行革新，从而改革预警体制。③

"NSC 学派"主要通过研究美国国家安全委员会探讨其国家安全体制和预防、预警体制。佩拉多斯在《安全的守护者》一书中分析了从杜鲁门到老布什时期美国国家安全委员会的演变过程，从中可在一定程度上窥探美国安全预警机制的变化，④ 布克在多处撰文分析总统安全事务助理在美国外交决策与安全决策中的地位，布克认为，总统安全事务助理由于其特殊地位，除了提供安全决策建议和协调各部门外，还在安全情报的分析和传递上发挥着重要作用，总统安全事务助理可以决定将什么情报，在什么时候向总统汇报。⑤ 达尔德尔和德斯特尔也撰文论述了总统安全事务助理和总统在国家安全委员会中的不同角色，认为总统安全事务助理在决策和

---

① Angelo Codevilla, "Informing Statecraft: Intelligence for a New Century," Free Press, 1992.
② Roy Godson, Ernest R. May, Gary Schmitt, eds., "US Intelligence at the Crossroads: Agendas for Reform," Brassey's, 1995.
③ William E. Odom, "Fixing intelligence: for a more secure America," Yale University Press, 2003.
④ John Prados, "Keepers of the Keys: A History of the National Security Council from Truman to Bush," William Morrow & Company, 1994.
⑤ John P. Burke, "Becoming president: the Bush Transition, 2000 - 2003," Kumarian Press, 2004; "Honest broker? : the National Security Advisor and Presidential Decision Making," Taxas A&M Press, 2009; "Lessons from Past Presidential Transitions: Organization, Management, and Decision Making," Presidential Studies Quarterly, Vol. 31, Issue 1, July 2008.

情报中发挥着关键作用。[1] 霍夫曼和尼尔德通过国家安全委员会监督机制来加强对决策和执行质量提案的考察,提出建议推进跨部门机构计划和国家安全专业性跨部门机构共同体。[2]

　　国内学界的研究还难以归纳成学派,大多是关于间谍、情报与情报体制问题的读物,深入研究者少见,但也有一些具有较大学术影响的研究学者。如长期研究情报问题的学者高金虎。他的《美国战略情报与决策体制研究》以及与刘宗和合作的《外国情报体制研究》均涉及到美国情报预警体制问题。《外国情报体制研究》一书中明确指出,情报机构是情报活动的组织者和实施者,情报体制的效率直接影响到情报工作的质量。要研究安全预警体制,离不开对情报体制和机构的研究。[3] 北京太平洋国际战略研究所编著的《应对危机:美国国家安全决策机制》也涉及到了美国国家安全决策体制中情报的作用。[4] 近年来开始涌现出不少研究美国国家安全体制、应急安全、战略安全等问题的学者。孙成昊、李枏等则通过评析奥巴马对美国国家安全委员会的调整,介绍和探索了美国国家情报总监或中央情报局局长向总统汇报有关国家安全的情报的情况。[5] 邱美荣从危机管理的角度分析了美国应急安全危机预防与反应机制。[6] 其他学者还有刘建华、刘强、张家年、马德辉、黄紫斐、黄爱武、徐思宁、许蔓舒、孙江、胡荟、董泽宇等,他们则分析了美国国家安全体制、情报法制管理、国家安全委员会、情报融合、应急安全预警、反恐预警与战略预

---

[1] Ivo H. Daalder and I. M. Destler, "In the Shadow of the Oval Office:From JFK to Bush Ⅱ"; "The Presidents´National Security Advisers," Foreign Affairs, Vol. 88, No. 1, January/February, 2009.

[2] F. G. Hoffman and Ryan Neuhard, "Avoiding Strategic Inertia:Enabling the National Security Council," Orbis, Spring 2016.

[3] 刘宗和、高金虎主编:《外国情报体制研究》,军事科学出版社2003年版。

[4] 北京太平洋国际战略研究所编著:《应对危机:美国国家安全决策机制》,时事出版社2001年版。

[5] 参见孙成昊:《美国国家安全委员会的模式变迁及相关思考》,《现代国际关系》2014年第1期;李枏:《美国国家安全委员会决策体制研究》,《美国研究》2018年第6期。

[6] 邱美荣:《后"9·11"时期美国的危机管理研究——以反恐为例》,《外交评论》2007年第6期。

警等问题。①

总体来看，国内外学界的研究成果丰硕，为本书的研究奠定了基础。然而学界研究的重点基本是美国情报体制和安全决策体制、美国国家安全体制，尤其重视国家安全委员会的研究，学者们主要研究美国对外部安全危机反应，少量涉及预警机制的研究重体制结构，而轻机制和运行流程，缺乏战略报告文献视角的解读成果，也没有运用政治学研究视角系统分析美国国家安全预警体制机制，更鲜有关于美国整体性的国家安全预警联动机制和国家安全预警分类体制机制方面的考察，这正是笔者研究和努力的方向。

三、基本研究框架

本书将运用政治学研究方法和文献解读法，以安全情报为切入视角，通过梳理美国国家安全战略报告、国家防务战略报告、国家情报战略报告和国土安全战略报告，以及一些经典案例等，研究美国国家安全预警体制机制，具体包括美国法律法规与国家安全预警体制机制，美国国家安全危机预警体制的结构，美国国家安全情报的传递机制，美国国家安全风险评估与预警机制，美国国家安全危机预警流程，美国国家安全危机预警联动机制，美国国家安全危机预警体制机制的特征，美国国家安全危机预警体制机制的演变、改革与发展，以及美国国家安全危机预警机制评估，主要目标是通过分析美国国家安全危机预警和国家安全危

---

① 参见徐思宁：《美俄（苏）国家安全体制比较》，中共党史出版社2011年版；胡荟：《美国国家情报法制管理研究》，时事出版社2017年版；黄爱武：《战后美国国家安全法律制度研究》，法律出版社2011年版；刘强：《战略预警视野下的战略情报工作：边缘理论与历史实践的解析》，时事出版社2014年版；张家年：《情报融合中心：美国情报共享实践及启示》，《图书情报工作》2015年第13期；马德辉、黄紫斐：《美国〈国家情报战略〉的演进与国家情报工作的新变化、新特点与新趋势》，《情报杂志》2015年第6期；董泽宇：《美国反恐预警体系建设的经验与教训》，《情报杂志》2016年第3期；单东：《美国国家战略情报体系解析》，《情报杂志》2016年第3期；孙江：《战后美国战略预警体系发展研究》，时事出版社2018年版；胡荟：《美国国家情报法治的基本方法和路径》，《情报杂志》2021年第3期；李恒：《美国反恐情报工作改革与新反恐措施检视》，《中国刑警学院学报》2021年第3期。

预警联动机制，进一步了解美国国家安全预警机制和安全体制的运行流程，为我国国家安全预警机制的建设、改革和完善提供借鉴。

基本研究框架设计如下：

导论

第一章 美国法律法规与国家安全危机预警体制机制。任何国家的安全体系都是由法律制度、组织机构和运作流程这三大部分构成的既分工负责又相互协作、有机结合的体系。安全危机预警体系作为国家安全体系的一部分，也有其相关的法律法规、组织机构和运作流程。美国国家安全危机预警体制的创立和发展是以法律法规为基础，其运行也是以法律法规为根本。本章将从美国宪法、国家安全法、国防法、应急法和反恐法等法律法规体系来分析美国国家安全危机预警的体制机构和机制运行。

第二章 美国国家安全危机预警体制的结构。国家安全危机预警体制的设计是否合理决定着国家安全预警能力的高低，安全危机预警体制的结构与政治体制的结构密切相关。本章将从政治学视角梳理和探索美国宪法、美国安全法关于美国安全危机预警体制结构的设计、美国安全危机预警与情报机构、美国国家安全委员会、国家安全事务助理、情报协调官、美国总统、美国国会等在美国安全危机预警体制中扮演的角色。

第三章 美国国家安全情报的传递机制。安全情报传递速度是安全危机预警和安全危机治理的生命线，决定着美国处理安全危机的效率，决定安全情报传递速度的是情报分析能力和情报传递的各个衔接环节。本章内容具体包括美国应急情报的传递机制、反恐情报的传递机制、军事情报的传递机制和战略情报的传递机制。

第四章 美国国家安全风险评估与预警机制。风险评估与预警的主要贡献在于它有助于确定优先事项。为避免安全风险升级为安全事件，其重要的手段是进行安全风险评估。"9·11"恐怖袭击使美国社会各界意识到国土安全工作十分重要，大国竞争与地缘政治让美国再次强调传统安全，美国政府为此制定和发布了大量关于国家安全的风险评估与预警报告，其风险类型可以划分为四大类：应急安全风险、恐怖主义风险、军事安全风险及战略安全风险。本章探析这四大类安全风险的识别、评估与预警机制。

第五章　美国国家安全危机预警流程。作为美国国家安全危机预警体制机制的重要内容，安全危机预警流程体现的是美国国家安全危机预警活动中的过程逻辑，直接关乎向特定对象发出预警信号的过程，主要包括安全局势监控、报警、拟制预案三个阶段。然而在这一流程之中，安全情报的不同类型又框定了美国国家安全危机预警活动的差别，具有结构性逻辑的特点，具体内容包括：应急安全预警、反恐安全预警、军事安全预警和战略安全预警流程四个层次。因此，美国国家安全危机预警流程应该可以被认为是：一种四层次三个阶段的"复合型"国家安全危机预警体系。

第六章　美国国家安全危机预警联动机制。安全危机预警联动机制既反映该国对安全危机的反应速度，也反映出该国应对危机的反应能力。从一国安全预警联动机制可以看出该国应对安全危机的协同能力。本章内容具体包括反恐预警机制与应急预警机制、反恐预警机制与军事预警机制、应急预警机制与军事预警机制、军事预警机制与战略预警机制，以及安全预警整体联动机制。

第七章　美国国家安全预警体制机制的演变、改革与发展。安全预警机制随着安全环境的变化而变化。改革与发展反映国家安全体制的生命力。本章将分析美国反恐预警机制的改革与发展、应急预警机制的改革与发展、军事预警机制的改革与发展，以及战略预警机制的改革与发展。

第八章　美国国家安全预警体制机制的特征。本章主要就美国国家安全预警体制机制的特征进行讨论。首先集中探讨美国国家安全预警体制机制的总体特征，即具有高度规范化和制度化、独立分散和整体协调并存、技术先进性和人才创新等特征。然后分别从不同的安全领域出发，依次介绍美国应急预警机制、反恐预警机制、军事预警机制和战略预警机制等四个机制的具体特征。美国国家安全预警体制机制的特征不仅反映出其改革发展的进程，还体现了美国国家安全理念和国际环境的变化。

第九章　美国国家安全预警机制评估。安全预警机制成败最终要看其关于安全危机的预警效果。本章内容包括美国安全情报工作的成效、美国安全预警联动机制的效率（情报与安全预警体制机制的对接和安全预警机制反应、安全预警机制与安全决策机制的对接等），以及美国安全预警机制与安全危机决策效果的关系，具体包括美国反恐预警机制、应急预警机制、军事预警机制和战略预警机制。

四、安全情报概念与分类

情报是安全预警的起点，一般涉及应急、反恐、军事和战略四大安全领域。作为支撑安全预警过程的基本依据，安全情报在美国安全预警机制中发挥着至关重要的作用。安全情报一般是指通过情报系统获得的涉及国家安全的相关信息。鉴于实际情报活动，本书将安全情报主要分为应急情报、反恐情报、军事情报和战略情报四类。鉴于美国安全情报的特殊性，笔者在分析美国国家安全预警体制机制的过程中，有时也从不同的角度进行分类分析，如持续存在的战略情报、正在发生的行动情报和即将出现的预测性情报，再如网络情报、反恐情报、反扩散情报和反情报等。

应急情报是指由应急管理机构或情报人员收集并处理因社会公共安全、自然灾害和事故灾难等突发性事件的暴发所产生的特定的信息资源。应急情报一般分为两类：基础历史类情报和应急管理类情报。前者主要涉及受灾地区的地理地质、水文气象、基础设施的基础数据和历史信息；后者主要涉及突发事件爆发后产生的各种数据信息，包括危险源信息、安全隐患信息、应急预案信息和应急法律法规信息等。[1] 反恐情报从本质上来说也是应急情报的一个种类，但由于以"国土安全"与"全球反恐"为核心的情报观念日益受到重视，此处将反恐情报作为安全情报中一个独立的门类加以论述。反恐情报是指通过人力、信号和公开来源等多种途径所搜集获取的用以预防和打击恐怖主义活动的情报成果。[2] 军事情报是指"为

---

[1] 宋丹、高峰：《美国自然灾害应急管理情报服务案例分析及其启示》，《图书情报工作》2012年第20期，第80页。

[2] ［美］洛文塔尔著，杜效坤译：《情报：从秘密到政策》，金城出版社2014年版，第369页。

赢得战争或军事斗争优势和胜利,于决策前对获取对手(或敌人)的一切有价值公开或秘密信息进行过滤、筛选、研判和加工后形成的一种知识产品"。① 战略情报有别于战术情报,战术情报往往关注的是"一城一池的得失",而战略情报更关注长期性的、全局性的未来结局。② 具体而言,战略情报是指适用于国家战略规划设计的各主要领域的情报资源,而以美国国家安全战略为基石的战略情报工作主要是围绕维系美国的全球领导地位、遏制现有或潜在的战略对手、维护美国的绝对安全和持久繁荣等而展开的。③

五、本书研究的基本思路、研究方法与学术观点

本书研究的基本思路:本书主要运用文献解读法和政治学研究法,以安全情报为切入视角,通过对美国的情报进行分类,将安全情报分离出来,然后根据美国声称的安全需要和国家安全体制对美国安全情报进行分类,即应急情报、反恐情报、军事情报和战略情报,进而探索四种不同安全情报的传递路径和安全预警流程,在此基础上分析美国国家安全预警联动机制、安全预警机制的发展与改革、安全预警机制的特征。最后分析美国安全预警机制对中国安全预警机制建设与改革的启示意义。本书研究的基本思路如图 0-1 所示。

本书具体的研究方法主要为文献解读法和政治学研究方法,贯穿本书研究的始终。文献解读法主要是通过解读美国国家安全战略报告、国家情报战略报告、国家防务战略报告和美国领导人讲话等,探索美国国家安全预警机制的运行流程、发展与改革、主要特征等问题。政治学研究方法将以美国政治制度和安全体制为背景,以美国国家安全危机预警机制为研究对象,通过解读美国宪法与安全法、政治体制和安全体制等,进一步探索美国国家安全预警机制。

---

① 刘强:《战略预警视野下的战略情报工作:边缘理论与历史实践的解析》,时事出版社 2014 年版,第 38 页。
② 高金虎:《美国战略情报与决策体制研究》,陕西师范大学出版社 2004 年版,第 24—31 页。
③ 刘胜湘等:《世界主要国家安全体制机制研究》,经济科学出版社 2018 年版,第 25 页。

导　　论

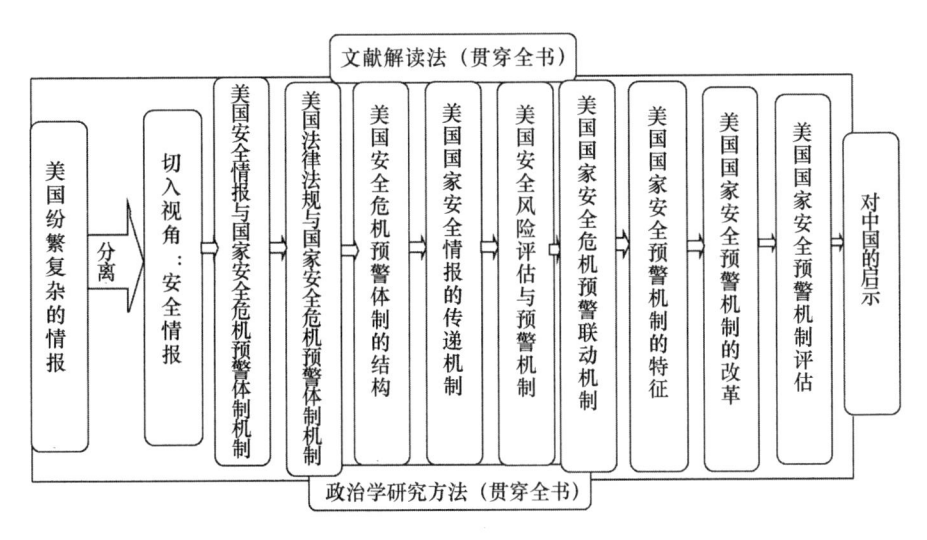

图 0−1　本书研究的基本思路图谱

主要创新。本书以美国政治制度和安全体制为背景，以美国国家安全危机预警机制为研究对象，以美国安全情报为切入视角，通过政治学方法解读美国国家安全战略报告、国家情报战略报告、国家防务战略报告和美国领导人讲话等，探索美国国家安全预警体制机制，在研究方法、研究视角和研究内容上是一种创新。

基本学术观点包括：（1）安全情报与安全危机预警不可分割。安全情报是美国安全预警机制的关键，是美国进行国家安全危机预警的前提和基础。（2）安全情报传递速度是安全危机预警和安全危机治理的生命线，决定着美国处理安全危机的效率。（3）美国有一个强大和全面的安全危机预警机制网络，包括应急安全危机预警、反恐安全危机预警、军事安全危机预警和战略安全危机预警及其相互交织的综合安全预警网络。（4）美国具有独具特点的安全预警联动机制。（5）美国有领先世界的安全预警机制，美国安全预警机制是很多国家模仿的对象。（6）美国安全预警机制随着时代和美国安全需求的变化而变化。（7）美国安全预警机制是美国政治体制和安全体制在安全预警领域的反映。（8）美国安全预警机制对中国安全预警机制的建设与改革具有重要的借鉴意义。

第一章
美国法律法规与国家安全危机预警体制机制

安全危机预警是美国应对安全危机的关键一环,也是美国国家安全体系的重要组成部分。任何国家的安全体系都是由法律制度、组织机构和运作流程这三大部分构成的既分工负责又相互协作、有机结合的体系,只不过各自表述、机构设置以及权力分配等具体情况不同而已。[①] 安全危机预警体系作为国家安全体系的一部分,也有其相关的法律法规、组织机构和运作流程。当今各国国家安全体制机制设立的依据一般都是本国的宪法和相关法律法规。第二次世界大战后,美国颁布了一系列相关法律和法规,对安全危机预警机制进行构建、规范和调整。从历史的角度看,美国国家安全危机预警机制的创立和发展是以法律法规为基础;从整体上看,美国国家安全危机预警的法规体系主要分为四类:

(1) 美国宪法。宪法的法律效力最大,法律地位最高,统管全部法律法规。美国宪法第六条关于宪法最高性的规定是其最大的亮点和特色。其中第二款规定,"本宪法及依本宪法制定之合众国法律以及以合众国权力所缔结或将缔结之一切条约,均为国家之最高法;即使其条文与任何一州之宪法或法律抵触,各州法官仍应遵守"。[②]

(2) 国会颁布的法律。如《1947年国家安全法》《情报改革及预防恐怖主义法》等,法律效力和地位仅次于宪法,这些法律主要是用来确认国家权力机关、政府首脑以及军事统帅在危机预警领域的权力,规定相关机

---

① 徐思宁:《世界主要国家安全体制效能比较》,《国防大学学报(战略问题研究)》2006年第6期,第20页。
② 朱曾汶译:《美国宪法及其修正案》,商务印书馆2014年版,第13页。

构的职能、地位和作用,确定危机预警的方向和目标等,并从宏观上对国家安全危机预警的行动准则加以规范。

(3)总统行政命令。由于美国国会立法程序复杂、时间较长,最后出台的法律往往是多方利益集团博弈、妥协、折中的产物,有时难以应对和解决安全预警工作中遇到的突发、难点问题,此时美国总统便以发布行政命令的方式,适时地对危机预警进行协调和规范。[①]

(4)国家安全委员、国家情报总监、国防部长等部门首脑发布的相关指令,虽然效力不如前三类,但对美国国家安全危机预警也具有重要的指导作用和规范意义。

国家安全情报是国家安全决策者最重要的信息来源和预警工具。从安全的角度看,美国的情报主要包括战略情报、军事情报、应急情报和反恐情报。[②] 相应地,美国国家安全危机预警也可以细分为战略安全危机预警、军事安全危机预警、应急安全危机预警和反恐安全危机预警。这些不同类型的安全情报为美国国家安全危机预警机制的高效运作提供了强有力的支持。本章将从美国宪法、国家安全法、国防法、应急法和反恐法等法律法规体系来分析美国国家安全危机预警的体制机构和机制运行。

第一节 美国宪法与国家安全危机预警体制机制

安全危机预警的体制构建和机制运行离不开顶层立法的设计。当今世界上绝大多数国家都有自己的宪法,这些宪法通常也都规定了本国的国家制度和社会制度的基本原则、公民的基本权利和义务,以及国家机关组织和活动的原则等内容。[③] 于 1787 年 9 月 17 日由制宪会议通过,1788 年 6 月 21 日经 9 个州批准而生效的《美利坚合众国宪法》,是人类历史上首部

---

① 黄爱武:《战后美国国家安全法律制度研究》,法律出版社 2011 年版,第 62 页。
② 刘胜湘、许超:《德国情报与安全预警机制探析》,《德国研究》2017 年第 1 期,第 5 页。
③ 魏定仁:《宪法学》,北京大学出版社 1994 年版,第 13 页。

成文宪法，也是历史最悠久的宪法，经历200多年，今天依然是美国的根本法。[1] 宪法在美国的法律体系中位于顶层，拥有最高的法律效力。

虽然宪法法律效力最高，但其法条较为宏观和笼统，并没有直接规范美国危机预警的条文。然而，美国宪法中的不少条款还是成为美国国家安全危机预警体制构建和机制运行的重要法律依据。如《美利坚合众国宪法》开篇的序言中就提出了美国人创立宪法的原因。虽然没有直接提及情报和国家安全危机预警等字眼，但无论是"保障国内的安宁"，还是"增进全民福利和确保我们自己及我们后代能安享自由带来的幸福"，都离不开一支强大的情报力量和完善的安全危机预警体制机制。[2]

一、宪政制度是美国国家安全危机预警的根本制度

作为美国整个法律制度的一部分，美国危机预警的法律法规都是根据美国的基本法——宪法制定的，开篇都会写明制定该法的授权依据源于宪法授权成立的参众两院，以行政命令为代表的各类总统法令的授权依据也源于宪法。这些法律法规的内容都与宪法的规定一致，其条款内容也体现了宪法精神。[3] 美国宪法确立了诸如法治政府、权力制衡、联邦制、多党制和总统制等原则。这些原则体现出美国宪政制度的特征，对美国国家安全相关的立法产生了重大影响。美国宪法所确立的各种原则中，与安全危机预警立法关系最直接的莫过于分权制衡原则。

美国宪法用大量的篇幅（第1条至第4条）规定了国家权力的基本运作机理，体现了国家体制上的分权制衡理念。这种分权制衡包括横向和纵向两个层面。其中，横向的分权制衡包括立法、行政和司法的三权分立，国会参众两院的分权，以及政府与军队的分权。与宪政的分权制衡原则相联系，美国国家安全危机预警体制就是由国家安全委员会作为协调机构所

---

[1] 李道揆：《美国政府和美国政治》（上），商务印书馆1999年版，第6页。
[2] Office of General Counsel, "Intelligence Community Legal Reference Book," Office of the Director of National Intelligence, Government Printing Office, Winter 2012, p. 1.
[3] 黄爱武：《战后美国国家安全法律制度研究》，法律出版社2011年版，第75页。

联系的无数个安全情报机构组成的复杂系统。机构之间互不隶属，也不存在上下级关系。虽然通过立法为不同的安全情报机构规定了各自明确的职责任务，同时也存在很多交叉领域，但实践中各自还是在法定权限内运作自如。① 由于政府与军队的分权，美国军事安全危机预警体制机制与应急、反恐安全危机预警体制机制也存在着相对明晰的分界。

纵向的分权制衡主要是指联邦与各州之间的分权，实际上就是美国宪法所确立的联邦制。宪法第4条及其他条文简要规定了联邦与各州以及各州之间的法律关系：联邦和州各有其立法、行政、司法体系，州的官员由各州自行选举产生，联邦政府无权任命州长或州级官员；州的立法虽须符合宪法，但宪法保证州的领土与主权不受侵犯。② 依据美国宪法所做的权力分配，外交、国防、货币和哥伦比亚特区立法的权力属于联邦政府的专有权力。国家安全事务的立法权力属于联邦权力范畴。美国通过国家安全立法组建起来的国家安全机构，以及这些机构所进行的维护国家安全的各种活动，均与各州政府无关。③

美国权力制衡的政治体制及联邦形式决定了其危机预警的"非集中化"特征。非集中化的预警架构可保证执政党各权力机构甚至是反对党派，都能积极地参与到危机预警的实际工作中。不足之处在于，它不能保证行动组织的高度统一，有时甚至会延误做出决定时机。④

二、宪法赋予总统危机预警最高领导人地位

从美国宪法的相关条款来看，美国总统是国家安全的最高决策者，也是军方最高统帅，因此，美国总统在国家安全危机预警体制中也处于最高领导人位置。

---

① 李竹：《国家安全立法研究》，北京大学出版社2006年版，第72页。
② 刘小冰：《美国宪法的综合分析》，载朱曾汶译：《美国宪法及其修正案》，商务印书馆2014年版，第29页。
③ 李竹：《国家安全立法研究》，北京大学出版社2006年版，第68—69页。
④ 樊明明、肖欢、陶祥军：《美俄反恐预警机制的比较及启示》，《情报杂志》2014年第12期，第7页。

美国宪法第 2 条第 1 款规定："行政权力赋予美利坚合众国总统。"①这是总统行使行政权、担任国家安全危机预警最高领导人的根本依据。总统因此可以依据宪法所赋予的权力发布各类总统令、行政命令、总统决策和研究指令等对国家安全危机预警实施规划和指导。② 尽管这些指令都仅仅是某一届政府的产物，然而只要不被取消或被下一届政府的新指令所代替，这些指令都会一直具有效力。该条第 2 款还规定："总统为合众国陆海军总司令……其有权提名，并经参议院同意后任命大使、公使及领事、最高法院的法官，以及一切其他在本宪法中未经明定，但以后将依法设立的合众国官员。"③

综上所述，根据美国宪法的规定，总统与国家安全危机预警直接相关的行政权力主要体现在：第一，总统无须国会批准就有权颁布行政命令和指令，调整美国国家安全情报和安全危机预警的组织架构和运行程序，它们对相关行政机构具有法律效力；第二，总统负责各部首脑的提名和任命，包括在美国安全危机预警体制中影响较大的国家情报总监、中央情报局局长、国防部长、国务卿等；第三，在战争或者其他紧急状态下，国会可以授权总统更多的相关权力。可见，虽然美国宪法中并未具体涉及美国国家安全危机预警体制构建的内容，但其对总统权力的相关规定决定了美国总统是危机预警的最高领导人。

---

① Office of General Counsel, "Intelligence Community Legal Reference Book," Office of the Director of National Intelligence, Government Printing Office, Winter 2012, p. 7.

② 不同总统任期内，这些指令有不同的表述。如里根总统任期，这些指令被称为国家安全决策指令（National Security Decision Directives, NSDDs）和国家安全研究指令（National Security Study Directives, NSSDs）；在老布什政府时期，这些指令被称为国家安全指令（National Security Directives, NSDs）和国家安全评审（National Security Reviews, NSRs）；小布什政府时期统称为国家安全总统指令（National Security Presidential Directives, NSPDs）；奥巴马总统上任后，又恢复了总统政策和研究两项指令。参见［美］杰弗瑞·理查尔森著，石莉译：《美国情报界》，金城出版社 2018 年版，第 589—590 页。

③ Office of General Counsel, "Intelligence Community Legal Reference Book," Office of the Director of National Intelligence, Government Printing Office, Winter 2012, p. 7.

三、宪法赋予国会和联邦最高法院监督方角色

制定宪法时，美国的建国先驱们为了对政府的权力加以限制，创设了立法部门和司法部门。换句话说，国会和联邦最高法院本身就是为了防止行政部门过于强大而设立的监督和制衡机构。①

美国宪法第1条第1款规定："本宪法规定的全部立法权归于参众两院组成的国会。"② 第1条第8款规定：国会"应制定必要和适当的法律以令行政机构履行上述权力及本宪法所赋予政府各部门的其他法定权力。"③ 这两条条款令国会有权依法制定国家安全危机预警的法律，同时也规定了相关机构必须以国会立法为基础行使各类法定权力。如美国国会颁布了《1947年国家安全法》，以该法为基础，美国创设了国家情报和安全危机预警的最高行政管理机构、主要负责人及下属机关。根据美国宪法的规定，美国国会还能通过制定相关法律设立行政机构，或者通过机构改组法律授权总统合并旧的行政机构，设立新的行政机构。④ 美国国家危机预警体制中的组织机构大多是依照国会通过的相关法律而成立。如中央情报局是依照国会通过的《1947年国家安全法》创立，国家情报总监和国家情报总监办公室是依照国会2004年通过的《情报改革及预防恐怖主义法》设立的。

美国宪法第2条第3款规定："总统应随时向国会提出国情咨文，并将其认为必要而妥善之措施提请国会审议；总统于非常情况下得召集国会两院或任何一院举行会议……"⑤ 这一条款虽然直接规定的是总统的职能使命，但也间接赋予了国会听取和审议总统报告的权力。也就是说，国会不仅可以通过制定相关法律，规范美国国家安全危机预警体制构建，还可

---

① 胡荟：《美国国家情报法制管理研究》，时事出版社2017年版，第74—75页。
② Office of General Counsel, "Intelligence Community Legal Reference Book," Office of the Director of National Intelligence, Government Printing Office, Winter 2012, p. 1.
③ Office of General Counsel, "Intelligence Community Legal Reference Book," Office of the Director of National Intelligence, Government Printing Office, Winter 2012, p. 6.
④ 王名扬：《美国行政法》（上），中国法制出版社2005年版，第167页。
⑤ 朱曾汶译：《美国宪法及其修正案》，商务印书馆2014年版，第10页。

以通过各种方式监督国家安全危机预警机制运行。

联邦法院也是国家安全危机预警体制机制的重要监督方之一。美国宪法第 3 条第 1 款规定,"合众国之司法权属于最高法院及国会随时规定设置之低级法院"。[1] 联邦法院可以通过宪法所赋予的司法权对国家安全危机预警体制机制进行监督。美国宪法第 3 条第 2 款规定,司法权所及范围包括"一切基于本宪法、合众国法律以及根据合众国权力所缔结或缔结之条约所发生之普通法和衡平法案件"。[2] 作为司法部门代表的联邦最高法院也在美国国家安全危机预警中占有一席之地。通过违宪审查权,它可以废除国会通过的有关安全危机预警的法律和总统发布的各类法令。还可以通过司法判例形成有法律效力的判例法约束各个部门的相关活动。[3]

美国宪法作为最高法,虽然没有条款直接涉及美国安全危机预警的体制构建和机制运行,但确立的宪政制度是美国安全危机预警的根本制度。同时,宪法还赋予美国总统在国家安全危机预警中最高领导人的地位,赋予国会和联邦法院重要的监督方角色。其中,国会可行使立法权开展监督、行使预算和人事批准开展监督、通过调查开展监督,联邦法院则可通过司法审查和司法判例对国家安全危机预警体制机制展开监督。

第二节 美国国家安全法与国家安全危机预警体制机制

以专门立法的方式维护国家安全是世界各国的通行做法,国家安全立法是国家安全的基本保障。由于较强的民主观念以及注重保护个人权利的法律传统,美国成为世界上最早进行专门的国家安全立法的国家。《1947年国家安全法》是一部确立美国国家安全机构的组织体制和规范各机构职权范围的法律,奠定了美国国家安全危机预警体制机制的法律基础。

---

[1] 朱曾汶译:《美国宪法及其修正案》,商务印书馆 2014 年版,第 10 页。
[2] 朱曾汶译:《美国宪法及其修正案》,商务印书馆 2014 年版,第 10 页。
[3] 胡荟:《美国国家情报法制管理研究》,时事出版社 2017 年版,第 37 页。

一、战略安全威胁与《1947 年国家安全法》

二战结束后，美国虽然进入和平时期，但国家安全问题反而更加突出了——"珍珠港"事件的阴影、新的世界大战的威胁、苏联集团的步步紧逼以及亚洲、非洲和南美的动荡，这些战略安全威胁使美国认识到，情报工作在和平时期和战时一样重要，情报工作需要更有效的组织、更好的协调。①

随着政治、经济、军事力量的不断增长，美国的国家安全目标也完成了从地区性目标向世界帝国目标的历史性转换。② 但这种战略安全目标的实现却受到了苏联和冷战局势的巨大阻碍。1947 年 3 月 12 日，杜鲁门主义的出台标志着冷战的开始。当时的美国和苏联同为世界上的"超级大国"，为了争夺世界霸权，两国及其盟国在政治、经济、军事等多个方面展开了斗争。冷战序幕的拉开，迫使美国不得不构建新的国家安全体制。1949 年 8 月，苏联成功试爆了首枚原子弹，打破了美国的核垄断，成为世界上第二个拥有核武器的国家。此后，美苏为了争夺核优势，展开了激烈的争夺与较量。早期，美国的战略安全预警主要是为了防范苏联的战略核武器。苏联所拥有的庞大核武库可能随时会使美国遭受灭顶之灾，构建战略安全预警体制机制也就成为美国维护国家安全的战略性任务。③ 基于这一背景，美国制定了一系列加强国家战略安全危机预警的法律、法规，对国家安全情报组织体系、运作流程和情报产品应用影响最为深远的莫过于《1947 年国家安全法》。

1947 年 2 月，杜鲁门总统正式向国会提出《国家安全法》，请求成立国家安全委员会，设立中央情报局，在国家安全委员会的指导下行使与国

---

① Stephen Dycus, Arthur L. Berney, William C. Banks, Peter Raven – Hansen, "National Security Law, Fourth Edition," Aspen Publishers, Inc., 2007, p. 347.
② 北京太平洋国际战略研究所编著：《应对危机：美国国家安全决策机制》，时事出版社 2001 年版，第 13 页。
③ 刘胜湘、邹超：《美国情报与安全预警机制论析》，《国际关系研究》，2017 年第 6 期，第 100 页。

家安全有关的情报职能。1947年7月，杜鲁门总统签署了参众两院通过的议案，美国《国家安全法》正式诞生。该法是美国关于国家安全的基本法，是美国国家安全的"一个全面的纲领性"文件，全文共分为11章，内容主要涉及国家安全的情报、军事与国家安全资源三个大的方面。这部法律是美国现代国家安全机构产生的基础，其对二战后的美国军事组织和情报机构进行了重新洗牌和调整，由此奠定了美国国家安全体制的法律基础[1]，也是美国国家安全情报与危机预警的基础宪章。

《1947年国家安全法》奠定了美国国家安全组织体系的基本框架，历经70多年，其间随着国内外环境的变化经历了大大小小数十次修正。1949年8月，国会就通过了《国家安全法（修正案）》。1949年，国会又对该法进行了修改，但这次修改的变动不大，主要是对国家安全委员会的法定组成人员进行了一些调整。之后又分别于1982年、1984年、1992年、1994年、1996年、2002年和2004年做过较大幅度的修改和补充。[2] 总体上看，历次修正主要以增设法条为主，或对不适用的法条进行修改和完善，完全废止法条的情况较为罕见。《1947年国家安全法》开篇就明确"为协调国家军事机构与涉及国家安全的政府部门和机构之间的活动，促进国家安全，特制定本法"。[3] 该法的颁布，为创建国家安全体制和安全危机预警体制机制、确立国家安全体制和安全危机预警机制职能、确保和监督国家安全机构在法制的规范下展开工作奠定了基础。

二、对国家安全危机预警体制建构的规定

美国《1947年国家安全法》的第2条"政策宣言"部分指出："国会

---

[1] Sam C. Sarkersian, John Mead Flanagin, Richard E. Friedman, "U. S. Domestic and National Security Agendas: Into the Twenty – First Century," Greenwood Press, 1994, p. 260.

[2] Office of Director of National Intelligence, Office of General Counsel, "Intelligence Community Legal Reference Book," 2007, p. 10. https://www.odni.gov/files/documents/Newsroom/Reports%20and%20Pubs/IC_Legal_Reference_Book_2007.pdf.

[3] "National Security of Act 1947," https://www.dni.gov/index.php/ic – legal – reference – book/national – security – act – of – 1947.

制定本法的目的是为美国未来的安全提供一个全面的纲领性文件；确定与国家安全有关的政策和手段的统一体制以及各部、局、政府的职能。"① 根据该法，美国成立了国家安全委员会、中央情报局、国家安全资源局和国防部，其他各军种情报机构由国防部统一领导，中央情报局和国家安全委员会的职能也得以确定。《1947年国家安全法》在美国战略情报体制的建设中具有里程碑意义，它的颁布标志着美国战略情报体制的建设得到了法律保障。

（一）确立美国国家安全危机预警体制的决策机构

美国《1947年国家安全法》第一章第101条规定："特此设立国家安全委员会，就与国家安全相关的对内、对外和军事政策整合问题向总统提出建议，以确保军事机构与政府其他部门和机构在涉及国家安全事务方面进行更为有效的活动。"② 国家安全委员会是一个集决策、协调和咨询等多功能于一身的机构，其人员组成包括总统、副总统、国务卿、国防部长、共同安全主任、国家安全资源委员会主席，由参议院建议并经其批准，总统可指定下列人员参加：各行政部门和军事部门的部长或副部长、装备委员会主席、研究与发展委员会主席。1981年里根总统颁布的第12333号行政命令（《美国的情报任务》）对国家安全委员会做出进一步规定：国家安全委员会是对一切国外情报、反间谍任务和特殊任务，以及与之有关的政策和计划的贯彻落实的事宜，负责审查、指导和发布指示的最高行政机构。③ 这些规定确立了美国总统直接领导下的国家安全委员会决策机制。

国家安全委员会是国家战略安全预警的最高决策平台，虽然不负责日常的安全危机预警，但为战略安全危机的监控和应对提供宏观指导，并负

---

① "National Security of Act 1947," https://www.dni.gov/index.php/ic-legal-reference-book/national-security-act-of-1947.

② "National Security of Act 1947," https://www.dni.gov/index.php/ic-legal-reference-book/national-security-act-of-1947.

③ Ronald Reagan, "Executive Order 12333—United States Intelligence Activities," US Federal Register, Sep. 4, 1981, https://dpcld.defense.gov/Portals/49/Documents/Civil/eo-12333-2008.pdf.

责发布指令，指导情报活动的实施。《1947 年国家安全法》还在国家安全委员会内部设立了对外情报委员会和跨国威胁委员会。其中，对外情报委员会由中央情报主任（中央情报局局长兼任）、国务卿、国防部长等组成，总统国家安全事务助理任对外情报委员会主席。其主要职能是对维护由总统制定的美国国家安全利益所需要的情报进行鉴别，并依此确立与实施美国情报活动相关的政策，包括情报界各部门的职责和使命以及情报搜集活动的目标。[①] 跨国威胁委员会组成人员包括国家情报总监、国务卿、国防部长、司法部长，总统国家安全事务助理任跨国委员会主席。其主要职责是鉴别跨国威胁，制定战略，协调并指导美国政府在防范跨国威胁方面的活动。[②]

（二）设立国家情报主要负责人和下属机关

《1947 年国家安全法》在国家安全危机预警体制构建方面的贡献还在于设立了战略危机监控的负责人和指挥协调机构——中央情报主任和中央情报局。

该法第 102 条第 1 款明确提出设立中央情报主任一职，代表总统管理和协调整个美国情报界的情报活动。[③] 中央情报主任及其领导下的国家情报委员会是总统和国家安全委员会的情报顾问，负责协调政府的情报活动，由总统直接任命。中央情报主任由中央情报局局长兼任，负责协调军队和其他政府机构的各项情报活动。在不同总统任期内，中央情报主任发挥的作用也不尽相同，这部分取决于其个性的不同，但总的来看，中央情报主任仍是国家安全领域的重要顾问。[④] 直至 2004 年《情报改革及预防恐怖主义法》中，取消中央情报主任一职，设立国家情报总监，并不再由中

---

① "National Security of Act 1947," https：//www.dni.gov/index.php/ic – legal – reference – book/national – security – act – of – 1947.

② "National Security of Act 1947," https：//www.dni.gov/index.php/ic – legal – reference – book/national – security – act – of – 1947.

③ Dennis Merrill, "Documentary History of the Truman Presidency," Maryland：University Publication of America, 1998, p. 185.

④ ［美］哈维·M. 萨波尔斯基、尤金·戈尔兹、凯特琳·塔尔梅奇著，任海燕等译：《美国安全政策溯源》，国防工业出版社 2016 年版，第 280 页。

央情报局局长兼任。

《1947年国家安全法》第104条规定，中央情报组改设为中央情报局，受国家安全委员会指导，作为美国政府搜集和分析公开与秘密情报的主要机构。其主要职能包括：协调政府的对外情报活动；通过各种方式搜集外国的情报信息，及时评估并解释信息；将国家情报分发给总统和相应的政府部门与机构；保护搜集情报过程中所使用的资源和方法；制定全面的国家安全政策，推动安全政策的实施，以保护涉密信息；执行其他相关的情报职能等。① 为了明确中央情报局的职能，1949年美国又颁布了《中央情报局法》，对中央情报局的职责及其行使必需的保障和特权做了专门规定。中央情报局下属机构——情报处是中央情报局的情报分析机构，负责对美国面临的国家安全威胁和外交政策问题进行及时、准确和客观的情报分析，并提出国家安全预警建议。

三、对国家安全危机预警机制运行的规定

美国《1947年国家安全法》对战略预警机制运行的规定主要体现在两个方面：一是国家安全委员会内设的对外情报委员会和跨国威胁委员会根据战略情报对战略安全危机进行监控，并汇报给国家安全委员会进行决策；二是国家情报委员会和战略预警委员会产生的情报产品进行战略安全危机报警。

根据《1947年国家安全法》的规定，对外情报委员会在履行职能时，其首先应该对美国国家安全利益进行年度审查；其次对与国家安全利益相关的情报进行年度鉴定，并在鉴定之后为情报的搜集和研判工作列出优先顺序；再次对情报界各部门进行年度审查，以确定其是否按照规定成功地进行情报搜集、研判和分发；最后向国家安全委员会提交综合报告，汇报

---

① ［美］伯特·查普曼著，徐雪峰、叶红婷译：《国家安全与情报政策研究：美国安全体系的起源、思维和架构》，金城出版社2017年版，第264页。

活动情况，国家安全委员会据此做出决策。① 跨国威胁委员会的职责是协调并指导美国政府防范所有威胁美国国家安全的跨国活动，包括国际恐怖主义活动、毒品走私、大规模杀伤性武器扩散及其武器运载系统、有组织犯罪等。在履行职能时，其一，要鉴别跨国威胁，制定战略以确保联邦政府对鉴别出的跨国威胁采取应对措施；其二，要监督此类战略的执行，并对特定的跨国威胁提出合适的应对建议；其三，要制定政策和方针确保执法机构和情报界各部门之间对跨国威胁信息的有效共享，以及在应对跨国威胁活动中的协作。②

国家安全预警主要是识别并特别关注对美国国家安全或政策产生短期负面影响的情况变化。美国《1947年国家安全法》设立了国家情报委员会，负责与情报界的工作人员和其他政府部门、学术部门与私营部门的专家合作，编制国家安全政策方面的报告。涉及的主题有常规军事问题、经济和全球问题、科技、战略与核计划，并进行潜在的国家安全危机预警。③《国家情报评估》就是由国家情报委员会编写的国家安全问题评估文件。冷战结束后，世界格局发生了转折性变化，以美苏为代表的两极世界已经不复存在，取而代之的是世界各国间激烈的综合国力竞争。《国家情报评估》也越来越侧重于美国战略安全预警中的大国崛起预警，相关文件大多是其他国家的优劣势和可能采取的政策，这些对美国的国家利益至关重要。其主要以假想对手为判断对象，其中包括备选方案、反对意见和情报界不确定的信息等。每周的《战略预警委员会的待观察风险清单》，旨在提供国家级预警性情报，主要跟踪和识别未来6个月内可能影响美国国家安全和政治利益的潜在威胁。战略预警委员会还制作《战略预警委员会暴力观察清单》，另一份预警情报产品是《预警备忘录》，相当于特别预警通

---

① 《美国〈1947年国家安全法〉中英文对照》，载黄爱武：《战后美国安全法律制度研究》，时事出版社2011年版，第238—239页。
② 《美国〈1947年国家安全法〉中英文对照》，载黄爱武：《战后美国安全法律制度研究》，时事出版社2011年版，第239—240页。
③ ［美］伯特·查普曼著，徐雪峰、叶红婷等译：《国家安全与情报政策研究：美国安全体系的起源、思维和架构》，金城出版社2017年版，第270页。

报，关注"对美国利益具有重大影响的潜在威胁发展状况"。①

《1947年国家安全法》是确立美国国家安全机构的组织体制和规范各机构职权范围的法律，它首要考虑的是加强各机构之间的协调，增强美国的国家安全能力。从此，美国逐步建立起现代国家安全情报体制，国家安全危机预警体制机制也逐步形成和完善。可以说，《1947年国家安全法》是美国国家安全危机预警的核心法律，其创立时间最早，影响最大，效用也最为显著，对国家安全情报和危机预警的基本问题进行了规范和约束。

第三节 美国国防法规与国家安全危机预警体制机制

军事危机预警是美国国家安全危机预警体系的重要内容。第二次世界大战中，由于密码通信体制和情报分工上的混乱，导致美国海军没有及时给上层指挥员预警"日军可能偷袭珍珠港"这一重大情报。美国在反思其经验教训的基础上，逐步认识到军事情报预警的重要性。军事情报是军事防御的第一道防线，是指"为赢得战争或军事斗争优势和胜利，于决策前对获取对手（或敌方）的一切有价值的公开或秘密信息进行过滤、筛选、研判和加工后形成的一种知识产品"。② 军事情报机构及时准确地提供来袭目标的预警情报信息，能为最大限度减少损失并组织有效抵抗与反击创造有利条件。

作为当今世界第一的军事强国，美国始终谋求以绝对的科技和情报优势构筑保障本土绝对安全的国家防御体系，经过数十年的发展，美国已经建立起全方位、多层次的军事安全预警系统。当然，无论是军事危机预警体制建构还是机制运行，都是以美国国防与军事安全的相关法律法规为依

---

① [美]杰弗瑞·理查尔森著，石莉译：《美国情报界》，金城出版社2018年版，第493—494页。

② 刘强：《战略预警视野下的战略情报工作：边缘理论与历史实践的解析》，时事出版社2014年版，第38页。

据的。这些国防法规不仅包括国会通过的有关国防和军事安全的法律，总统的行政命令，还有国防部的指令。其中，国防部指令、指示与指令型备忘录是国防部进行军事危机预警最为重要的法规之一，它们往往关系到国防部情报活动和具体组织的情报政策、工作程序与工作职责。

一、美国国防法规与军事安全危机预警体制

军事情报能够对任何即将发生的，针对美国或其盟国的不利或敌对的军事行动或其他行动提出预警。及时有效的预警能保证做好充分准备、考虑应对策略和实施方案、采取先发制人的外交或军事行动，以达到组织某行动或否决某行动的目的。[①] 美国军事安全危机预警组织机构中，最为重要的就是军事情报机构，其在军事危机监控、军事情报传递、军事危机报警和反应等阶段都起着核心的作用。从组织架构来说，美国军事安全危机预警体制可分为三个层次，即作为指挥机构增设的国防部情报副部长、国防部下属的情报机构以及各军种情报机构，每一个机构的设立都以相应的国防法规为依据，其职责权限也有相应的规定和约束。

（一）依法增设作为指挥机构的国防部情报副部长

美国情报界的16个机构中，军事情报部门占了9个。[②] 由于国防部情报机构和情报人员众多，2002年8月，时任国防部长唐纳德·拉姆斯菲尔德表示，他需要一名更加资深的官员负责处理国防部的情报工作。美国国会在《2003财年国防授权法案》中批准设立了负责情报工作的国防部副部长这一职位。2005年11月23日，美国国防部发布第5143.01号指令（后该指令在2014年10月被修订并重新发布）对其工作职责做出了详细论述。[③]

国防部情报副部长作为国防部长和国防部副部长的主要助理和顾问，

---

① [美]杰弗瑞·理查尔森著，石莉译：《美国情报界》，金城出版社2018年版，第19页。
② 分别为国防情报局、国家安全局、国家侦察局、国家地理空间情报局、陆军情报机构、海军情报机构、空军情报机构、海军陆战队情报机构、美国海岸警卫队情报机构。
③ [美]杰弗瑞·理查尔森著，石莉译：《美国情报界》，金城出版社2018年版，第628—629页。

处理军事情报、反情报、安全、敏感活动以及其他情报相关事务。具体职责包括：代表国防部长行使监督国防部情报局、国家地理空间情报局、国家侦察局、国家安全局等国防部情报部门的职责；负责监督和指导各种情报活动，如国防情报分析、国防人力情报、技术搜集情报、公开来源情报、国防部反间谍情报、国防部安全计划、国际情报合作、情报信息共享等。另外，国防部情报副部长还被同时任命为国家情报总监办公室内的国防部情报局长。国防部情报副部长办公室还有四名国防部情报助理副部长，其中一名负责情报准备与警示。[1] 可见，增设的国防部情报副部长实际上是协助国防部长进行军事安全危机预警的指挥机构。

（二）依法设立国防部下属情报机构

国防部下属情报机构主要包括国防情报局，国家地理空间情报局和国家侦察局等。

1. 作为协调机构的国防情报局

国防情报局是美国主要的军事情报机构，主要是为国防部长进行情报分析，统筹所有的军事秘密行动。二战结束后，军事机构搜集的情报多有重复，引发了越来越多的关注。为了加强军事机构的整体情报活动，1961年2月，时任国防部长罗伯特·麦克纳马拉在参谋长联席会议上建议成立统一的国防情报局。1961年8月1日，参谋长联席会议完成了国防情报局的概念规划，并在国防部第5105.21号指令中做出说明。[2] 1961年10月1日，国防情报局正式成立。[3] 1981年12月4日，里根总统发布的第12333号总统行政命令进一步对国防情报局的职责做出了说明，即包括搜集、制造或通过任务协调向国防部长、参谋长联席会议、其他国防部门和相应的非国防部门提供军事情报和与军事相关的情报；搜集军事情报，并提供给国家对外情报和反情报机构；协调国防部确定搜集情报的要求；管理防御

---

[1] ［美］杰弗瑞·理查尔森著，石莉译：《美国情报界》，金城出版社2018年版，第629页。
[2] Department of Defense Directive, "Number 5105.21," March 18, 2008, https://fas.org/irp/doddir/dod/d5105_21.pdf.
[3] U. S. Defense Intelligence Agency, "The Beginning of DIA", May 1, 2015, https://www.dia.mil/News-Features/Articles/Article-View/Article/3046584/the-beginnings-of-dia/.

专员系统；按照参谋长联席会议的要求，提供对外情报和反情报人力支援。①

2. 作为执行机构的国家地理空间情报局和国家侦察局

为了配合具体军事行动和搜集战术情报，并为美军制导武器精确打击目标提供图像情报，1996年6月6日，美国国防部下达了第5105.60号指令，即《关于成立国家图像与测绘局的指令》，将国防测绘局与中央情报局卫星图像分析中心合并，成立了国家图像与测绘局，从各种信息来源搜集和建立地形图，为美国政府各部门提供服务。② 国家图像与测绘局接受中央情报主任和国防部的双重领导，局长由国防部任命。

2003年11月24日，小布什总统签署《2004财年国防授权法案》，批准将国家图像与测绘局更名为"国家地理空间情报局"，其主要任务是：一是制定国家图像情报目标和计划，统一管理国家图像情报资源；二是向军事决策者和行动部门提供战略战术图像情报支援，同时满足国家决策层及其他非军事部门对图像情报的各类需求。③ "9·11"事件促使国家地理空间情报局在国土安全方面发挥重要作用，主要是通过向联邦政府、州和地方机构提供详尽清晰的地图和图像。该局的成果还被用于美国及国外灾难救援行动，包括处理美国东南地区的"卡特里娜"飓风等。2009年7月29日的国防部长令出台了新的授权文件，对国家地理空间情报局的任务、组织机构和管理，以及局长的职责和作用再次做出了规定。

二战结束后，美国逐渐认识到卫星在科技和军事用途的潜在价值。1955年3月16日，美国空军发布了"常规作战需求第80号令"，正式确立了先进侦察卫星的需求。直至1960年9月，美国空军部发布第115.1号指令，成立了国家侦察局，作为中央情报局和空军的联合行动机构，负责

---

① "United States Intelligence Activities," Federal Register, Vol. 40, No. 235, December 8, 1981, https://www.federalregister.gov/executive-order/12333.

② Department of Defense Directive, "Number 5105.60," July 29, 2009. https://fas.org/irp/doddir/dod/d5105_60.pdf.

③ Ralph M. Erwin, "Geospatial Intelligence," Military Review, Vol. 85, Issue 1, pp. 87–88.

研发和运行卫星与侦察机。① 2009 年，国会批准《2010 财年情报授权法案》，授权国家情报总监和国防部长为国家侦察局制定新的章程。2010 年 9 月 21 日，国家情报总监詹姆斯·克拉珀二世与国防部长罗伯特·盖茨签署一份关于国家侦察局的合作备忘录，详细说明国家侦察局负责"研究和开发、获取、实施空中系统和相关数据的处理，以搜集情报"。该备忘录还明确说明，国家侦察局局长的职责是：管理和运作国家侦察局各项任务、担任国防部长和国家情报总监的空中侦察首席顾问，以及共同分担"领导和管理国家安全航天部门"的责任。②

国家安全局虽然并未注明是"国防部内部的某个独立机构"，但被认为是"国防部内部的非国防部部分"。③ 国家安全局的前身是 1949 年 5 月 20 日成立的美国武装力量安全局。1952 年 10 月 24 日，杜鲁门总统签发了总统备忘录《通讯情报活动》，撤销武装力量局，将人员移交给依据《国家安全委员会第 9 号情报指令草案》设立的国家安全局。④ 国家安全局的主要职责是负责进行全球监听，加密和破译密码，根据中央情报主任提出的目标、需求和优先事项提供信号情报。1959 年 5 月 29 日，为了规范国家安全局组织机构等目的，经参众两院联席会议批准通过了《国家安全局法》。该法授权国家安全局在国防部长的领导下，可通过侦察卫星和遍布全球的监听站，截收世界各国的无线电通信信号，破译各国密码，发现间谍的潜伏通信联络活动等，为政府提供各种经过加工整理的情报资料。⑤

（三）依法设立各军种情报机构

尽管美国政府已经成立了国防情报局等国防部下属的情报机构，但美国各个军种均设有情报机构，来负责执行情报行动和分析任务，以满足各

---

① Frank Thomas, Glennon Michael, Murphy Sean, "Foreign Relations and National Security Law (Ⅳ)," West Publishing Company, 2007, p. 899.
② ［美］杰弗瑞·理查尔森著，石莉译：《美国情报界》，金城出版社 2018 年版，第 63—64 页。
③ ［美］杰弗瑞·理查尔森著，石莉译：《美国情报界》，金城出版社 2018 年版，第 48 页。
④ Frank Thomas, Glennon Michael, Murphy Sean, "Foreign Relations and National Security Law (Ⅳ)," West Publishing Company, 2007, p. 899.
⑤ 李竹：《国家安全立法研究》，北京大学出版社 2006 年版，第 48 页。

自的任务需求。每一个主要军种不但维持着独立的情报机构，而且还拥有自己的情报界，由情报机构的第一把手负责管理指挥，主要包括以各军种指挥官为服务对象的陆军情报机构、海军情报机构、空军情报机构和海军陆战队情报机构。这些情报机构的设立和重组往往是依据各军种指挥官的指令或授权。

美国陆军情报机构的主要职责是为陆军总司令和各战区司令部提供情报，并对战术、战略决策以及电子战提供情报支持。情报搜集与编制是副参谋长的主要职责，搜集行动由陆军情报与安全司令部负责。海军情报办公室是海军情报界的最高指挥机构。1882年3月23日，海军部长威廉·H.亨特颁布了第292号将军令，宣布成立海军情报办公室。后经历过多次改革与重组。海军情报办公室主要负责搜集巡航舰队的信息、外国海军的情况、外国港口防御性武器、外国政府的运输设施、外国人员和供给品着陆海岸和港口设施、外国航运公司提供的航线、获取海岸和供给品的全球设施、美国海岸防御，以及美国海军官员职业发展强化等资料。[①] 空军的三个主要情报机构是：负责情报、跟踪、侦察的副参谋长办公室、空军第25联队和国家航天航空情报中心。其中，第25联队是根据1971年空军部长指令授权成立的。美国空军情报机构的主要职责是负责空军和国家的全方位信息行动，获取、利用、保护和攻击信息，以确保作战人员、国家决策和现代部队拥有空中、空间和信息优势。海军陆战队司令于2000年4月授权成立了情报局，目的是提高海军陆战队的情报能力。情报部的负责人即为海军陆战队情报总监，指挥管理情报部的情报搜集和分析。

美国军方情报机构之所以能持之以恒地发挥作用，是各个军种情报需求和组织架构决定的，各个军种领导人都能以指令形式授权成立和重组军种内部的情报机构。冷战结束后，由于预算和人员削减以及来自国会各监督委员会的压力，各军种过去一直分开独立的情报部门开始纷纷解散、巩固和合并。[②]

---

① Wyman H. Packard, "A Century of U. S. Naval Intelligence," Washington, D. C.：Department of the Navy, Office of Naval Intelligence and Naval Historical Center, 1996, p. 3.

② ［美］杰弗瑞·理查尔森著，石莉译：《美国情报界》，金城出版社2018年版，第110页。

二、美国国防法规与军事安全危机预警机制

美国军事安全危机预警机制运行主要包括危机监控、危机预警和危机预案三个阶段。危机监控主要是对预警情报的搜集、检测、分析等。其中预警情报的搜集和监测主要是依靠国防部下属的国家地理空间情报局、国家侦察局、国家安全局和各军种的情报机构来实现，并将获取的情报进行加工处理与分析，传送给情报用户。根据收集来的军事危机情报，国防情报局和国防预警委员会进行分析、研判，并视情况做出预警。危机预案则是由国防部长、高级军事指挥官以及国家安全委员会相关人员协助总统完成。

（一）军事安全危机监控

美国军事安全危机监控主要依靠国防部下属的情报机构和各军种情报机构通过情报搜集和分析来完成。各情报机构的主要职责和权限都已经有相关的法律法规，包括国防部指令等做出的规定。国防部长则需要对国防部情报界的情报搜集和危机监控进行指挥、监督和协调。为了确保国防部内情报界各部门能满足作战军队需要，《1947年国家安全法》对国防部长有关军事情报计划的相关职责做了详细规定。

《1947年国家安全法》第105条（b）款规定，国防部长应该通过国家安全局，确保有效统一组织的持续运作指挥信号情报活动，并应确保结果及时传送给经授权的接收人；通过国家地理空间情报局履行图像搜集的任务，协调图像处理和利用活动，确保图像及时传送给经授权的接收人；通过国家侦察局，确保有效统一组织的高效运作，以便使高空侦察系统的研究开发、获得和运作满足情报界各部门的要求；通过国防情报局确保国防部内有效统一系统的持续运作，以便依靠情报界的所有可用资源以及和军事相关情报，且应确保将此类情报分发给经授权的接收人；确保军事部门保持足够实力搜集和生成情报。[1] 虽然这些法律条文主要是对国防部长

---

[1] 《美国〈1947年国家安全法〉中英文对照》，载黄爱武：《战后美国安全法律制度研究》，法律出版社2011年版，第285—287页。

职责做出的规定，但其中却隐含了国家安全局、国家侦察局、国家地理空间情报局、国防情报局和其他军事部门情报机构在相应情报搜集和传递中的职责，实际上也是对军事安全危机监控的规定。

（二）军事安全危机预警

在危机监控阶段，当国防部情报界监测到可能对美国军事安全产生威胁的情报时，还需要进行危机报警，根据事态紧急情况与威胁大小向各指挥官、国防部长、总统等做出等级预警，以便指挥官和领导人做出决策以应对危机。美国军事安全危机预警主要是由国防预警委员会进行。

国防情报局是国防部情报界的协调机构，自1961年通过国防部第5105.21号指令宣布成立以来，其后国防部长多次就国防情报局签署新的授权令，并历经数次规模较大的重组。国防情报局的使命是"满足或保证满足国防部长、参谋长联席会议、国防部诸部门以及其他获授权的机构对国外情报的需求，为国家情报总类贡献军事相关的情报"。[①] 国防情报局刊发若干定期或非定期的预警情报，提供给全球范围内的美军指挥机构使用。每日的《国防情报概览》向国防部、白宫等决策者通报所需要的军事情报，《每周情报前瞻》和《每周预警报告》包括来自多个指挥机构的评估信息。另外，《季度情报前瞻》会回顾可能影响美国安全利益的一系列诸多潜在事件。国防情报局和美军指挥机构还刊印两类关注具体突发事件的情报产品，即"预警报告"和"观察条件变化"。前者关注的风险情况需要华盛顿方面高级官员立即应对，后者则负责通报具体预警情况威胁层次的变化。

2013年12月5日，国防部发布第3115.16号指令，即"国防预警网络"。其中规定，国防部的预警任务是对来自敌国的威胁、政治和经济的不稳定以及其他可能影响美国国家利益的挑战等问题做出识别和预警。为了实施这一指令中的预警任务，国防部不同机构组成了具有合作性的国防预警网络，为高层决策者提供有关威胁美国及其盟友利益的情

---

① [美]杰弗瑞·理查尔森著，石莉译：《美国情报界》，金城出版社2018年版，第82页。

报信息。① 该网络的预警结果会编制成国防部系列期刊，提供针对周期内可能达到威胁水平的重要威胁事件的评估成果。《每周预警前瞻》主要关注将在未来两周发生的事件，而《季度预警前瞻》则关注将在未来一年发生的事件。这些预测成果会以复印件的形式发放给国防部和华盛顿方面的其他决策者。

国防预警委员会是在国防预警网络相关事务上协调行动与达成共识的最初平台，由参谋长联席会议主席领导，其他成员包括负责情报的国防部副部长、国家安全局局长、国家地理空间情报局局长、国防情报局局长、军方各部部长和作战部门司令官。该委员会会对特定情况发出预警、新的作战信息命令，或者向国防部高层领导提出建议。②

（三）军事安全危机预案

根据《1947年国家安全法》的规定成立的国家安全委员会，是最高级别的军事决策部门，所有的情报活动均受其指导和监督。1981年里根总统颁布的第12333号行政命令进一步确定了国家安全委员会是负责审查、指导和发布指示的最高行政机构。因此，总统领导的国家安全委员会是军事安全危机预案的最高决策机构。美国建立国家安全委员会的初衷本就是为了整合美国的情报系统和安全机构，建立统一高效的军事和情报指挥协调系统，以适应国家安全新形势并为总统提供决策服务。美国军事安全危机预警情报会分发至技术兵、指挥官、高级军官、国防部长和总统等。各个层级的指挥决策者都会根据危机预警制定预案，但最高军事决策是由总统领导的国家安全委员会做出。各作战单元在接收到最高军事决策和各类军事情报后，会结合实际作战情况来指导具体的军事行动。③

---

① Department of Defense Directive, "Number 3115.16," Dec. 5, 2013, https://fas.org/irp/doddir/dod/d3115_16.pdf.
② ［美］杰弗瑞·理查尔森著，石莉译：《美国情报界》，金城出版社2018年版，第635页。
③ 刘胜湘、邹超：《美国情报与安全预警机制论析》，《国际关系研究》2017年第6期，第93页。

第四节　美国应急法与国家安全危机预警体制机制

所谓"国内应急"情况，包括所有意外事故、自然灾害、人为事故、战时或国家安全受到威胁的紧急情况。[①] 应急安全危机预警就是在上述紧急情况发生之前进行预测和警示。在美国应急安全预警的组织架构中，既有联邦应急管理署作为联邦层面应急危机预警的协调管理机构，各个州、市也建有应急管理机构作为本区域应急安全危机预警的指挥中心，负责管辖区内突发事件的处置。应急安全危机预警机制的运行主要包括应急危机监控、应急危机报警和应急预案等阶段。其中，应急情报是应急安全危机预警的起点。如果一个国家或社会组织掌握了充分精准的应急情报，它就有可能在事前进行安全预警，预防突发性事件的发生；也可在事后为科学决策提供可靠的情报数据，防止突发性事件进一步恶化和升级，提升应急反应和应急处置的能力。[②] 对于一般性的应急事件，大多是州、市的应急管理机构根据应急情报做出预警和预案，而对于特大灾难型的应急事故，应急情报会传递至总统、国土安全部及联邦应急管理署，再由这些联邦机构来做出预案。

美国200多年的应急管理史是一部灾害推进立法、促进体制机制演变的历史。一次次突发性的自然灾害和人为危机带来的巨大损失，推进了一次次立法和修改。目前美国在应急管理方面已经形成了以联邦法、联邦条例、行政命令、规程和标准为主体的法规制度体系。美国应急法规体系和应急预警体制机制建设，也随着国内外安全应急环境和应急安全理念的变化而不断发展完善。

[①] 苗野、苏鹏：《美国应急应战一体化建设的主要做法及启示》，《军事经济研究》2010年第5期，第31页。
[②] 刘胜湘、邬超：《美国情报与安全预警机制论析》，《国际关系研究》2017年第6期，第85页。

第一章　美国法律法规与国家安全危机预警体制机制

一、美国应急法规与应急危机预警体制机制的初步形成

美国联邦政府参与应急管理可以追溯至19世纪初，当时地方政府在救灾援助中承担主要责任。[①] 20世纪中叶，联邦政府对自然灾害的参与发生重大变化，开始系统化地参与到应急预警和灾难援助中。总体来说，美国最初建立的安全应急体制包括战时应急和非战时应急两个方面，平时以救灾为主，战时以应战为主。安全应急预警目标主要是自然灾害预警和战争预警。第二次世界大战结束后，随着美苏对抗的加剧，美国的安全应急理念开始把苏联视为美国最大的安全威胁，并将本土安全防范的核心定位在应对苏联的核打击上。这一时期，美国应急安全危机预警的重心就是对来自苏联的战争和核威胁进行预警。

（一）《1947年国家安全法》与国家安全资源委员会

《1947年国家安全法》不仅奠定了战后美国军事和情报体系的基础，而且也是现代美国国家安全体制机制建立的法律基础。该法虽然没有直接条款对美国应急安全危机预警做出规定，但其中的部分内容实际上反映了美国对应急预警体制机制建设的思考。《1947年国家安全法》第3条定义的"国家情报"与"有关国家安全的情报"是指在美国境内或境外搜到的所有来源情报，包括威胁美国、美国人民财产或利益的，或者任何与美国国家或国土安全有关的情报。[②] 这样的界定涵盖了"应急情报"。

《1947年国家安全法》中直接涉及应急安全体制的是国家安全资源委员会的设立，主要负责战时的防卫动员与资源储备。该法第107条规定，国家安全资源委员会的职能是就军事、工业和民众动员协调问题向总统提出建议，包括确保战时国家人力的最有效动员和最充分利用；建立足够的

[①] Popkin R. S., "The History and Politics of Disaster Management in the United States," In Andrew Kirby (ed.), "Nothing to Fear: Risks and Hazards in American Society," University of Arizona Press, 1990, pp. 101–129.

[②] 《美国〈1947年国家安全法〉中英文对照》，载黄爱武：《战后美国安全法律制度研究》，法律出版社2011年版，第234页。

战略物资和急需物资储备的政策,以及此类储备保护的政策;不断对工业、服务业、政府以及经济进行重新战略定位等。联邦紧急事务管理局主任协助国家资源安全委员会履行职能。① 可见,国家安全资源委员会的建立就是战时应急预警和响应。

(二)《联邦民防法》与联邦民防局

1949 年苏联成功发射第一颗原子弹后,苏联的核威胁使美国很快就通过了《联邦民防法》。这部美国 1950 年颁布的法律不仅是美国第一部应对战争威胁的联邦法律,也是美国目前最重要的安全应急法律之一。② 该法明确了联邦政府制定民防计划,为民众提供防护场所,组织疏散,指导、协调、支持各州和地方政府开展民防工作等职责,规定防空演习必须纳入学校、政府机构和其他社团组织的常规活动中。该法还首次提出民防准备系统建设要立足和平战争结合的原则,要求美国政府建立一个全国范围的民防体系,并将一系列的具体民防措施制度化。此后,《联邦民防法》经过修订,又进一步将各州政府纳入安全应急的职责范围之中,在继续强调民防工作的首要任务是减少"敌人攻击"所造成的损失的同时,增加了抢险救灾的内容。③

1950 年,杜鲁门政府根据该法建立了联邦民防局。1951 年,联邦民防局成为联邦政府的独立机构,并进一步承担了国家安全资源委员会的职责。至此,美国应急安全预警的组织机构基本形成。《联邦民防法》的出台和联邦民防局的建立都是战后美国应急安全理念集中于防范苏联核打击和战争威胁的结果,体现在应急安全预警上就是对情报系统建设的重视,认为在导弹核武器时代建设一个现代化的民防警报系统,是关系到国家安危的大事。④

---

① 《美国〈1947 年国家安全法〉中英文对照》,载黄爱武:《战后美国安全法律制度研究》,时事出版社 2011 年版,第 293—294 页。
② 汪波、樊冰:《美国安全应急体制的改革与启示》,《国际安全研究》2013 年第 3 期,第 143 页。
③ 《美国民防概况》,http://rfb.yq.gov.cn/fkfz/gwmf/201811/t20181101_796122.html。
④ 熊武一、周家法主编:《军事大辞海》,长城出版社 2000 年版,第 2310 页。

（三）《灾害救助法》与灾害危机预警

美国的灾害预警和响应包含在应急安全体制机制中。二战后，美国应急危机预警体制机制的重心在于民防，而忽视了灾害预警和救助的制度建设和资源配置。传统上，美国的灾害预警和响应都是由各州和地方政府负责的，联邦政府往往扮演支持角色，各地方政府只有在灾害严重到超出本级政府能力时，才向上一级政府请求支援。①

在《联邦民防法》出台的同年，美国出台了《灾害救助法》。这是美国第一部应对突发事件的法律，该法规定了重大自然灾害发生时的救助原则，还规定了联邦政府在灾害发生时对州政府和地方政府的协调和支持方式，适用于除地震以外的其他突发性自然灾害。联邦政府在灾害救助过程中应承担法定职责，在各州和地方政府履行救灾职责时，为其提供持久有效的援助。在危机预警方面，《灾害救助法》还授予总统全面性的应急情报管理能力。该法后经历了1970年、1974年、1988年的多次修订，是美国应急危机预警法规体系中的重要法律之一。

二、美国应急法与应急危机预警体制机制的完善

20世纪50年代是美国自然灾害较少的10年，美苏冷战的压力导致美国应急危机预警体制机制建设的重点是防范来自苏联的战争和核威胁。20世纪60年代，大规模的自然灾害迫使联邦政府做出一系列重大应急响应和灾后恢复行动。1960年蒙大拿州赫布根湖发生7.3级地震；同年，飓风"唐娜"袭击佛罗里达西海岸；1961年飓风"卡拉"横扫得克萨斯州。面对自然灾害的肆虐，肯尼迪政府调整了安全应急理念，将自然灾害作为美国应急危机预警的主要内容，对相应的体制机制进行改革。这一阶段应急危机预警体制机制的改革和完善也是通过一系列的法律法规推进的。

---

① 唐黎标：《美国灾害救助体制的特点》，《安全生产与监督》2015年第12期，第32—34页。

(一)"第 12127 号总统令"与联邦应急管理局

虽然美国已有《灾害救助法》进行应急预警和响应,但政府对自然灾害的处理方式仍然十分被动。为了改变这种状况,1961 年肯尼迪政府成立了"应急准备办公室",专门处理自然灾害造成的伤害。这标志着美国的安全应急意识已经开始将关注点转向自然灾害的应急处理,而且自然灾害安全应急处理的重要性也在不断上升。[①] 但是,美国的军事安全应急责任仍由国防部下属的民防办公室承担,因而造成美国这一时期的应急危机预警将自然灾害威胁和军事安全威胁分开进行管理的分离模式,也造成了美国应急危机预警机制效率的低下。

迫于自然灾害频发的情况,美国决定在原国防部动员局的基础上,成立平时或战时进行紧急动员、民防、救灾等活动的协调机构。1979 年 3 月 31 日,卡特总统签署"第 12127 号总统令",将各个分散的灾害处理部门重新组合,正式成立联邦应急管理局,着手对民防和自然灾害安全应急机制进行融合。联邦应急管理局由以前的一些相关管理机构组成,如联邦保险局、国家气象预报局、国家基础管理局的防备机构和国家住房与城市发展部的联邦防灾局等。此外,美国治安保卫的职能也从国防部的治安管理局转移到联邦应急管理局。设置该机构的主要目的是,对发生在美国并且当地州政府无法应对的灾害的应急预警和响应进行协调指挥,这体现了"分级负责,属地管理为主"的指导思想。一般性灾害由州政府负责,对于特别重大灾害,灾害发生州的州长必须宣布紧急状态令,并正式向总统提出申请,请求联邦应急管理局和联邦政府对灾害做出响应。[②]

美国联邦应急管理局拥有一套"综合应急管理系统",涵盖包括应急危机监控、应急危机报警、应急响应和应急恢复在内的整个应急管理过程。通过运用各种应急计划和联邦资源,应对各种类型和各种规模的天灾

[①] 汪波、樊冰:《美国安全应急体制的改革与启示》,《国际安全研究》2013 年第 3 期,第 145 页。

[②] 杨华、吴立志、李思成:《美国国家应急管理体制探析》,《武警学院学报》2018 年第 10 期,第 60 页。

人祸，从火警、地震、飓风、爆炸直到危机的最高形态战争无所不管。该机构的设立标志着美国综合性应急危机预警体制的形成。1996年，在美国总统克林顿任期内，联邦应急管理局被提升为内阁级。

（二）《罗伯特·斯塔福德灾难与紧急援助法》与应急危机预警

由于联邦应急管理局成立之后并没有组织性立法来支持其运作，因此在运行过程中遭遇重重困难，在自然灾害的应急预警和响应方面也表现不佳。1988年，美国第一部全面应急救灾法案《罗伯特·斯塔福德灾难与紧急援助法》（以下简称《斯塔福德法案》）出台。《斯塔福德法案》的前身正是《灾害救助法》，是美国迄今为止最全面的救灾法律，为美国联邦政府在减灾、预防、灾后重建等方面的安全应急管理工作制定了指导细则。

《斯塔福德法案》规定了紧急事态的宣布程序，明确了公共部门的救助责任，强调了减灾中准备工作的重要性，确定了各级政府之间的救援程序。"美国的应急管理属分级管理，即受灾地区的当地政府是最初的责任主体。应急响应或灾后恢复工作超出当地政府能力时，当地政府可请求州政府提供援助；如果州政府能力不足，州长可以选择请求联邦政府的援助。[1]《斯塔福德法案》通过3种声明授权联邦政府援助：重大灾害声明、紧急声明、消防管理援助赠款声明。消防管理援助赠款声明通常由联邦应急管理局的区域主任发布，紧急声明和重大灾害声明只能由总统发布。"[2] 具体到应急危机预警方面，《斯塔福德法案》强调了科学技术的应用研究以及灾难预警的重要性。同时，该法案还对应急处置程序做出了详尽的规定，以尽可能地做足准备以缩短联邦政府的应急预警时间。

1992年，为了落实《斯塔福德法案》，联邦应急管理局颁布了《联邦响应计划》，对联邦政府各部门、州和地方政府在应急管理工作方面的职责做了进一步明确的细化。该计划实际上正是应急危机预警机制运行中的

---

[1] Francis X. McCarthy, "Federal Stafford Act Disaster Assistance: Presidential Declarations," Eligible Activities, and Funding, CRS Report RL33053, Washington, D. C.: CRS Publishing Co., 2015.

[2] Francis X. McCarthy and Jared T. Brown, "Congressional Primer on Major Disasters and Emergencies, CRS Report R41981," Washington, D. C.: CRS Publishing Co., 2017.

应急预案，其将联邦政府机构的资源划分为 12 个不同的应急支持功能，对应每一个功能都指定了一个主要负责机构及若干辅助机构，制订了各机构的具体责任范围和响应步骤。①

三、美国应急法与应急危机预警体制机制的分化整合

冷战时期，美国的应急危机预警体制机制逐渐实现了国防动员职能和防灾救灾职能的分化，联邦政府更加重视应对重大灾害和紧急事态的应急响应能力和救援能力，并不断加大在搜集应急情报信息方面的技术和资金投入。② 随着国际恐怖主义的日益蔓延，恐怖主义和环境危害问题逐渐成为 21 世纪后国际社会重点关注的非传统安全问题，美国应急危机预警也开始转向全力应对新形势下非传统安全带来的挑战。尤其是受"9·11"事件的影响，美国应急安全预警体制机制的重心开始转向反恐领域，逐渐偏离了原本的应急安全理念。③

（一）《国土安全法》与国土安全部

"9·11"事件后，反恐成为美国应急预警的主要任务。在全面的反恐浪潮中，小布什总统于 2002 年 11 月 25 日在白宫签署《国土安全法》，并宣布成立国土安全部，由海岸警卫队、移民和归化局及海关总署等 22 个联邦机构合并而成。联邦应急管理局等六个单位的任务、人事、资源及权限都被纳入国土安全部的"应急装备与响应司"中，影响力和重要性较之前大幅度削弱。国土安全部开始承担起联邦政府各部门制定政策、协调处置所有国内应急计划的职责。

《国土安全法》对国土安全部的建立做出了具体规定。其中第 507 条对纳入国土安全部的联邦应急管理局的职责做了说明。联邦应急管理局的

---

① 黄宏：《美国联邦政府灾害响应计划》，《全球科技经济瞭望》1999 年第 1 期，第 46 页。
② 汪波、樊冰：《美国安全应急体制的改革与启示》，《国际安全研究》2013 年第 3 期，第 147 页。
③ Thomas A. Birkland, "Disaster, Catastrophes and Policy Failure in the Homeland Security Eras," Review of Policy Research, Vol. 26, No. 4, 2009, p. 426.

职责依然包含《斯塔福德法案》中所规定的所有职责和权限，同时还明确指出其使命就是"减少生命和财产损失，保护国家免遭各种危险，领导和支持国家实施基于安全风险的紧急事态管理项目"。①《国土安全法》也对国土安全部的职能和具体工作进行了说明。国土安全部既负责自然灾害的预警和管理，也负责包括恐怖袭击在内的人为灾难事故的预警和管理，具体工作包括：整理及分析中央情报局、联邦调查局等部门搜集的情报资料，以便及早发现安全威胁；保卫重要基础建设（如核设施、铁路、公路、海港等）；统筹并领导美国在预防和应对核武器、生化武器攻击方面的工作；统筹美国联邦应急救援工作等。② 至此，美国的应急预警体制把突发事件管理与国家安全保障紧密地结合起来，将保障国土安全列为首要任务，把传统的针对灾害预警的任务看成是国家安全保障工作的一部分，整合了应急与应战的资源与力量，真正走向了一体化综合管理。③

2005年1月，国土安全部与其他部门联合制定了《国家响应计划》，具体阐述了应对各种自然灾害——"技术性灾难和公共紧急事态的适用政策"处理程序、各级政府的角色和职责、联邦机构之间的协调机制，并提出了应急危机管理的一般流程：预防、准备、响应和恢复。④ 根据该计划，美国政府设立永久性的国土安全行动中心，作为国家级的多机构行动协调中心；成立国家应急反应协调中心，作为国土安全行动中心的一部分，负责联邦危机反应的整体协调；建立地区应急反应中心，负责地区应急反应协调等。联邦调查局、国家和各州的应急行动机构、联邦机构等接到紧急事件报告后，要提交给国土安全行动中心进行评估。如评估认为所报事件构成了现实或潜在的国家级危机，国土安全部必须据此做出反应，包括统

---

① "Homeland Security Act of 2002: SEC.507," http://www.gpo.gov/fdsys/pkg/PLAW-107publ296/pdf/PLAW-107publ296.pdf.
② 游志斌、魏晓欣：《美国应急管理体系的特点及启示》，《中国应急管理》2011年第12期，第46页。
③ 苗野、苏鹏：《美国应急应战一体化建设的主要做法及启示》，《军事经济研究》2010年第5期，第31页。
④ U.S. Department of Homeland Security, "National Response Plan," http://www.doc88.com/p-9136478247097.html.

一发布预警、与其他部门分享信息、启动国家应急系统内的有关预案等。①这份计划建立起了联邦、州和地方三级政府应急预警和反应机制，综合了美国原有的应急处理程序，为国家应急危机预警提供了一个核心的运行机制及其处理国土安全事件的统一标准。

可惜，在实践中，国土安全部却背离了整合反恐与救灾的初衷，而是以反恐为核心确定任务、职责，其他公共突发事件的应对遭到削弱。随后重大自然灾害的频繁来袭，再次给美国应急预警体制机制提出了新的挑战。

（二）应急法规改进与应急预警体制机制的改革

"9·11"事件后，美国将应急危机预警的重心转向反恐而忽视了对自然灾害的预警和防范，给美国的安全造成了严重的损害。在此之后的一系列自然灾害再次凸显出国土安全部应急管理的措施不力，进一步推动了应急法律体系的不断改进，并促进应急危机预警体制机制的进一步改革和完善。

2005年8月，"卡特里娜"飓风袭击美国，整体造成的经济损失可能高达2000亿美元，至少有1833人丧生，成为美国史上破坏最大的飓风。灾难过后，小布什政府进行了深刻的反思，并在《联邦政府对"卡特里娜"飓风的响应：经验与教训》的调查报告中公开承认联邦应急情报体制的失败。该报告总结指出，缺失准确可用的应急情报信息是各级政府部门应对飓风灾害不力的重要原因，而实现跨部门、跨地区的应急情报传递和共享是提高联邦政府应急响应能力的关键所在。②但是，小布什政府认为将联邦应急管理局从国土安全部独立出来的机构改革并不能充分解决潜在的系统性问题。

2006年10月4日，小布什总统签署《后"卡特里娜"应急管理改革法》，重新确定了联邦应急管理局的地位，增强国土安全部对于各种风险

---

① 苗野、苏鹏：《美国应急应战一体化建设的主要做法及启示》，《军事经济研究》2010年第5期，第31页。

② "The Federal Response to Hurricane Katrina: Lessons and Learned," https://georgewbush-whitehouse.archives.gov/reports/katrina-lessons-learned/.

和威胁的预防、准备、防范、响应及恢复能力。① 该法案规定,为了及时实现联邦政府的应急救援职能,应提前编制特派任务预案;将先前国土安全部其他部门的应急准备工作职能转至联邦应急管理局;联邦应急管理局在紧急状态下可提升为内阁级政府部门,其长官直接对总统负责;采用国家突发事件管理系统和《国家响应框架》作为国内应急管理的框架;制定应对灾难性事件预案;制定国家灾难恢复战略和灾难居所战略;对《斯塔福德法案》进行修订等。② 在 2013 年飓风"桑迪"过后,《"桑迪"重建改革法》通过,此法案作为对《斯塔福德法案》的修正,旨在改革联邦应急安全机构的权力责任及管理模式,鼓励地方政府、基层社区、私营机构和个人共同参与到应急管理中。③

(三)"第 8 号总统政策令"与应急安全预警"框架"

应急安全危机预警机制运行过程中,除了应急监控和应急预警之外,很重要的一个阶段就是应急预案的拟定。自 1992 年以来,美国总体应急预案经历了四次重大修订。1992 年,联邦应急管理局推出《联邦响应计划》;2005 年,美国颁布《国家响应计划》。2008 年,经历了"卡特里娜"飓风之后,联邦政府对《国家响应计划》进行了修订,出台了《国家响应框架》。无论是"计划"还是"框架",从本质上来说,都是国家的总体应急预案。

2011 年,奥巴马总统颁布要重构全国应急准备规程体系的"第 8 号总统政策令",明确提出应急准备需要覆盖预防、减除、保护、响应、恢复 5 个领域。该政令还明确了应急情报信息在应急安全体系中的核心功能地位,在随后颁布的一系列规划框架性文件中明确提出建立应急情报信息支持机制的目标。

根据"第 8 号总统政策令",国土安全部将《国家响应框架》拆解为

---

① "The Post‐Katrina Emergency Management Reform Act of 2006(PKEMRA),"http://www.gpo.gov/fdsys/pkg/PLAW‐109publ295/pdf/PLAW‐109publ295.pdf.

② 吴大明、宋大钊:《美国应急管理法律体系特点分析与启示》,《灾害学》2019 年第 1 期,第 158 页。

③ 刘胜湘等:《世界主要国家安全体制机制研究》,经济科学出版社 2018 年版,第 88 页。

5个"框架":《国家预防框架》《国家保护框架》《国家减除框架》《国家响应框架》和《国家恢复框架》。这些"框架"的诞生,意味着总统应急预案的层次更加清晰,《跨部门行动计划》也随之出台。传统的"预案"主要是指响应预案,是对未来将要发生的突发事件的预防性方案。"框架为'预案'带来的最大改变是强调在预防、减除、保护、响应、恢复五个领域的作用,以这五大框架来建立相应的应急预案。"①

战后美国应急安全理念随着国内化安全形势的变化不断发生转变。从冷战时期重点应对苏联威胁和核武器攻击,到冷战结束后的无所不包,再到"9·11"事件后转向反恐,最后到应对重大自然灾害后的新转变。随着应急安全理念的变化,美国应急安全危机预警体制机制也在不断的改革和完善中。

法律法规是做好危机预警的基础和依据。美国涉及应急危机预警的法律数量也相当可观,内容十分详尽,为应急责任机构职责的履行、人员及资源的调配以及信息的发布和共享提供了有力保障。在美国应急安全危机预警体制机制调整的每个阶段,甚至每个步骤中,都得到了相关法律的支持。通过对美国应急管理法律法规的梳理和分析可以看出,应急危机预警法律的制定和完善是一个漫长曲折的过程,它体现了政府对应急危机预警工作的不断认识和提高,并逐步形成系统化体系。同时也可以看出,每一部应急危机预警法律出台的背后,都有一段惨痛的经验教训。事实表明,在美国的应急安全危机预警体制机制的改革与发展中,法律先行是其最重要的保障之一。

第五节 美国反恐法与国家安全危机预警体制机制

反恐预警越来越受到世界主要反恐国家的重视,并先后建立起健全的

---

① "National Response Framework," https://www.epa.gov/emergency-response/national-response-framework-nrf.

反恐预警体制机制。反恐预警是对潜在的恐怖主义威胁进行预测与报警的情报活动，其核心是反恐情报的搜集、评估、研判与分析等。反恐预警机制是指能灵敏、准确地捕捉恐怖活动风险前兆，并能及时提供警示的预警系统，它是国家反恐怖决策组织机构和相关运作、保障机构之间形成的一种监测、评估和预报恐怖活动的运行模式。① 反恐预警体制则是指挥和参与反恐预警工作的组织架构，反恐预警刻不容缓。

美国一直深受恐怖主义之害，反恐危机管理也成为危机管理的主要内容和功能之一。防止犯罪行为的传统方式，即被捕的恐惧和随后的惩罚，在打击一些恐怖分子时发挥的作用较为有限，恐怖分子也并非美国能以相同手段施加反击的民族国家。在此情况下，事先侦察和预警是至关重要的。因此，美国反恐工作的重心逐渐由突发性恐怖主义事件的应急处置向反恐预警转变。② 美国也开始出台一系列的反恐法律法规，进一步改革和完善反恐预警体制机制。

一、美国反恐法规与反恐预警体制结构的变革

"9·11"事件情报预警的失败，使得美国再一次运用立法和行政命令的方式推动反恐预警体制的改革：一是对情报体制的改革，如设立国家情报总监职位和国家情报总监办公室，促进反恐情报的机构协调，强化反恐情报资源整合和共享，提高整个情报系统的工作效率；二是设立新的反恐预警机构，如组建国土安全部和成立国家反恐中心等，突出其分析搜集反恐情报、做出分析和研判、发布预警的功能。

（一）依法对情报体制进行改革

反恐预警首先需要通过各种途径或手段来获取有关恐怖主义组织及其活动的情报，可以说反恐情报系统成功与否决定了反恐预警机制的成败。

---

① 樊明明、肖欢、陶祥军：《美俄反恐预警机制的比较及启示》，《情报杂志》2014年第12期，第6页。

② 马振超：《美俄反恐预警的启示》，《国际关系学院学报》2009年第6期，第28页。

美国"恐怖主义袭击事件全国调查委员会"（即"9·11"事件调查委员会）的调查结果显示，美国国家安全情报系统在结构和功能方面存在缺陷，主要是各个情报机构行动不统一，相互间缺乏交流和协调，从而不能得出一份综合的有关恐怖主义威胁的评估报告，也就不能很好地预防和挫败恐怖主义袭击。[①] 因此，改革美国情报系统成为小布什总统力争实现的一个关键目标，而改革美国情报系统的首要任务就是要加强国家安全立法和政策导向，为反恐预警体制改革提供法律依据。美国政府和国会很快统一认识，加快和加大了对国家安全情报（尤其是反恐情报）体制进行改革的速度和力度，主要目的是对内保障国土安全，加强各情报机构之间的协调合作、情报分析和成果共享，以提高整个国家安全情报系统的工作效率，提高对恐怖主义的防范和打击能力；对外积极进行情报战，配合美军军事行动。[②]

从 2001 年到 2004 年，围绕如何以立法的形式牵引和拉动情报体制改革以提升反恐预警的效率，美国政府进行了持续的调查、交流和争论。2004 年 12 月，美国国会通过了《情报改革及预防恐怖主义法》，将已经建立半个多世纪的国家情报体制进行了一次最大幅度的改组。该法案并没有创造一个情报部来直接指挥、管理和控制所有的情报机构，而是赋予国家情报总监权力，将其设定为美国情报界的龙头，并禁止国家情报总监同时担任中央情报局局长与其他情报机构的首长，要求中央情报局局长向国家情报总监报告下属机构的行动。[③]

《情报改革及预防恐怖主义法》强调美国防范恐怖主义和防止大规模杀伤性武器扩散的重要性，设立了作为指挥和协调机构的国家情报总监，统管全国的 16 个情报机构，以便于交换情报信息，有效地协调有关行动，

[①] The National Commission on Terrorist Attacks Upon the United States, "The 9·11 Commission Report: Final Report of the National Commission on Terrorist Attacks Upon the United States," p. 20, https://9-11commission.gov/report/.

[②] 高瞻:《"9·11"事件后美国情报系统的改革》，《国际资料信息》2003 年第 9 期，第 14 页。

[③] "Intelligence Reform and Terrorism Prevention Act of 2004," December 23, 2004, https://www.cbo.gov/sites/default/files/108th-congress-2003-2004/costestimate/s28450.pdf.

更密切地开展协作，更好地向决策者提供事关美国国家安全和国土安全的情报。国家情报总监的具体职责是总体负责和协调各情报机关的情报工作，目标是阻止恐怖袭击、大规模杀伤性武器的扩散、化学武器运用、毒品走私、信息基础设施攻击等与国家安全相关的危险和威胁。该法案同时还要求设立国家情报总监办公室作为联邦政府的独立行政机构来协助国家情报总监。国家情报总监办公室下设具体的情报管理执行机构，这些执行机构分别协调和指导全美国国际安全情报系统的情报搜集、评估、反情报、反恐、防止大规模杀伤性武器扩散和情报资源共享的事务。① 这些下属的执行机构包括国家情报委员会、国家反情报办公室、国家反恐中心、国家反扩散中心、情报资源共享项目办公室等。

虽然《情报改革及预防恐怖主义法》授权国家情报总监拥有整合情报界的权力，但其实际操作还是会受到限制，也并未提供充足的资源和人力使其能够与情报界其他历史更悠久、资金更雄厚的机构进行竞争。这就导致国家情报总监与中央情报局和国防部情报机构的关系磕磕绊绊。但不可否认的是，该法案仍是美国二战结束以来最重大的情报改革方案，也是美国安全情报体制改革的主要法律依据。国家情报总监和国家情报总监办公室的设立使得庞大的国家安全情报系统变得更加统一、协调和高效，在一定程度上弥补了"9·11"事件前反恐预警体制的不足。

（二）依法设立新的反恐预警机构

2003年1月1日，《国土安全法》正式生效，依据该法成立了属于内阁部长级的国土安全部。国土安全部虽然也负责自然灾害的预警和管理，但更主要的是负责恐怖袭击等美国国土安全威胁的预警和管理。该部门负责的主要工作就是防止恐怖分子进入美国境内，提高美国应对和处理紧急情况的能力，汇总和分析来自联邦调查局、中央情报局等部门的情报，成为恐怖袭击情报的中心。国土安全部主要分为4个部门进行运作，其中的

---

① George W. Bush, "41WCPD – Weekly Compilation of Presidential Documents," Vol. 41, Issue 29, July 25, 2005, pp. 1175 – 1176, https://www.govinfo.gov/content/pkg/WCPD – 2005 – 07 – 25/pdf/WCPD – 2005 – 07 – 25.pdf.

第四个部门就是分析恐怖情报、发布预警的中心机构,定额工作人员为1000名,80%来自联邦调查局。①

2004年8月27日,为了统一反恐情报的整编和使用,提高反恐情报处理的效率,小布什总统签署了第13354号行政命令,决定在中央情报局隶属的"反恐怖主义威胁协调中心"和联邦调查局隶属的"恐怖分子甄别中心"的基础上成立国家反恐中心,受国家情报总监领导。② 该中心是美国从中央情报局、联邦调查局、国家安全局等情报部门抽调人员组成的恐怖威胁综合中心。第13354号行政命令赋予国家反恐中心的职能是分析和整合美国政府所拥有的或获得的所有关于恐怖主义的情报,为反恐行动制定战略行动规划,将行动任务分配到负责反恐行动的各主要机构。这些任务要与法律保持一致,建立共享的反恐数据库,确保各机构接触或获得执行反恐计划所必须的来自所有来源的情报支持。③

2004年《情报改革及预防恐怖主义法》和修改后的《1947年国家安全法》进一步明确了该中心的法律地位:国家反恐中心隶属国家情报总监办公室,中心主任由国家情报总监提名,国会参议院批准,总统任命,是政府反恐情报汇总、研判和通报的主管部门。④ 国家反恐中心实际上就是要成为美国政府关于恐怖威胁的"情报总库",其主要职责是反恐情报分析,推动反恐情报信息共享,促进机构间协作。⑤ 国家反恐中心主任实行"双向汇报制":向总统汇报行政部门的反恐计划,提供恐怖威胁的简报;向国家情报总监汇报情报事务。⑥ 在监视可疑恐怖分子方面,根据《情报改革及预防恐怖主义法》,国家反恐中心建立了"恐怖分子识别数据平

---

① 高瞻:《"9·11"事件后美国情报系统的改革》,《国际资料信息》2003年第9期,第14—15页。
② 何强强、沈彦:《美国国家反恐中心简介》,《国际资料信息》2010年第2期,第22页。
③ Richard F. Starr, "The U. S. Intelligence Community," Review of Policy Research, Vol. 20, Issue 4, 2008, p. 586.
④ 黄爱武:《战后美国国家安全法律制度研究》,法律出版社2011年版,第97页。
⑤ 《情报改革及预防恐怖主义法》规定了国家反恐中心的六个任务和九项职责,《2007年执行"9·11"委员会建议法》、情报界第900号指令以及其他行政命令规定了国家反恐中心的其他任务。
⑥ 何强强、沈彦:《美国国家反恐中心简介》,《国际资料信息》2010年第2期,第22页。

台"，这一数据平台根据相关法律的规定搜集了所有可疑人员的信息。① 然后，以上的反恐法规只赋予国家反恐中心计划权和协调权，而无执行权，这使其在反恐行动中处于尴尬境地，其指令不能得到有效地执行和贯彻。

综上所述，"9·11"事件后，美国形成了以国家情报总监跨部门协调受国会监督的综合性的国家反恐预警体制。② 其中，反恐预警体制中的最高决策者是总统。总统、国会、国家安全委员会、国土安全部、情报界共同组成了国家层面的领导体系。在地方层面也建立了区域反恐预警体制及其"行动情报准备"的预警模式，有效完善了反恐预警战术层面的实际操作。国家反恐中心则是美国反恐预警的专职机构，负责整合、分析国内外一切与恐怖主义和反恐相关的情报，协调情报界的反恐情报需求，展开选择性分析，建立反恐中心数据库，为预警工作提供技术支持。

二、美国反恐法规与反恐预警运行机制的变革

"9·11"事件后，在总结反恐预警失败的经验教训的基础上，美国一方面对反恐预警体制进行了改革，设立了负责情报机构之间沟通和协调的国家情报总监和国家情报总监办公室，成立了国土安全部和国家反恐中心作为反恐预警的专职机构；另一方面也越来越重视反恐预警机制的建设，即对反恐情报监控、反恐情报预警和反恐危机预案的改革和完善。反恐实际上属于应急危机管理的一种，"9·11"事件后，反恐危机预警也成为美国应急危机预警的重心，国家应急框架实际上也包括了恐怖主义袭击的响应和预案。鉴于上文已经做了相关分析，本部分将不再赘述，而主要分析美国反恐法规对于反恐情报监控和反恐情报预警的规定。

（一）反恐法规对反恐情报监控和协调的规定

在预警机制运行的监控、报警和预案三个环节中，"9·11"事件预警

---

① National Counterterrorism Center, "Terrorist Identities DataMart Environment," Washington, D. C.：NCTC, 2009, p. 1.
② 中国现代国际关系研究所危机管理与对策研究中心编著：《国际危机管理概论》，时事出版社2003年版，第79页。

失败的源头在于"监控"出了问题。某些可能有用的信息没有被搜集，而其他一些可能有助于抵御攻击的信息没能在相关部门之间实现共享。① 因此，美国反恐预警机制变革首先就是通过立法和行政命令等进一步加强对恐怖主义的监控和防范，对制约反恐情报监控和协调的规则进行修改。

2001年9月22日，在"9·11"事件发生仅十天后，小布什总统就签署了《空中运输安全与稳定法》，决定实施更为严格的检查，并在航班上增加便衣警察以加强民航安全，并建立了空中运输稳定委员会。②

2001年10月26日，美国国会众参两院先后通过了《采取有效措施截断和阻止恐怖主义以联合和加强美国法案》，即《美国爱国者法案》，该法案的主要内容包括：允许执法机构窃听恐怖嫌疑分子的电话并跟踪其互联网和电子邮件的使用；加强情报部门和犯罪调查机构之间的情报交换。③ "这个法案也延伸了恐怖主义的定义，包括国内恐怖主义，扩大了执法机关可管理的活动范围。"美国国内刑事侦查和情报侦察间，以及和机构间的壁垒被打破，即在涉及情报方面的调查时，警察机构可以根据情报机构的建议进行下一步的刑侦工作。总的来说，《美国爱国者法案》是打击恐怖主义的正式法律，为反恐情报活动提供法律基础和保障，其赋予了美国国家安全机构防范、侦破和打击恐怖主义活动的特殊权力，国家安全机关在搜集反恐情报时可免受相关规定的限制。

2002年5月，美国国会颁布了《加强边境安全与入境签证改革法》，要求将入境外国人的资料报送国土安全部，允许联邦机构通过分享入境者的签证信息掌握移民的动向，以此来获得恐怖分子的个人信息。同年6月，美国国会通过了《国土安全信息共享法》，目的是促进联邦政府、州政府以及各基层单位之间、情报部门和执法部门之间共享相关情报信息，以应

---

① ［美］白宫情报与通信技术审查小组著，毕思露、杨宁巍译：《美国国家安全局报告——剧变世界中的自由与安全》，金城出版社2017年版，第3页。

② James B. Goodno, "Airport Security Mant Baggage Screeners are not U. S. Citizens Should They be?" Commonweal, Vol. 129, Issue 13, 2002, p. 10.

③ "USA PATRIOT Act," https：//www.fincen.gov/resources/statutes-regulations/usa-patriot-act.

对各类恐怖主义威胁。[①]

在"9·11"事件调查委员会的推动下，小布什总统颁布了几项行政命令来加强情报协调与共享。2004年8月27日，小布什总统发布第13356号行政命令——《加强反恐信息的共享以保护美国人》，要求政府部门和机构的负责人分享反恐情报，要求在设计和使用信息系统时，最优先级的要务是"必须考虑到机构间交换反恐情报"。2005年10月25日，小布什总统又签署了第13388号行政命令——《保护美国人民进一步加强反恐情报信息共享》，取代了较早的行政命令。这份行政命令重申，当务之急是联邦机构与各州、地方政府之间以及各机构与相关私营实体之间相互交换反恐情报，但必须遵守保护隐私和公民自由的要求。

"9·11"事件后，美国迫切地通过立法和出台行政命令的方式加强了反恐情报的监控和信息共享。然而，这些大刀阔斧的改革却是以公众的隐私和自由为代价的，信息保护失效会导致数据泄漏、侵犯隐私等问题。如《美国爱国者法案》给《外国情报监视法》增加了第215条款，迫使第三方向政府提交业务记录和其他有形实体的范围。直到2005年《美国爱国者修改和再授权法》才对第215条款作了修订，即只有政府提供"经事实表明有合理的理由确信寻求的实物信息与经授权进行的调查有关，并旨在打击国际恐怖主义或进行秘密情报活动"时，外国情报监视法庭才能发布类似命令。

(二) 反恐法规对反恐情报预警的规定

"9·11"事件前，美国各安全相关部门分别建立了各自的信息管理和预警系统。"9·11"事件后，为了提高恐怖主义预警和防范能力，美国迅速着手筹建反恐预警系统。

2002年3月12日，小布什总统签署第3号令，正式授权建立反恐预警系统，目的是通过"综合的和有效的手段向联邦、州、地方政府以及美

[①] Stephen Dycus, Arthur L. Berney, William C. Banks, Peter Raven-Hansen, "National Security Law, Fourth Edition," Aspen Publishers, Inc., 2007, p.636.

国人民警告可能遭到恐怖袭击的风险"。① 同一天，美国国土安全部警报系统宣告建立。美国国土安全部警报系统是以美国本土恐怖威胁为对象的五级制反恐预警机制，分别用红、橙、黄、蓝、绿 5 种颜色由高到低来依次表示危机的严重程度，根据不同的危机水平，启动相应的危机应对计划和预案。根据总统第 5 号令，预警级别由国土安全部部长和总统安全事务助理共同决定，当两者意见出现重大分歧时由总统直接决定。②

美国国土安全部警报系统通过积极发布预警信息，提醒并指导各级政府和公众采取防范措施，提高了美国社会的反恐应急能力，但其在运行过程中也出现了诸多弊端，甚至有部分城市管理者认为美国国土安全部警报系统是无效的系统。③ 其认为该系统的预警等级划分不合理，大部分预警级别用不上，存在结构性缺陷；预警也过度依赖颜色来区分威胁严重程度，缺乏具体的信息和行动建议；预警期限也没有时间限制，长期处于戒备状态使得各方处于疲惫状态。④

经过美国政府的讨论和评估，美国国土安全部报警系统于 2011 年 4 月升级为全国恐怖主义威胁警报系统。其系统设置了两级预警制——"警报"和"公告"，其中"警报"分为发布针对美国的"可信的、具体的、即将发生的"恐怖威胁预警的"紧迫威胁警报"和发布"可信的"恐怖威胁预警的"升级威胁警报"。⑤ 全国恐怖主义威胁警报系统在发布警报类预警时，不再是简单地宣布预警级别，而是提供更加具体而清晰的信息与建议，对有效预防与遏制恐怖主义发挥了重要作用。2015 年 12 月 16 日，国土安全部部长杰伊·约翰逊正式宣布除普通预警公告外的全国恐怖主义

---

① 董泽宇：《美国反恐预警体系建设的经验与教训》，《情报杂志》2016 年第 3 期，第 13 页。
② 吴玉良：《国外智库信息服务的分析及启示》，《情报杂志》2015 年第 2 期，第 188—193 页。
③ Christopher Reddick, "Homeland Security Preparedness and Planning in U. S. City Governments: A Survey of City Managers," Journal of Contingencies and Crisis Management, Vol. 15, No. 3, 2007, p. 163.
④ 董泽宇：《美国反恐预警体系建设的经验与教训》，《情报杂志》2016 年第 3 期，第 13—14 页。
⑤ NTAS Public Guide, National Terrorism Advisory System Public Guide April 2011, http://www.dhs.gov//sites/default/files/publications/ntas - public - guide.pdf, p. 2.

威胁预警系统三级预警制，即紧迫威胁警报、国家安全威胁公告和升级威胁警报。①

2010年以后，美国还以危机管理理论为基础，结合反恐预警实践，开发了"恐怖主义信息识别系统""可疑行动报告系统""一体化危机预警系统"等反恐预警警报系统。② 根据《预警警报和相应网络法》的规定，2006年美国国会批准通过了手机预警系统方案，要求手机制造商在所有新生产的手机里安装一种特制的芯片，可以让手机用户能够直接收到免费的预警信息。2011年底，该手机预警系统正式推出，覆盖了美国所有的无线运营商和手机用户。③ "9·11"事件发生后，世界恐怖活动进入活跃期，全球多地相继发生严重的暴恐事件，美国国内安全状况的改善很大程度上得益于反恐预警体制机制的变革与完善，而这又是以反恐法律法规为前提的。

本章小结

美国拥有世界上规模最大、层级最多的国家安全危机预警体制机制，包括战略安全预警、军事安全预警、应急安全预警、反恐安全预警等方面的内容。源于美国所特有的政治体制，其安全危机预警必然是以宪法和有关法律法规为依据进行机构设置和运行，并根据国内、国际形势的变化，通过修订相关法律，适时对国家安全危机预警体制机制进行调整，以更好地发挥作用。法律法规在美国国家安全危机预警中发挥着不可替代的关键作用，覆盖其体制建构和机制运行的全过程。

---

① 董泽宇：《美国反恐预警体系建设的经验与教训》，《情报杂志》2016年第3期，第14页。
② 樊明明、肖欢、陶祥军：《美俄反恐预警机制的比较及启示》，《情报杂志》2014年第12期，第7页。
③ 《美国将推出手机预警系统 总统可直接向市民发布紧急通知》，中国日报网，2011年5月12日，http：//www.chinadaily.com.cn/hqgj/2011-05/12/content_12492832.htm。

其一，法规体系是美国国家安全危机预警体制建构和发展的基础和前提。从静态的视角看，美国国家安全危机预警的机构和职位均依法设立，且其相应的职能使命及各个职位和机构的人事规则也依法确定和设置。其二，法规体系是美国国家安全危机预警机制运行的根本和保证。从动态的视角看，美国国家安全危机预警的各个环节也都奉行依法管理的原则。如依法进行情报搜集和分析、报警、出台预案并采取应对措施等。其三，国家安全危机预警的体制构建和机制运行也可反作用于法律法规体系，令其不断丰富完善。若危机预警的结果表明其组织建构和运行机制中存在不足和缺陷时，也会实施不同程度的立法和修法活动，再根据新的法律法规体系修正危机预警体制机制，令其能真正达到危机预警的效果。

国家安全危机预警体制机制建设的首要工作是制定相关的法律法规，统一规定各方在应对和处理危机事件中的职责和权限，确定依法对抗紧急状态和危机事件的法治原则。美国基本建立了以宪法、国家安全法、国防法规、应急法和反恐法为主要内容的国家危机预警法律体系。这些法律法规相互补充，统筹兼顾，有效地引导美国政府建立起法制化的危机预警体系。

第二章
美国国家安全危机预警体制的结构

美国国家安全危机预警体制包括组织结构、相应制度及运作流程。从结构—功能主义的视角来看，组织结构在安全危机预警体制中发挥着重要作用，结构设计是否合理决定着国家安全危机预警能力的强弱。为了更好地实施国家安全危机预警，美国在国家安全危机预警体制的结构上，设置了安全危机预警的决策与协调机构、执行机构和监督机构等。在这些机构中，总统、国家安全委员会、情报界、国家情报总监和国会等在美国国家安全危机预警过程中发挥了重要作用。

第一节 美国国家安全危机预警体制的结构设计

美国国家安全危机预警体制的结构在设计上分为总体结构设计和分类结构设计两个层面。在总体结构上，美国国家安全危机预警体制分为决策机构、协调机构、执行机构、咨询机构和监督机构，[1] 其中，决策、协调与执行机构处于核心地位；这些机构在总体设计上实行集中统一领导、纵向指挥、横向协调、组织高效。在分类结构上，美国国家安全危机预警分为应急安全危机预警、反恐安全危机预警、军事安全危机预警和战略安全

---

[1] 薛亚梅、姜红明：《美、英、俄国家安全体制比较及启示》，《理论观察》2015年第1期，第74页。

危机预警,① 因而在分类上美国分别设置了应急安全危机预警机构、反恐安全危机预警机构、军事安全危机预警机构和战略安全危机预警机构。在这四类安全危机预警机构内部,其预警结构的设计也体现了集中统一领导、纵向指挥、横向协调和组织高效的特点。

一、美国国家安全危机预警体制结构的总体设计

美国国家安全危机预警体制的结构在总体设计上分为安全危机预警的决策与协调机构、执行机构和监督机构等。其中,决策与协调机构为美国国家安全委员会,执行机构为美国的情报界、国务院、国防部、司法部、国土安全部等政府、军队的相关部门,监督机构主要为国会和法院等。

(一) 美国国家安全危机预警体制的决策与协调层

国家安全委员会是美国国家安全危机预警体制的决策和协调机构,美国总统是国家安全委员会主席,是国家安全危机预警的最高决策者。

美国国家安全委员会。国家安全委员会是美国国家安全危机预警的最高决策与协调机构,是美国政府进行国家安全危机预警、危机管理和危机应对的权威机构。美国《1947 年国家安全法》明确指出,国家安全委员会的任务是"在有关国内外安全和军事政策上,综合行政部门的意见,向总统建言,以期在安全事务上最有效地实现部门合作"。② 成立之初的美国国家安全委员会由两部分组成:一部分是由高级内阁部长组成的咨询委员会,其成员包括总统、国务卿、国防部长,其他行政、军事部门的部长和副部长;另一部分是配合咨询委员会工作的一个小型秘书班子,由一名文职行政秘书负责。③ 成立之初的国家安全委员会由于成员众多出现了决策程序过于复杂的情况,影响了国家安全委员会的效率。针对这一状况,美

---

① 刘胜湘等:《世界主要国家安全体制机制研究》,经济科学出版社 2018 年版,第 32 页。
② Congress of United States, "The Congressional Record (July 9 and July 19, 1945)," Washington: the United States Government Publishing Office, 1945, pp. 8496 – 8497.
③ Congress of United States, "The Congressional Record (July 9 and July 19, 1945)," Washington: the United States Government Publishing Office, 1945, p. 9397.

国于1949年通过了《国家安全法（修正案）》对国家安全委员会的结构进行调整：总统、副总统、国务卿、国防部长为法定成员，中央情报局长为法定情报顾问，参谋长联席会议主席为法定军事顾问；根据需要，总统可以指定财政部长、白宫主管、国家安全顾问、预算局长、美国驻联合国大使、国际开发署主任、军备控制与裁军署首脑等参与国家安全委员会。根据2004年修订的《情报改革及预防恐怖主义法》，美国国家情报总监取代中央情报局长成为国家安全委员会的法定情报顾问。从1947年成立迄今，美国国家安全委员会经历了70多年的演变，已发展成为功能齐全、结构完备、运作成熟的国家安全决策与协调系统。

美国总统。根据美国宪法，总统是国家元首、政府首脑和武装部队总司令，美国国家安全体制的设计是以总统为中心。在美国国家安全委员会中，总统是最高决策者。总统无需国会批准有权直接组建自己的国家安全委员会工作班子，可以按照自己的意愿来塑造国家安全委员会。正如科林·鲍威尔所指出的："归根结底，国家安全委员会工作班子及国家安全顾问本身就是按照总统的个性被塑造的，国家安全委员会不得不将自己按照总统的意志、愿望和情感来塑造……如果他满意，那才是最重要的。"①

（二）美国国家安全危机预警体制的执行机构

美国政府和军队的一些相关部门是美国国家安全危机预警体制的执行机构，如美国的情报界、国务院、国防部、国土安全部、司法部、财政部和能源部等。

美国情报界。美国的情报机构也称为情报界，其模式为"16＋1"，承担着美国情报的搜集和传递任务。"16"为美国政府所辖的16家情报机构，具体包括：中央情报局这个独立机构；国防部下属的8个部门：国防情报局、国家安全局、国家地理空间情报局、国家侦察局以及4个军种情报机构——陆军参谋部二部、海军情报局、海军陆战队情报局和空军情报监视侦察局；其他五大部级行政机构下属的7个情报部门：能源部的情报

---

① Eugene R. Wittkopf, Christopher M. Jones, Jr. Charles W. Kegley, "American Foreign Policy: Pattern and Process, Seventh Edition," Cengage Learning, 2007, p. 347.

与反情报办公室，国土安全部的情报与分析办公室和美国海岸警卫队情报局，司法部的联邦调查局和禁毒署国家安全情报办公室，国务院的情报与研究局以及财政部的情报与分析办公室。①"1"为统领16家情报机构的国家情报总监办公室，情报总监办公室设置国家情报总监一职，国家情报总监负责协调和统领包括中央情报局在内的全美16个不同情报机构之间的工作，处理情报搜集力量与搜集任务之间的矛盾和冲突，决定分析情报和产生情报的重要程度等。

美国国务院。国务院是美国政府主管外交的职能部门，通过实施外交、援助和倡议等来维护美国人民的安全和经济等利益。②在国家安全危机预警体制中，国务卿是国家安全委员会的法定成员，参与国家安全危机预警的决策；国务院的情报与研究局是美国情报界的组成部分，负责及时、客观地向国务卿和情报总监提供对全球形势和所有来源的情报汇总和分析。

美国国防部。国防部是美国武装力量的领导机构，肩负着国家传统安全危机处理的任务。在美国国家安全危机预警体制中，国防部长是国家安全委员会的法定成员，参谋长联席会议主席是国家安全委员会的法定军事顾问；国防部下属的8个情报部门是美国情报界的重要单位，负责军事类情报的收集；国防部承担着军事安全危机预警和战略安全危机预警的功能。

美国国土安全部。国土安全部主要负责非传统安全危机的处理任务。2002年，美国根据《国土安全法》成立了国土安全部。《国土安全法》第101条规定，国土安全部的主要职责包括预防美国境内的恐怖袭击，减少美国面对恐怖主义的脆弱性等。③另外，《国土安全法》也对纳入国土安全部的联邦应急管理局做了说明，其第507条规定，联邦应急管理局的职

---

① ODNI, "Members of the IC," https：//www.odni.gov/index.php/what-we-do/members-of-the-ic.

② "About the US Deparment of State," https：//www.state.gov/about/about-the-u-s-department-of-state/.

③ "Homeland Security Act of 2002：SEC.101," http：//www.gpo.gov/fdsys/pkg/PLAW-107publ296/pdf/PLAW-107publ296.pdf.

责任务包含《斯塔福德法案》中所规定的所有职责和权限,并用项目形式进行应急管理以减除灾害、制定规划、实施应对、实现恢复和增加效率。①

(三) 美国国家安全危机预警体制的监督反馈机构

二战以后,美国在逐步建立起现代国家安全情报体制的同时也加强了对国家安全工作的监督。总统主导的行政监督、国会的立法监督以及法院的司法监督构成了国家安全危机预警的监督体制。总统作为国家安全危机预警体制的最高决策者,其还有一个职能就是对国家安全危机预警体制的机构和预警的全过程进行监督,确保各机构能够合法、正常地运转,确保国家安全危机预警的流程能够顺利地进行下去。在日常活动中,国会对安全机构及其活动进行例行监督。监督的内容主要是国家安全机构的工作绩效和行为合法性两个方面,监督的方式主要是通过行使立法权、预算权、人事权、调查和传讯权等进行监督。法院的司法监督所关注的重点与国会基本相同,但其监督手段则有所不同,主要通过判例和司法解释来行使国家安全监督权力。②

(四) 美国国家安全危机预警体制结构总体设计的特点

美国国家安全危机预警体制结构在总体设计上实行集中统一领导、纵向指挥和横向协调。总统是国家安全危机预警机构的最高领导者,各机构在总统的集中统一领导下开展工作。在纵向上,对各机构之间的联动关系进行了设计,国家安全危机预警体制的决策与协调机构、执行机构和监督机构之间是自下而上和自上而下的紧密联动关系。执行机构——美国情报界负责搜集和监控涉及国家安全的信息和情报,然后情报界把这些信息和情报传递给国家情报总监办公室,国家情报总监办公室再把这些情报信息汇总分析后上传给国家安全委员会,国家安全委员会形成决策报经总统批

---

① "Homeland Security Act of 2002: SEC. 507," http://www.gpo.gov/fdsys/pkg/PLAW-107publ296/pdf/PLAW-107publ296.pdf.
② 张晓军等:《美国军事情报理论研究》,军事科学出版社2011年版,第198页。

准后，再分发给国务院、国防部和国土安全部等安全危机预警的执行机构来发布预警信号和实施应急预案等，总统、国会和法院对国家安全危机预警的全过程进行监督和反馈。在横向上各机构之间、各机构的内部单位之间互相协调、协同，从而提高各机构的工作效率。

二、美国国家安全危机预警体制结构的分类设计

由于美国国家安全情报分为应急情报、反恐情报、军事情报和战略情报，与安全情报的四种类型相对应，美国国家安全危机预警分为应急安全危机预警、反恐安全危机预警、军事安全危机预警和战略安全危机预警，因而在分类上美国分别设置了应急安全危机预警机构、反恐安全危机预警机构、军事安全危机预警机构和战略安全危机预警机构。在这四类危机预警机构中，其预警结构在设计上也体现了集中统一领导、纵向指挥、横向协调和组织高效的特点。

（一）美国应急安全危机预警体制的结构

美国应急安全危机预警是指应急安全机构对涉及公共安全，可能发生或已经发生的重大自然灾害、事故灾难等突发事件进行危机监控、危机预警和发布危机预案等。为了更好地实施应急安全危机预警，美国在应急安全预警体制的结构设计上形成了以总统为核心、国土安全部为决策中枢，联邦、州、市三级应急管理机构负责执行，国会负责监督的结构体系。在美国国家安全危机预警机构中，国土安全部是其最高的应急管理机构，它是在"9·11"事件后由美国联邦政府22个部门组成。联邦应急管理局是国土安全部的最大部门之一，它的主要职责为：在紧急状态下，直接对总统负责，代表总统协调灾难救助事宜，包括协调州和地方政府、27个联邦政府机构、美国红十字会和其他志愿者组织的应急响应和灾后恢复重建活动；联邦应急管理局在全美设立10个区域运行中心，负责与州以及地方安全应急机构联系，共同制订救援计划，协同地方组织实施救助，负责评估

灾害损失等工作。①州、市级应急管理机构负责处置本区域紧急事件，州应急管理机构主要负责制定州一级的应急管理和救灾规划，并监督指导市级应急机构开展工作；市级应急管理机构制定市一级的应急管理和救灾规划，并监督指导地方应急机构开展工作。国会负责对整个应急安全危机预警流程进行监督。

美国应急安全危机预警机构在结构上的设计表现为：对可能发生或已经发生的紧急事件，联邦应急管理局及时向受灾地区派驻技术性官员与联络官，他们的职责是协助配合当地的应急管理机构，通过各种渠道迅速搜集获取必要的关键信息，并及时向上级应急管理部门输送这些信息数据；②当联邦或州级应急管理机构接收到初步处理的应急情报后，经过技术手段分析，去伪存真，使应急情报成为制定应急预案和预防预警的决策依据；同时，对那些超出州及地方政府处理能力的重大灾难性事件，联邦应急管理局会及时向总统汇报危机事态的发展情况。此外，联邦应急管理局与各州安全应急机构将必要可靠的应急情报进行整合处理，建立联合信息中心，并通过互联网、电话通信等媒体方式就危机事态向下级应急管理机构和社会公众发布信息，从而实现应急安全危机预警。

（二）美国反恐安全危机预警体制的结构

反恐安全危机预警是指国家监测、评估和预报恐怖主义风险和危机的活动或工作。反恐安全危机预警机制包括反恐怖职能部门与决策部门、反恐怖机构和决策机关以及社会和政府其他部门之间形成的监测、评估和预报恐怖活动的运行模式，以及协调相互关系的原则、准则、规则和决策程序。③为了更好地实施反恐安全危机预警，美国在反恐安全预警体制的结构设计上形成了总统为决策核心，国家情报总监办公室及其下属的国家反恐中心作为反恐安全危机预警中枢，国土安全部为反恐安全危机预警信息

---

① FEMA："Prepared. Responsive. Committed"（FEMA B - 653/July 2008），http://www.fema.gov/pdf/about/brochure.pdf.
② 张政：《美国重构应急体系后加强突发事件信息工作的主要做法及特点》，《中国应急管理》2016 年第 1 期，第 79 页。
③ 马振超：《俄美反恐预警的启示》，《国际关系学院学报》2009 年第 6 期，第 27 页。

发布机构，国会为监督机构的组织体系。

美国反恐安全危机预警机构在结构上的设计表现为：美国的16家情报机构对全国的涉恐信息进行监控和收集并与国外的情报机构进行反恐信息交流；国家情报总监办公室及其国家反恐中心，负责整合、分析国内外一切与恐怖主义相关的情报，然后把汇编后的关键性反恐情报呈报给最后的决策者——总统；总统利用所收到的情报做出反恐决策，并将反恐决策的实施效果反馈给国家情报总监及相关情报部门负责人；最后由国土安全部部长和总统国家安全顾问来决定安全预警的级别，并通过从属于国土安全部的全国恐怖主义威胁警报系统发布危机预警。

（三）美国军事安全危机预警体制的结构

美国军事安全危机预警体制在结构上，也由决策机构、执行机构和监督机构组成。总统为军事安全危机预警的最高决策者，国家安全委员会是军事安全危机预警的决策机构，军事情报机构和武装力量为实施军事安全危机预警的执行机构，国会等为监督机构。根据美国宪法，总统是美军统帅，是美国军事的最高决策者。国家安全委员会是国家安全问题的最高决策与协调机构，负责为总统提供决策咨询，参谋长联席会议主席以军事顾问的身份对总统、国防部长和国家安全委员会的决策产生影响。[1] 执行机构中的军事情报机构主要包括国防部下属的8个情报部门和国土安全部下属的海岸警卫队情报局；武装力量主要包括陆军、海军、空军、海军陆战队和海岸警卫队。

美国军事安全危机预警机构在结构上的设计表现为：执行机构中的军事情报机构为国家安全委员会和总统提供预警信息，国家安全委员会和总统做出军事预警决策，再由美国的武装力量来展开军事行动，国会对整个行动过程进行监督。

（四）美国战略安全危机预警体制的结构

冷战结束以来，美国在战略安全上特别重视对大规模杀伤性武器和大

---

[1] 周琪主编：《美国外交决策过程》，中国社会科学出版社2011年版，第158页。

国战略竞争预警，尤其是特朗普政府上台以后更是如此。如2017年版美国《国家安全战略》报告认为，美国国家安全受到"修正主义强国""战略竞争者""无赖国家""圣战"恐怖分子集团，以及大规模杀伤性武器尤其是核武器、化学武器等的安全威胁。① 因而，美国战略安全危机预警包括：弹道导弹与核爆炸预警、大国战略竞争预警两个方面。

美国弹道导弹与核爆炸预警是在尽可能远的警戒范围内，准确探测和识别大气层及外层空间来袭的战略性攻击武器或作战平台，其针对的主要对象是弹道导弹和战略轰炸机。② 为了对弹道导弹与核爆炸进行预警，美国形成了以总统为核心的国家安全委员会决策层，以北美防空司令部和空军航天司令部为主的指挥机构，以天基预警系统和地基预警系统为执行机构，③ 以国会作为监督机构的组织体系。美国弹道导弹与核爆炸预警机构在结构上的设计为：天基预警系统和地基预警系统。天基预警系统即由国防支援计划导弹预警卫星系统和其未来的替代系统——天基红外探测系统组成，地基预警系统即由联合监视系统、北方弹道导弹预警系统、潜射弹道导弹预警系统、空军空间跟踪系统、海军空间监视系统和地面深空光电监视系统组成。这两大预警系统将预警信息传达给指挥机构北美防空司令部和空军航天司令部，北美防空司令部和空军航天司令部根据预警数据、数据库的目标威胁数据、国际形势数据等，推测出侵略威胁的种类、发生地点和攻击目标等，然后把这些信息传递给参谋长联席会议和国防部，最后由总统做出决策；美国的各作战单元再根据决策来展开行动；国会对整个预警过程实施监督。

战略竞争是国家间竞争关系的高级形式，④ 美国建立大国战略竞争预警体制实施大国战略竞争预警是维系其全球霸权体系的关键所在。美国通过实施战略预警措施，能够对世界范围内任何有能力挑战其霸主地位的对

---

① The White House, "National Security Strategy of the United States of America," December 2017, p. 2, https://www.whitehouse.gov/wp-content/uploads/2017/12/NSS-Final-12-18-2017-0905-2.pdf.
② 袁俊：《美国的国家战略预警系统》，《中国航天》2001年第11期，第35页。
③ 闫彬等：《美俄战略预警系统发展及启示》，《国防科技》2009年第3期，第85页。
④ 吴心伯：《论中美战略竞争》，《世界经济与政治》2020年第5期，第96页。

手做出迅速、有效的回应。① 为了更好地对大国进行战略竞争预警，美国形成了以总统为核心的决策层，以智库和媒体为推手，以情报界、外交部、国防部、商务部等为执行机构，以国会为监督机构的组织体系。美国大国战略竞争预警机构在结构上的设计表现为：以总统为代表的政治精英首先确定战略竞争对手，然后借助智库、媒体等推动在国内和决策圈形成战略竞争共识；在战略竞争共识达成以后，国家安全委员会作为决策与协调机构制定出对外竞争决策，情报界、外交部、国防部、商务部等执行机构与竞争受动国在政治、经济、军事、科技、文化等领域展开竞争；总统和国家安全委员会再根据受动国对竞争的回应以及舆论情况做出政策调整；国会通过立法、预算、批准总统任命等形式对整个大国竞争预警决策和执行过程实施监督。

第二节　美国国家安全危机预警与情报机构、情报总监

情报是安全危机预警的前提和基础，其作为支撑安全预警过程的基本依据，在美国国家安全预警机制中发挥着至关重要的作用。②情报的载体——情报机构为决策机构提供及时和可靠的信息，帮助决策层做出正确的预警决策。

一、美国情报机构设置

美国的情报机构也称为情报界，承担着情报的收集、分析和传递任务，包括美国国家情报总监办公室和16家情报机构。

---

① 刘胜湘等：《世界主要国家安全体制机制研究》，经济科学出版社2018年版，第37页。
② 刘胜湘等：《世界主要国家安全体制机制研究》，经济科学出版社2018年版，第22页。

（一）国家情报总监办公室

国家情报总监办公室的职能是领导和协调美国情报界，提出国家情报的收集、分析、生产和传播的优先事项，其工作人员来自美国情报界，在组织架构上包括领导层、核心部门、任务中心和监管机构等。[①] 情报总监办公室的领导层包括国家情报总监、国家情报首席副总监和首席执行官。

情报总监办公室的核心部门包括：促成机构局、任务整合部、国家安全伙伴办公室、战略与参与部。[②] 这些部门围绕国家情报总监办公室的核心职能而组建，目的是为美国的情报融合提供更全面的观点和战略方法。其中促成机构局由国家情报副总监执掌，由购置技术与设备官、首席财务官、首席人力资本官、情报界首席信息官、系统与资源分析师组成，其职能是战略性地将情报资源、人员、系统和设施集中在一起以便迅速转化成情报成果。任务整合部门由国家情报副总监领导，其组成机构包括外国合作伙伴关系机构，优先、分析和收集委员会，国家情报委员会，国家情报管理委员会和总统每日简报机构，其职能是提供战略情报和独特见解，并推动国家情报资源的分配。国家安全伙伴办公室由国家情报副总监领导，由领域协调办公室、情报技术协调办公室、国内信息共享办公室和私密部门组成，其职能是优化国家情报总监办公室的伙伴关系，利用合作伙伴机构的知识、信息和专业来共同应对挑战。战略与参与部由国家情报副总监领导，其组成机构包括：情报高级研究项目活动、政策和战略机构、法律事务机构、战略沟通机构、改革与创新机构，其职能是制定战略和政策框架，提高情报界及时、准确传递相关情报的能力，并在复杂性、挑战性、全球性和技术性的情报环境里赢得先机并防范风险。

国家情报总监办公室的任务中心为：网络威胁情报整合中心、国家反扩散中心、反情报与安全中心、国家反恐怖主义中心。网络威胁情报整合中心是为重大网络事件提供情报支持的机构，代表情报界整合关于威胁趋

[①] ODNI, "Members of the IC," https://www.odni.gov/index.php/what-we-do/members-of-the-ic.

[②] ODNI, "Organization," https://www.odni.gov/index.php/who-we-are/organizations.

势和事件的分析,建立态势感知,支持跨部门形成合适的政策来降低或减轻对手的威胁。国家反扩散中心的职能是领导情报界和跨部门机构来防止大规模杀伤性武器及其运载系统、相关技术和专业知识的扩散。反情报与安全中心的职能是领导和支持保护美国的反间谍和安全活动,向面临外国情报渗透风险的美国秘密部门提供反情报服务,并向美国发出有关情报威胁的公开警告。国家反恐怖主义中心的职能是:领导和整合国内外的反恐信息,提供恐怖主义分析,在反恐机构成员间共享信息,推动政府机构采取行动来保证反恐项目的实施。

国家情报总监办公室的监督机构为:公民自由、隐私与透明度办公室、就业机会公平与多样性办公室、情报界监察长、总理事会办公室。这些监督机构的职责是:确保情报界以保护隐私和公民自由并提高透明度的方式履行其使命;监督平等机会和劳动力多元化计划;进行独立审计、调查、检查和审查;提供准确的法律指导和咨询,以确保遵守宪法、法律和相应的法规;并明确国家情报总监的法定责任,让国会情报委员会了解美国的所有情报活动。

(二) 具有独立性的情报机构

中央情报局是为美国高级决策者提供国家安全情报的独立机构,中央情报局局长需要总统进行任命并得到参议院批准。[①] 中央情报局的雏形来自1941年成立的国家信息协调室、1942年成立的美国情报局、1945年成立的战略服务联盟,以及1946年成立的中央情报组。《1947年国家安全法》根据国家安全需要的综合考虑,在美国总统办公厅之下,以独立机构的形式成立中央情报局。目前中央情报局的职能主要体现在五个方面:第一,就政府部门向国家安全委员会提出关于国家安全的情报活动方面的建议;第二,就协调政府机构向国家安全委员会提供关于国家安全的情报活动方面的建议;第三,综合并评估涉及国家安全的情报信息,并将情报信息在政府内部指定分送和使用,酌情分送给一些部门和机构;第四,利用

---

① CIA, "Today's CIA," https://www.cia.gov/about-cia/todays-cia.

现有的情报机构优势，集中、有效地执行国家安全委员会确定的共同关注的其他情报服务；第五，履行影响国家安全的其他涉及情报活动的职能和责任，国家安全委员会间或对这类职能和责任发出指令。①

中央情报局由五个基本部分组成：业务局、分析局、科学技术局、后勤局和数字创新局。中央情报局的领导层主要有：中央情报局局长、中央情报局副局长、中央情报局首席执行官、中央情报局分析处处长、中央情报局业务处处长、中央情报局科技处处长、中央情报局后勤处处长、中央情报局数字创新处处长，中央情报局人力资源副总监、情报研究中心主任、公共事务主任、法律总顾问、督查长等。②

（三）各部门的情报机构

美国各部门所属的情报机构有15家，其中国防部下属8家，国土安全部下属2家，司法部下属2家，能源部、国防部和财政部各下属1家。

1. 国防部下属情报机构

国防部下属8个情报机构：国防情报局、国家安全局、国家地理空间情报局、国家侦察局及四个军种情报机构——陆军参谋部二部、海军情报局、海军陆战队情报局和空军情报监视侦察局。

成立于1961年10月的国防情报局是美国情报界的重要成员，"同时也是国防部对外军事情报的主要生产者和管理者，负责为国家决策者、军事人员等情报用户提供及时、客观的全源性军事情报，以协助其应对全频谱冲突类型中的各种威胁和挑战"③。"经过60多年的发展，目前美国国防情报局已经形成了比较完善的组织架构：领导机构和官员（局长、副局长、参谋长、高级特别顾问），参谋机构和官员（监察长、法律总顾问、平等机会官、国家测量与特征情报管理办公室、联合对外物资项目办公室），

---

① ［美］杰弗瑞·理查尔森著，石莉译：《美国情报界》，金城出版社2018年版，第26—27页。
② CIA, "Today's CIA," https：//www.cia.gov/about-cia/todays-cia.
③ Office of the Director of National Intelligence, "An Overview of the United States Intelligence Community for the 111th Congress," 2009, p.5, https：//irp.fas.org/eprint/overview.pdf.

以及执行机构（行动中心及主任、业务处及处长、特别办公室及主任）。"[1]

国家安全局，又称国家保密局，是 1952 年根据杜鲁门总统的一项秘密指令，从当时的军事部门中独立出来，用以加强情报通信工作的机构。国家安全局的主要职能是负责政府的密码工作，包括信号情报、网络安全的产品和服务，确保美国计算机网络的正常运行，为美国和其盟友在任何情况下做出优势决策提供支持。[2] 国家安全局内设机构为：行动处、生产处、研究发展处，通信保密处、安保处。行动处主要负责截收外国密码通信；生产处主要负责监听有关国家发出的电子信号，破解各种密码和暗语；研究发展处主要负责特殊、高级密码的分析、译解工作以及用电子计算机处理密码和情报，研制无线电通信的新式设备等；通信保密处主要负责编制密码和密码保密；安保处主要负责监视和审查国家安全局的各类人员，以确保本局的保密和安全等。[3]

国家地理空间情报局，其前身是 1996 年成立的国家图像与测绘局，2004 年根据《国防授权法案》改名为国家地理空间情报局。国家地理空间情报局是美国国家测绘与地理空间信息的管理机构，同时也是国防部直属作战保障局。2009 年 7 月 29 日的国防部长令特别规定了国家地理空间局局长的职责：提供及时、符合需求的地理空间情报、支持、服务和信息；负责地理空间情报计划、搜集、行动、分析、编制和分送；确定或整合国防部长的地理空间情报搜集需求，酌情分配或与国防部长直接负责的部门协调开展搜集行动，提供相关数据；监督和评估国防部各部门开展地理空间情报计划、项目制定、任务分配和搜集活动，以满足国家和军方对地理空间情报的需求；代表国防部长负责地理空间情报标准和规定，地理空间情报的相关授权、执行标准与体系，以及地理空间情报任务分配、搜集、处理和利用；制定完善的地理空间情报相关的系统架构体系；开发、购买、接管地理空间情报相关的系统设施；担任项目负责人，在国家情报计

---

[1] DIA, "Organization," http://www.dia.mil/about/organization.
[2] NSA, http://www.nsa.gov/about/mission-values/.
[3] 朱建新、王晓东：《各国国家安全机构比较研究》，时事出版社 2009 年版，第 167—168 页。

划框架内负责国家地理空间情报计划；建立并保持与外国政府及国际组织共同开展的地理空间情报合作与计划。① 在组织结构上由指挥机构、基层组织、行动部门等组成。

国家侦察局成立于1960年，是直属于国防部的情报机构，也是最秘密的情报机构，机构名称一直到1973年才为外界知晓。该机构的主要职责是：通过侦察卫星获取图像和信号情报，并负责侦察卫星的日常工作。其任务是为美国情报界统一安排卫星的侦察计划、设计、研制和维修，通过卫星和设置在全球各地的地面监听站，搜集相关国家的通信信号，然后将其在计算机中进行筛选和分析。长期以来，国家侦察局所提供的空中侦察情报在指导美国对外政策，尤其是国防和军控政策等方面发挥着重要作用。目前，国家侦察局的绝大多数工作人员来自空军、中央情报局、国家安全局和海军，国家侦察局局长由空军部副部长担任。其主要机构包括：太空发射办公室、特殊通信办公室、生存保障办公室；负责太空侦察的图像情报系统获取处和信号情报系统获取处；负责轨道航天器运营的任务行动处；负责控制地面站和处理接收数据的地面企业处；负责调查小型卫星实施侦察行动可能的先进系统与技术处；负责为系统工程制定标准、开发和协调国家侦察局其他业务的系统工程处；负责对军事行动支援的任务支持处。

四个军种情报机构——陆军参谋部二部、海军情报局、海军陆战队情报局和空军情报监视侦察局。陆军参谋部二部负责为陆军情报活动制定政策、规划、计划、预算、管理、人员监督、评估和监督等；并负责图像情报、信号情报、人力情报、测量和信号情报，以及反情报及安全对策等主要军事情报在陆军内的总体协调。海军情报局在海军情报总监的指导下，为海军和联合作战部队以及国家决策者和美国国家情报系统的其他合作伙伴或消费者提供海事情报的主要机构；海军情报人员由现役和预备役军事人员、文职人员组成，分布世界各地。海军陆战队情报局由海军陆战队的所有情报专业人员组成，负责海军陆战队内部情报的政策、计划、项目、

---

① ［美］杰弗瑞·理查尔森著，石莉译：《美国情报界》，金城出版社2018年版，第71—72页。

预算的制定和人员监督；该部门的工作人员负责地理空间情报、高级地理空间情报、信号情报、人力情报、反情报，并确保制定统一的战略来推进海军陆战队情报工作。空军情报监视侦察局是美国领先的从机载、空间和网络空间传感器获取最终情报的机构，其能够对全球任何地方的目标实现动态和非动态监视，以支持国家战略、作战和战术需求；空军情报监视侦察局局长是美国空军的高级情报官员，负责空军情报监视侦察局的职能管理，包括计划、规划和预算的监督，制定和实施空军情报监视侦察政策，以及美国空军军事和文职情报人员的专业发展、培训、教育、准备和部署。

2. 国土安全部情报机构

2003年1月，国土安全部根据2002年《国土安全法》成立。国土安全部由22个机构组成，其中包括情报与分析办公室和海岸警卫队情报局两个情报机构。

情报与分析办公室在情报分析的重点领域为：对大规模杀伤性武器的分析（与联邦调查局合作），对暴力激进主义的研究（与国家反恐中心合作），对国内恐怖主义的分析（与联邦调查局和其他相关执法机构合作）和对卫生安全的分析（与公共事务办公室和其他几个相关组织合作）。其主要组成部门包括：项目绩效管理部、战略计划和政策部、信息分享和情报管理部、知识管理部、任务支持部、搜集和需求部、外部行动部和反情报项目部。

海岸警卫队是美国五大武装力量之一，是国土安全部的唯一武装力量。[1] 海岸警卫队的情报组织主要包括海岸警卫队调查局、海岸警卫队反情报局、海岸警卫队密码大队、海岸警卫队情报协调中心、大西洋和太平洋区情报处、海事情报综合中心等。[2] 其主要任务是维护海洋经济利益和保护海洋边界，向国家情报总监办公室提供港口安全、海洋安全、反毒

---

[1] United States Coast Guard (USCG), https://www.dhs.gov/operational-and-support-components.

[2] Office of the Director of National Intelligence, "An Overview of the United States Intelligence Community," 2007, p. 26, https://www.dni.gov/files/documents/Newsroom/Reports%20and%20pubs/061222_DNIHandbook_Final.pdf.

品、打击非法移民等方面的情报。

3. 能源部的情报与反情报办公室

能源部情报和反情报办公室负责整个能源部的情报和反情报活动。该办公室利用能源部的资源搜集情报界所需要的信息，其主要职责为：抵御外部势力对能源部的渗透，评估全世界核恐怖主义威胁，帮助其他部门抵御核技术、原料和专业技能的扩散，提供能源领域的核心信息，评估外国新兴技术对美国经济和军事的威胁等。①

4. 司法部的情报机构

司法部下属的情报机构包括联邦调查局和禁毒署国家安全情报办公室。联邦调查局是美国最早建立的情报和法律执行机构，主要职责是国内犯罪执法、国内反恐和国内反间谍任务。情报处是美国联邦调查局的情报领导机构，促进情报机构和执行机构的联合。通过对情报政策和计划的监督，美国联邦调查局情报处确保联邦调查局的情报保持客观性，并在战略和战术之间保持平衡。②禁毒署国家安全情报办公室2006年成为美国情报界的成员，该情报办公室的职责是促进与美国情报界和国土安全部其他部门进行情报信息共享和协调，其目标是减少美国的毒品供应、保护国家安全和在全球打击恐怖主义；美国禁毒署有21个分部，在全球60多个国家设有80多个办事处。③

5. 国务院情报与研究局

国务院情报与研究局负责及时、客观地向国务卿提供对全球形势和所有来源情报的分析，它是国务院内涉及情报界的所有政策问题和活动的协调中心。执掌情报与研究局的副国务卿直接向国务卿汇报，并担任国务卿在情报事项上的顾问。情报与研究局的专家、独立外交事务分析师利用全源情报、外交报道、情报与研究局的民意调查，以及同美国和国外学者的

---

① Office of the Director of National Intelligence, https://www.odni.gov/index.php/what-we-do/members-of-the-ic#doe.

② Office of the Director of National Intelligence, https://www.odni.gov/index.php/what-we-do/members-of-the-ic#doe.

③ Office of the Director of National Intelligence, https://www.odni.gov/index.php/what-we-do/members-of-the-ic#doe.

互动来进行研究。他们强大的区域和职能背景使他们能够迅速响应不断变化的政策优先事项，并对影响美国外交政策和国家安全利益的事件和趋势提供早期预警和深入分析。①

6. 财政部的情报与分析办公室

情报和分析办公室是根据2004年财政部的情报授权法成立的。情报与分析办公室负责接收、分析、整理和传播与财政部的运作和职责有关的外国情报和反情报等信息。情报与分析办公室是财政部反恐怖主义和金融情报局的一个组成部分。财政部反恐怖主义和金融情报局整合了财政部的情报和执法职能的双重目标：保护金融系统免受非法使用，打击"流氓国家"、恐怖分子、大规模杀伤性武器扩散者、洗钱者、毒枭和其他国家安全威胁者。②

二、情报机构与美国国家安全危机预警

2015年1月，美国国防部副部长迈克尔·维克斯在大西洋理事会演讲时指出，"情报对美国国家安全十分重要，也是美国优势的主要来源，在美国面对的一系列威胁面前，情报是发出预警的第一道防线"。③ 美国前总统奥巴马也曾明确指出，"在这个不断变化的世界里，美国的第一道防线就是及时、准确的情报"。④ 情报是美国实施国家安全危机预警的前提和基础，其作为支撑国家安全预警过程的基本依据，在美国国家安全预警机制中发挥着至关重要的作用，⑤ 而情报的获取离不开情报机构。在美国国家

---

① Office of the Director of National Intelligence, https：//www. odni. gov/index. php/what－we－do/members－of－the－ic#doe.

② Office of the Director of National Intelligence, https：//www. odni. gov/index. php/what－we－do/members－of－the－ic#doe.

③ Vickers M. G., "Intelligence in a dynamic world," Atlantic Council, January 21, 2015, http：//www. atlanticcouncil. org /event /intelligence－in－a－dynamic－world/.

④ The White House, "Remarks by the president on strengthening intelligence and aviation security," https：//Obama whitehouse. archives. gov /the－press－office /remarks－president－strengthening－intelligence－and－aviation－security. html.

⑤ 刘胜湘等：《世界主要国家安全体制机制研究》，经济科学出版社2018年版，第22页。

安全危机预警体制结构中,情报机构属于执行层面的机构,其主要作用是为决策机构提供及时、客观的信息,帮助决策层做出正确的预警决策。

(一) 情报机构为国家安全危机预警决策提供信息和知识

情报机构在国家安全危机预警中的一个最基本职能是搜集情报,为国家安全危机预警的决策机构做出及时、正确的决策提供信息和知识。早在20世纪50年代,美国洛克菲勒委员会就指出:"情报是为政府的政策制定者搜集的信息,为政策制定者指出可供选择的范围,使其能做出判断,好的情报不一定能导致明智的决策,但若无准确的情报,国家的政策决定和行动就不能有效地反映实际情况,也不能体现国家的最高利益即确保国家安全。"① 美国情报机构负责为国家安全危机预警的决策层提供他们做出决策所需要的知识和信息,如安全威胁的来源、敌友关系、对手企图、双方力量对比、利弊得失等,有了这些知识和信息,决策层才能知己知彼、权衡利弊做出及时、正确的决策。

(二) 情报机构参与国家安全危机预警方案制定

国家安全危机预警决策机构制定战略计划,需要持续跟踪安全情报,帮助决策者综合各种方案内容形成最优方案。"虽然情报并没有制订政策的职责,但是它却有参与决策的义务。"② 美国"20世纪基金会特别工作组"也曾在报告中指出:"情报与决策之间的交流需要更加富有成效,其目的是为了让政府和军内的高级官员能在需要的时候随时获得各种信息和分析报告,简言之,情报更好地融入决策过程是必要的。"③ 因而,情报机构除了为国家安全危机预警决策机构提供充分的信息供他们决策所用外,

---

① "Report to the President," Commission on CIA Activities Within the United States, Washington, D. C.: U. S. Government Printing Office, https://www.cia.gov/library/readingroom/docs/CIA-RDP78-0030 0R0001000100 52 -4.pdf.
② 胡荟:《战后美国情报界关于战略情报与国家安全决策关系的争鸣》,《情报杂志》2015年第7期,第7页。
③ Jack Davis, "Improving CIA Analytic Performance: Analysts and the Policymaking Progress," Occasional Papers, Vol. 2, 2002, pp. 1–6.

通常情况下也会参与国家安全危机预警方案的制定和优化决策方案等工作,帮助国家安全决策者做出适时、科学、正确、有效的国家安全决策。如在古巴导弹危机决策中,情报机构对各种决策选择和后果进行了分析和评估,为最后决策的出台发挥了重要的作用。

三、国家情报总监与美国国家安全危机预警

国家情报总监作为美国情报界的负责人,负责监督和指导国家情报计划的实施,是国家安全委员会的法定成员。国家情报总监虽然由总统任命,但需要征得参议院的同意。国家情报总监与同样是由总统任命但需要参议院批准的国家情报副总监一起密切合作,有效地整合所有国家和国土安全情报,以保卫国家和维护美国认定的国家安全利益。

根据《1947年国家安全法》和2004年《情报改革及预防恐怖主义法》,国家情报总监是情报界负责人和总统的首席情报顾问。为此,美国国会赋予情报总监的权力和职责主要有:确保向总统、行政各部门负责人、参谋长联席会议主席、高级军事指挥官以及国会,提供及时和客观的国家安全情报;确定收集、分析、制作和传递国家情报的目标和优先事项;确保情报信息在情报界内得到最大程度的获取和利用;根据情报界组成部门提供的预算提案,制定并确保执行国家情报计划的年度预算;负责与外国政府、国际组织的情报或安全部门之间的关系协调;确保对所有来源信息进行最准确的情报分析,以支持国家安全需求;制定人事政策和计划,以提高联合行动的能力,并促进情报界管理职能的人员配置;监督制定和实施用于获取主要系统的项目管理计划,与国防部长联合开展国防部计划,包括成本、进度、绩效目标以及完成计划的阶段性标准等。

可见,国家情报总监在美国国家安全危机预警中扮演着协调和指挥者角色。在国家情报总监职位设立之前,美国情报界是一种"户户冒烟"的"烟囱式体制"结构模式,即不同的情报机构只负责本领域的情报搜集工作,缺乏横向层面的联系。这种情报体制结构的优点是由于分工比较细,情报机构在本领域的情报搜集能力很强,情报搜集效率很高。但由于缺乏

一个对16家情报机构进行统一管理和协调的权威机构，16家情报机构各自为政的弊端明显：各情报机构往往只专注于本领域的情报搜集工作，不去搜集一些交叉领域的情报或者是他们认为不重要的情报，从而造成了一些重要情报被忽略；出于本部门利益的考量，各情报机构往往不会共享情报，甚至形成恶性竞争，出现封锁情报、制造假情报的情况，造成了情报界人力、物力和财力的浪费及丧失机遇、误判形势、决策效率低下、责任推诿等负面效应。

2005年，美国建立了情报总监办公室作为情报界的最高管理和协调机构，设立了国家情报总监作为情报界的负责人，对各情报机构实施统一管理和协调。由于工作繁重，2007年又增加一个国家情报副总监职位。2019年，美国的《国家情报战略》再次明确了国家情报总监是美国情报界的领导者，负责制定国家情报战略，监督、指导和协调各情报机构的工作，负责情报机构的预算等。在国家情报总监的统一领导下，美国情报界各机构之间的协同性大大增强，情报界的效率也有了很大提高。

第三节　美国国家安全危机预警与国家安全委员会、国家安全顾问

美国国家安全委员会和国家安全事务助理在美国国家安全危机预警的决策中起着重要作用。国家安全委员会是"美国总统在国家安全方面的最高咨询决策机构，是美国政府管理情报系统、制定对外政策、进行危机管理和危机应对的权威机构，也是美国政治与军事的神经中枢"。[1] 它在协助总统制定对外政策和协调国家安全机制中发挥着重要的作用。[2] 在美国国

---

[1] 北京太平洋国际战略研究所编：《应对危机：美国国家安全决策机制》，时事出版社2001年版，第6页。

[2] 夏立平：《美国国家安全委员会在美对外和对华政策中的作用》，《国际观察》2002年第2期，第56页。

家安全危机预警体制的结构中,国家安全委员会通过有效的机构设置和高效的运行模式来协助总统进行决策。美国国家安全事务助理又称国家安全顾问,是美国总统在国家安全委员会的代理人和政策建议的来源。[①]

一、国家安全委员会在美国国家安全危机预警中的作用

国家安全委员会是美国政府进行国家安全危机预警、管理和应对的权威机构。在美国国家安全危机预警体制的结构中,国家安全委员会处于决策和协调层,协助总统对国家安全危机做出及时、有效的预警决策。

(一)国家安全委员会的结构设置

1919年,"美国政府成立了"国务院-海军部联席中立委员会","这个机构虽然在当时不被重视,但实际上却成为国家安全委员会的前身"。[②]一般认为,现代国家安全委员会源于美国对战后"总体战"反思基础上的军务变革,尤其是二战的战争复杂性使美国意识到军种间战争趋于白热化,传统型缺乏有效配合的军种体制已不能适应现代战争的需要。[③] 1945年9月,斐迪南·爱伯施塔受美国海军部长詹姆斯·佛瑞斯塔委托撰写报告,建议成立国家安全委员会,同时成立中央情报局作为国家安全委员会的附属机构。杜鲁门总统最终接受了报告中的成立国家安全委员会的建议,1947年7月,国会通过的《国家安全法》经杜鲁门总统签署生效后确认国家安全委员会成立。

美国的《1947年国家安全法》明确指出,国家安全委员会的任务是"在有关国内外安全和军事政策上,综合行政部门的意见,向总统建言,

---

① Richard A. Best Jr., "The National Security Council: An Organizational Assessment," Congressional Research Service, January 20, 2011, p.8.
② 李枬:《美国国家安全委员会决策体制研究》,《美国研究》2018年第6期,第129页。
③ 杨小勇、刘文翔:《应对危机:美国国家安全体制及对我国的启示》,《攀登》2015年第5期,第47页。

以期在安全事务上最有效地实现部门合作"。① 成立之初的国家安全委员会由两部分组成：一部分是由高级内阁部长组成的咨询委员会，其成员包括：总统、国务卿、国防部长，其他行政、军事部门的部长和副部长；另一部分是配合咨询委员会工作的一个小型秘书班子，由一名文职行政秘书负责。② 成立之初的国家安全委员会由于成员众多出现了决策程序过于复杂的局面，影响了国家安全委员会的效率。针对这一状况，美国于1949年通过了《国家安全法（修正案）》对国家安全委员会的结构进行调整。根据修正案，杜鲁门总统调整了国家安全委员会的构成人员，其中总统、副总统、国务卿、国防部长为法定成员，中央情报局局长为法定情报顾问，参谋长联席会议主席为法定军事顾问；根据需要，总统可以指定财政部长、白宫主管、总统国家安全事务顾问、美国驻联合国大使、国际开发署主任、军备控制与裁军署首脑参与国家安全委员会。根据《情报改革及预防恐怖主义法》，美国国家情报总监取代中央情报局局长成为美国情报界的负责人和美国总统的首席情报顾问，在国家安全委员会中，国家情报总监也取代中央情报局局长，成为国家安全委员会的法定情报顾问。2007年，在小布什政府中，国家能源部部长也成为国家安全委员会的法定成员。经过70多年的发展，今天国家安全委员会在结构上已经日臻完善，功能更加健全，权限也大大超过了当初设计者的预想。

（二）国家安全委员会在国家安全危机预警中的功能

国家安全委员会在国家安全危机预警中的功能是推动国家安全危机预警决策过程中的协调和整合，为总统准备预警决策建议方案。

国家安全危机预警问题是一个重要且复杂的问题，涉及美国的情报部门、外交部、国防部、国土安全部等行政部门。"为了避免各行政部门由于片面追求部门利益而造成的相互倾轧，总统必须最大限度地对各部门进

---

① Congress of United States, "The Congressional Record (July 9 and July 19, 1945)," Washington: the United States Government Publishing Office, 1945, pp. 8496–8497.

② Congress of United States, "The Congressional Record (July 9 and July 19, 1945)," Washington: the United States Government Publishing Office, 1945, p. 9397.

行整合，实现各部门的相互妥协与配合，从而保证总统对决策进程的控制，国家安全委员会由此应运而生。"[1] 根据美国《1947 年国家安全法》的第 101 条款规定，国家安全委员会是在国家安全重大决策过程中协调军事、外交和情报等各方面政策的中枢机构，向总统提出有关国家安全的内政、外交和军事政策的综合意见，以便能够使这些军事机构和政府各部门在国家安全事务方面更有效地协调，并协助总统做出决策。[2] 此后，虽然历任美国总统对国家安全委员会的重视程度不同，但是国家安全委员会承担的最基本的职能始终没有变，就是"帮助美国总统确定首要相关政策议题和目标，计划、整合和实施国家安全政策，帮助协调和统一国家内外政策，确定国家安全威胁和目标，并协调各官僚机构在安全领域的关系，消除其间的意见分歧以形成统一立场，并向总统提供决策所需的参考和政策选择，建议具体行动计划等"。[3]

（三）国家安全危机预警决策模式

国家安全委员会在安全危机预警决策过程中的协调和整合功能，是靠其有效的决策模式实现的。在长达 70 多年的发展历史中，虽然历任美国总统根据自己的偏好设置了国家安全委员会的不同决策模式，但是基本上都沿袭了艾森豪威尔时期的"政策山"模式和老布什时期的"斯考克罗夫特"模式，这也是美国国家安全危机预警决策模式。与国家安全决策模式不同之处在于，是"预警决策"还是"安全决策"，"国家安全危机预警决策"属于"国家安全决策"，是"国家安全决策"中的预警阶段。

艾森豪威尔时期的"政策山"模式。国家安全委员会的"政策山"决策模式是美国早期的决策模式。为了使国家安全委员会的工作更有效率，艾森豪威尔将其决策过程制度化。艾森豪威尔设计的国家安全委员会的工作流程是"政策山"程序。所谓"政策山"，就是将国家安全决策过程形

---

[1] 李枏：《美国国家安全委员会决策体制研究》，《美国研究》2018 年第 6 期，第 128 页。
[2] Stephen Dycus, Arthur L. Berney, William C., and Peter Raven‐Hansen, "National Security Law, Fourth Edition," Aspen Publishers Inc, 2007, p.360.
[3] 熊志勇主编：《美国政治与外交决策》，北京大学出版社 2007 年版，第 43 页。

象比喻为从底层到顶层的"爬山"过程。"首先是在其底部,政府各有关部门(如国防部、国务院)就某些问题起草、提出政策建议方案,并提交国家安全委员会中的计划委员会;在'政策山'的中部,由国家安全顾问领导的计划委员会对这些方案进行修改、扩充,并尽可能消除各部门之间的分歧,然后提交国家安全委员会全体会议讨论;在'政策山'之巅,总统通过国家安全委员会审核各种行动的目的,考虑各项政策的深远影响,并从各个部门的政策方案中选择最佳方案。"①

老布什时期的"斯考克罗夫特"模式。为了更好贯彻总统意志,使国家安全委员会为总统服务,老布什和国家安全顾问斯考克罗夫特设立了等级化的国家安全委员会决策模式,即"斯考克罗夫特"模式。"斯考克罗夫特"模式是一种"三级委员会"决策模式:部长级委员会、副部长级委员会和跨部门政策协调委员会。部长级委员会由国务卿、国防部长、中央情报局局长、参谋长联席会议主席、白宫办公厅主任、国家安全顾问组成,其中国家安全顾问是该委员会的主席,其职能是负责审阅和协调国家安全决策的进展和执行。副部长级委员会由内阁各部委次一级的官员组成,副国家安全顾问主持该委员会的工作,其主要职能是对上向部长级委员会提交政策方案,对下审视和监督跨部门政策协调委员会的工作。跨部门政策协调委员会由各部的高级官员组成,其负责人由国务卿选派的助理国务卿担任;其主要职能是负责跨部门的政策研讨和实施。② 老布什政府确立了"斯考克罗夫特"决策模式,自此至今,该模式已成为美国国家安全危机预警决策的通用模式。

二、国家安全顾问在国家安全危机预警中的作用

国家安全顾问的前身是文职行政秘书,1953 年改称为"总统国家安全

---

① 徐思宁:《美俄(苏)国家安全体制比较》,中共党史出版社 2011 年版,第 98—99 页。
② Alan G. Whittaker, Frederick C. Smith and Elizabeth McKune, "The National Security Policy Process: The National Security Council and Interagency System," November 24, 2008, p. 25, https://www.jstor.org/stable/pdf/resrep11925.6.pdf.

事务特别助理"，在尼克松时期才正式称呼为总统国家安全事务助理，后来也称为国家安全顾问。"国家安全顾问在诞生初期不过是一位中立的信息协调员，时至今日他已成为外交和国防政策制定的中枢"。[①] 在美国国家安全危机预警中，国家安全顾问发挥着重要的作用，管理着国家安全委员会的人事、机构和决策过程等。

（一）国家安全顾问是总统的私人助理

国家安全顾问直接由总统任命，不需要经过国会批准，在编制上隶属于白宫，在级别上相当于内阁部长。"国家安全顾问的表现及与总统的关系一定程度上决定了国家安全模式的成功与否。"[②] 国家安全顾问作为总统的私人助理负责为总统的决策提供信息。作为国家安全危机预警最高的决策者，总统需要获得充分、及时、有效的信息，才能够做出正确的决策。美国前国家安全顾问塞缪尔·伯杰曾指出，国家安全顾问的主要角色是不但要向总统提供他想知道的信息，还要提供他需要知道的信息。[③] 国家安全顾问每天通过向总统汇报情报摘要，即具有绝密性质的《总统每日简报》来为总统提供重要的安全信息。

国家安全顾问作为总统的私人助理为总统的决策提出建议。作为总统国家安全顾问，在国家安全委员会中要确保最后提交给总统的政策选项和解决方案不受各行政部门利益的影响；在总统对政策建议进行评估时，国家安全顾问可以协助总统做出决定；国家安全顾问也可以独立向总统提出政策建议；当觉得总统的政策选择有误时，国家安全顾问也可以提出意见，防止总统犯错。

国家安全顾问作为总统的私人助理，要执行总统的决策并监督总统决策的实施。国家安全顾问是国家安全委员会部长级会议的主席，部长级会

---

① Karl Inderfurth, Loch Johnson, "National Security Advisers Roles, Fateful Decisions: Inside the National Security Council," New York: Oxford University Press, 2004, pp. 131-132.
② 孙成昊：《美国国家安全委员会的模式变迁及相关思考》，《现代国际关系》2014年第1期，第28页。
③ Karl Inderfurth, Loch Johnson, "National Security Advisers Roles, Fateful Decisions: Inside the National Security Council," New York: Oxford University Press, 2004, p. 134.

议的职能是负责审阅和协调国家安全政策的进展和执行。在总统的决策执行过程中，国家安全顾问会协调和严密监视总统决策的执行情况，检查总统和国家安全委员会的意图是否得到体现，并向总统和国家安全委员会及时通报决策的执行结果。

（二）国家安全顾问是美国国家安全委员会的管理者

国家安全委员会是美国国家安全危机预警决策的决策与协调机构，虽然总统是最高决策者，但是在实际运行中，"总统没有时间和精力亲自监督和管理国家安全委员会，他只能委派自己的助手——国家安全顾问代为管理"①。美国国家安全顾问作为国家安全委员会的管理者，其主要职责包括：管理国家安全委员会的人事和机构、决策过程和非正式决策机制等。

国家安全顾问管理着国家安全委员会的人事和机构。经过70多年的发展，国家安全委员会的机构变得逐渐庞大起来：在决策机构方面除设置了部长级委员会、副部长级委员会和跨部门政策协调委员会外，还设置了具体的地区事务部门、业务部门、功能部门等。国家安全顾问代替总统对这些部门进行直接的领导和管理。此外，国家安全顾问有权决定这些机构中的地区事务部门、业务部门、功能部门的人员安排及薪资待遇等。

国家安全顾问管理着国家安全委员会的决策过程。无论是"政策山"模式还是"斯考克罗夫特"模式，在国家安全委员会的决策过程中，国家安全顾问管理着决策的每个环节：引导政策议题的制定，确保所有现实的应对方案都会被考虑到，协调立场不同的政策建议方案，如实将这些方案提交给总统和其他的资深内阁成员进行讨论，协助总统做出决策，并确保总统做出的决定能得到贯彻执行。②

国家安全顾问管理着国家安全委员会的非正式决策机制。由于国家安全委员会存在建制过于庞大、议事缓慢、效率低下、容易走漏风声等缺

---

① Alexander L. George, "Presidential Decision making in Foreign Policy: The Effective Use of Information and Advice," Westview Press, 1980, p. 206.
② 陈征：《国家安全顾问在美国外交决策机制中的角色与作用》，北京外国语大学2015年博士学位论文，第61页。

陷，一些总统倾向于非正式的小团体决策模式。如肯尼迪时期的"厨房内阁"，约翰逊时期的"星期二午餐会"，克林顿时期的每周一次的"午餐会"等。这种非正式决策机制的成员一般包括：总统、国家安全顾问、国务卿和国防部长等，而国家安全顾问往往充当召集人的角色；同时由于非正式决策机制不设议题，国家安全顾问还负责讨论过程中的话题引导，以及会后监督决策执行的任务。

三、对国家安全委员会和国家安全顾问作用的评价

国家安全委员会和国家安全顾问虽然在美国国家安全危机预警中发挥着重要作用，但是由于一些因素的制约，他们的作用和功能也受到一定的影响。

国家安全委员会的决策效能受到部门利益之争的影响。冷战后美国加强了对国家安全危机预警机构内部的整合和机构之间的协调，但是由于美国的多元政治结构，一些部门为了各自利益，影响了国家安全委员会的效能。美国国家安全危机预警最高决策机构——国家安全委员会的主要决策为三级委员会模式。其中最高级的部长级委员会负责审查副部长级委员会送来的评估报告，并对副部长级委员会层面未能解决的分歧做出决断，最后呈送给总统。[①] 但实际过程是，部长级委员会中的国务卿、国防部长、白宫办公厅主任等国家强力部门的领导往往倾向于维护本部门的利益，不想牺牲自身利益来实现跨部门协调，从而导致国家安全委员会的最终决策往往是各部门相互妥协的结果。这种相互妥协的决策过程浪费时间，决策结果也严重影响了决策部门的效能。

国家安全顾问虽然在美国国家安全危机预警中发挥着重要作用，但由于其并不是内阁成员，其作用的大小完全取决于总统对他们的信任和权力的赋予。例如，由于同总统良好的私人关系且深受总统的信任，尼克松政

---

① Alan G. Whittaker, (ed.), "The National Security Policy Process: The National Security Council and Interagency System," November 24, 2008, p. 25, http://www.jstor.org/stable/pdf/resrep11925.6.pdf.

府时期的国家安全顾问基辛格和卡特政府时期的国家安全顾问布热津斯基在国家安全委员会中的地位突出，这两个时期国家安全政策的制定权集中在他们的手里；而里根时期，里根有意降低国家安全顾问在决策中的地位，其在国家安全危机预警中的作用也就不言而喻了。

第四节 美国国家安全危机预警体制与总统

美国政治体制的设计决定了总统在国家行政、军事和安全等重要事项中的最高决策地位。政府决策无论有多少部门、多少人参与，最终都被视为总统的决策，人们常常将美国的政策称为某某总统的政策或某某政府的政策，甚至用总统的姓氏概括为"某某主义"，如布什主义，这在一定程度上反映了总统在政府决策上所负有的主要责任。[①] 在美国国家安全危机预警体制结构中，总统是最高的决策者，他决定着国家安全委员会和国家安全顾问的地位和作用，决定着国家安全危机预警的决策模式，决定着国家安全危机预警行政机构的设立和重要人员的任命等。同时，总统也是安全危机预警全过程的监督者。其实施监督的目的是要确保整个预警过程既有效率又合法；其实施监督方式主要包括：颁布行政命令进行职能监督、设立相关机构进行组织监督和成立调查委员会进行纪律监督等。

一、总统是国家安全危机预警体制的最高决策者

总统在国家安全危机预警中的最高决策权体现在：可以组建自己的国家安全委员会班子和任命国家安全顾问，并决定他们在国家安全危机预警体制中的地位和作用；决定国家安全危机预警决策模式；决定国家安全危机预警行政机构的设立和重要人员的任命等。

---

① 李志东：《国家安全顾问在美国外交事务中的作用》，《解放军外国语学院学报》1998年第2期，第118页。

（一）决定国家安全委员会、国家安全顾问的地位和作用

国家安全委员会和国家安全顾问在美国国家安全危机预警决策中作用的发挥都取决于总统。正如科林·鲍威尔所解释的："归根结底，国家安全委员会工作班子及国家安全顾问本身就是按照总统的个性被塑造的；国家安全委员会不得不按照总统的意志、愿望和情感来塑造自身……，他满意才是最重要的。"[①]

国家安全委员会成立的初衷就是为总统国家安全决策服务。但从1947年成立至今，由于历任总统对国家安全委员会的态度和重视程度不同，导致其在美国国家安全体制中的地位和作用也不断发生变化，呈现出一种钟摆式的状况。杜鲁门总统虽然推动了国家安全委员会的成立，构建了国家安全委员会的基本架构，但总体来看，他在国家安全危机预警决策中并不倚重国家安全委员会，而是把它看作是一个咨询机构。艾森豪威尔重视国家安全委员会的作用，并推动了国家安全委员会的制度化。从肯尼迪到约翰逊，总统更喜欢私人化的非正式决策机制，国家安全委员会的作用被边缘化。从尼克松到克林顿，总统倾向于相信和依赖国家安全顾问来做出决策，国家安全委员会又回归到国家安全决策的中心位置。小布什时期，美国国内和国际安全形势发生了重大变化，总统更加重视国家安全委员会的作用，国家安全委员会处于国家安全决策的中心位置。[②] 奥巴马政府继续重视国家安全委员会在国家安全危机预警决策中的作用，在2007年将能源部长增设为国家安全委员会的法定成员。但到了特朗普政府时期，特朗普不断在国家安全委员会中设立新职位，并安置自己的亲信，且不断更换国家安全顾问人选，国家安全委员会的地位和作用受到了严重削弱。拜登上台后，国家安全顾问沙利文受到总统重视，其成为国家安全预警决策的关键人物。

---

① Eugene R. Wittkopf, Christopher M. Jones, Jr. Charles W. Kegley, "American Foreign Policy: Pattern and Process, Seventh Edition," Cengage Learning, 2007, p. 347.
② 刘胜湘等：《世界主要国家安全体制机制研究》，经济科学出版社2018年版，第39—57页。

国家安全顾问作为国家安全委员会的管理者，担任着国家安全委员会的人事管理、机构管理、决策过程管理及非正式机制管理等工作。需要明确是，国家安全顾问并不是某个政府部门的负责人，其本身并不具有国家规定的职权，他们的权力来自于总统的赋予。在设立国家安全顾问的几十年时间里，各个时期国家安全顾问的地位和作用也不尽相同。如在尼克松、卡特时期，国家安全顾问基辛格和布热津斯基，由于同总统具有良好的私人关系和深受总统的信任，国家安全政策的制定权集中在他们的手里；而在里根时期，国家安全顾问先后六易其人，无一对外交政策有重要影响。[1]

（二）决定国家安全危机预警决策的模式

作为最高决策者，总统决定着美国国家安全危机预警决策的模式，总统可以根据个人的偏好选择正式和非正式的决策模式。

从杜鲁门到拜登，总统们根据自己的偏好，选择了不同的国家安全危机预警决策模式。杜鲁门总统时期的决策模式为总统与国务卿先定调，然后向国家安全委员会咨询和征求方案；艾森豪威尔总统偏好"政策山"式的正式决策模式；肯尼迪偏好非正式和个人控制，依靠秘密的小型团体来决策；约翰逊总统偏好用由总统、国务卿、国防部长和极少数高级顾问参加的"周二午餐会"来决策；尼克松、福特和卡特都偏向于以白宫为中心，国家安全顾问发挥重要作用的安全决策模式；里根时期的决策模式是国家安全委员会的正式决策模式和总统、国务卿、国防部长"三驾马车"的非正式决策模式并存；老布什总统时期充分发挥了"斯考克罗夫特"模式决策机制的作用；克林顿、小布什和奥巴马时期，基本延用了"斯考克罗夫特"模式的正式决策机制；特朗普又开始偏好"小圈子"决策，甚至不避讳家人参与决策过程；拜登则偏好总统、国务卿和国家安全顾问三人决策模式，他同时也不忌讳国家安全委员会正式决策机制。

通过分析发现，美国总统对国家安全危机预警决策模式的选择，除了

---

[1] 李志东：《国家安全顾问在美国外交事务中的作用》，《解放军外国语学院学报》1998年第2期，第116页。

个人的偏好外，还要考虑到集权和分权、白宫和国务院之间的平衡。但无论做出何种选择，毫无疑问都体现了总统的意志。

（三）决定国家安全危机预警行政机构的设立和重要人员的任命

美国国家安全危机预警体制的总体结构包括决策与协调机构、执行机构和监督反馈等机构。总统是美国国家安全危机预警机制机构中的最高决策者，他决定着国家安全危机预警各行政机构的设立和重要人员的任命。

在美国国家安全危机预警的决策层面，总统可以根据具体安全形势调整国家安全委员会的法定成员等。如根据2004年《情报改革及预防恐怖主义法》，国家情报总监取代中央情报局局长成为美国情报界的负责人和总统的首席情报顾问，在国家安全委员会中，国家情报总监也取代中央情报局局长，成为国家安全委员会的法定情报顾问；到了2007年小布什总统又把能源部长调整为国家安全委员会的法定成员。

在国家安全危机预警机制的执行层面，总统可以根据安全形势的变化来设置新的安全机构和配置相关人员。"9·11"事件的发生，暴露出美国国家情报安全体制机制的重大缺陷，让政府颜面尽失。为了应对美国所面临的恐怖主义威胁，小布什总统下令成立了国土安全办公室，2002年6月18日，前国土安全办公室主任向国会提交了成立国土安全部提案，随后国会参众两院批准通过，同年11月25日，小布什总统在白宫签署法案，成立国土安全部，开启了美国历史上安全体制的大改革。2004年7月，"9·11"事件调查报告中提出设立国家情报总监职位来统领美国情报界，并得到了布什总统的认可和同意，国家情报总监办公室和国家情报总监得以成立。

二、总统是国家安全危机预警体制的监督者

总统也对国家安全危机预警体制的机构和预警过程拥有监督权，以保障各机构能够合法、正常运转，确保国家安全危机预警的流程畅通。总统监督国家安全危机预警的方式主要如下：

（一）颁布行政命令进行职能监督

总统是美国最高行政长官，可以通过颁布行政命令对国家安全危机预警机构进行指示和协调，对国家安全危机预警的过程进行监督。

总统颁布的行政命令分为非保密的和保密的。总统一般会通过发布非保密的行政命令对国家安全机构的职能和权限范围等进行说明，规范安全机构在国家安全危机预警中的行为。如1981年里根总统颁布的第12333号行政命令，即《美国情报活动》，加强了对中央情报局涉外情报搜集活动的监督。除了一般行政命令外，总统还会发布比较机密、不对外公开的国家安全指令来处理和监督比较机密或敏感的安全部门及其行动。"在大多数情况下，美国总统（比如奥巴马、小布什、克林顿、老布什、里根、卡特和福特）所签署的第1号或第2号国家安全指令，在内容上往往涉及国家安全机构及部门组织的调整和重新安排，旨在确保新总统有能力对这类机构及部门的工作进行协调、管理和控制。"[1] 如奥巴马总统第一份国家安全指令，即是对国家安全委员会系统进行重新安排，确保国家安全委员会协助总统来维护国家安全。

（二）设立相关机构进行组织监督

总统还可以通过设立相关行政机构及进行人事任命等对美国国家安全危机预警过程实施监督。

在行政部门，"总统情报顾问委员会和其常设机构情报监督委员会，以及行政管理与预算局下属的国家安全事务办公室是专门负责对情报机构及其活动进行监督的机构"[2]。总统情报顾问委员会的16名成员由总统任命，在成员的选择上既可以是情报经验丰富的人员，也可以是没有任何情报经验的人员，但一定是政府信任的"杰出公民"。总统情报顾问委员会的职能为：就情报搜集、分析、评估、反情报及其他情报活动向总统提建

---

[1] 刘永涛：《国家安全指令：最为隐蔽的美国总统单边政策工具》，《世界经济与政治》2013年第11期，第30页。

[2] 张晓军等：《美国军事情报理论研究》，军事科学出版社2011年版，第202页。

议;"不断总结、评估并提供情报和反情报政策的执行情况;定期审查情报机构及其活动的合法性与正当性;向国家情报总监、中央情报局及其他情报机构提供恰当的咨询意见;向司法部长汇报情报活动中存在的违法行为;在必要时对情报机构及其活动进行调查"。[1] 情报监督委员会成立于1975年,其成员由总统情报顾问委员会的4名成员组成,是总统用来监督情报活动特别是非法情报活动的机构。其职能是:把其掌握的关于情报机构的非法活动向总统汇报,并通知司法部长。行政管理与预算局则是总统控制和监督情报机构的核心部门,它为白宫密切监督包括情报机构在内的政府各部门经费,确定财政优先权;其下属的国家安全事务办公室负责情报界的预算事宜。

此外,总统可以通过国家安全机构内部的监察长、总法律顾问等职位实施内部监督。如在美国情报界已经形成了以情报界监察长为首,情报界各机构的监察长为成员,情报界监察论坛为协调工具的情报界监察长内部监督机制。[2] 其中,总统对情报界监察长和中央情报局监察长有提名权,总统可以选择自己信赖的人出任监察长,从而对情报机构和其他安全机构的活动进行监督。

(三) 设立调查委员会进行监督

总统也可以通过设立调查委员会对安全机构进行纪律监督。总统设立的调查委员会分为两种类型:一是总统主动设立用来调查安全机构,以此来提升安全机构工作效率的调查委员会;二是总统被迫应对国会的监督和调查而设立的调查委员会。

总统主动设立调查委员会对国家安全机构进行监督。为了改进情报机构和其他安全机构的工作效率和质量,总统会指派、任命相关人员对安全机构进行调查。如尼克松总统时期,美国情报界各部门出于部门利益,各自为战、恶性竞争,严重影响情报的效率和质量。为此,尼克松总统指派当时的预算管理局副局长施莱辛格对如何提高美国情报系统的效率进行研

---

[1] 王谦、梁陶:《美国情报体制及存在的问题》,《国际信息资料》2008年第3期,第24页。
[2] 许嘉、王万:《美国情报界的监察长情报监督机制》,《美国研究》2017年第5期,第22页。

究。施莱辛格在1971年提交的《施莱辛格报告》，指出了美国情报界的弊端在于情报体制的四分五裂，同时建议尼克松总统由强势的中央情报局局长来对整个情报体系进行整体的协调和监督，以提升情报界的情报分析能力和情报质量。尼克松采纳了施莱辛格的建议，通过一系列措施大大强化了中央情报局局长的权势，加强了对情报界的监督和领导。

总统应对国会调查而设立的委员会。国家安全机构除了受总统的行政监督外，还要接受国会的监督。为了应对国会的调查，避免安全机构陷入被动，总统也会先于国会调查之前成立相关的委员会来进行调查，进而掌握相关情报，把事情掌握在可控范围内，防止安全部门受到更大损害。例如，总统成立的"洛克菲勒委员会"和"墨菲委员会"等都承担了类似的职能。1974年，美国国内媒体纷纷爆料和指责中央情报局越界在国内从事特务活动。为了回应国内质疑，1975年1月，福特总统任命副总统洛克菲勒担任"中央情报局在美国国内活动情况调查委员会"的主席，因而这个委员会也称为"洛克菲勒委员会"。洛克菲勒委员会在最后的调查报告中指出中央情报局在国内的大多数活动是合法的，借此为中央情报局开脱。1975年6月，根据总统建议成立的"墨菲委员会"对情报组织的结构和业务进行调查并给出建议。虽然"成立洛克菲勒委员会和墨菲委员会的出发点是想抢在国会对情报系统开展调查之前，先进行自我内部调查，以消除外界的疑虑和不满，从而减少外界对中央情报局的不信任，有自我保护的色彩，然而两个委员会的成立是总统对情报界进行行政监督的典型案例，也是当时总统和行政部门内部针对国家安全机构监督的一次尝试，收到了较好的效果。"[①]

三、对总统在国家安全危机预警体制中作用的评价

总统虽然在国家安全危机预警体制的结构中发挥着重要作用，但是由于总统权力过大，也影响着国家安全危机预警决策机构——国家安全委员

---

① 黄爱武：《战后美国国家安全法律制度研究》，法律出版社2011年版，第191页。

会的决策效能。一是总统对国家安全顾问的任命不需要经过参议院的批准,这容易导致总统任人唯亲、国家安全顾问的权力过于膨胀,影响国家安全委员会的正常决策,如特朗普时期的国家安全委员会所发挥的作用就非常有限。二是总统往往按照自己的意愿来组建国家安全委员会的工作团队,使得团队人数不是太多就是太少,过大的团队往往会增加白宫的预算负担,人数太少则影响国家安全委员会的正常运转,如特朗普时期的国家安全委员会不少职位长期空缺,致使国家安全委员会效能低下。三是会造成国家安全委员会机制化决策模式的失效。自老布什政府以来,国家安全委员会逐渐形成了一套机制化的决策模式——"斯考克罗夫特"模式来帮助总统实现理性、科学决策。"斯考克罗夫特"模式有效运作必须有一个前提,那就是"身处中心的总统必须是一位精明的管理者,他不仅具有丰富的外交经验,而且必须具备敏锐的鉴别力来平衡不同意见并做出最后的选择"。[①] 但是由于总统权力过大,再加上一些总统执政能力不足、任人唯亲,偏好于"小圈子"的非正式决策模式,国家安全委员会的机制化决策模式根本阻止不了总统决策的任意性和盲目性,从而造成决策上的重大失误。如2020年,新冠疫情在美国暴发后,基于选举的需要,特朗普从一开始就淡化危机影响,而且任命过去在流行病防控上表现不力的副总统彭斯负责应对新冠疫情,美国政府上下也统一行动,以确保不出现与总统相抵触的言论,结果造成了重大决策失误,导致了新冠疫情在美国的蔓延,美国人民深受其害。[②]

第五节　美国国家安全危机预警体制与国会

在美国国家安全危机预警体制的结构中,国会的主要功能是监督,这

[①] 李桐:《美国国家安全委员会决策体制研究》,《美国研究》2018年第6期,第134页。
[②] 《纽约时报复盘美国疫情:特朗普为何忽视警告、一错再错》,中国日报中文网,2020年4月14日,https://cnews.chinadaily.com.cn/a/202004/14/WS5e952ee4a310c00b73c76d1f.html。

是由国会的职能和国家安全危机预警机构的性质所决定。一是由国会的职能决定的。"美国宪法规定美国国会的基本职能有三项，即代表人民、制定法律、对行政和司法部门进行监督与制约。"① "国会通过立法进行决策无疑是最重要的活动，但是就日常政治活动来讲，监督是国会进行的最频繁的行为。"② 所以在日常活动中，美国国会一项非常重要的职能就是对美国国家安全机构及其活动进行监督。二是由美国国家安全危机预警机构的性质决定。美国国家安全危机预警机构特别是情报机构，其在进行搜集、分析、反间谍、隐蔽行动等活动时，可能出现滥用权力、侵犯公民权利、践踏社会道德等现象，因而需要国会对这些安全机构进行监督，让其在不剥夺公民基本自由权利的情况下为国家安全提供最佳保护。③

美国国会对国家安全机构的监督经历了二战后到 20 世纪 70 年代的"无为"时期和 20 世纪 70 年代至今的强化监督时期。目前，国会对国家安全机构的监督主要依靠国会情报委员会实施。国会对国家安全机构实施监督的主要方式为：行使立法权、预算权、人事权，以及调查和传讯权等进行监督。

一、国会对国家安全机构监督的历程

美国《1947 年国家安全法》及 1949 年的《国家安全法（修正案）》都明确规定，国家安全机构应当接受包括国会在内的法律监督。但是在 20 世纪 70 年代前，由于应对苏联的威胁和反共的需要，"美国的注意力集中在如何获得更多的情报这个问题上，而不是如何降低对情报能力的需求，更不是加大对国家安全工作的监督和约束"。④ 这一时期，国会对国家安全机构的监管基本处于真空期。20 世纪 70 年代，美国深陷越南战场导致国内反战情绪高涨，民众开始质疑美国总统和安全决策部门发动越战的决策

---

① 李道揆：《美国政府和美国政治》（上册），商务印书馆 1999 年版，第 363 页。
② 金灿荣：《试析美国国会的监督功能》，《教学与研究》2003 年第 2 期，第 66 页。
③ Glenn P. Hastedt, "Controlling Intelligence," London: Frank Cass, 1991, p.138.
④ [美] 约翰·兰尼拉格著，潘世强、范道丰等译：《中央情报局》，中国社会科学出版社 1990 年版，第 330 页。

问题。再加上1974年"水门事件"的爆发,终于让国会意识到对国家安全机构缺乏监督会给美国带来诸多问题甚至政治灾难。因而,国会开始强化其监督职责,并逐渐实现了对国家安全机构监督的制度化。

(一) 国会对国家安全机构监督的"真空时期"(1947—1974)

冷战初期,为了应对苏联威胁,受到"国家安全第一"以及"情报例外论"的影响,美国国会总体上非常信任总统及其领导的情报机构,所以"在大多数情况下,国会、司法部门、新闻媒介和公众一般不对以国家安全名义通告给他们的情况说三道四"。[①] 在冷战的氛围下,情报界等国家安全机构往往会以国家安全为名全面抵制国会监督,国会也会有意无意地放弃监督职责,默许和迁就情报机构的违法行为。据统计,从二战结束初期中央情报局的创建至20世纪70年代中期,"不断有议员在国会提出过上百个议案,要求参众两院各自建立专门负责情报监督的常设委员会,或者建议组建一个参众两院情报联合委员会,但都遭遇了失败"。[②] 因此,这一时期国会情报监督是"非正式的、松散的,被称之为'相互信任'时期(1947—1974)。"[③] 但正是这所谓的"相互信任"为美国国家安全机构的越界行为埋下了伏笔。

(二) 国会对国家安全机构监督的制度化时期(1975—至今)

20世纪70年代中期以来,国会对国家安全机构的监督开始制度化,其主要基于两方面的原因:一方面基于美国面临的国际安全形势的变化;另一方面是美国国家安全机构的非法行为不断涌现。在国际安全形势方面,20世纪60年代末70年代初,美苏争霸在经过初期的试探、激烈对抗后,已经转入到对峙、拉锯战时期,美国国家安全面临的威胁有所缓解。美国国家安全形势缓解后,冷战初期形成的"国家安全第一"以及"情报

---

① [美] 杰里尔·A. 罗赛蒂著,周启朋、傅耀祖等译:《美国对外政策的政治学》,世界知识出版社1997年版,第212页。

② Kaiser F. M., "Legislative History of the Senate Select Committee on Intelligence," Washington, D. C.: Congressional Research Service, the Library of Congress, 1978, pp. 2–19.

③ 张晓军等:《美国军事情报理论研究》,军事科学出版社2011年版,第189页。

例外论"等观念开始松动,美国人民开始重视自己的权利。1974年"水门事件"的爆发,让美国的民众开始聚焦国家安全机构的不法行为。再加上当时许多媒体不断披露中央情报局等国家安全部门在拉丁美洲和世界各地非法从事隐蔽行动,在国内也开展对包括反越战分子在内的政治异议人士的窃听活动。美国情报机构这一系列的非法活动,让国会意识到需要加强对情报界的监督,不能再纵容其以国家安全为名来损害美国民主。1975年1月27日,参议院成立了"邱奇委员会"来调查中央情报局的违法活动,查找和总结国会对情报界法律监督机制的缺陷,并给出建议;1975年2月19日,众议院成立了"派克委员会"对情报机构的违法行为进行全面调查,并提出建议。在"邱奇委员会"和"派克委员会"完成各自的使命后,1976年5月和1977年7月,国会参众两院先后通过参议院第400号决议案和众议院第658号决议案,分别创立了参议院情报特别委员会和众议院常设情报特别委员会,合称为美国国会情报委员会。从此,美国国会便拥有了对整个"情报界"负有直接立法和监督责任的专门委员会,[1] 这是国会情报监督发展史上的创举,标志着国会现代情报监督体制的正式确立。

二、美国国会情报委员会

美国国会情报委员会的建立,是美国国会历史上第一次拥有一个负责监督政府整个情报领域的专门委员会,也是美国迄今为止唯一的国会常设特别委员会。[2] 美国情报委员会对美国的国家安全机构实施监督。

(一)参议院情报委员会

1976年5月19日,参议院通过了第400号决议案,成立了参议院情

---

[1] 刘磊、邵煜:《从组织结构到职责权限——美国国会情报委员会的运作方式》,《西北大学学报(哲学社会科学版)》2019年第5期,第135页。

[2] 刘磊、邵煜:《从组织结构到职责权限——美国国会情报委员会的运作方式》,《西北大学学报(哲学社会科学版)》2019年第5期,第135页。

报委员会。该委员会的主要职能是：对美国政府的情报活动进行监督和持续研究；就参议院关注的情报活动和项目提交立法提案和报告；对美国的情报活动进行警惕性的立法监督，以确保此类活动符合美国的宪法和法律。[①]

根据参议院第400号决议案的规定，参议院情报委员会由15名成员组成，其中8名成员来自多数党，7名成员来自少数党，多数党多出的一个席位是由决议案决定的，并不由多数党和少数党的比例决定，这样设置的目的是为了体现情报监督中的非党派因素，并鼓励委员会在两党合作的方式下工作。[②] 根据决议案，在这15名成员中包含武装力量、外交、司法及拨款委员会成员各2名，目的是确保情报委员会与这些机构进行充分的沟通。另外，参议院多数党领袖、少数党领袖以及武装部队委员主席是参议院情报委员会的当然成员。

参议院情报委员会的主要活动有：举行听证会、立法、调查和审查、确认、分析和日常监督等。听证会：委员会大约每周召开两次会议，时间为1个半到2个小时，通常为闭门会议。大多数听证会需要情报界高级官员（机构负责人、高级项目经理和高级情报分析师）出席，他们提供证词并回答参议员的问题。听证会的主题包括情报机构活动、情报收集计划，以及对地区或重要问题的情报分析（例如中东的稳定、伊朗的核计划和恐怖主义威胁等）。委员会偶尔会举行公开会议，例如举行年度听证会，以获取有关对美国国家安全威胁情报的证词。立法：委员会编写年度情报授权法案，授权情报活动的经费标准（这些经费是情报机构经费的上限），并提供限制或允许情报行为的立法规定。委员会还定期审议独立的立法，包括有关监视美国公民的法律（例如《外国情报监视法》）。调查和审查：委员会对情报计划或事件进行审查，范围从例行审查（秘密行动计划和情报行动的开展）到正式调查。确认：委员会对总统提名的，且需要参议院

---

① "Overview of the Senate Select Committee on Intelligence Responsibilities and Activities," https://www.intelligence.senate.gov/about.

② "Overview of the Senate Select Committee on Intelligence Responsibilities and Activities," https://www.intelligence.senate.gov/about.

确认的情报职位人选进行审议，并向参议院提出建议。分析：委员会接收并审查主题广泛的情报分析，为政策决策提供依据。日常监督：委员会通过其工作人员跟踪情报机构的定期收集和分析活动，使委员会能够在发现问题后尽早与情报机构进行接触。委员会的审核与监督人员还通过长期的监督项目来实施日常监督。

（二）众议院情报委员会

1977年7月17日，众议院通过第650号决议案，成立众议院情报委员会。众议院情报委员会负责监督美国的情报机构，其中包括国防部、国土安全部、司法部、州、财政部和能源部的情报机构。"当下众议院常设情报委员会由众议员迈克·特纳担任主席，共拥有25位成员，其中共和党占14个席位，民主党占11个席位。"[1] 同参议院情报委员会一样，为了体现国会军事委员会、国际关系委员会、司法委员会和拨款委员会拥有的部分情报活动管辖权，众议院情报委员会的成员中必须包含以上四个委员会中的成员1名。众议院常设情报委员会设有四个小组委员会：战略技术和高级研究小组委员会，反恐怖主义、反情报和反扩散小组委员会，情报现代化和准备工作小组委员会，国防情报和作战人员支持小组委员会。

"两院情报委员会的成立，弥补了先前"支离破碎"的情报监督体制，在一定程度上象征国会情报监督机制的正式化。"[2]

三、国会对美国国家安全机构监督的方式

美国国会对情报界实施监督的方式主要包括：行使立法权、预算权、人事权、调查和传讯权进行监督等。

---

[1] Permanent Select Committee on Intelligence, "HPSCI Members," https：//intelligence.house.gov/about/hpsci-members.htm.
[2] 汪明敏等：《美国情报监督机制研究》，光明日报出版社2013年版，第57页。

（一）国会行使立法权进行监督

立法权是美国国会最基本的权力，通过立法对美国国家安全机构进行监督，是国会最主要的监督方式。参议院第 400 号决议案和众议院第 650 号决议案在开篇就规定了国会情报委员会监督美国情报活动的目标和任务。美国国会情报委员会从建立伊始就推动国会通过立法来对各情报机构的法定职责、权限、活动的范围与责任来进行监督。虽然截至目前国会并没有为情报界制定一部综合性的情报法律，但在单独立法方面取得了很多成果，如 2004 年《情报改革及预防恐怖主义法》等。通过这些立法，国会对美国国家安全机构特别是情报机构很好地实施了监督。

（二）国会行使预算权进行监督

美国宪法明确赋予国会"掌握钱袋子的权力"，"国会掌握钱袋子的权力能成为国会监督最有效的工具，只要它有勇气并且愿意使用这个权力"。[①] 美国国会自创立之初就确立了"先授权后拨款"两步走的立法程序，并"在国会内部相应地组建一系列的授权委员会，形成了与国会预算拨款制度相互平行的国会授权制度"。[②] 美国国会情报委员会负责调查、审核与评估国家情报政策与情报活动的程序，并就预算举行听证会，为情报机构资金使用设置上限，最终确定情报活动资金授权的水平。参议院第 400 号决议案和众议院第 650 号决议案都明确规定，除非经过参议院或众议院"在同一财政年度或前一财政年度为本财政年度执行这些活动而制定法案或联合决议案予以授权"，否则"不得为中央情报局、国防情报局、国家安全局等情报机构及其情报活动提供任何资金"。[③]

---

① "Final Report of the Select Committee to Study Governmental Operations with Respect to Intelligence Activities," Foreign and Military Intelligence, Book Ⅰ, Washington：U. S. Government Printing Office, 1976, p. 448.
② 刘磊：《美国国会现代情报授权制度探析》，《人文杂志》2013 年第 6 期，第 96—103 页。
③ "S. RES. 400 ［Z］. 94th Cong. 2nd Sess," Washington：the United States Government Publishing Office, 1976；"H. Res. 658 ［Z］, 95th Cong. 1st Sess," Washington：the United States Government Publishing Office, 1977.

(三) 国会行使人事建议权进行监督

参议院情报委员会可以通过行使对重要情报机构领导人选的审议、建议权来对美国的情报与其他安全机构进行监督。根据美国宪法,参议院对总统任命的高级政府官员拥有"建议与同意"的人事批准权。美国总统对国家情报总监、中央情报局局长等情报机构主要领导人的任命需要经过参议院批准。参议院情报委员会日常的一项工作就是对总统提名的,需要参议院确认的情报机构职位人选进行审议,并向参议院提出建议。情报委员会的态度往往能够影响到参议院的最后表决结果。如1987年,参议院情报委员以盖茨在"伊朗门事件中严重失职"为由迫使里根总统撤回盖茨担任中央情报局局长的提名。

(四) 国会行使调查和传讯权进行监督

美国国会情报委员会可以行使调查和传讯权对国家安全机构进行监督。参议院情报委员会的调查和传讯权在参议院第400号决议案第5条中进行了明确规定:"委员会有权对其管辖权范围内的任何事项进行调查,举行听证会,通过传讯或其他方式,传唤证人出庭作证以及获取其它通信、书籍、文件和档案资料等。"[1] 据此,美国国会情报委员会可以通过调查和传讯来对情报机构等实施监督。国会情报委员会对国家安全机构的调查和传讯分为例行监督和危机监督两种。国会情报委员会例行监督是通过审查情报机构等的年度报告、举行调查听证或者对安全机构官员进行质询等方式,来确保美国的各安全机构不仅能够充分履行自己的职能,而且履行职能的手段和行为合法。美国国会情报委员会的危机监督是指,当国家安全机构出现重大失误或丑闻的时候,国会情报委员会便会对国家安全机构及其活动进行调查,出台研究报告来回应民众的质疑,或者提出立法议案对现有的国家安全体制和弊端进行改革。如美国在借口伊拉克拥有大规模杀伤性武器颠覆了萨达姆政权后,一直拿不出证据,引发了国际社会的

---

[1] "S. RES. 400 [Z] . 94th Cong. 2nd Sess," Washington: the United States Government Publishing Office, 1976.

强烈质疑。迫于日益增长的舆论压力，2003 年 6 月，国会参议院情报委员会和军事委员会宣布将对小布什政府是否滥用情报，以证明伊拉克拥有大规模杀伤性武器，并说明对伊拉克战争的正当性展开调查。①

四、国会监督机构功能的弱化

虽然国会在美国国家安全危机预警体制结构中发挥着重要的监督作用，但是由于某些因素的制约监督功能有所弱化，特别是"9·11"事件后，美国国会很大程度上从情报机构的"监管者"变为"授权者"和"辩护者"，国会对情报界等安全机构的监督总体处于"失灵"状态。② 美国国会监督功能遭到弱化有以下原因：一是"9·11"事件后，出于应对恐怖主义威胁和所谓新兴大国挑战以及谋求全球霸权的需要，美国加大了对情报机构的依赖，因而情报界的权力也变得越来越大，国会对其监督难度加大；二是从府会关系来看，以美国总统为首的行政机构优先考虑国家安全问题，为了追求所谓的"绝对安全"往往会纵容情报机构和其他安全机构的违法行为，而国会则扮演了所谓的民主捍卫者角色，两个角色之间存在矛盾，美国总统和行政当局往往会以国家安全的名义对国会的监督进行限制；三是情报与其他安全活动中跨部门利益交易严重，国会情报委员会与利益集团、行政部门之间存在复杂的利益关系，为了利益，国会也会有意放松对情报机构的监督。

本章小结

在安全的内涵和外延都发生了深刻变化的今天，为了更好地维护其认

---

① 唐晓：《论美国国会的调查权》，《外交学院学报》2003 年第 3 期，第 18 页。
② 赵国军：《美国国会情报监督"失灵"：动因与前景》，《美国研究》2015 年第 3 期，第 34 页。

定的国家安全，美国等国家在处理安全问题时，已经从过去重视安全问题应对和处置转向重视安全危机预警，试图把安全危机扼杀在萌芽时期。国家安全危机预警体制一般包括组织结构及运作流程，其中组织结构在国家安全危机预警体制中发挥着重要作用，结构设计是否合理决定着国家安全危机预警能力的高低。为了更好地实施国家安全危机预警，美国在国家安全危机预警体制的结构上进行了总体设计和分类设计。在总体设计上，美国国家安全危机预警的结构主要分为决策与协调机构、执行机构和监督反馈机构。其中美国国家安全委员会是国家安全危机预警的决策与协调机构，美国总统在国家安全委员会中起主导作用；美国情报界、国防部、外交部、国土安全部等是国家安全危机预警的执行机构；美国国会、法院是国家安全危机预警的监督机构，总统也起到重要的监督作用。美国国家安全危机预警体制结构在总体设计和分类结构上都具有集中统一领导、纵向指挥、横向协调等特点。

美国的情报体系构建采取了"16 + 1"的模式。情报界和国家情报总监在美国国家安全危机预警中发挥着重要作用。情报界在美国国家安全危机预警中的作用为：为国家安全危机预警决策机构提供及时、客观的信息，避免决策者决策时信息匮乏的问题；参与国家安全危机预警方案制定，帮助决策者和决策层做出适时、科学、正确、有效的国家安全决策。美国国家情报总监负责统领和协调16个情报机构，破解美国各情报机构间的藩篱，使其各司其职，提高情报工作效率，让情报工作更好地为国家安全危机预警决策服务。

在美国国家安全危机预警中，国家安全委员会和国家安全顾问的作用不可替代。国家安全委员会是美国国家安全危机预警结构中的决策与协调层，它的功能是推动国家安全危机预警决策过程中的协调和整合，为总统决策提供建议。虽然国家安全委员会在美国国家安全危机预警中发挥着重要作用，但是也要看到，由于总统的偏好和部门利益之争等因素，国家安全委员会的决策效能也受到一定影响。在美国国家安全危机预警体制中，美国国家安全顾问具有双重角色，既是美国总统的私人助理，又是国家安全委员会的管理者。一方面他扮演着总统私人助理的角色，为总统决策提供情报信息、提供预警决策方案、执行总统的预警决策、监督总统决策的执行；另一方面，在国家安全委员会中他又管理着国家安全委员会的人事、机构、决策过程和非正式决策机制等。国家安全顾问虽然在美国国家安全危机预警体制的结构中发挥着重要作用，但是由于其权力主要来自美国总统，其作用的发挥完全取决于总统的信任与否。

总统在美国国家安全危机预警体制中起着核心作用，他既是美国国家安全危机预警的最高决策者，又是国家安全危机预警机构和预警过程的监督者。总统决定着国家安全委员会和国家安全顾问的地位和作用，决定着国家安全危机预警决策模式，决定着国家安全危机预警行政机构的设立和重要人员的任命等。同时，美国总统也对国家安全危机预警体制的机构和预警的全过程进行监督，以保障各机构能够合法、正常地运转。虽然美国总统在国家安全危机预警体制的结构中发挥着重要作用，但是由于总统权力过大，也影响着国家安全危机预警决策机构——国家安全委员会的决策效能。

美国国会在国家安全危机预警体制结构中的主要职能是对国家安全机构进行监督。为此，美国国会设立了情报委员会。国会情报委员会通过行使立法权、预算权、人事权、调查和传讯权等方式来对国家安全机构的效率和其活动的合规性等进行监督。"9·11"事件后，美国国会对国家安全机构的监督功能有所削弱，究其原因：一方面，国会的监督权受到总统权力的制约；另一方面，国会情报委员会与利益集团、行政部门之间存在复杂的利益关系，基于自己利益的考量会有意放松对情报界等安全机构的监督。

此外，美国司法也在美国安全危机预警体制结构中发挥着重要作用。针对美国安全机构的涉外和涉内活动，美国法院都实施着相应的监督。为了规范国家安全机构的涉外活动和行为，美国成立了涉外情报监控法院依法进行监督，如情报机构等对美国境内的"外国势力"和"外国势力代理人"实施秘密监控行为前，必须向该法院申请许可。"9·11"事件后，为了应对日益严峻的恐怖主义威胁，美国国家安全机构扩大了监视范围，加强了对境外非美国公民的监控。对此，美国国会也发布了

《涉外情报监控法修正案》，根据该法案，美国情报机构在对任何海外的非美国公民进行监控前，需要征得涉外情报监控法院的许可。在对国家安全机构国内活动的监督上，当国家安全机构的工作或违法活动伤害到美国公民的权利且引发诉讼时，美国联邦法院通过司法审判以及对国家安全的法律解释来行使监督权力，从而促使美国国家安全机构在法律允许的范围内开展活动。

第三章
美国国家安全情报的传递机制

伴随着全球安全环境的不断演变,国家安全体系的能力建设与改革发展受到各国政府的高度重视,尤其是情报工作,作为国家安全的生命线,对国家生存而言至关重要。[①] 作为世界上情报体系最为发达的国家,美国国家安全情报机制一直以来备受各方关注。"9·11"事件催生了美国情报体系全面而彻底的改革。经过10多年的努力,美国情报界实现了从机构林立的分散体系到由国家情报总监办公室领导的有机整体的重大转型。就目前而言,学界关于情报体系的研究大多是基于情报学的理论视角,至今鲜有关于美国国家安全情报传递机制的研究成果。本章则是基于系统论的视角,重点考察了美国情报体系中总体与分类传递机制的运行情况,试图将情报机制置于国家总体安全战略的角度进行研究,在美国国家安全战略框架下分析情报传递机制的演进与改革。从总体机制来看,美国情报界现已形成情报机构一体化与任务一体化的双轮驱动体系,其情报传递网络不仅涵盖领导、协调、执行三个层级间的纵向传送,而且包括不同情报机构之间的横向协调,基本实现了情报整合与信息共享。国家情报总监办公室成为名副其实的美国情报界统领。通过比较分析,反恐、反扩散、反情报与安全和网络情报中心四大分类传递机制中最为成熟的是反恐中心,其次是反情报与安全中心,然后是网络威胁与情报整合中心,最后是反扩散中心。由于各类情报机制自身发展程度的不同,其改革过程中所面临的挑战也不一。美国国家安全情报传递机制的改革瓶颈既有发展不足导致的结构

---

① [美]谢尔曼·肯特著,刘微、肖皓元译:《战略情报:为美国世界政策服务》,金城出版社2012年版,第2页。

性困境，也有外部安全环境变化带来的挑战。除此之外，特朗普政府上台后的一系列政策举措使得美国国家安全情报体系的发展方向呈现出新态势。①

第一节　美国国家安全情报的总体传递机制

美国是世界公认的头号情报大国，其情报部门一直被誉为业界的龙头，特别是"9·11"事件之后，美国情报界进行了前所未有的反思与改革，实现了从机构林立的分散体系到由国家情报总监办公室统领的有机整体的转型。回顾美国情报史，设立国家情报总监来整合情报界的倡议可以追溯到 1955 年由国会发起的一项高级报告，该报告建议中央情报局局长应该选一名副手专门负责中央情报局的管理工作，以便局长能将更多的精力用于协调情报界的全面工作上。② 然而在之后的近 50 年间，虽然中央情报局局长一直都兼任具有协调功能的国家情报总监一职，但这一职位的实质功能从未得到很好发挥。美国情报界实际而言是"观念上的体系"，其出色的情报水准仅仅表现在单个情报部门自身的强大能力与建制上，而作为情报体系的整体性作用却没有得到体现。③ 情报界长期存在的系统性缺陷在"9·11"恐袭中被完全暴露出来，从而使美国国家安全遭到了严重打击。④ 2004 年，在"9·11"事件调查报告的建议与指导下，联邦政府开始对情报系统进行广泛而彻底的改革，小布什总统相继签发了四项行政命

---

① 本部分内容已作为课题阶段性成果发表。参见樊冰：《美国国家安全情报传递机制论析》，《国际安全研究》2019 年第 2 期，第 114—136 页。

② Office of the Director of National Intelligence, "The History of ODNI," https：//www.dni.gov/index.php/who-we-are/history.

③ Richard K. Betts, "Two Faces of Intelligence Failure: September 11 and Iraq's Missing WMD," Political Science Quarterly, Vol. 22, No. 4, Winter 2007/2008, p. 591.

④ Office of the Director of National Intelligence, "United States Intelligence Community Information Sharing Strategy," February 2008, p. 6, https：//www.dni.gov/files/documents/Newsroom/Reports%20and%20Pubs/IC_Information_Sharing_Strategy.pdf.

令来加强和改革情报体系，国会参众两院也共同通过了《情报改革及预防恐怖主义法》，创设国家情报总监办公室作为独立行政机构负责美国情报界的统筹与整合。2005 年，美国驻伊拉克大使约翰·内格罗蓬特被任命为第一任国家情报总监，国家情报总监办公室随后正式运行。经过数十年的努力，美国情报界目前已形成了由国家情报总监办公室统领、其他 16 个情报机构组成的有机体，为国家安全战略与决策提供全面综合的情报保障。一般来讲，机制是指各个单元要素之间的结构关系与运行方式。就美国国家安全情报传递机制而言，情报界成员是传递机制中的单元要素，各个机构在不同情报任务环境下的纵向层级关系、横向协调关系以及双向互动形成的情报传递网络构成了该机制的主要内容。总体而言，美国国家安全情报传递机制由情报机构主体、情报任务客体和情报传递周期三部分组成，经过多年的改革与完善，目前已形成情报"机构一体化"与"任务一体化"的双轮驱动模式。

一、情报传递机制中的主体：情报机构

美国国家安全情报系统主要由国家情报总监办公室和 16 个情报机构有机组成，即 "16 + 1" 模式，亦被称为 "美国情报界"，是传递处理国家安全情报的主体单元。

根据 2004 年《情报改革及预防恐怖主义法》，美国情报界由国家情报总监办公室统领，主要负责其余 16 个机构的情报协调与整合工作。在国家情报总监的领导下，情报系统成员根据其职能侧重不同可分为以下三组（参见图 3 – 1）：第一，项目管理机构主要负责提出建议并协助国家情报总监办公室制定和确认相关情报需求任务，管理情报预算和财务状况以及评估情报系统的表现，具体包括中央情报局、联邦调查局国家安全处、国家安全局、国防情报局、国家地理空间情报局和国家侦察局；第二，除国防部以外，政府其他行政部门的情报成员主要是服务于它们分别隶属的上级部门的情报需求，这些部门包括司法部、能源部、国土安全部、国务院和财政部。第三，军事情报部门主要是对各自服役的军事单位（特别是军事

行动）提供情报支援，五大军种部队至少分别设置一个主要的情报部门并且配备一名负责各自军种内部情报整合的高级官员。① 综上所述，通过对情报界内部的层级划分和职责分配，美国情报传递机制中的各个部门被整合成为情报传递主体，以此实现情报机构一体化。

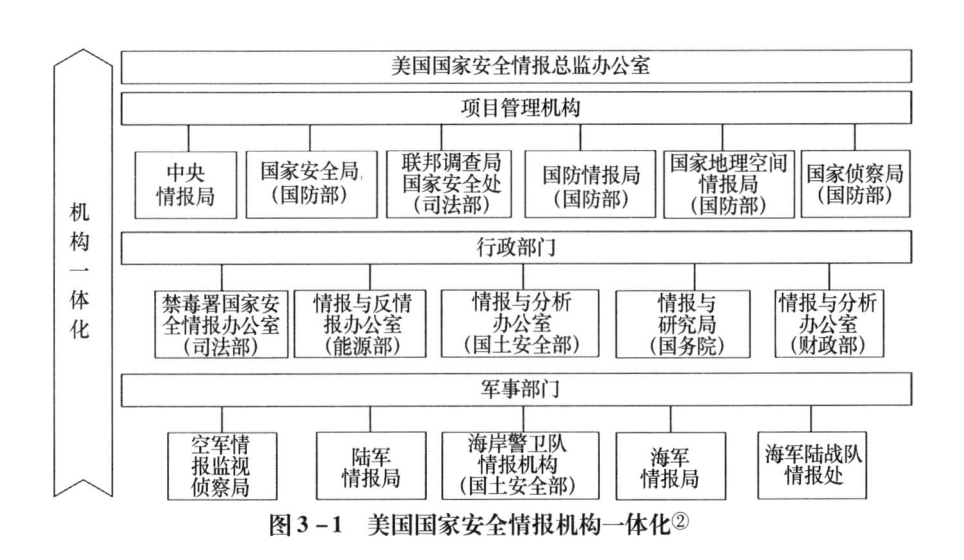

```
┌─────────────────────────────────────────────────────────────────┐
│                    美国国家安全情报总监办公室                    │
├─────────────────────────────────────────────────────────────────┤
│                         项目管理机构                             │
│  ┌──────┐ ┌──────┐ ┌──────┐ ┌──────┐ ┌────────┐ ┌──────┐       │
│  │ 中央 │ │国家安│ │联邦调│ │国防情│ │国家地理│ │国家侦│       │
│  │情报局│ │全局  │ │查局  │ │报局  │ │空间    │ │察局  │       │
│  │      │ │(国防 │ │国家安│ │(国防 │ │情报局  │ │(国防 │       │
│  │      │ │部)   │ │全处  │ │部)   │ │(国防部)│ │部)   │       │
│  │      │ │      │ │(司法 │ │      │ │        │ │      │       │
│  │      │ │      │ │部)   │ │      │ │        │ │      │       │
│  └──────┘ └──────┘ └──────┘ └──────┘ └────────┘ └──────┘       │
├─────────────────────────────────────────────────────────────────┤
│                         行政部门                                 │
│  ┌──────┐ ┌──────┐ ┌──────┐ ┌──────┐ ┌──────┐                  │
│  │禁毒署│ │情报与│ │情报与│ │情报与│ │情报与│                  │
│  │国家安│ │反情报│ │分析  │ │研究局│ │分析  │                  │
│  │全情报│ │办公室│ │办公室│ │(国务 │ │办公室│                  │
│  │办公室│ │(能源 │ │(国土 │ │院)   │ │(财政 │                  │
│  │(司法 │ │部)   │ │安全部│ │      │ │部)   │                  │
│  │部)   │ │      │ │)     │ │      │ │      │                  │
│  └──────┘ └──────┘ └──────┘ └──────┘ └──────┘                  │
├─────────────────────────────────────────────────────────────────┤
│                         军事部门                                 │
│  ┌──────┐ ┌──────┐ ┌──────┐ ┌──────┐ ┌──────┐                  │
│  │空军情│ │陆军  │ │海岸警│ │海军  │ │海军陆│                  │
│  │报监视│ │情报局│ │卫队  │ │情报局│ │战队  │                  │
│  │侦察局│ │      │ │情报机│ │      │ │情报处│                  │
│  │      │ │      │ │构    │ │      │ │      │                  │
│  │      │ │      │ │(国土 │ │      │ │      │                  │
│  │      │ │      │ │安全部│ │      │ │      │                  │
│  │      │ │      │ │)     │ │      │ │      │                  │
│  └──────┘ └──────┘ └──────┘ └──────┘ └──────┘                  │
└─────────────────────────────────────────────────────────────────┘
```

图 3-1　美国国家安全情报机构一体化②

二、情报传递机制中的客体：情报类型与任务

后冷战时期，尤其是"9·11"事件之后，美国身处更加复杂且不断演变的安全环境，美国情报界不仅要面临长期的和应急的安全威胁，而且还要受到来自网络空间、恐怖主义、反情报以及大规模杀伤性武器扩散等多层领域的安全挑战。美国国家安全情报传递机制中的客体实际上就是指美国国家安全情报的任务领域及目标，也是情报机构主体进行实践操作的

---

① ODNI, "U. S. National Intelligence – An Overview 2013," p. 2, https://www.dni.gov/files/documents/USNI 2013 Overview_web.pdf.

② 该图 3-1 为译制图表，资料来源：ODNI, "U. S. National Intelligence – An Overview 2013," April 2013, p. 3, https://www.dni.gov/files/documents/USNI%202013%20Overview_web.pdf。

场域。情报任务来源于客户的情报需求,根据《1947 年国家安全法》,美国情报界服务的用户包括总统、国家安全委员会、行政部门领导、参谋长联席会议主席和高级军事指挥官、国会以及国家情报总监认定的其他机构或个人。[①] 情报任务的设定从某种程度上讲是根据不同标准划分的情报类型而来的,美国情报界从横向和纵向两个维度对国家安全情报进行分类描述,以此来构建情报网络任务一体化。

	情报行业客户端 总统、国家安全委员会、行政部门领导、参谋长联席会议主席、 高级军事指挥官、国会以及其他相关用户。		
任务一体化	战略情报 (持续存在的)	当前行动情报 (正在发生的)	预测性情报 (即将出现的)
^	网络情报		
^	反恐情报		
^	反扩散情报		
^	反情报		

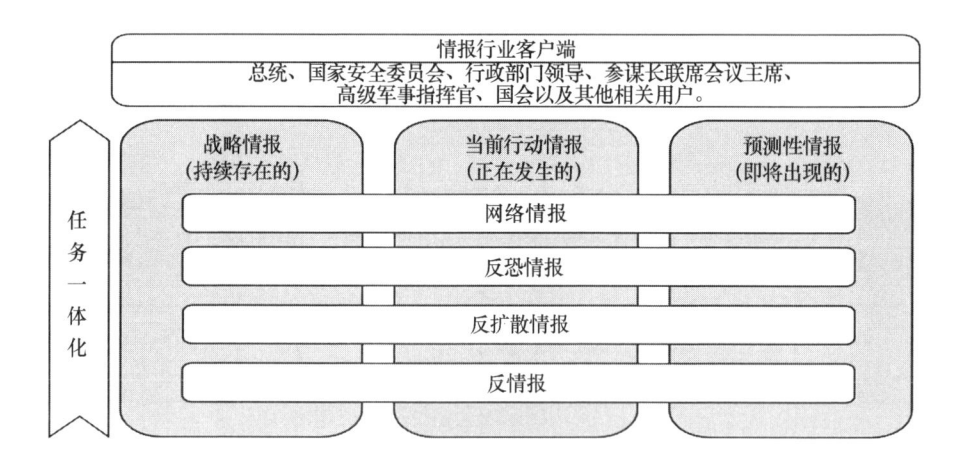

图 3-2　美国国家安全情报任务一体化[②]

从横向维度来看,根据情报时效性差异,情报界需要完成以下三类基础性情报任务,即战略情报、当前行动情报和预测性情报。首先,战略情报是指通过提供对安全环境的深入理解与认知来支持美国国家安全战略制定和决策过程的情报产品。美国情报界通过项目研究、对外交流合作以及各种技术分析手段全面搜集关于其他国家的历史、语言、文化、自然资源、科技水平、跨国业务以及国内主要领导人和反对者等相关情报信息,以此了解并评估其他国家的能力和意图,除此之外还包括理解非国家行为

[①] ODNI and Office of General Counsel, "Intelligence Community Legal Reference Book," Winer 2012, p. 35, https：//www.dni.gov/files/documents/IC_Legal_Ref_2012.pdf.

[②] 图 3-2 为译制图表。资料来源：ODNI, "The 2014 National Intelligence Strategy," September 2014, p. 6, https：//www.dni.gov/files/documents/2014_NIS_Publication.pdf。

体的目标与关切，进而为各种政策和战略部门提供深层次背景知识。因此，战略情报关注的是持续存在的安全威胁，以帮助情报用户加强对安全环境的整体认识与把握，从而保证其决策优势。其次，当前行动情报是用于为以维护国家安全为目标而采取的行动提供及时的情报支援。此类情报的主要特点是应急性，所以对情报界的反应能力以及情报传递速度要求较高。同时，是否能在短时间内迅速调动整个情报体系的协同运作也将是决定应急情报质量的关键。因此，情报界一方面通过提供及时且灵活的"可行动情报"来支援并保障相关行动决策优势，[①] 另一方面依靠情报体系成员之间的协同配合以最大限度地发挥应急情报能力的效率。最后，预测性情报亦可称为预警情报，是感知并预见即将出现的、会导致国家安全态势与任务重心发生快速变化的条件或趋势。换言之，预测性情报是指聚焦各种类型的态势变化而进行情报搜集与分析的产品，其目的在于识别和描述可能影响美国国家安全利益的潜在或紧迫的异常现象和重大事件。然而，安全战略环境的复杂性将考验情报界提供富有远见情报的能力，也可以说能否捕捉到安全态势的变化对于美国国家安全情报体系而言可谓机遇与挑战并存，预警情报的准确程度决定了美国是否能有效消除威胁或是抓住有利机会。为此，情报界不仅加大定量分析方法的使用力度，而且强化了传统的定性研究方法，尤其是鼓励开发情报监测与分析评估的创新视角，以提升对国际环境细微变化的敏锐度，为美国国家安全情报用户提供早期预警，确保其拥有最佳行动时机。另外，随着情报需求的不断增加，预测性情报还可以用于指导情报界资源的有效分配。

从纵向维度来看，根据情报业务领域的不同，情报任务可分为以下四种类型：网络情报、反恐情报、反扩散情报和反情报。

（一）网络情报

随着信息技术的发展，作为无硝烟战场的网络空间愈来愈成为国家和非国家行为体争夺的场域。各种行为体利用数字技术获取经济和军事领域

[①] Department of Defense, "Quadrennial Defense Review Report," February 2006, p. 22, https://www.defense.gov/Portals/1/features/defenseReviews/QDR/Report20060203.pdf.

的优势地位，甚至通过发动网络攻击来引起国家间冲突，进一步争夺网络空间的控制权以达成各自的战略目的。美国同样也面临着来自不同行为体的网络威胁，对其国家安全、信息系统、基础设施和关键数据产生直接的或潜在的不利影响。具体来讲，网络情报是指针对国外行为体的网络计划、意图、能力、研发、战术以及行动而进行的全源情报信息搜集、处理、加工和分发活动。① 网络情报不仅仅关乎战术层面的要素，更涉及战略层面的关切。有效的网络防御也不再仅仅是技术层面的应对，而需要进一步弄清楚对手的身份和目的，从而制定长期的战略对策。② 因此，美国情报界亟待掌握涉及国外信息系统的网络特征、组成结构以及网络漏洞和弱点等相关情报。情报界通过侦测与掌握当前的和潜在的网络威胁和意图，提供及时的可行动情报并加深情报用户的防范意识与理解能力，以此支持国家安全决策、保障网络空间安全并进行适时的网络反击行动。另外，情报界还需提高其保护美国政府网络、重要信息系统和关键基础设施所需的专业技能，以应对日渐频繁的网络攻击。

（二）反恐情报

"9·11"事件之后，美国将反恐情报提升至关乎国家安全战略的高度。当今世界恐怖主义威胁呈现出更加多样性与动态化的特点，对美国国家利益、国土安全及其盟友的利益产生持续的安全压力。因此，美国情报界继续将工作重点放在目标识别、搜集、分析、监控并打击从事恐怖主义相关活动上。具体而言，美国情报界通过提供反恐情报支援政府在反恐方面的所有努力，包括防止美国本土遭受恐怖袭击、打击威胁美国海外利益的恐怖分子、应对影响恐怖分子活动的暴力极端主义意识形态的扩散、摧毁非法金融网络和其他支持恐怖主义活动的资金网络、增强美国对国内外

---

① Matthew M. Hurley, "For and From Cyberspace," Air & Space Power Journal, Vol. 26, Issue 6, November – December 2012, p. 14.
② Randy Borum, John Felker, Sean Kern, Kristen Dennesen, and Tonya Feyes, "Strategic Cyber Intelligence," Information & Computer Security, Vol. 23, No. 3, 2015, p. 318.

恐怖主义活动的应急和恢复能力等。① 美国情报界通过长期侦测和监控恐怖主义威胁，预见可能的恐怖主义图谋或正在形成的恐怖活动威胁，并发出预警，为美国政府及其合作伙伴组织反制或主动打击恐怖主义活动提供强有力的情报支援。

（三）反扩散情报

由于美国认为大规模杀伤性武器（包括生物武器、化学武器和放射性核武器）的扩散对国家安全造成了严重威胁，因此反扩散情报成为美国情报界的工作重点。反扩散情报既包括关于大规模杀伤性武器的实际威胁及其投送手段的相关信息，也包括与制造大规模杀伤性武器相关的材料、技术和专业人士等情报信息。美国情报界与美国政府及各领域合作伙伴协同工作，以更好地理解和探测国外大规模杀伤性武器的能力、计划和意图，提供预警并挫败大规模杀伤性武器的获取及使用，支持美国在反扩散领域的相关政策与倡议的提出。具体而言，反扩散情报的任务目标包括：（1）劝阻或防止有关国家获取大规模杀伤性武器的相关技术、材料和专家；（2）对于已拥有大规模杀伤性武器的国家，美国情报界需要深入了解其反扩散态度和计划，以符合美国的反扩散政策，实际而言就是使相关国家放弃或不敢使用大规模杀伤性武器；（3）支援跨国机构情报共享，以保证全球大规模杀伤性武器库的安全，特别是防止向恐怖分子、极端主义分子或其他国家行为体转让大规模杀伤性武器以及相关材料、技术等行为；（4）提高美国自身预防和应急能力，以应对大规模杀伤性武器使用所带来的损害。②

（四）反情报

反情报是指来自国外的情报实体以获取美国国家安全信息，阻碍或破坏美国情报活动、国家政策或关键系统为目的而展开的情报活动。长期以

---

① The White House, "National Strategy for Counterterrorism," June 2011, pp. 11 – 14, https：//obamawhitehouse. archives. gov/sites/default/files/counterterrorism_strategy. pdf.
② ODNI, "The 2014 National Intelligence Strategy," September 2014, p. 9, https：//www. dni. gov/files/documents/2014_NIS_Publication. pdf.

来，反情报活动对美国国家安全和社会繁荣构成了持续且巨大的威胁。反情报的执行者包括传统和非传统行为体，不仅有国外情报部门与安全机构，还有新出现的国际恐怖主义和极端主义分子等。国外情报实体始终瞄准美国政府、私营部门和学术界，企图获取美国国家安全信息以及经济、外交、军事和技术方面的优势。[①] 因此，美国情报界需要识别侦测国外情报实体日益增强的情报间谍渗透能力，阻止针对美国关键技术、数据和信息的盗窃或利用行为，挫败对手利用美国情报供应链和采购薄弱环节来实行破坏的企图，并降低美国情报界内部的人力威胁，增强反渗透能力。

三、情报传递的基本流程

美国国家安全情报传递的过程通常被称为"情报周期"，是指从搜集原始信息到生成情报产品以供政治决策者、军事指挥官和其他客户使用的全过程。该传递周期一般可分为六个阶段，即计划与定向、搜集、处理与加工、分析与生成、分发、评估。[②]

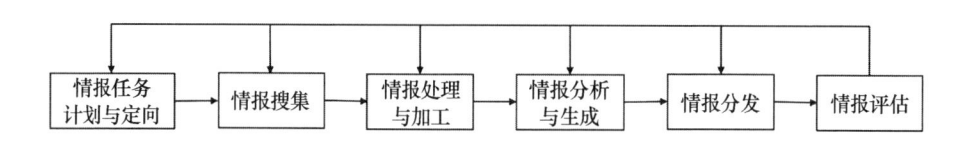

图 3 - 3　情报传递流程图

美国安全情报传递周期整体保持着高度动态的不间断模式，根据各类情报要求按步骤进行情报传递，具体流程为：（1）计划与定向。情报界按照客户的情报需求创建并制定相应的情报搜集行动计划。作为情报传递周

---

① Daniel R. Coats, "Statement for the Record: Worldwide Threat Assessment of the US Intelligence Community," March 2018, p. 11, https://www.dni.gov/files/documents/Newsroom/Testimonies/Final-2018-ATA---Unclassified---SASC.pdf.

② ODNI, "U. S. National Intelligence - An Overview 2013," April 2013, pp. 4 - 6, https://www.dni.gov/files/documents/USNI%202013%20Overview_web.pdf.

期的起点，定向在计划之前。情报客户对情报产品提出具体要求——它可能是一份完整的情报战略报告，也可能是一张具体的情报图形图像，甚至仅仅是被采集的原始数据信息，根据情报用户的定制要求，情报组织做出计划。（2）收集。情报组织收集情报产品所需的原始数据，主要包括五类基本情报资源——地理空间情报、人力情报、测量情报、开源情报以及信号情报。这些情报的来源多样，不仅有新闻媒体、机构报告、政府与公共文件，而且有航空拍摄、卫星成像、信息代码等。[①]（3）处理与加工。情报机构将收集到的原始数据转化为可理解的格式，以供情报产品的成型。在该阶段，需要大量经过熟练训练的专业人士以及高科技设备将未经加工的数据转变为可用的或可读懂的信息，并将它们进行存储以备进一步分析，常用的数据转化方式有数据翻译、数据解码、图像解析等。（4）分析与生成。情报界训练有素的专业分析人员对经过处理的数据进行整合评估与深度分析，排列出可用信息的优先顺序，进而生成供用户使用的情报产品。根据情报要求的精细程度，有时这一步骤也被略过。（5）分发。情报客户往往通过电子传输的方式获取最终的情报产品。情报机构使用网站、电子邮件、基于 Web 2.0 的开源协作工具以及纸质文档等媒介将生成好的情报产品进行分发，传递给用户。（6）评估。情报客户在收到情报产品后对情报服务流程进行评价与反馈，不仅是对情报产品和情报体系的总体评估，而且需要针对每个传递环节进行分别评价。对整个情报周期而言，来自用户的持续反馈非常重要，它使情报界能够及时调整和改善相关行动和分析模式以更好地适应不断变化与发展的情报需求。

第二节　美国国家安全情报的分类传递机制

自"9·11"事件之后，美国国家情报总监办公室在情报界的领导与

[①] ODNI, "Vision 2015: A Globally Networked and Integrated Intelligence Enterprise," July 2008, p. 12, https://www.dni.gov/files/documents/Newsroom/Reports%20and%20Pubs/Vision_2015.pdf.

整合职能得到强化。为了更好地服务于情报用户日益增长的多元化需求，依据攸关美国国家安全的情报优先级，国家情报总监办公室先后成立了四个情报中心，它们分别是于2004年和2005年建立的国家反恐中心和国家反扩散中心，2014年完成整合的国家反情报与安全中心，以及2015年设立的网络威胁与情报整合中心，由此形成美国国家安全情报领域的四大支柱。根据情报任务的不同，情报界依托四大中心进行情报的分类传递与整合，以支持不同类别情报需求的供给。

一、反恐情报传递机制

"9·11"恐怖袭击之后，美国迅速将反恐工作放在国家安全的首位，尤其重视反恐情报的整合与分享。小布什总统在2003年国情咨文中首次提出建立国家级反恐中心的倡议，并指明"将整合联邦调查局、中央情报局、国土安全部和国防部的反恐情报力量，将其纳入统一的实体单位"。① 随后便成立了"恐怖主义威胁整合中心"。2004年，根据"9·11"事件调查报告的建议，以及总统13354号行政令的宣布和2004年《情报改革及预防恐怖主义法》的通过，国家反恐中心正式建立并将恐怖主义威胁整合中心并入旗下，其职能除了反恐情报的态势感知、整合分析与协调共享之外，还承担为总统下达的战略行动计划提供直接支援，实现了从单纯的反恐情报提供到反恐行动监控跟踪保障的全过程参与。② 目前，国家反恐中心麾下有来自20多个政府机构部门的近千名员工，下设反恐情报、恐怖分子身份识别、行动支援、战略行动规划四大局以及包括国家情报管理、大规模杀伤性武器、反恐等九个办公室，真正实现了全天候、全源、全政府的情报分析与传送。③

---

① President George W. Bush, "The State of the Union 2003," January 28, 2003, https://georgewbush-whitehouse.archives.gov/news/releases/2003/01/20030128-19.html.
② National Commission on Terrorist Attack Upon the United States, "The 9/11 Commission Report," p. 404, http://govinfo.library.unt.edu/911/report/911Report.pdf.
③ National Counterterrorism Center, "Today's NCTC," August 2017, p. 7, https://www.dni.gov/files/NCTC/documents/features_documents/NCTC-Primer_FINAL.pdf.

第三章　美国国家安全情报的传递机制

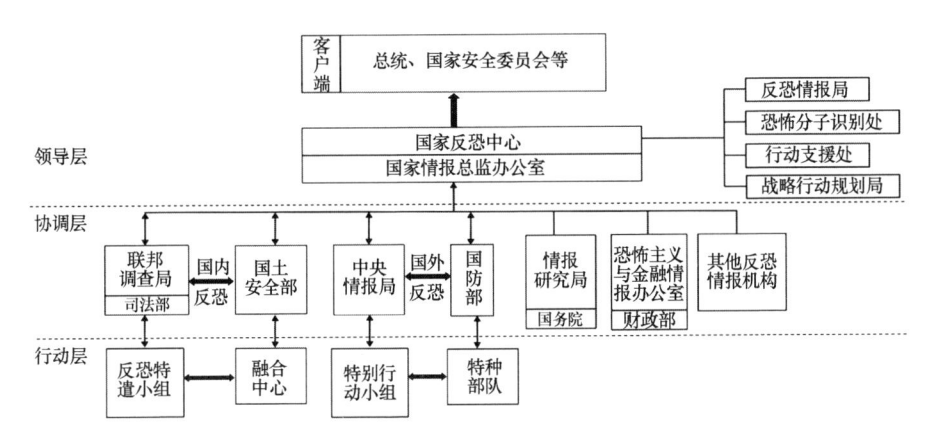

图3-4　反恐情报传递网络

在美国国家安全情报四大分类机制中，反恐情报传递机制是最为成熟的模板，不仅充分发挥了"整体政府"下的跨部门横向协调合作，而且实现了联邦、州和地方之间的纵深扩展，完成了情报传递网络的初步构建。具体来讲，国家反恐中心与四大情报部门密切配合，形成了为保障美国国土安全和维护美国全球利益的情报合作网络：对国内反恐情报而言，国家反恐中心与国土安全部和司法部联邦调查局之间形成核心铁三角。[①] 首先，在反恐情报监控上，国家反恐中心下属的"恐怖分子识别处"负责搜集恐怖主义嫌疑人信息，并将其发送至联邦调查局的"恐怖分子筛查中心"，以实时共享并传送更新监视人员清单，及时对已知的和可疑的恐怖分子进行识别并阻止其恐怖活动。其次，在情报共享的宏观层面，国家情报总监办公室下的信息共享平台与司法部的地区信息共享系统中心协同作业，增进了联邦、州和地方在涉恐情报事务上的信息联通与情报共享合作。最后，在涉及反恐情报行动领域，由国家反恐中心进行联邦层面的领导与统筹，国土安全部和司法部除了肩负反恐情报行动的具体实施以外，由于其

---

① Intelligence Community, Department of Homeland Security, and Department of Justice, "Review of Domestic Sharing of Counterterrorism Information," March 2017, p. 51, https: //fas. org/irp/eprint/sharing. pdf.

各自在州和地方一级政府中都设有功能单元，因此还承担着联邦、州和地方之间的双向情报传送与反馈。为了充分发挥州和地方政府在反恐中的作用，以期将反恐效果深入到最基层的社区，美国创设了由联邦主导、各州州长牵头、以州或地方大都市为单位的"融合中心"，由国土安全部负责管理，并联合国家情报总监办公室与司法部共同提供资金支持和技术培训，进而形成全国中心网络并成为涉恐事务的重要沟通渠道。在国家反恐中心对情报战略行动的指导下，作为反恐小组的各融合中心与联邦调查局"联合反恐行动小组"已进行了多次合作并成功瓦解了国内恐怖主义活动，有力地保障了国土安全。[①] 涉及国外反恐情报及相关行动，主要是由国家反恐中心与中央情报局和国防部合力完成的。具体来讲，由国家反恐中心提供整合情报资源并对反恐行动给予指导意见，海外反恐行动则主要是依靠中央情报局特别行动小组与国防部特种部队的相互配合来完成的。值得一提的是，近年来这一组合多次展现了精准高效的反恐能力，比如击毙"基地"组织领导人本·拉登的行动。

除此之外，反恐情报还涉及外交、经济等领域，国家反恐中心也需要统筹其他相关部门的涉恐情报信息。国务院实际上是最早被赋予反恐情报任务的部门之一，其情报与研究局下属的恐怖主义、毒品与犯罪分析办公室，主要负责评估全球范围内的恐怖主义及其对美国对外关系与全球利益的影响，确保情报界和国防部的相关反恐行动与美国外交政策目标相一致。另外，财政部的恐怖主义与金融情报部门下属的情报与分析办公室，主要负责防范和打击恐怖主义融资活动，包括一切为恐怖活动提供资金支持的行为，比如募集恐怖资金，掩护恐怖组织走私、贩毒、洗钱等非法活动，通过切断恐怖主义经济来源，来阻止恐怖主义活动。

二、反扩散情报传递机制

美国的反扩散政策从小布什总统时期开始得以加强，2002年出台的

---

① "Fusion Centers and Joint Terrorism Task Forces," https://www.dhs.gov/fusion-centers-and-joint-terrorism-task-forces.

《打击大规模杀伤性武器国家战略》明确提到对反扩散情报信息的整合与共享。① 同时,"美国政府认识到国家安全面临的最大威胁是恐怖主义与大规模杀伤性武器的结合,于是将反扩散与反恐进行挂钩,提出一系列反扩散政策主张。"② 然而,2003 年对伊拉克拥有大规模杀伤性武器的误判使得美国各界对情报系统的反扩散情报能力提出质疑,并专门成立"针对大规模杀伤性武器情报能力调查的特别委员会"进行了深入调查。该委员会于 2005 年提交关于大规模杀伤性武器的最终报告,并指出加强反扩散情报能力建设的迫切性,③ 随即国家反扩散中心成立。从最初的设想来看,反扩散中心是想复制反恐中心的模式,实现反扩散情报的全面整合。然而,由于美国政府在情报改革资源上的分配不均,侧重于反恐情报机制建设,从而导致反扩散机制未能得到公平发展。另外,不像"9·11"事件的调查报告中所表述的反恐情报整合与共享是情报界在反恐领域的主要改革方向,关于大规模杀伤性武器的报告中则更多指责伊拉克拥有大规模杀伤性武器这一情报信息本身的错误性以及固有观念的误导性,也就是说反扩散情报的关键问题出在反扩散情报机构自身的情报能力上。因此,反扩散情报的整合协调工作并未被放在改革的首要位置,而亟待提高的是各情报部门对大规模杀伤性武器的情报搜集和分析能力,这也就进一步造成了反扩散情报传递机制发展迟缓。④

就目前而言,国家反扩散中心是四大情报中心中规模最小的一个部门,反扩散情报传递机制也相应最为松散。反扩散中心旨在实现不同部门间关于大规模杀伤性武器扩散的情报共享和综合分析,为美国政府应对大规模杀伤性武器扩散提供战略决策报告与依据。反扩散中心的合作部门主要包括反扩散情报领域的核心成员——中央情报局,其下属的国家秘密行

---

① White House, "NSPD17: National Strategy to Combat Weapons of Mass Destruction," December 2002, pp. 5 – 6, https: //fas. org/irp/offdocs/nspd/nspd – wmd. pdf.
② 樊冰:《美国国家安全情报传递机制论析》,《国际安全研究》2019 年第 2 期,第 125 页。
③ The WMD Commission, "The Report of the Commission on the Intelligence Capabilities of the United States Regarding Weapons of Mass Destruction," March 31, 2005, p. 537, http: //govinfo. library. unt. edu/wmd/report/wmd_report. pdf.
④ Jeffrey T. Richelson, " The US Intelligence Community, Sixth Edition," Boulder: Westview Press, 2012, pp. 374 – 376.

```
                    ┌─────────────────┐
                    │  国家反扩散中心  │
                    │ 国家情报监督办公室│
                    └─────────────────┘
```

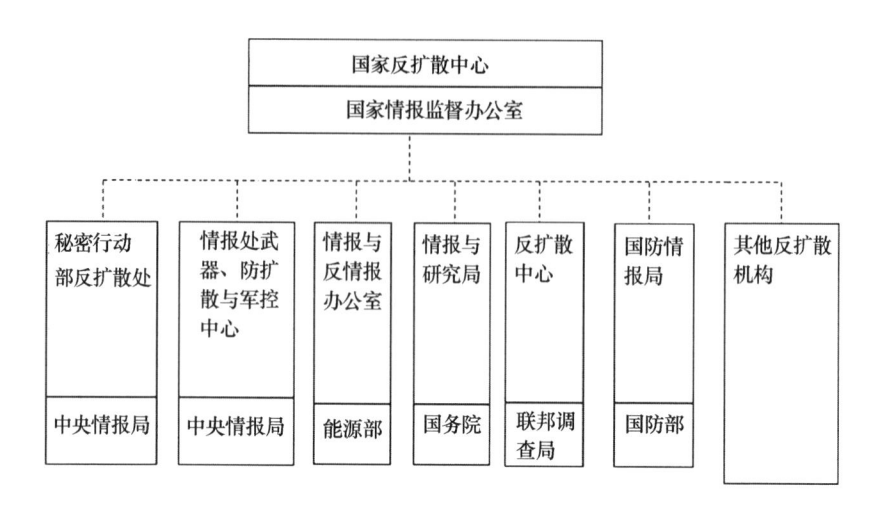

秘密行动部反扩散处	情报处武器、防扩散与军控中心	情报与反情报办公室	情报与研究局	反扩散中心	国防情报局	其他反扩散机构
中央情报局	中央情报局	能源部	国务院	联邦调查局	国防部	

图 3-5 反扩散情报传递路径

动部反扩散处成立于 20 世纪 90 年代中期，主要任务是追踪大规模杀伤性武器，特别是其研发进程和流向，搜集相关情报，以阻止其流入"无赖国家"和恐怖组织手中；另外，原本计划并入国家反扩散中心的中央情报局情报处武器情报、防扩散与军控中心，其主要职责是对世界范围的核武器、生化武器、先进常规武器及武器系统的研制发展进行全面的监视和分析，并随时向白宫提供预警；制定应对武器扩散问题的战略计划，向情报搜集和执法部门提供与反扩散相关的技术支援和行动指导；中心内的转运网络组专门分析和辨识上述技术的国际供应商及秘密从事相关武器设备买卖与运输的承运者。[①] 另有，能源部作为重点监控大规模杀伤性武器原材料来源的部门，负责提供核心领域技术情报资源；还有国务院情报与研究局的战略、反扩散与军事冲突办公室、联邦调查局的反扩散中心、国防部国防情报局的分析处都设有反扩散情报职能。此外，国家反恐中心也于 2013 年专门设立了大规模杀伤性武器反恐办公室，从某种程度上进一步消解了反扩散中心的情报功能。总而言之，由于反扩散中心孱弱的情报领导

---

① 高庆德、宗盟、任珊珊：《美国情报组织揭秘》，时事出版社 2011 年版，第 76 页。

力,反扩散情报领域的协调传递体制呈现出相当松散的状态,目前各个反扩散情报机构基本仍处于各自为政的阶段。

三、反情报传递机制

美国反情报界拥有相当悠久的历史,甚至可以追溯到建国初期,到冷战时期得到进一步发展,冷战结束后以"1994年埃姆斯间谍案"为代表的一系列间谍活动接连给美国国家安全造成重大损失,从而引起极大反响,推动了美国反情报工作的改革。《1994年反情报与安全促进法》正式出台,美国随即成立了"国家反情报政策委员会",负责反间谍协调工作并制定反间谍方针政策,尤其是促进了中央情报局和联邦调查局两大核心情报机构在反情报工作中的协调合作。"9·11"事件后,反情报工作被进一步提升至国家安全战略层面,《2002年反情报促进法》正式设立了"国家反情报执行办公室"作为美国反情报界的业务主管。伴随着反情报对美国国家安全影响力的不断加深,2014年国家情报总监办公室在国家反情报执行办公室的基础之上建立国家反情报与安全中心,更加凸显了反情报工作在国家安全战略中的重要地位。因此,美国反情报传递机制不仅从反情报业务层面,而且立足于国家安全战略高度,来服务于情报客户终端。[①]

美国国家反情报与安全中心主任是反情报界的"双帽"领导,同时担任国家反情报执行官和反情报政策委员会的负责人。反情报与安全中心负责指导协调情报界、行政部门、执法部门以及私营机构等的反情报活动,评估外国情报威胁,设立国家反情报项目优先级别,制定反情报战略规划,并依托来自美国情报界和安全界的高级反情报技术骨干及专家在官方网站公布典型案例、可能面临的威胁、防范措施等。与此同时,作为各反情报部门的协调组织,反情报政策委员会在为总统提供反情报活动建议,保障反情报法律、战略和政策的落实,以及协调反情报界各部门之间的冲

---

① NCSC, "National Counterintelligence and Security Center: Strategic Plan 2018 – 2022," p. 10, https://www.dni.gov/files/NCSC/documents/Regulations/2018 – 2022 – NCSC – Strategic – Plan.pdf.

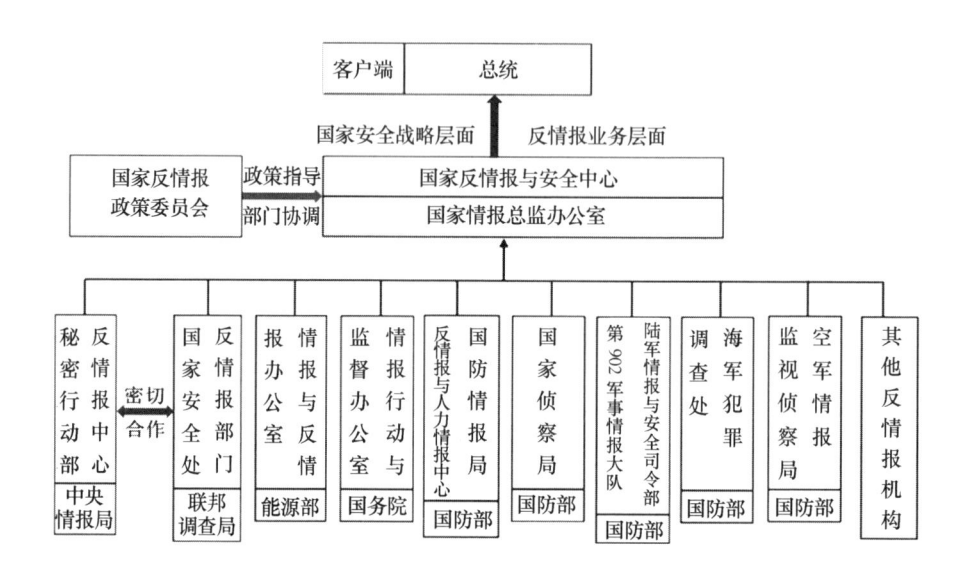

图 3-6 反情报传递路径

突矛盾等方面发挥着巨大作用。①

"在反情报政策委员会的协调和国家反情报与安全中心的领导下,美国各大情报机构加快了反情报部门整合与协作的步伐,逐步形成了一个功能完备的反情报传递系统。"② 美国国内反情报活动主要是由联邦调查局国家安全处牵头进行。"9·11"事件之后,在"9·11"事件调查委员会的建议下,联邦调查局整合了反情报收集与分析人员,以及语言、心理等领域的专家,计划筹建一个专门部门负责预防和调查发生在美国本土的外国情报活动。随后于 2005 年,联邦调查局将原属于情报处等部门的反恐与反情报业务职能予以整合,正式成立了"国家安全处"并由一名局长助理进行领导。关于国外反情报任务,主要是由中央情报局国家秘密行动部来完成的。"国家秘密行动部下设了反情报中心,专门负责打击外国情报组织

---

① NCSC, "National Counterintelligence Strategy of the United States of America 2016," pp. 3-6, https://www.dni.gov/files/NCSC/documents/Regulations/National_CI_Strategy_2016.pdf.

② 樊冰:《美国国家安全情报传递机制论析》,《国际安全研究》2019 年第 2 期,第 128 页。

的渗透和破坏活动,防止内部人员泄密或背叛,调查安全隐患和潜在的间谍活动,以及调研其他国家情报机构的组织状况与行动特点等。早期由于中央情报局与联邦调查局之间缺乏有效的合作,极大影响了反情报工作的效果,这一情况在'1994年埃姆斯间谍案'之后得以改善。"具体改革方式是"中央情报局的反情报中心主任由联邦调查局的官员担任,目的是让国内反情报侦察部门从一开始就介入中央情报局的安全调查",①同时中央情报局也派专员到联邦调查局的反情报部门担任领导职务,以此加强两大机构之间的反情报合作,并通过这一任职旋转门建立两个机构之间的反情报交叉传递路径。另外,面临日益严峻的反情报态势,国家反情报与安全中心积极协调信息共享并构建相关联合行动平台。为了应对"维基"泄密导致的国家安全反情报危机,2011年反情报与安全中心设立"国家内部威胁行动小组"。根据13587号总统行政令,该部门是由国家反情报中心与司法部联邦调查局联合领导,并协同国防情报局、中央情报局和国土安全部的运输安全管理局所派驻的常任代表,共同处理国家内部威胁——主要是指拥有相关权限的美国政府人员所进行的资料泄密与间谍活动。②

"在军队反情报方面,国防部国防情报局最早成立了'国防反情报和人力情报中心',之后更名为国防情报局国家安全办公室反情报处,主管国防部的反情报和人力情报活动,协调军事部门的反情报工作,为国防部长办公室、参谋长联席会议提供反情报和反恐怖主义支援,并在提高反情报侦查和分析能力、识别和利用外国间谍方面发挥了很大作用。"③ 同时,陆军反情报中心、反情报驻外活动组、空军特种调查处、海军调查处、海军陆战队下设的反情报与人力情报支援连、第902军事情报大队的反情报综合分析中心也承担着军队反情报职能,负责各个军种的信息保密与反间谍工作。在涉及美国能源与核安全等领域的反情报方面,美国能源部于1998年成立了反情报办公室,统筹能源部及核能实验室的反情报业务。作

---

① 樊冰:《美国国家安全情报传递机制论析》,《国际安全研究》2019年第2期,第128页。
② NCSC and Department of Justice, "National Insider Threat Task Force Mission Fact Sheet," https://www.dni.gov/files/NCSC/documents/products/National_Insider_Threat_Task_Force_Fact_Sheet.pdf.
③ 樊冰:《美国国家安全情报传递机制论析》,《国际安全研究》2019年第2期,第128页。

为美国情报界的成员之一,"能源部情报与反情报办公室在全国设有近30个分局,在识别外国情报和恐怖主义活动对美国能源领域威胁的基础上,结合能源安全专业知识为国家决策提出建议,保护能源安全与核安全。"[1]

四、网络情报传递机制

随着网络空间的不断冲突和网络攻击的日益频繁,网络威胁已成为美国国家安全所面临的最严重威胁之一,近年来不论是从国家安全战略还是网络安全技术层面都不断受到重视。美国网络空间的对手既有国家行为体,也有非国家行为体;网络安全既涉及传统安全领域,也包括非传统安全领域,而且具有非对称性的特点。[2] 网络安全战略从早期专注于对关键基础设施和信息安全的保护,扩展至以网络空间为载体的全源领域的安全战略关切。网络空间安全威胁不仅蔓延至反恐、反情报领域,甚至可以作为武器级别的安全威胁对国家利益造成致命打击而成为反扩散领域的重大关切。[3] 总体来讲,网络空间安全战略需要统筹决策管理体系、情报组织体系和行动组织体系三个层面。

就网络情报传递机制而言,国家情报总监办公室于2015年成立了网络威胁与情报整合中心,全面协调国土安全部、联邦调查局、中央情报局、国防部以及国务院下属的相关网络情报部门,以期全方位提升美国防范和应对网络攻击的能力。具体而言,网络威胁与情报整合中心旨在提供并整合针对国外网络威胁和影响美国国家利益的网络事件的情报全源分析;为国土安全部下的国家网络安全与通信整合中心、联邦调查局下的国家网络调查联合工作组、国防部下的美军网络司令部以及其他相关政府机构提供

---

[1] 详情请参见美国能源部情报与反情报办公室网站:https://www.energy.gov/intelligence/office-intelligence-and-counterintelligence。

[2] James Andrew Lewis, "Rethinking Cybersecurity: Strategy, Mass Effect, and States," A Report of the CSIS Technology Policy Program, January 2018, https://csis-prod.s3.amazonaws.com/s3fs-public/publication/180108_Lewis_ReconsideringCybersecurity_Web.pdf?ftGLYwJNUgSldpxN3g2K3g06kKVxicYq.

[3] 沈逸:《武器级勒索软件催生全球网络空间防扩散机制建设契机》,《信息安全与通信保密》2017年第9期,第34—35页。

第三章　美国国家安全情报的传递机制

客户端	决策层	白宫、国务院、国防部等		
	执行部门	国家网络安全与通信整合中心（国土安全部）	国家网络调查联合工作组（联邦调查局）	美军网络司令部（国防部）

- - - → 情报支援
──→ 情报传递

网络威胁情报整合中心
国家情报总监办公室

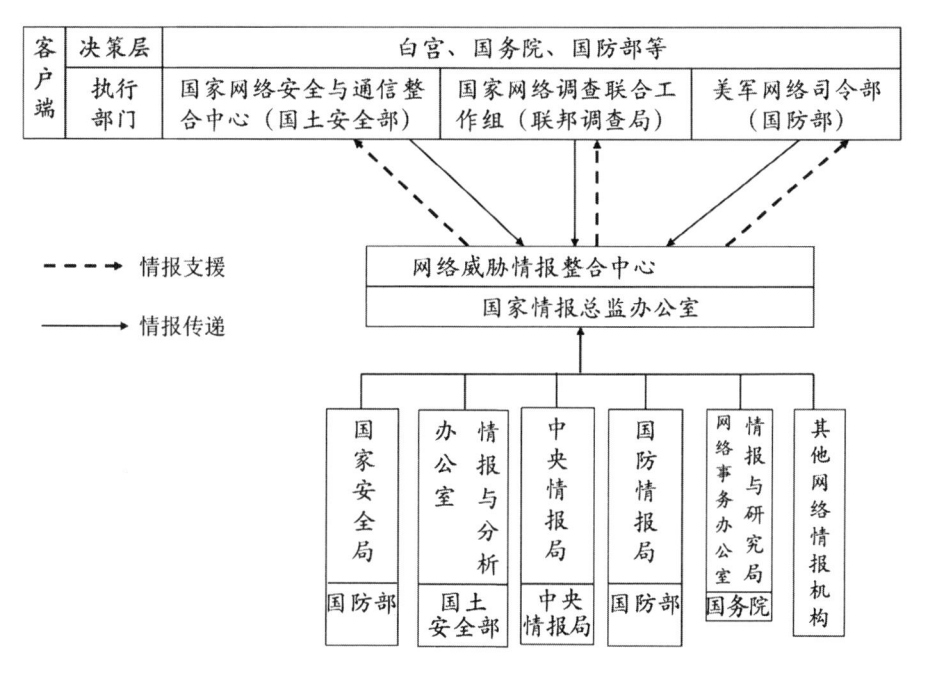

国家安全局	情报与分析办公室	中央情报局	国防情报局	网络事务办公室	情报与研究局	其他网络情报机构
国防部	国土安全部	中央情报局	国防部		国务院	

图 3-7　网络情报传递路径

各自行动任务的相关情报支援。[①] 与其他中心不同，网络威胁与情报整合中心的工作重心放置在协调整合情报界各成员所传递的网络威胁情报上，通过对网络情报的整合分析后再分发给相关机构供其决策与行动所用。

由此可知，网络威胁与情报整合中心并不参与网络空间战略行动过程。实际上，网络安全情报行动部门，对内主要是指土安全部的"国家网络安全与通信整合中心"和联邦调查局的"国家网络调查联合工作组"，对外主要是由国防部的美军网络司令部来负责。针对国内网络威胁，国土安全部于 2009 年成立"网络安全与通信整合中心"进行国内跨区域协调和管理网络威胁事件，并成为网络情报进一步分发的中继站，负责协调各

[①] White House, "Presidential Memorandum – Establishment of the Cyber Threat Intelligence Integration Center," https：//obamawhitehouse. archives. gov/the – press – office/2015/02/25/presidential – memorandum – establishment – cyber – threat – intelligence – integrat.

利益攸关方合作建立并维护一体化的网络空间安全管理体系；并且与负责调查网络事件以及进行网络执法的联邦调查局"国家网络调查联合工作组"进行行动配合，共同应对国内的网络安全威胁。作为"第五空间"的网络空间一直以来都被美军视为重要的作战领域，① 并于2009年创建了美军网络司令部，之后为了进一步提高网络安全在国家安全战略层面的地位，美军网络司令部于2017年由二级司令部升级为一级司令部，直接隶属于国防部。在网络情报领域一体化改革趋势的影响下，国防部实行美军网络司令部与国家安全局"双帽"领导制，即国家安全局的局长同时担任美军网络司令部司令，② 从而构建了国防部网络情报系统的良好协作关系，实现了网络防御、网络进攻与网络刺探等各项业务的有效运行与互动。近年来，国防部与国土安全部和联邦调查局也在不断加强网络情报的共享与协作。③

第三节　对美国国家安全情报传递机制的评估

后"9·11"时代，实现情报界的整合与信息共享是美国国家安全情报体制机制改革的重中之重。通过十多年的努力，美国国家安全情报界已逐步形成了不同层级间自下而上的情报传送与自上而下的情报分发体系，以及情报机构之间的横向协调传递模式。从情报传递的整体机制来看，国家情报总监办公室是美国国家安全情报纵向传递的总归口，该办公室下设反恐、反扩散、反情报和网络威胁四大情报中心，负责分管不同类型情报

---

① Department of Defense, "Summary of the 2018 National Defense Strategy of The United States of America," January 2018, p.6, https：//www.defense.gov/Portals/1/Documents/pubs/2018 - National - Defense - Strategy - Summary.pdf.
② ［美］迈克尔·华纳著，黄日涵、邱培兵译：《情报的兴衰：一部国际安全史》，社会科学文献出版社2016年版，第273—276页。
③ Department of Defense, "Cyber Strategy," April 2015, p.3, https：//www.defense.gov/Portals/1/features/2015/0415_cyber - strategy/Final_2015_DoD_CYBER_STRATEGY_for_web.pdf.

的汇总、分析与整合，进而将最终情报产品交付情报用户以供其进行国家安全战略研判与决策。与此同时，各情报机构之间通过建立各类信息共享平台或实行跨部门双重领导机制等方式打通相关情报的横向传递与共享路径，特别是针对情报行动领域，核心部门之间相互配合以实现情报的实时跟踪与全程支援。然而，具体到四个分类传递机制，其发展与演进则各不相同，在机制改革与转型过程中所面临的挑战也不尽相同。

一、总体传递机制的困境

就总体机制而言，目前位于情报界领导地位的国家情报总监办公室在机制改革过程中主要面临以下两个层面的问题：从机构管理层面来看，情报界虽然已基本改变了机构林立、各自为政的松散格局，但是情报体系内部军方与地方部门之间的分野依旧十分严重，这两类情报机构间的信息共享壁垒难以撼动，这使得进一步对情报体系进行全面整合的难度加大。这种体制上的分裂，具体体现在：第一，在预算管理方面，美国情报预算分为国家情报预算和军事情报预算两部分，并由国家情报总监和国防部长分别负责制定，[①] 这就使得国家情报总监与国防部长在情报项目管理与统筹事务上处于分治状态。第二，在人事管理方面，同样也存在着此类权力受限的问题，国家情报总监对情报界的成员机构并不具有实际的人事任免权，因此其管理效力也有所局限。第三，美国政治体制向来主张分权制衡，"9·11"事件后国家情报总监办公室的领导权力被实质化并得以大力提升，这一轮情报界的权力重构已导致政府内部对国家情报总监的权力过大表示担忧，因此，机构管理改革也面临着本身体制上固有的限制。

从职能管理层面来看，国家情报总监办公室下设的四大情报中心，其职能划分不够明晰、能力建设参差不齐，尤其是四类情报传递机制之间缺少互动平台。具体来讲，第一，四大中心在各自情报领域均有业务重叠现象，且尚未建立跨域协作平台。比如，反恐中心不但设立了专门搜集反扩

---

① ODNI, "U.S. Intelligence Community Budget," February 2018, https://www.dni.gov/index.php/what-we-do/ic-budget.

散情报的大规模杀伤性武器反恐办公室,而且近年来还不断加强对网络恐怖威胁情报信息的重视;另外,网络空间不仅是各个国家行为体和非国家行为体进行反情报活动的重要场域,而且在不久的将来网络威胁甚至有可能被视为一种"大规模杀伤性武器"列入反扩散情报范围。针对这一情况,国家情报总监办公室目前并未设立关于各个情报中心之间重叠情报业务的相互沟通与共享机制,这不仅会导致相关情报工作的重复性,而且无法发挥信息共享的高效性。第二,国家情报总监办公室领导下的四类情报传递机制发展不均衡,未来可能会造成进一步相互协调的困难。四类情报传递机制除了情报整合能力有强有弱以外,各自所具备的职能范围也有大有小,比如,反恐中心既具备完全的情报统筹功能,又参与情报战略行动的全过程,而反扩散情报中心在基本的情报整合能力建设上都尚显不足;网络威胁与情报整合中心是没有情报行动功能的,而反情报中心则可以根据当下情况直接进行反情报挫败行动。总体而言,四大情报中心发展水平参差不齐,根据情报业务整合的广度和深度来看,其中最为成熟的机制是反恐中心,其次是反情报与安全中心,然后是网络威胁与情报整合中心,最后是反扩散中心。第三,随着国际社会权力分散与相互依赖的不断加深,国内与国外情报领域的界限也愈发模糊,这对美国情报界长期形成的国土安全部与联邦调查局主内、中央情报局与国防部主外的情报合作模式提出了挑战。因此,能否实现国内外情报业务的相互联通也将成为美国情报界改革的重点关切。

二、反恐情报传递机制面临的挑战

反恐情报传递机制被誉为美国国家安全情报体系中最为完善与成熟的模式。"9·11"事件之后,伴随着一系列反恐法案的出台,美国政府先后组建了旨在统筹反恐行动的国土安全部和负责反恐情报整合的国家情报总监办公室,并在其下专门设立国家反恐中心,该中心吸纳融合了中央情报局和联邦调查局的反恐情报核心部门,以及来自国土安全部和国防部等机构的反恐情报人员。与此同时,情报界内部相继成立了融合中心、情报共享机制、反恐特遣小组等,以此来搭建从地方和州到联邦、从社区到中央的情报收集整合与传送网络。① 因此,反恐情报传递机制不仅强调情报与执法部门的协同,而且重视联邦与地方政府的合作。②

然而,反恐情报传递机制也面临着来自各方的压力:一是国内财政和预算压力。反恐情报预算投入巨大,运营维护成本高昂,再加上相比其他情报任务领域而言,反恐情报一直占据资源分配中的高份额,于是长期以来引起国会内部的不断争议,以及其他政府部门和相关机构的屡屡不满。③ 二是反恐情报监管不力与执法过度。在收集反恐情报的过程中实行全面监听,往往会侵犯到公民的隐私权,从而引发国内民众的大规模抗议。④ 特别是"棱镜门"事件之后,以国家安全局为代表的情报机构被认为是打着反恐的旗号滥用职权以完成其他政治目的,从而遭到国内民众与美国盟友的严重质疑,导致美国政府信任赤字的进一步恶化。⑤ 此外,由于对涉恐情报的过度解读或执法不当,美国反恐情报行动加剧了"伊斯兰恐惧症"在国内的持续蔓延,从而反向刺激了国内极端主义的兴起以及暴力极端行为的发生。三是反恐情报机制面临恐怖主义新形态的挑战。随着新兴反恐态势的不断演变,比如,原发自美国本土的暴力极端主义活动的频发,尤其是"独狼式"恐怖袭击模式对美国反恐情报体系提出了新的挑战。⑥ 在新安全形势下,随着反恐情报机制联邦层面整合能力的增强,如何进一步加大地方社区反恐情报与执法能力,将成为美国当局应对本土恐怖主义活

---

① The White House, "National Strategy for Information Sharing and Safeguarding," December 2012, p. 4, https://obamawhitehouse.archives.gov/sites/default/files/docs/2012sharingstrategy_1.pdf.

② Kevin A. O'Brien, "Managing National Security and Law Enforcement Intelligence in a Globalised World," Review of International Studies, Vol. 35, Issue 4, October 2009, p. 910.

③ Amy B. Zegart, "The Domestic Politics of Irrational Intelligence Oversight," Political Science Quarterly, Vol. 126, No. 1, Spring 2011, p. 18.

④ Mathieu Deflem, Shannon McDonough, "The Fear of Counterterrorism: Surveillance and Civil Liberties Since 9/11," Society, Vol. 52, Issue 1, February 2015, p. 70.

⑤ Daniel Byman and Benjamin Wittes, "Reforming the NSA: How to Spy After Snowden," Foreign Affairs, May/June 2014, https://www.foreignaffairs.com/articles/united-states/2014-04-17/reforming-nsa.

⑥ 张帆:《"防止九一一式恐怖袭击"与"反暴力极端主义"——比较分析美国国内防止恐怖袭击的两种战略模式》,《美国研究》2017年第4期,第42—43页。

动的重点突破方向。除此之外，白宫于2018年10月正式发布了特朗普政府的首份《国家反恐战略》报告，全面阐述了美国新反恐战略的目标与举措。该报告中所提出的"追踪恐怖主义威胁源头、切断恐怖分子的经济物资和后勤保障、更新整合反恐信息与机构、保护关键基础设施、打击恐怖分子招募能力以及强化国际盟友的反恐能力"这六项反恐措施，[①] 每一项都是建立在反恐情报的收集分析与整合共享基础之上的，实际上对美国反恐情报体系的全面工作能力提出了更高的要求。

三、反扩散情报传递机制的发展局限

"9·11"事件后，反扩散中心实际上是与反恐中心同期宣布建立的机构，虽然反扩散政策一直以来被美国历届政府所重视，但是反扩散情报传递机制的建设却仍处于初级阶段，特别是其情报统筹整合能力一直以来发展较弱。究其原因，大致可归为以下三点：第一，反扩散中心成立之初，由于美国政府将大量资源投入到反恐情报机制的建设中，从而导致反扩散情报机制一开始就发育不健全。第二，国防部在反扩散战略政策制定和执行的过程中长期处于核心地位，尤其是国防部定期发布的《核态势评估》报告中针对反扩散能力评估与行动计划等进行了详细的阐述和规划，[②] 从而使得反扩散中心的影响力被弱化。第三，除国防部以外，中央情报局等其他情报机构各自也有独立的反扩散部门，于是被众多部门与领域分解的反扩散情报机制在其发展整合过程中一直都无法形成组织合力。然而，特朗普政府上台之后发布的首份《国家安全战略》报告将反扩散放在捍卫美国国家安全的首要位置，从其可能采取的行动措施来看，除了倚重并增强国防实力以外，美国政府还将进一步加强反扩散情报、执法

[①] The White House, "National Strategy for Counterterrorism of the United States of America," October 2018, pp. 13 – 24, https：//www.whitehouse.gov/wp – content/uploads/2018/10/NSCT.pdf.

[②] Department of Defense, "Nuclear Posture Review 2018," February 2018, p. 5, https：//media.defense.gov/2018/Feb/02/2001872886/ – 1/ – 1/1/2018 – NUCLEAR – POSTURE – REVIEW – FINAL – REPORT.PDF.

与应急管理的整合。①

四、反情报传递机制的阻碍

从反情报传递机制来看，美国自"9·11"事件以后在反情报领域进行的最大突破是将反情报提升至国家安全战略的高度进行改革。在"先发制人"反情报战略的指导之下，反情报传递机制由被动输送转变为积极主动的进攻模式，并且通过在国家情报总监办公室下成立"反情报与安全中心"来领导并整合来自各个机构的反情报信息，大大加快了反情报传递与反击的速度和效率。当前特朗普政府尤其重视在经济领域的反情报工作，并明确要求情报界要提高发现和挫败对手进行经济间谍活动的能力。② 然而，反情报传递机制仍面临着一系列的问题：一方面，反情报交叉传递能力不足。虽然在国家反情报政策委员会的不断协调下，主要负责国内反情报业务的联邦调查局和负责国外反情报业务的中央情报局，近些年来通过"交叉领导制"实现了反情报信息的相互传递，使得核心部门能够做到切实的信息共享。然而，除此之外，其他部门的反情报传递路径依然单一。由于反情报活动散布于经济、外交、军事、能源等多个领域和部门，反情报的交叉传递便显得尤为重要并亟待加强。另一方面，军队和地方反情报共享壁垒严重。特别是对于军方层面来讲，其反情报系统长期以来自成一体并形成了统一标准。军方在反情报战略改革规划中并没有意愿打破这一现状，也就更谈不上合作构建传递路径，这将导致反情报工作在全域层面的效果大打折扣。

---

① The White House, "National Security Strategy of the United States of America," December 2017, p. 8, https：//www.whitehouse.gov/wp-content/uploads/2017/12/NSS-Final-12-18-2017-0905.pdf.

② The White House, "National Security Strategy of the United States of America," December 2017, p. 32, https：//www.whitehouse.gov/wp-content/uploads/2017/12/NSS-Final-12-18-2017-0905.pdf.

五、网络情报传递机制的困局

作为国家情报总监办公室最晚设立的情报中心,网络威胁与情报整合中心的诞生无疑具有强烈的时代背景。近年来,从"网络无政府主义"的维基泄密[1]到"通俄门中门"的剑桥分析,美国国家安全在网络空间领域不断遭到挑战与威胁,于是网络安全被迅速提升至国家安全的优先地位。特别是自特朗普时期以来,美国对网络安全的重视更是在逐步全面升级。特朗普就任总统不久就将美军网络司令部提升为联合作战司令部,[2] 之后在2017年《国家安全战略》报告中多处强调网络安全对确保美国未来优势和繁荣安全的重要性,专门指出要改善网络信息的共享与传感并且提升网络情报的整合与反应能力。[3] 2018年9月又相继出台了《国防部网络战略》和《国家网络战略》两份重量级文件,前者具体规划了美军在确保其网络空间优势上的实现路径,[4] 后者重点提出了美国网络战略目标及其举措。[5]

从网络情报传递机制的发展来看,不足之处主要体现在以下四个方面:第一,网络威胁与情报整合中心情报行动功能的缺失,以及国家网络安全与通信整合中心、国家网络调查联合工作组和美军网络司令部三大网络中心林立的架构,会削弱网络威胁情报的整合效果。第二,军方网络情报体系呈现一家独大且相对封闭的格局,这在应对大规模的、传统的网络

---

[1] Dwight D. Murphey,"Cyber Anarchism, WikiLeaks and Computer Warfare: The Unprecedented Dangers Associated with Information Technology Today," The Journal of Social, Political and Economic Studies, Vol. 36, No. 4, Winter 2011, p. 455.

[2] Elias Groll,"Trump Elevates Cyber Command," Foreign Policy, August 18, 2017, http://foreignpolicy.com/2017/08/18/trump-elevates-cyber-command/.

[3] The White House,"National Security Strategy of the United States of America," December 2017, pp. 12-13, 31, https://www.whitehouse.gov/wp-content/uploads/2017/12/NSS-Final-12-18-2017-0905.pdf.

[4] DoD,"Summary: 2018 DoD Cyber Strategy," September 2018, https://media.defense.gov/2018/Sep/18/2002041658/-1/-1/1/CYBER_STRATEGY_SUMMARY_FINAL.PDF.

[5] The White House,"National Cyber Strategy of the United States of America," September 2018, https://www.whitehouse.gov/wp-content/uploads/2018/09/National-Cyber-Strategy.pdf.

威胁时也许收效甚好。然而，在面对非传统的、新兴的网络威胁时，则需要一个更加开放且多元化的情报共享体系。第三，国内网络情报的搜集与传递要面临立法的诸多限制，尤其是情报领域中涉及公民自由和隐私的问题，往往被称为灰色敏感地带，从某种程度上阻碍了国内处理网络威胁的能力与效率。第四，由于网络空间的特殊性，它所展示出来的权力分散，使得政府机构不可能独享对该领域的控制权，所以政府必须要跟私营部门及民间机构合作。这就有可能提高情报泄露与扩散的风险，也将成为美国网络情报机制改革所面临的两难境地。

第四节　特朗普政府对美国国家安全情报体系的调整及其影响

当前美国已进入特朗普时代，无论是其任期内的首份《国家安全战略》报告还是随后出台的《国防战略》报告，以及2018年相继发布的《国防部网络战略》《国家网络战略》和《国家反恐战略》等一系列重要文件，均彰显了特朗普主义"美国优先"的国家安全战略，体现出美国国家安全从反恐时代转向大国竞争时代之趋势。特朗普时期美国国家安全以实力为主导的现实主义倾向十分明显，国家安全领域的关切既有对传统大国安全竞争的回归，又有对新兴安全威胁的重视。

一、特朗普上台以来涉及美国国家安全情报的战略文件解读

从国家安全的总体层面来看，特朗普政府在2017年12月发布了其任期内的首份《国家安全战略》报告，并针对情报工作提出了明确要求，即"以实力维护和平"为宗旨，重建情报领域的三大能力：第一，美国识别和应对地缘战略和地区变化及其在政治、经济、军事和安全方面影响的能力，要求美国情报部门收集、分析、识别和处理相关信息。在以信息为主导的时代，情报部门必须不断地搜集战略情报以预测地缘战略的变化，并

搜集短期情报以便美国能够应对对手的行动和挑衅。第二，美国军事力量的现代化，以及在此领域内超越对手、保持优势，这些都需要情报的支持。要了解和预见外国领导人的外交政策和意图，防止战术和行动上的意外，并确保美国的行动在部署之前不会受到损害，这些都需要可靠且精确的情报支持。此外，几乎所有现代武器系统都依赖于来自科学和技术情报的数据。第三，情报部门以及执法部门提供了独特的能力来抵御和弱化在开放的信息通信技术的门槛下操作的威胁行为者。这两个机构在全球范围内保持了异常强大的联络关系，使美国能够与盟友和伙伴合作以防范对手。为了实现以上三大目标，报告中进一步提出优先加强在三个方向的情报工作，即加强对对手经济政策的了解，管控所有信息的能力和加强信息的融合及分析。[①]

在国家安全战略的总体指导下，美国白宫于2018年9月20日公布了《国家网络战略》，提出了维护国家网络空间安全的目标和举措，全面阐述了网络战略的四大支柱及其相应的优先行动，重点在促进网络经济繁荣、优化防御网络风险能力、增强网络威慑有效性、预防打击恶意网络活动等。其中，针对情报界提出的具体要求是在充分利用全源网络信息的基础之上，对威胁美国国家利益的恶意网络行动进行有效识别和准确归因，美国政府将与关键合作方共享可行动情报以评估网络攻击的责任来源，包括敌对国家或非国家行为体及其意图、能力、研发技术等。[②] 同时，网络空间又是情报的重要来源，拥有不断增长的情报价值，美国将进一步保持其在网络核心资源和技术方面的优势，确保其网络情报的获取搜集和分析处理的能力处于领导地位，情报界与军事部门以及情报联盟之间不断加强资源技术的合作与共享，改善网络情报流程，提升网络情报质量及活动水平。

2018年10月4日，白宫正式发布了特朗普政府首份《国家反恐战略》

---

① The White House, "National Security Strategy of the United States of America," December 2017, p. 32, https：//www.whitehouse.gov/wp-content/uploads/2017/12/NSS-Final-12-18-2017-0905.pdf.

② The White House, "National Cyber Strategy of the United States of America," September 2018, p. 21, https：//www.whitehouse.gov/wp-content/uploads/2018/09/National-Cyber-Strategy.pdf.

报告，提出了美国在反恐事务上的新战略与新路径。该报告为美国设定了未来反恐战略的目标，共包括六个方面：削弱恐怖分子对美国本土和海外核心利益发动袭击的能力；切断恐怖分子获得支持和实力的资源来源；消除恐怖分子在美国本土进行招募、动员，并实现激进化的能力；通过充分准备保护美国本土免于恐怖袭击，包括更严格的边境安全检查和执法行动；使恐怖分子无法获取或使用大规模杀伤性武器和其他先进武器；在阻止和打击恐怖主义方面，国际盟友、公有和私有企业伙伴将发挥更大作用。① 针对以上六个战略目标，该报告进一步指出六项实践举措，其中包含了大量对情报工作的新要求，比如，追踪恐怖威胁的源头及恐怖组织的全部网络；侦察并阻断恐怖组织在金融、物资、技术和后勤上的支持来源；更新并整合美国及其盟友所获得的反恐信息，建立完整的恐怖分子身份识别系统，开发相关数据处理技术以快速识别并阻止恐怖主义威胁等等。②

为了呼应国家安全战略，2019年1月国家情报总监办公室正式发布了新版《国家情报战略》，全面系统地规划了当前及未来的国家情报工作重心。作为特朗普政府的首份国家情报战略，该报告尤其针对当前形势下情报领域所面临的威胁进行了重新研判和优先排序，文中指出伴随着战略环境的迅速改变，情报界面临的首要安全威胁来自于美国的传统对手，这些威胁体现在传统安全与非传统安全、军事、经济和政治等各个领域，尤其是近年来在太空、网络空间、算法以及其他新型科技领域的竞争威胁不断加强。③ 报告还进一步指出情报界未来将重点关注反情报和网络威胁两大领域。面对错综复杂的战略环境，情报界提出以下四个方面的工作重点：一是在执行情报任务过程中增进整合协调各类情报活动以达到最佳效果和价值；二是通过不断激励创新来提升情报工作；三是更好地利用强有力的

---

① The White House, "National Strategy for Counterterrorism of the United States of America," October 2018, p. 3, https://www.whitehouse.gov/wp-content/uploads/2018/10/NSCT.pdf.
② The White House, "National Strategy for Counterterrorism of the United States of America," October 2018, pp. 13-18, https://www.whitehouse.gov/wp-content/uploads/2018/10/NSCT.pdf.
③ ODNI, "The 2019 National Intelligence Strategy," January 2019, pp. 4-5, https://www.dni.gov/files/ODNI/documents/National_Intelligence_Strategy_2019.pdf.

伙伴关系支持并保障国家安全;四是在保护国家安全信息的同时增强其透明度,从而提升情报界的问责制与公众信誉。[1]

除国家层面的相关战略以外,国防部相继出台的一系列报告同样备受关注。2018 年的《国防战略》和《国防部网络战略》两份报告基本是与国家层面的总体安全战略与网络战略相呼应并出台的,集中阐述了军方在保障整体国家安全及网络安全领域的战略规划和实践路径,其中不乏针对情报领域的相关内容。比如,《国防战略》摘要在提到加强军队竞争优势时指出将对 C^4ISR 系统[2]的投入开发从战术层面提升至战略层面,具体来讲就是强化信息获取与开发的能力,消解对手的相关优势,在防御国家或非国家行为体进行网络攻击时迅速准确地提供归因。[3] 另外,2018 年的《核态势评估》和 2019 年的《导弹防御评估》两份报告中都不同程度地阐述了美国在反扩散情报领域的相关关切。

二、特朗普政府对美国国家安全情报体系的调整与重构

在以"美国优先"为原则的国家安全战略指导之下,特朗普政府对情报体系进行了从顶层设计到具体实践路径的大幅度调整,未来情报领域的工作也将发生深刻变化,主要体现在以下几个方面:

第一,特朗普政府在情报领域将实施"先发制人"战略。在涉及反恐、网络威胁、反情报等不同领域时,特朗普多次表明情报任务将改变原有的以"保护防御"为主的战略目标,而更加强调主动出击或应对各类安全威胁的能力建设。特朗普的国家安全团队认为目前美国在安全情报领域的保守防御态势已造成美国国家利益的损害,建议采取一种更为全面的办

---

[1] ODNI, "The 2019 National Intelligence Strategy," January 2019, p. 3, https://www.dni.gov/files/ODNI/documents/National_Intelligence_Strategy_2019.pdf.

[2] C^4ISR 系统是美军最先进的指挥自动化系统,C^4(Command, Control, Communication, Computer)代表指挥、控制、通信和计算机,ISR(Intelligence, Surveillance, Reconnaissance)代表情报、监视与侦察。

[3] DoD, "Summary: 2018 DoD Cyber Strategy," September 2018, p. 6, https://media.defense.gov/2018/Sep/18/2002041658/-1/-1/1/CYBER_STRATEGY_SUMMARY_FINAL.PDF.

法，即通过加强攻势实现攻防一体的安全体系。具体而言，美国希望通过主动提升其军事（情报）力量并加强与盟友和伙伴的安全合作来重塑战略环境，从而改变并影响某些国家态度的成本和风险平衡，以此来制止对手在安全领域进行冒险主义，从而进一步阻止这些领域的许多其他行动。尤其是在反导领域，特朗普政府的《导弹防御评估》报告中指出要实现主动攻击导弹能力与导弹防御系统相结合；除了加强区域导弹防御系统建设外，还要增加区域主动攻击导弹能力。[1] 而特朗普政府决意退出《中导条约》则是为美国发展中远程、中短程（核）导弹卸下包袱，实现评估报告中提出的发展进攻性导弹能力的目标。在反导系统的建设中，为了增加导弹防御的效果，特朗普政府力图加强反导系统的天基力量，其中重要组成部分之一便是加大各类卫星的部署与技术发展。众所周知，"卫星是情报工作的赋能器，在信息传输过程中拥有着无与伦比的优势作用，而且特定的卫星本身也承担着监视与跟踪他国军事目标或其他重要战略设施等使命，因此看似是一系列的军事部署却同样体现了特朗普政府在太空领域采取'先发制人'情报战略的野心。"[2]

第二，从战术层面来讲各个领域的情报工作将更具"进攻性"。特别是在网络空间领域，国防部在其新版《网络战略》报告中首次提出的"前置防御"战术概念，相比较美国之前的"主动防御"呈现更加积极甚至激进的态势。报告中具体指出"国防部将以先发制人的网络行动，挫败针对美国关键基础设施的恶意网络行动。国防部在国土防御中的主要作用是实施'前置防御'，力图在各种威胁达成目标前将其制止"。[3] 这一战术的出台，使得美军网络情报部门拥有更多的资源和合法性支持，进行针对网络威胁的刺探与反击。除军方以外，2019 年 6 月时任总统国家安全顾问的约翰·博尔顿在《华尔街日报》首席财务官网络年会上发言时表示，美国正

---

[1] DoD, "2019 Missile Defense Review," January 2019, p. 26, https：//media. defense. gov/2019/Jan/17/2002080666/ - 1/ - 1/1/2019 - MISSILE - DEFENSE - REVIEW. PDF.

[2] 樊冰：《美国国家安全情报传递机制论析》，《国际安全研究》2019 年第 2 期，第 128 页。

[3] DoD, " Summary：2018 DoD Cyber Strategy," September 2018, p. 4, https：//media. defense. gov/2018/Sep/18/2002041658/ - 1/ - 1/1/CYBER _ STRATEGY _ SUMMARY _ FINAL. PDF.

开始采取进攻性网络措施以应对商业间谍等经济攻击。博尔顿指出自从 2018 年特朗普总统放宽了有关限制，美国的进攻性网络措施主要集中在阻止选举干涉方面，"现在正在考虑在选举背景之外采取一系列其他手段，以防止经济领域的网络干扰，回应不仅仅局限于网络空间，而真正关注的是可以做的所有事情"。[1]

第三，对情报任务优先级进行了重新排序。根据国家情报总监办公室向国会最新提交的年度《全球威胁评估》报告，情报界将网络威胁、大规模杀伤性武器及扩散、恐怖主义和反情报，以及外国拒止与欺骗视为美国当前面临的前四大安全威胁。[2] 从特朗普政府发布的多份有关国家安全战略的报告中，不难发现非传统安全领域中的网络威胁被视为第一大安全关切，而传统军事安全威胁（尤其是在导弹防御领域）则排在了恐怖主义之前。此外，近来备受关注的"灰色地带"安全问题在美国国内各界引发了热议。根据美国国际战略研究中心的最新报告，"灰色地带"的挑战是指对手以非常规策略和非军事冲突手段来达成其安全目标的一系列行为。[3] 具体来讲，俄罗斯在灰色地带的运动主要是旨在破坏美国政治体制的反情报活动。此外，俄罗斯还会利用经济工具、能源威胁、军事威胁，甚至对有争议的领土实施直接的军事干预，为其影响国际社会和政治提供更多的机会。[4] 总之，对原有安全威胁的重新认识和对新兴安全态势的敏感关注使得这一时期的情报任务重心正在发生改变。

---

[1] Shannon Vavra, "U. S. Ramping up Offensive Cyber Measures to Stop Economic Attacks," June 11, 2019, https：//www.cyberscoop.com/john－bolton－offensive－cybersecurity－not－limited－election－security/.

[2] U. S. Director of National Intelligence Community, "Worldwide Threat Assessment," March 6, 2018, pp. 5－11, https：//www.dni.gov/files/documents/Newsroom/Testimonies/Final－2018－ATA－－－Unclassified－－－SASC.pdf.

[3] Kathleen H. Hicks, Alice Hunt Friend, Joseph Federici, (et.), "By Other Means (Part II：Adapting To Compete in the Gray Zone)," CSIS Report, July 2019, p. 2, https：//csis－prod.s3.amazonaws.com/s3fs－public/publication/Hicks_GrayZone_interior_v4_FULL_WEB_0.pdf.

[4] Lyle J. Morris, Michael J. Mazarr, Jeffrey W. Hornung, etc. "Gaining Competitive Advantage in the Gray Zone," Rand Corporation, 2019, pp. 13－27, https：//www.rand.org/content/dam/rand/pubs/research_reports/RR2900/RR2942/RAND_RR2942.pdf.

三、特朗普治下美国国家安全情报体系的发展趋向及其影响

特朗普政府对美国情报体系的一系列调整与重构，势必导致美国情报界下一步的发展趋向及工作重点发生转移。就目前来看，主要有以下几点趋势：

第一，在冷战思维回归的影响下，情报对象具有更加明确的指向性，大国情报竞争之态势愈发加剧。特朗普政府几乎将所有领域的安全威胁都重点转移至"战略竞争对手"身上，认为这些威胁来源于这些"修正主义国家"对现有安全秩序的挑战。因此，"特朗普治下的情报战略同样被这种强烈的冷战思维所支配，其情报对象明显针对俄罗斯等国而来。特朗普政府的相关报告多处明确点明俄罗斯等国对美国国家安全及其盟国安全构成了威胁。随着权力转移进程的加速，大国之间的竞争态势和环境均发生了显著变化。然而，不可忽视的一点是情报工作作为隐形战线，一直以来贯穿于各个领域的竞争之中，特别是军事领域，也可以说情报竞赛与军备竞赛往往互有重叠，比如，预先部署情报资产与在战略位置部署前沿部队类似，而增强本国军事实力的工作与破坏对手能力的情报工作又相辅相成。此外，情报工作服务于军事规划，可提供有关对手的优势与劣势、军事理论、领导倾向等信息。因此，当前美国对大国竞争时代的情报竞赛提出了五点要求：寻求收集高质量信息；利用这些信息提升本国相对地位；旨在暗中破坏对手国家的士气、机构和联盟；通过破坏来削弱敌国能力；在发生冲突时预先部署情报资产。这些情报行动无疑将破坏大国之间的战略稳定与平衡，增加大国之间发生冲突的可能性。

第二，在以实力为主导的现实主义指导之下，特朗普政府将更加关注前沿科技在情报领域的投入发展与竞争优势，尤其是 5G 和人工智能。一方面，5G 作为情报信息传送的重要基础设施的关键技术受到美国各界的密切关注。2019 年上半年正值下一代移动网络 5G 开始部署应用之际，美国国务卿迈克·蓬佩奥展开了对欧洲、日本、拉美等国家和地区的游说，指称："中国电信企业协助政府获取情报，将对各国网络和数据安全构成威

胁，希望各国不要采购中国电信企业的产品。通信基础设施对于获取通话和网络数据的重要性，使美国意识到一旦下一代移动通信基础设施由中国企业部署实施，美国将在目标国家失去获取网络情报的便利和优势。可见，其真正意图是维持美国情报机构在全球网络空间的行动自由。"① 事实上，美国已经通过全面打压华为、拉帮结派签署"布拉格提案"等手段试图对中国展开 5G 技术封锁和战略包围，未来甚至不排除美国将借助《国防授权法案》等手段赋予相关行动合法性。另一方面，人工智能将对情报信息的收集与分析产生变革性影响。《科技与国家安全：保持美国优势地位》一书认为，生物技术、小型卫星、量子计算机和认知增强这四项新兴技术将对美国国家安全产生深刻影响。② 其中量子计算机对人工智能领域的基础平台构建发挥着关键性作用，而密码分析被认为是对国家安全最重要的量子计算应用。2019 年 2 月 11 日，特朗普签署《维护美国在人工智能时代的领导地位》13859 号行政命令，启动"美国人工智能倡议"，提出美国在人工智能领域的国家整体战略。同年 6 月发布的《国家人工智能研发战略计划》又进一步确定了联邦政府关注的重点领域。毋庸置疑，特朗普政府已将人工智能作为优先事项进行重点投入与发展。

第三，伴随着传统军事安全优先级的不断上升，特朗普势必会更加倚重军方情报机构。实际上，纵观整个情报界，军方本就占据半壁江山（16 个情报机构中有 8 个隶属于国防部和各军兵种）。而自特朗普就任以来，由于"通俄门"事件的持续发酵，特朗普曾一度与美国主要文职情报机构关系紧张，因此又进一步促使其在情报界与军方的合作更加密切。值得注意的是，特朗普上台以来颁布的有关国家安全的几份重要文件均与国防部相关报告形成了彼此配合与支持，比如，2017 年《国家安全战略》与国防部的《国防战略》，2018 年《国家网络战略》与国防部的《国防部网络战略》。另外，在经历了"棱镜门"计划曝光、中央情报局网络武器失窃等

---

① 汪晓风：《"美国优先"与特朗普政府网络战略的重构》，《复旦学报（社会科学版）》2019 年第 4 期，第 186 页。

② Edited by Leah Bitounis and Jonathon Price, "Technology and National Security: Maintaining America's Edge," The Aspen Institute, 2019, pp. 37 – 41.

事件的冲击，情报活动运行受到国内外越来越多的压力，各情报机构也尽量放低姿态，让这一敏感工作回归隐秘。于是，相比较于保密属性特殊的军方机构，文职情报机构更加容易被美国国内关注，从而使其情报计划和相关工作受到阻碍或掣肘。

本章小结

"9·11"事件至今，美国国家安全情报体系已经历了数十年的改革与转型，积累了大量实践经验，也暴露出很多典型问题。美国情报传递机制所面临的挑战既有由于其国家政治体制的固有特性而导致的情报界改革不彻底或不完全，也有基于时任政府安全战略转变指导下的新使命和新变化，厘清这些内容不仅可以为我们认识和研判美国情报体系的运行机理和行动特点提供重要依据，而且能够为我国国家安全情报体系的建设与完善提供借鉴和参考。

第四章
美国国家安全风险评估与预警机制

风险评估与预警的主要贡献在于它有助于确定优先事项。[1] 为避免安全风险升级为安全事件，其重要的手段是进行安全风险评估。只有确定了具体的安全风险，才会有具体的防范方法。美国国家安全领域的风险评估一直是一个热门话题，[2] "9·11" 恐怖袭击使美国社会各界意识到国土安全风险依然突出，国土安全工作十分重要。[3] 大国竞争与地缘政治让美国再次强调传统安全，美国政府为此制定和发布了大量关于国家安全的风险评估与预警报告，其风险类型可以划分为四大类：应急安全风险、恐怖主义风险、军事安全风险及战略安全风险。本章探析这四大类安全风险的识别、评估与预警机制。

第一节 美国应急安全风险评估与预警机制

美国享有得天独厚的地理优势和天然屏障，也面临众多应急安全风险。对应急风险进行事前充分的评估显得尤其重要，一些技术性的或者人

---

[1] Richard Falkenrath, "Analytic Models and Policy Prescription: Understanding Recent Innovation in U.S. Counterterrorism," Studies in Conflict and Terrorism, Vol. 24, No. 3, 2001, p. 172.

[2] Russell Lundberg, "A Multi-attribute Approach to Assess Homeland Security Risk," Journal of Risk Research, Vol. 21, No. 3, 2018, p. 340.

[3] Paul J. Maliszewski, "Interdiction Models and Homeland Security Risks," Journal of Homeland Security and Emergency Management, Vol. 8, No. 1, 2011, p. 1.

为因素造成的应急安全风险可以通过准确的评估和充分的事前防范工作而显著降低,甚至能有效防止安全风险转变为现实的应急事件。虽然无法通过安全风险评估阻止自然灾害等安全风险的发生,但事前评估仍可以加强风险防御的有效性和针对性,将风险发生的损失降到最低水平。

一、美国国家应急安全风险评估与预警

应急安全风险有可能是全国性的,也有可能是地方性的,应急安全风险的评估也通过国家和地方两个层次进行。美国国家层面应急安全风险评估的重要举措是梳理风险事件清单,划分灾害类型,评估应对国家应急安全风险的能力,这些能力涵盖预防、保护、缓解、响应和复原五大领域,涉及32项核心能力。

(一)国家应急安全风险的识别与风险清单

开展国家风险评估首先需要提供"国家级事件"综合清单,以支持国家防范体系。风险清单不仅提供了最佳的估计数,还给出了最低和最高阈值。[①] 其所评估出来的威胁与危害可以划分为三大类,分别是:(1)自然灾害;(2)技术性的/意外的危害;(3)敌对的、人为的威胁/危害。[②] 国家风险评估识别了23项威胁/危害,其中自然灾害类9项,技术性的/意外的危害4项,敌对的/人为引起的危害10项,位居三类威胁/危害之首。具体清单见表4-1:

---

① "The Strategic National Risk Assessment in Support of PPD 8: A Comprehensive Risk – Based Approach toward a Secure and Resilient Nation 2011," p. 6, http://www.dhs.gov/xlibrary/assets/rma – strategic – national – risk – assessment – ppd8. pdf.

② 三类风险具体内容:自然灾害是指由于自然因素引起的灾害,如飓风、地震或龙卷风以及疾病暴发或流行病;技术性的/意外的危害是指事故或系统和结构故障造成的危害,如有害物质溢出或大坝崩溃;敌对的/人为的威胁/危害是指对手故意行为造成的威胁或人为事件,如威胁或实际的化学或生物攻击或网络事件。参见 The Department of Homeland Security, "Threat and Hazard Identification and Risk Assessment Guide: Comprehensive Preparedness Guide (CPG) 201 (First Edition)," April 2012, p. 5, file:///C:/Users/Administrator/Downloads/705408. pdf.

表4-1 战略性国家安全风险评估标准清单

序号	类型	具体	描述
1	自然的	暴发动物疾病	无意中将口蹄疫病毒引入国内的家畜群体
2		地震	美国境内发生地震，直接经济损失超过1亿美元
3		洪水	美国境内发生洪水，直接经济损失超过1亿美元
4		人类流行病暴发	大流行性疾病严重暴发，临床总发病率为25%，在美国各地蔓延
5		飓风	热带风暴或飓风对美国造成的直接经济损失超过1亿美元
6		空间天气	太阳释放出电磁辐射和高能粒子，导致公用事业中断和基础设施损坏
7		海啸	一场浪高约15米的海啸对美国的太平洋沿岸造成严重影响
8		火山喷发	太平洋西北部的一座火山爆发，其熔岩流和火山灰影响周边地区，且其烟雾和火山灰影响东部地区
9		野火	美国境内发生野火，直接经济损失超过1亿美元
10	技术性的/意外的	生物食品污染	将生物制剂（如沙门氏菌、大肠杆菌、肉毒杆菌毒素）引入食品供应中，导致100例住院或更多的意外情况以及多州应急反应
11		化学物质泄漏或释放	化学工厂、储存设施或运输过程释放大量对人类有剧毒的化学品（有毒吸入危害，简称TIH），导致一个或多个场外人员死亡，或者一个或多个疏散或避难场所人员的死亡
12		溃坝	大坝崩溃和淹没，导致一人或多人死亡
13		放射性物质释放	反应堆堆芯损坏，导致辐射释放的意外情况

续表

序号	类型	具体	描述
14	敌对的/人为的	以飞机为武器	一个敌对的非国家行为体控制商用或通用航空飞机撞向美国境内的一个实体目标
15		武装突袭	敌对的非国家行为体使用攻击战术对美国境内易受攻击的目标实施攻击，导致至少一人死亡或受伤
16		生物恐怖主义攻击（非食品）	敌对的非国家行为体获取、释放生物制剂以及将生物制剂作为一种武器攻击美国人集中的室内、室外或水上目标
17		化学/生物食品污染的恐怖主义袭击	敌对的非国家行为体在美国供应链内获取生物或化学制剂，以此作为一种武器，掺入到美国的食品供应链当中
18		化学恐怖主义攻击（非食品）	敌对的非国家行为体获取、释放生物制剂以及将生物制剂作为一种武器，通过气溶喷雾、摄入或皮肤接触方式，攻击美国人集中的室内、室外或水上目标
19		针对计算机数据的网络攻击	网络攻击，严重损害计算机系统中包含的信息数据完整性和可用性，或严重损害数据处理过程，导致数十亿美元或更高的经济损失
20		针对基础设施的网络攻击	以网络攻击作为载体，发起超出计算机范围内的事件，导致一人或多人死亡，或经济损失达1亿美元或更高的事件
21		爆炸恐怖袭击	敌对的非国家行为体在美国部署个人便携式简易爆炸装置、车载简易爆炸装置或船舶简易爆炸装置，针对集中的人群和/或建筑，例如关键的商业或政府设施、运输目标或关键的基础设施场地等，导致至少一人死亡或受伤

续表

序号	类型	具体	描述
22	敌对的/人为的	核恐怖主义攻击	一个敌对的非国家行为体通过从裂变材料制造、购买或盗窃中获得一种简易核武器，并在美国主要人口中心引爆
23		放射性恐怖主义袭击	敌对的非国家行为体通过爆炸物或其他手段（如放射性散布装置）获取放射性物质并将其散布或制造辐射暴露装置

资料来源："The Strategic National Risk Assessment in Support of PPD 8: A Comprehensive Risk - Based Approach toward a Secure and Resilient Nation 2011," pp. 2 - 4, http://www.dhs.gov/xlibrary/assets/rma - strategic - national - risk - assessment - ppd8.pdf。

国家安全风险清单并不是固定不变的，在特定的情况下，某些威胁和危害暂时没有纳入清单，但也有可能成为国家级的重大风险事件，需要未来风险评估重新加以考虑，例如龙卷风、干旱、热浪、冬季风暴、暴风雨以及除自然灾害之外的技术性的、意外的或者人为的威胁和灾害，它们也可能在全国范围内造成安全风险。[1]

（二）国家应对应急安全风险的能力评估

美国应急安全风险评估的重要目标不仅仅在于识别出影响安全的高风险因素，而且要确定应对风险的核心能力，使各级政府对国家威胁和危害有更好的共同理解和认识，更有意愿和动力投入安全防备的工作中去。核心能力主要分布在预防、保护、减轻、响应和复原五大领域。[2] 五大任务领域的32项核心能力见表4-2：

---

[1] "The Strategic National Risk Assessment in Support of PPD 8: A Comprehensive Risk - Based Approach toward a Secure and Resilient Nation 2011," p. 4, http://www.dhs.gov/xlibrary/assets/rma - strategic - national - risk - assessment - ppd8.pdf.

[2] The Department of Homeland Security, "Threat and Hazard Identification and Risk Assessment (THIRA) and Stakeholder Preparedness Review (SPR) Guide: Comprehensive Preparedness Guide (CPG) 201, Third Edition," May 2018, p. 5, https://www.fema.gov/sites/default/files/2020 - 04/CPG201Final20180525.pdf.

表4-2 五大任务领域和32项核心能力

预防	保护	减轻	响应	复原
计划					
公众资讯和警告					
运作协调					
情报及资讯共享			基础设施体系	
拦截和破坏			关键运输环境反应/健康和安全	
筛选、搜索和检测				
取证和归因	访问控制和身份验证 网络安全 物理保护措施 保护计划和活动的风险管理 供应链的完整性和安全性	社区复原力 长期脆弱性降低 风险和灾害复原力评估 威胁和危害识别	死亡管理服务 消防管理和灭火 物流与供应链管理 大众护理服务 大规模搜救行动 现场安全、保护和执法 作战通信 公共卫生、保健和紧急医疗服务 态势评估	经济复苏 卫生和社会服务 住房 自然与文化资源

资料来源：The Department of Homeland Security,"Threat and Hazard Identification and Risk Assessment (THIRA) and Stakeholder Preparedness Review (SPR) Guide: Comprehensive Preparedness Guide (CPG) 201, Third Edition," May 2018, p.6。

二、美国地方应急安全风险评估与预警

地方应急风险评估与国家安全应急风险评估联系极为密切。在从属关系上，地方应急风险评估是国家安全应急风险评估的具体化和进一步操作化，其评估的过程和结果均是国家防备体系的重要组成部分；在核心能力建设上，地方应急风险评估仍然通过国家防备目标的五大核心任务领域抵御风险，以发展32项核心能力为目标；在风险评估的目标上，两者其实是一致的，都是要解决国家所面临的应急安全风险，只是处理的地域范围和层次不同，但其终极目标的指向相同，即将美国建设成为"一个安全的且

富有复原力的国家"。

（一）地方应急风险识别

对于地方应急风险而言，每个社区所存在的威胁和危害的风险是不同的，包括的威胁和危害的数量将取决于社区的具体风险状况，其风险清单的具体内容和风险清单的数量通常也不一样。最新的安全风险清单如表4-3所示：

表4-3 2018年三大类型安全风险清单

自然的	技术性的	人为的
雪崩	大坝事故	无规则射击事件
干旱	有害物质释放	武装突击
地震	工业事故	生物武器袭击
传染病	决堤	化学攻击
洪水	矿井事故	针对数据的网络攻击
飓风/台风	管道爆炸	针对基础设施的网络攻击
空间天气	放射性释放	爆炸物袭击
龙卷风	列车脱轨	简易核攻击
海啸	交通事故	核恐怖主义袭击
火山爆发	城市大火	放射性攻击
冬季风暴	公用事业中断	

资料来源：The Department of Homeland Security, "Threat and Hazard Identification and Risk Assessment (THIRA) and Stakeholder Preparedness Review (SPR) Guide: Comprehensive Preparedness Guide (CPG) 201, Third Edition," May 2018, p. 12, https://www.fema.gov/sites/default/files/2020-04/CPG201Final20180525.pdf。

（二）地方应对风险的能力评估

在完成了地方安全风险评估之后，随之需要评估社区当前拥有的能力水平和长期的理想能力水平。因此，除了考虑威胁和危害造成的风险外，社区还要考虑到预期资源和其他因素，以确定其社区计划实现的能力水平。主要通过三个步骤进行评估：第一，建立能力目标。社区可以将他们的能力目标设置为他们认为合适的水平,并且应该使用他们的影响数据来指导和决定应该达到的水平。第二,评估能力缺口。对比之前所评估的能力目标和当前能力水平得出能力缺口,其计算公式如下:能力目标－预计的当前能力＝能力缺口。① 第三,描述资金来源的影响。表明相关资金来源在多大程度上发挥了建设和维持能力目标的作用。②

三、美国应急安全风险评估的结构与运行机制

在美国,"国土安全部是美国危机处理与紧急事件反应体系的核心部门,是美国多个应急计划的指挥者与协调者"③,无论是国家层面还是地方层面的应急安全风险评估,主要由国土安全部牵头开展工作,国土安全部长作为风险评估工作的首要负责人,领导和统筹安排应急风险评估工作。而国家安全委员会工作班子通常更多地与安全机构打交道,往往对非传统安全领域缺乏兴趣和经验。④

(一)美国国家应急安全风险评估的结构与运行机制

总统政策第8号指令(PPD-8)要求国土安全部制定国家防备目标、国家防备体系和国家防备报告。⑤ 国家防备体系的首要步骤是识别和评估安全风险⑥,它是整个防备体系的逻辑起点和所有相应工作开始的依据,

---

① 如果两者之差是正值,表明存在能力缺口;如果两者之差是负值,表明不存在能力缺口。
② The Department of Homeland Security, "Threat and Hazard Identification and Risk Assessment (THIRA) and Stakeholder Preparedness Review (SPR) Guide: Comprehensive Preparedness Guide (CPG) 201, Third Edition," May 2018, pp. 39-40, https://www.fema.gov/sites/default/files/2020-04/CPG201Final20180525.pdf.
③ 胡建奇:《美国反恐跨部门协同研究》,中国人民公安大学出版社2011年版,第111页。
④ [美]杰里尔·A. 罗赛蒂著,周启朋、傅耀祖等译:《美国对外政策的政治学》,世界知识出版社1997年版,第103页。
⑤ "The Strategic National Risk Assessment in Support of PPD 8: A Comprehensive Risk-Based Approach toward a Secure and Resilient Nation 2011," p. 1, http://www.dhs.gov/xlibrary/assets/rma-strategic-national-risk-assessment-ppd8.pdf.
⑥ 国家防备系统的六大组成部分包括:识别和评估风险、评估能力需求、建立和维持能力、计划交付能力、验证能力以及审查和更新能力。参见 The Department of Homeland Security, "National Preparedness System," 2011, pp. 1-6, https://www.fema.gov/pdf/prepared/nps_description.pdf.

它能够让风险评估的使用者更好地理解国家层面面临的最大风险,并更好地利用这些信息来建立和维持防备。其次是应对这些风险的需求能力评估,只有这两方面的评估工作做好了,才能更好地指导应对与防御应急风险实践。美国国家层面应急安全风险评估的最主要的成果就是国家安全风险清单。美国国家防备体系参见图4-1。

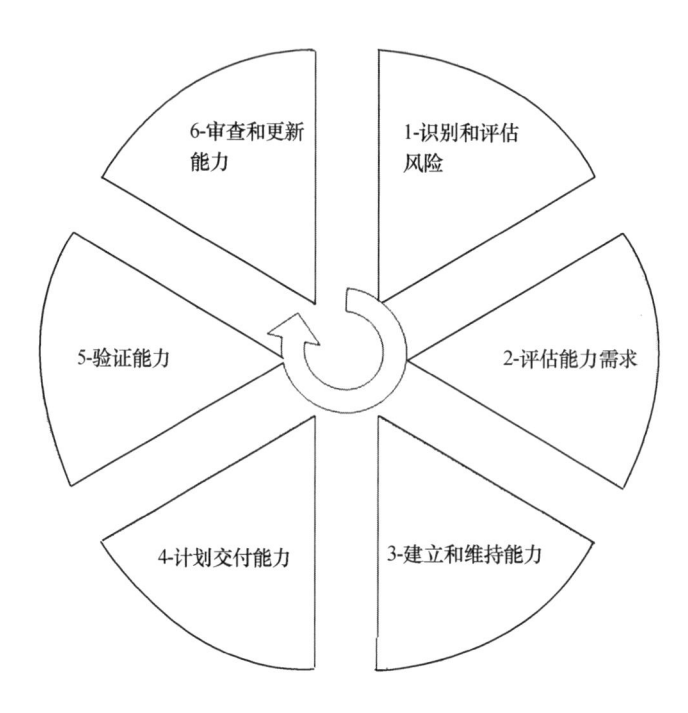

图4-1 美国国家防备体系

资料来源:The Department of Homeland Security, National Preparedness System, 2011, p.1.

这份清单的出台主要依靠美国联邦机构与情报机构的共同努力,其中国土安全部是应急安全风险评估的归口管理部门,在应急风险评估过程中占主导地位,数量众多的关于应急风险评估的报告、指南、政策等公开出版物均出自国土安全部。国土安全部下属的各个职能部门和情报机构广泛参与了应急安全风险的评估工作。而其他联邦机构主要是配合国土安全部的工作,发挥的是辅助性作用,来自司法部长办公室的代表以及联邦跨部门的其他成员都支持这一努力。① 国土安全部之外的情报机构较少关注纯粹的应急安全风险,作为美国情报体系的独立机构兼总协调机构的国家情报总监办公室,② 也派代表参与了此项工作。各个机构和部门关注的侧重点不同,国家层面的应急风险清单离不开各个部门所做的独特贡献。国家风险评估从现有的政府模型和评估、历史记录、结构分析和不同学科专家的判断等各种来源提取数据和信息,③ 总结出三大类可能对国土安全产生重大影响的威胁和危险。国土安全部每年还发布《国家防备报告》,对美国五大任务领域内核心能力的建设情况和实战情况进行事后评估。美国国家应急安全风险评估结构,参见图4-2:

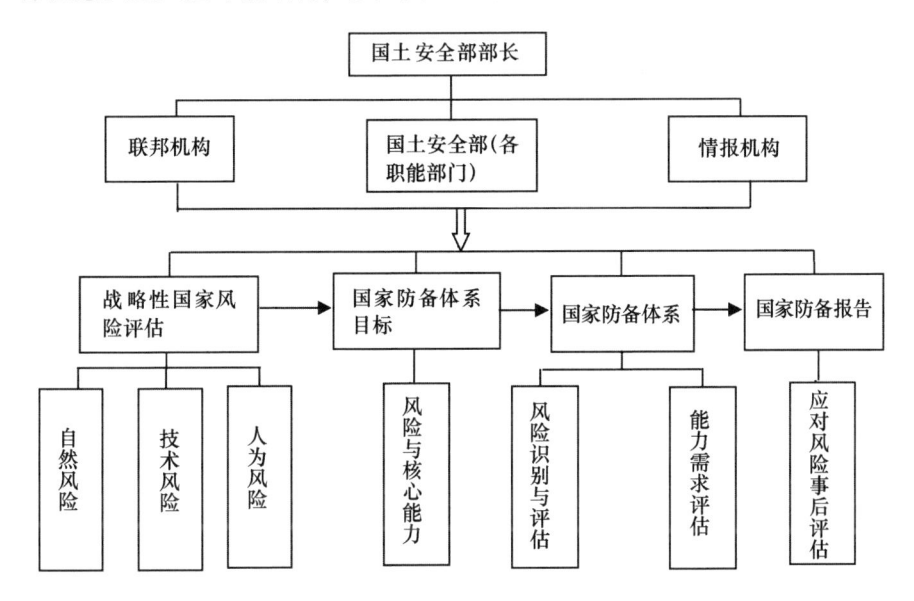

图 4-2 美国国家应急安全风险评估结构

资料来源:笔者自制。

---

① "The Strategic National Risk Assessment in Support of PPD 8: A Comprehensive Risk - Based Approach toward a Secure and Resilient Nation 2011," p. 1, http://www.dhs.gov/xlibrary/assets/rma - strategic - national - risk - assessment - ppd8.pdf.

② 刘胜湘等:《世界主要国家安全体制机制研究》,经济科学出版社2018年版,第4—5页。

③ "The Strategic National Risk Assessment in Support of PPD 8: A Comprehensive Risk - Based Approach toward a Secure and Resilient Nation 2011," p. 5, http://www.dhs.gov/xlibrary/assets/rma - strategic - national - risk - assessment - ppd8.pdf.

（二）美国地方应急安全风险评估的结构与运行机制

美国地方应急风险评估的流程很大程度上借鉴了国家层面应急风险评估的模式。地方应急风险评估仍然由国土安全部牵头负责，来自政府部门、私营单位，各行各业的企事业单位参与其中。在参与行为体方面，以国土安全部为核心行为体，同时号召"全社会参与"，参与地方应急风险评估的各类各级机构、人员数不胜数，其中主要参与行为体如下：学院、大学和研究机构，网络安全专家，紧急管理、国土安全机构，紧急计划委员会，联邦机构（如卫生与公众服务部），联邦紧急事务管理局地区办事处，[1] 消防、警察、紧急医疗服务和卫生部门，减灾办公室，基础设施所有者和运营商，主要城市地区和国家融合中心，国家实验室，国家气象局办公室，港口或运输组织，供应链利益相关者，私营部门合作伙伴，专业协会，部落政府，国土安全部保护安全顾问，灾害志愿者组织，对当地经济有重大影响的其他组织或机构，以及包括规划、演习、减灾、培训和风险与防备评估过程中的其他关键领域的主题专家。[2] 在风险识别的数据来源方面，渠道非常广泛。现有的联邦、州、地方和部落战略和运作计划，现有的威胁或危害评估（例如，危害识别和风险评估），因天气和人口结构变化或新出现的威胁而产生的未来风险预测或模型，减轻危害的计划，情报融合中心公告和评估，当地、地区、部落和邻近社区的威胁与危害识别和风险评估，以前事件的记录，包括历史数据，国土安全和应急管理法律、政策和程序，包括运营通信、能源、运输和水资源的私营部门计划和风险评估等等。在评估方法上，主要考虑事件发生的可能性与威胁/危险产生重大的影响两大因素。在风险评估结果方面，也是对应急风险评估归入为自然风险、技术风险与人为风险三大类。美国地方应急安全风险评估

---

[1] 美国联邦紧急事务管理局在全美有十个办事处。参见 The Federal Emergency Management Agency, https://www.fema.gov/about/organization/regions。

[2] The Department of Homeland Security, "Threat and Hazard Identification and Risk Assessment (THIRA) and Stakeholder Preparedness Review (SPR) Guide: Comprehensive Preparedness Guide (CPG) 201, Third Edition," May 2018, p. X, https://www.fema.gov/sites/default/files/2020 - 04/CPG201Final20180525.pdf.

第四章 美国国家安全风险评估与预警机制

结构,参见图4-3:

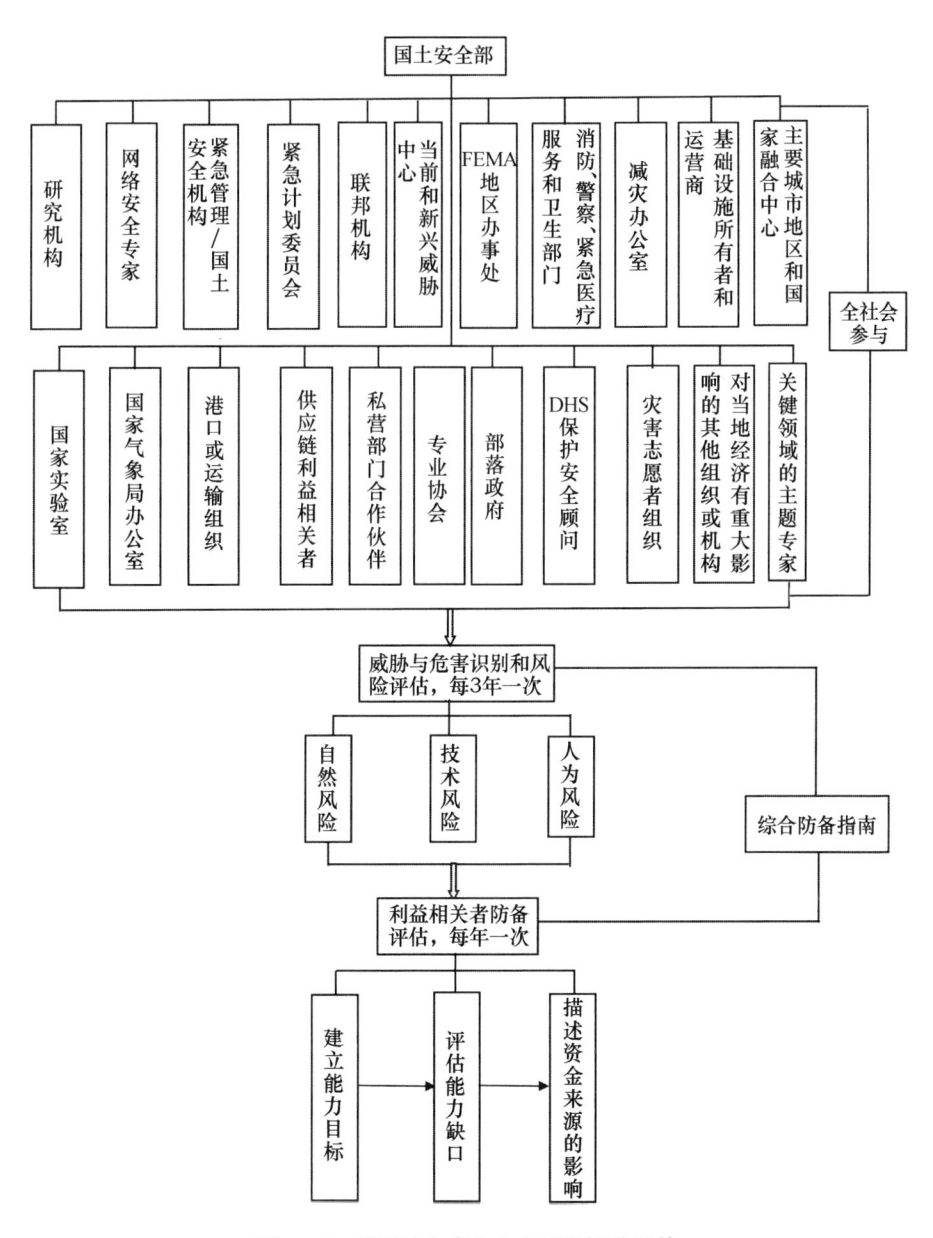

图4-3　美国地方应急安全风险评估结构

资料来源:笔者自制。

四、美国应急安全风险评估机制的优势、问题与启示

非传统安全威胁与人们的日常生活息息相关,更加受到民众的重视,应急安全风险评估的范围越来越广泛,参与评估的主体越来越多,评估的方法越来越精细。美国作为目前世界上安全应急体制发展最为成熟的国家,[1] 其风险评估机制的优势和问题的分析,对于我国应急风险的评估的开展具有重要的启示意义。

(一) 美国应急安全风险评估机制的特点与优势

通过系统地阅读和分析美国评估应急风险的一手文献和资料可以发现,美国应急风险评估机制的特点与优势非常鲜明,主要体现在以下几个方面:

第一,风险评估指南估值精准,具有很强的可操作性。美国应急安全风险评估强调评估的精确程度,包括对威胁和风险的具体指标和应对威胁的能力指标,都要求尽可能给出具体的数值。综合防备指南为地方层面的安全风险设置了专门的描述,其详细度和精确度远超国家层面的安全风险描述。从综合防备指南的三个版本的纵向发展来看,对所评估出来的安全风险给定具体语境的要求越来越高,[2] 最新的版本甚至要求对安全风险对社区产生的影响应该采用标准化语言,力争做到简洁、精确和直观,但同时又非常详细,并且给出大量的例子,通俗易懂,便于操作,任何普通大众都没有阅读门槛和理解障碍。总之,美国地方性应急风险评估指南已经相当成熟,可以用来指导具体实践,具有很强的可操作性。

---

[1] 汪波、樊冰:《美国安全应急体制的改革与启示》,《国际安全研究》2013 年第 3 期,第 140 页。

[2] 语境描述是指,确定其对社区的影响所需的威胁或危险的详细信息,并包含关键细节,例如事件的位置、大小和时间。如果场景的元素对于理解事件的影响和管理事件所需的能力至关重要,那么该元素应该包含在语境描述中。参见 The Department of Homeland Security,"Threat and Hazard Identification and Risk Assessment (THIRA) and Stakeholder Preparedness Review (SPR) Guide: Comprehensive Preparedness Guide (CPG) 201, Third Edition," May 2018, p. 15, https://www.fema.gov/sites/default/files/2020-04/CPG201Final20180525.pdf。

第二，弱化取得的成绩，突出存在的问题与挑战。国土安全部每年发布《国家防备报告》越来越突出防备能力存在的问题和挑战，聚焦于造成美国安全和复原力最大风险的威胁和危害。① 2017年的《国家防备报告》与往年的报告相比，单独将"持续的挑战"作为一个完整的章节，分析美国当前和未来所要面临的持久的和最新的挑战，使得读者可以快速明晰美国在实施国家防备战略、实现国家防备目标，以及建设国家防备核心能力方面存在的问题。2018年的《国家防备报告》更加强调防备能力与工作的挑战和不足，整个报告正文的篇幅大概50页，而"持续的防备挑战"作为本报告的核心章节，其篇幅达30页之长。作为政府颁布的官方文件，给普通读者留下深刻印象，增强读者对应急风险防范的意识，也容易引起决策者的重视，有助于未来问题的解决。

第三，风险评估与时俱进。美国应急安全风险评估体制机制总是能够适应安全环境变化而及时调整，② 自美国国土安全部2012年颁布第一份威胁与危害识别和风险评估指南——《综合防备指南》以来，经过不断修改和完善，《综合防备指南》已成为了解美国应急安全风险评估不可缺失的官方文件。第一个版本介绍了威胁与危害识别和风险评估的基本步骤和环节，并为国家防备目标中确定的每个核心能力设定目标；第二版（2013年8月）的指南流程包括资源估算，简化流程中的步骤数量；第三个版本增加了利益相关者防备评估内容，大幅度增加评估内容和具体方法，是目前美国地方应急安全风险评估的最具有指导性意义的重要文件。美国地方应急安全风险评估与时俱进，由简单走向复杂，由稚嫩走向成熟，由零散走向系统，其科学性、实践性、系统性和可操作性不断提高。

（二）美国应急安全风险评估机制的缺陷与问题

美国应急安全风险评估机制始终处于不断完善的过程之中，这也意味

---

① 文宏、马丽娜：《美国备灾体系的构建及其对我国的启示》，《国外社会科学》2013年第5期，第101页。
② 汪波、樊冰：《美国安全应急体制的改革与启示》，《国际安全研究》2013年第3期，第139页。

着其发展过程中必然存在不足和局限,主要包含以下几个方面:

第一,存在重复评估之嫌。不同的政府部门、单位组织发布的综合性、专门性风险评估报告对某些应急风险进行重复评估,造成资源浪费。例如战略性国家风险评估、国家防备报告、国家安全战略报告均涉及应急风险及其应对能力的评估,各种评估之间相互重叠却又彼此独立,缺乏良好有效的衔接。同时,美国国家安全立法五花八门,[①] 为落实法律法规要求,出台了更多更加细致的、支持法律法规落实的操作指南和评估手段,难免产生风险评估之间的重叠。

第二,某些风险可能无法充分捕捉。某些对于以历史数据作为分析基础的国家级安全风险事件,其发生的可能性较低,历史数据较少,但是一旦发生所产生的后果极为严重,对这类风险可能无法充分捕捉,尤其是技术性的、意外发生的应急风险事件更是如此。[②]

第三,数据信息更新有疏漏。美国的安全风险评估注重建立体系,某一个安全风险评估部门的官方网页往往包含与此紧密相关的风险评估的网页链接,这些网页之间相互勾连、引用,方便为研究者或者读者建立起一套了解安全评估的体系。但随着评估工作流程的调整,评估机构、部门的调整,原有的网页信息并没有进行相应的更新和修改,而存在原有网页介绍提到的具体的办事实体,在该部门最新的组织结构当中却无法找到,使得读者不容易判断原来的机构是如何发生调整的,原来的职能被总体归入了哪个部门还是分散到不同的部门当中,破坏了评估体系的完整性和周密性。

第二节　美国恐怖主义风险评估与预警机制

"9·11"事件后,美国历史上第一次将恐怖主义威胁作为国家最严峻

---

① 刘胜湘:《美国国家安全立法五花八门》,《参考消息》2020年5月27日。
② "The Strategic National Risk Assessment in Support of PPD 8: A Comprehensive Risk – Based Approach toward a Secure and Resilient Nation 2011," p. 7, http://www.dhs.gov/xlibrary/assets/rma – strategic – national – risk – assessment – ppd8.pdf.

的威胁。这种威胁带来的恐惧感深入到政府和每一位普通民众心中，时任总统小布什将应对恐怖主义威胁的挑战视作一场"反恐战争"，一场美国全力以赴志在必得的战争，一场以反恐选边站的敌友划线战争。[①] "9·11"事件的惨痛经历使得美国政府加大对恐怖主义风险评估的努力，[②] 如何提早发现恐怖主义威胁和风险，是摆在美国政府面前的一道难题。

一、恐怖组织及其国家赞助商识别、评估与预警

在"9·11"事件发生以前，美国民众受到境外恐怖分子袭击通常发生在本土之外，"9·11"事件彻底粉碎美国政府关于本土不会受到恐怖主义袭击的乐观情绪，恐怖主义威胁也随之上升为美国首要安全威胁。小布什政府2003年出台了美国政府首份《国家反恐战略》报告，该报告认为，应分析恐怖分子的共同特点，了解敌人的优势和弱点。[③] 按照恐怖组织的活动范围和威胁程度，可以将恐怖组织划分为三个层级，如图4-4所示：

第一层级为国家级的恐怖组织，他们的活动范围有限，只是局限在本国的领地内活动，威胁最小。但在这个全球环境中，他们的行为会产生国际影响。如果允许他们的野心和能力不受限制地增长，这些国家级团体可能会在地理上扩张，仍需引起重视；第二层级为地区级恐怖组织，他们的活动范围已经至少超越了自身所在国家的界限，在两个以上的国家产生影响，但这种影响力仍然只是区域性质的，没能上升到全球的范围，威胁程度居中；第三层级为全球级的恐怖组织，他们的活动范围不仅仅是跨越多个国家，而是跨越了多个地区，在全球范围内产生影响，其野心和抱负也

---

① 小布什曾把是否打击恐怖分子作为划分敌友的标准："现在每个地区的每个国家都要做出决定。你要么跟我们在一起，要么跟恐怖分子在一起。"参见 Bush, "You Are Either With Us, Or With the Terrorists," https://www.voanews.com/archive/bush-you-are-either-us-or-terrorists-2001-09-21.

② Samrat Chatterjee and Mark D. Abkowitz, "A Methodology for Modeling Regional Terrorism Risk," Risk Analysis, Vol. 31, No. 7, 2011, p. 1133.

③ National Strategy for Combating Terrorism 2003, p. 5, https://2001-2009.state.gov/documents/organization/60172.pdf.

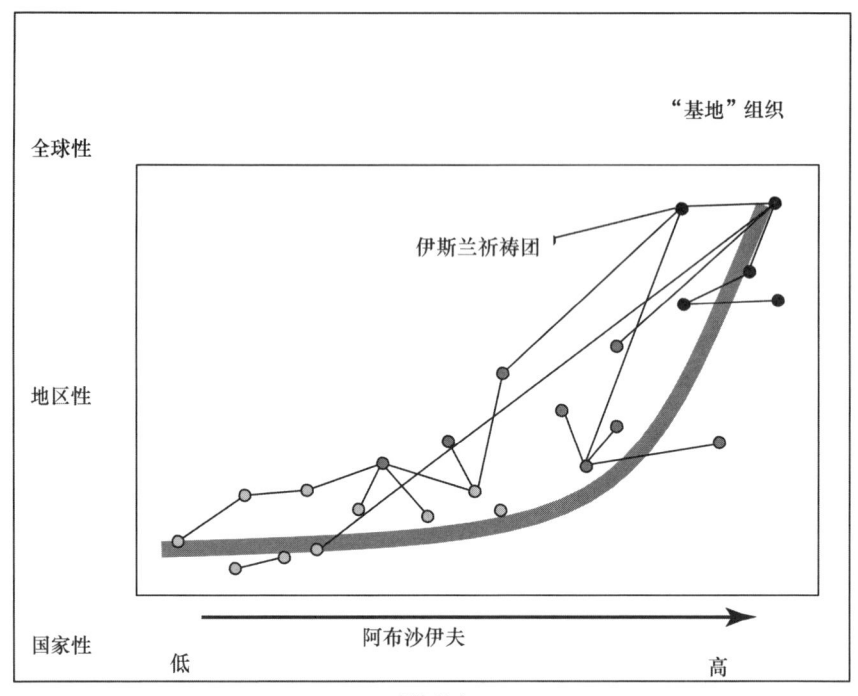

图 4-4　三个层级运作的恐怖组织

资料来源：National Strategy for Combating Terrorism 2018, p. 9。

是全球性的，威胁程度最大。[①] 对美国甚至整个国际社会而言，实力最为强大、危害最为严重的两大全球级的恐怖组织分别是："基地"组织及其分支机构、追随者[②]和"伊斯兰国"组织。

自"9·11"事件发生以来，美国做出了超过20年的反恐努力，付出

[①] National Strategy for Combating Terrorism 2003, pp. 8-9, https://2001-2009.state.gov/documents/organization/60172.pdf.

[②] "基地"组织分支机构是指与"基地"组织结盟的团体；追随者是指那些与"基地"组织及其意识形态形成合作关系、或代表其行事、或受其鼓动而采取行动推进实现"基地"组织目标的个人，他们采取暴力行动，无论其针对对象是美国、美国公民或是美国利益。参见"National Strategy for Combating Terrorism 2011," p. 3, https://obamawhitehouse.archives.gov/sites/default/files/counterterrorism_strategy.pdf。

巨大的人员伤亡和财产损失的代价，虽然美国本土未再发生恐怖袭击事件，但并没有充分瓦解恐怖分子构成的整体威胁。尽管美国及其合作伙伴对叙利亚和伊拉克的"伊斯兰国"和"基地"组织造成了重创，然而这些组织仍建立有很多分支，形成全球控制。① 特朗普政府认为，恐怖主义威胁比以往任何时候更加复杂和广泛，恐怖主义形势比以往任何时候都更加复杂多变，"反恐仍是本届政府的首要任务"。② 美国将继续与"伊斯兰国"和"基地"组织等圣战恐怖组织进行长期战争。③ 国外恐怖组织④自"9·11"事件之后仍然呈现不断增长的明显趋势。具体参见图4-5：

恐怖组织背后往往有国家赞助商，它们不仅可以为恐怖组织提供地理上的实体安全港，还能为其提供金融资助和网络，恐怖分子可以来去自由、展开训练并实施密谋策划。⑤ 阿富汗和叙利亚就是典型的恐怖组织藏匿和选择作为恐怖组织基地的国家。还有一些国家虽不是恐怖组织的基地所在国，但是却为恐怖分子提供资金、武器、培训、安全通道和避难所，也成为恐怖组织的国家赞助商。2003年美国认定的恐怖主义国家赞助商总共有七个国家，分别是：伊朗、伊拉克、叙利亚、利比亚、古巴、朝鲜和苏丹，⑥ 尽管不完全符合事实，但的确有国家在藏匿和支持恐怖主义。自2004年起美国颁布的《国别反恐》报告都会对全球的恐怖主义赞助国进行

---

① The White House, "National Security Strategy of the United States 2017," Washington D. C., p. 26, https：//trumpwhitehouse. archives. gov/wp - content/uploads/2017/12/NSS - Final - 12 - 18 - 2017 - 0905 - 2. pdf.

② National Strategy for Combating Terrorism 2018, p. 11, https：//www. dni. gov/files/NCTC/documents/news_documents/NSCT. pdf.

③ The White House, "National Security Strategy of the United States 2017," Washington D. C., p. 26, https：//trumpwhitehouse. archives. gov/wp - content/uploads/2017/12/NSS - Final - 12 - 18 - 2017 - 0905 - 2. pdf.

④ 美国政府认定国外恐怖组织的标准主要有3条：1. 它必须是外国组织；2. 该组织所从事恐怖活动符合美国相关法律法规所界定的恐怖活动的标准，或保持参与恐怖活动或恐怖主义的能力和意图；3. 该组织的恐怖活动或恐怖主义必须威胁美国国民的安全或美国的国家安全，包括国防、外交关系和经济利益。参见 Country Reports on Terrorism 2017, p. 277, https：//www. state. gov/wp - content/uploads/2019/04/crt_2017. pdf。

⑤ National Strategy for Combating Terrorism 2006, p. 17, https：//www. airandspaceforces. com/PDF/DocumentFile/Documents/2006/ns_terror_090506. pdf.

⑥ National Strategy for Combating Terrorism 2003, p. 18, https：//2001 - 2009. state. gov/documents/organization/60172. pdf.

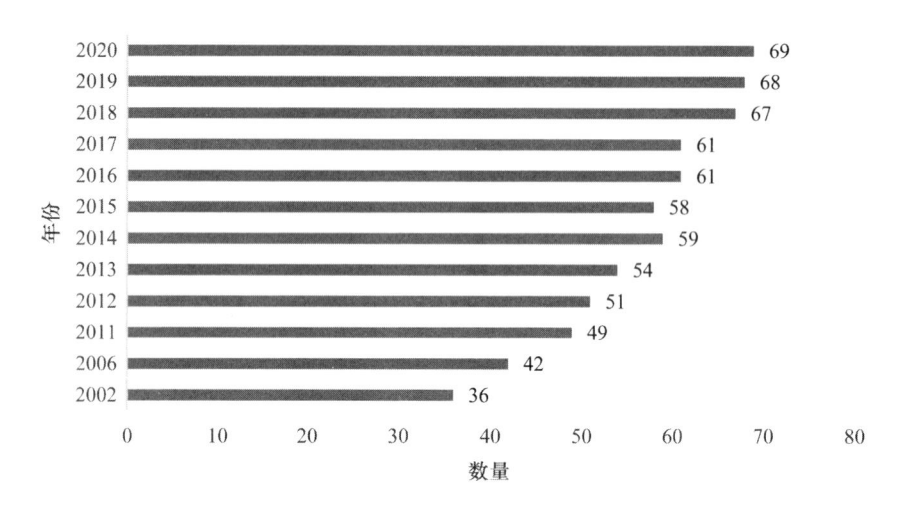

图 4-5 2002—2020 年美国认定的国外恐怖组织数量

年份	数量
2020	69
2019	68
2018	67
2017	61
2016	61
2015	58
2014	59
2013	54
2012	51
2011	49
2006	42
2002	36

资料来源：Bureau of Counterterrorism, Country Reports on Terrorism 2002, 2006, 2011 – 2020。此图笔者自制。

评估。表 4-4 是自 2011 年起美国历年所认定的恐怖主义国家赞助商名单。

表 4-4 2011—2020 年美国所识别的恐怖组织国家赞助商

年份	国家
2011	古巴、伊朗、苏丹、叙利亚
2012	古巴、伊朗、苏丹、叙利亚
2013	古巴、伊朗、苏丹、叙利亚
2014	古巴、伊朗、苏丹、叙利亚
2015	伊朗、苏丹、叙利亚
2016	伊朗、苏丹、叙利亚
2017	朝鲜、伊朗、苏丹、叙利亚
2018	朝鲜、伊朗、苏丹、叙利亚
2019	朝鲜、伊朗、苏丹、叙利亚
2020	朝鲜、伊朗、叙利亚

资料来源：Bureau of Counterterrorism, Country Reports on Terrorism 2011 – 2020。

二、恐怖主义行动风险评估与预警

对恐怖组织及其国家赞助商的评估是偏向于中长期的、相对静态的风险评估，而恐怖主义风险覆盖面广泛，与普通民众的生活息息相关，其风险评估是短期的，甚至要落实到具体的反恐行动中去，是偏向于动态的恐怖主义行动风险评估。作为一系列旨在改善各级政府和公众在反恐斗争中的协调和沟通举措的一部分，小布什政府2002年建立了国土安全部警报系统，该系统所发布的恐怖主义风险总共分为五个等级，不同的等级采用不同的编码颜色代表，其具体等级内涵和示意图如表4-5所示：

表4-5 国土安全部警报系统所发布的恐怖主义风险等级

风险等级	代表颜色	风险描述
紧急	红色	紧急风险
高	橙色	高风险
升级	黄色	较高风险
谨慎	蓝色	一般风险
低	绿色	低风险

资料来源：Homeland Security Presidential Directive - 3, https://georgewbush - whitehouse.archives.gov/news/releases/2002/03/20020312 - 5.html。

2011年，美国国土安全部采用一个新的恐怖警报系统，即全国恐怖主义威胁警报系统，取代了原来的国土安全咨询系统。2015年调整为除普通预警公告外的全国恐怖主义威胁预警系统三级预警制后，美国恐怖主义威胁警报系统基本固定。每份警报的内容还包括：警报的主要风险描述；警报发布的日期和失效的日期；关于风险内容的详细情况；美国政府所作的努力。这些是警报的核心内容。另外还有一些辅助性的内容，主要包括：如何识别潜在激进迹象而帮助别人、如何向联邦调查局或本地管理部门报告可疑活动；以及在日常生活中应该注意时刻准备好的事项等。全国恐怖主义威胁警报系统自 2015 年发布警报以来,所有警报都是最为普通的布告,还没有出现过升级警报和紧迫警报。全国恐怖主义威胁警报系统 2015 年后所发布的所有警报具体如表 4-6 所示:

表 4-6 2015—2022 年全国恐怖主义威胁警报
系统发布的恐怖主义威胁警报

序号	类型	有效期间	共性的威胁
1	公告	2015.12.16—2016.06.15	强调来自本国恐怖分子持续的威胁,其中许多恐怖分子在网上受到外来恐怖组织的启发而使用暴力。他们会在人很少注意或完全不注意的情况下发动攻击
2	公告	2016.06.15—2016.11.15	
3	公告	2016.11.15—2017.05.15	
4	公告	2017.05.15—2017.11.09	
5	公告	2017.11.09—2018.05.08	
6	公告	2018.05.08—2018.09.14	
7	公告	2018.09.14—2019.01.18	
8	公告	2019.01.18—2019.07.18	
9	公告	2019.07.18—2020.01.17	
10	公告	2020.01.04—2020.01.18	强调伊朗的恐怖主义威胁:伊朗可能将恐怖主义视为一种威慑或报复其已知对手的选择
11	公告	2020.01.18—2020.03.18	
12	公告	2021.01.27—2021.04.26	美国各地的威胁加剧将在总统成功就职后的几周内持续。一些出于意识形态动机的暴力极端分子,反对政府权力的行使和总统过渡。其他被虚假叙事煽动起来的不满情绪,可能会导致暴力发生
13	公告	2021.04.30—2021.05.14	延期上一个公告
14	公告	2021.05.14—2021.08.13	国内恐怖分子、因不满而作出暴力行为的个人和团体、受到外国恐怖分子和其他恶意的外国势力不断加强利用社交媒体和在线论坛来影响和传播暴力极端主义的陈述及活动,2021 年国土面临的威胁变得越来越复杂和不稳定。而持续的全球大流行疫情加剧了这种威胁

续表

序号	类型	有效期间	共性的威胁
15	公告	2021.08.13—2021.11.10	美国国土继续面临着多样化及具有挑战性的威胁境况，"9·11"事件20周年及宗教节日有可能作为有针对性暴力活动的催化剂。当前的全球疫情加剧了威胁
16	公告	2021.11.10—2022.02.07	除了上一期评估的安全威胁之外，外国恐怖主义组织和国内暴力极端分子继续努力激发潜在的追随者在美国发动攻击，包括利用最近在阿富汗发生的事件
17	公告	2022.02.07—2022.06.07	由独犯和小群体执行的、为促进其意识形态信仰和/或因个人不满情绪而采取行动的、大规模伤亡袭击，以及其他有针对性的暴力行为，持续给美国国家安全造成威胁

资料来源："National Terrorism Advisory System," Homeland Security, https://www.dhs.gov/national-terrorism-advisory-system。

由2015年至2022年全国恐怖主义威胁警报系统发布的历次恐怖主义威胁警报可知，防范本国恐怖分子造成的"独狼式"恐怖袭击将是美国长期面临的问题，[1] 因此预防本土伊斯兰极端主义者制造的恐怖袭击与预防境外恐怖分子发起"9·11"式恐怖袭击同样重要，"反暴力极端主义"和"防止'9·11'式恐怖袭击"成为美国防止恐怖主义威胁的两大战略模式。[2]

三、美国恐怖主义风险评估的结构与运行机制

"9·11"事件以后，小布什政府恐怖主义风险评估的重要改革是增加

---

[1] 许超、刘胜湘：《特朗普政府反恐预警机制改革论析》，《国际安全研究》2019年第2期，第95页。

[2] 张帆：《"防止九一一式恐怖袭击"与"反暴力极端主义"——比较分析美国国内防止恐怖袭击的两种战略模式》，《美国研究》2017年第4期，第32—34页。

美国国家安全委员的反恐职能,[①] 2004 年《情报改革及预防恐怖主义法》新增了国家情报总监一职,美国的 16 个情报机构由国家情报总监统一管理,由他将情报汇总到国家安全委员会。国家安全委员会及其班子在政府部门复杂的决策体系中位居塔尖,任何其他政府部门都无法承担这一角色。[②] 美国联邦各行政部门所属的情报机构均受国家情报总监领导,无不涉及恐怖主义风险评估的职能。对恐怖主义风险的评估可以分为两个部分:一是对恐怖分子、恐怖组织及恐怖组织的赞助商进行识别;二是对恐怖主义行动所造成的威胁进行评估。前者偏向于对恐怖主义行为体的安全风险识别,后者偏向于恐怖主义行动的安全威胁评估。

(一) 恐怖分子及其相关网络识别机制

在"9·11"事件以前,主要由中央情报局和联邦调查局负责恐怖主义威胁的情报搜集和评估,并向总统汇报评估结果。[③] 在美国本土遭遇恐怖袭击之后,当时执政的小布什政府从机构设置和工作流程上进行反恐工作的优化和改革,其中一项重要举措是新增反恐组织机构。一是新增了国家情报总监办公室,下设国家反恐中心,拥有来自情报界、联邦政府和联邦承包商的 1000 多名人员。国家反恐中心 40% 的工作人员代表来自大约 20 个不同的部门和机构,是专门从事反恐工作的国家级总协调单位,美国《国家反恐战略》报告就由该中心负责撰写发布。国家反恐中心的情报分析师在情报界中处于独特的地位,可以查看所有情报机构的原始情报信息,[④] 进行独立评估和判断,尤其是在敏感问题上,不受伴随情报收集过程的压力和考虑的阻碍。国家反恐中心从执法和情报合作伙伴那里接收国际恐怖主义信息,它的一项重要任务是建立一个关于所有已知和可疑的恐怖分子及其联系和支持网络的中央机密存储库,这既是一个分析工具,也是一个数据库,其内容主要包括恐怖分子的姓名、出生日期、生物特征

---

① 孙成昊:《美国国家安全委员会的模式特点及决策困境:从奥巴马到特朗普》,《国际关系研究》2017 年第 5 期,第 84—85 页。
② 毕雁英:《美国国家安全委员会变迁探析》,《国际安全研究》2014 年第 5 期,第 25 页。
③ Office of the Director of National Intelligence, https://www.dni.gov/index.php/nctc-home.
④ 胡建奇:《美国反恐跨部门协同研究》,中国人民公安大学出版社 2011 年版,第 114 页。

(含有照片),以及说明其与恐怖主义关联的信息。国家反恐中心对所有前往美国的旅客进行甄别,以确定其与恐怖主义是否有联系。国家情报总监作为美国情报部门的负责人,监督和指导国家情报计划的实施,并担任总统、国家安全委员会和国土安全委员会有关国家安全情报事项的主要顾问。总统在参议院的建议和同意下任命国家情报总监。国家反恐中心主任经过参议院确认后由总统任命,并以国家情报管理部门(反恐)的身份向国家情报总监报告,担任国家情报总监有关反恐情报行动的首席顾问,可以直接向总统报告反恐战略运作规划活动。二是新增加了一个联邦行政部门——国土安全部。国土安全部的首要任务之一是保护美国人免受恐怖主义和其他国土安全威胁,防止民族国家及其代理人、跨国犯罪组织、团体或个人从事威胁国家的恐怖主义或犯罪行为。情报与分析办公室是国土安全部下属的情报机构,在该情报机构下也设置了反恐任务中心。

联邦调查局的首要任务是保护美国不受恐怖袭击,打击美国境内的恐怖组织和行动人员,帮助摧毁世界各地的极端主义网络,切断向外国恐怖组织提供资金和其他形式的支持。"9·11"恐怖袭击事件发生后,总统和国会授权联邦行政部门和机构与反恐界共享恐怖主义信息。2003年,联邦调查局成立恐怖分子甄别中心,它是国土安全、执法部门、情报部门和特定的国际合作伙伴之间的桥梁,目的是酌情分享与恐怖主义有关的信息。恐怖分子甄别中心负责恐怖分子甄别数据库,即"监视名单"的管理和运行,支持一线甄别机构积极识别已知或可疑的恐怖分子。国家反恐中心和恐怖分子甄别中心密切合作,以确保将国家反恐中心搜集的适当信息提供给恐怖分子甄别中心,以纳入恐怖分子甄别数据库。国家反恐中心是恐怖分子甄别中心综合监视名单数据库的唯一国际恐怖分子数据来源。[1] 联邦调查局在官网还提供了恐怖分子通缉犯的海报,内容包括通缉犯的相关个人信息及其所犯下的罪行,并对其是否武装给出了风险提示。

美国财政部在追踪恐怖分子资金流动和协助美国政府更广泛的努力中

---

[1] The National Counterterrorism Center, Directorate of Terrorist Identities (DTI), "Terrorist Identities Datamart Environment (TIDE) and Watchlisting Overview," 2014, p.10, https://info.publicintelligence.net/NCTC-WatchlistingOverview.pdf.

处于独特的地位，以发现恐怖组织，并在国内和世界各地绘制恐怖网络图。①"9·11"事件发生后，美国财政部启动了恐怖融资追踪计划，以识别、追踪和追捕恐怖分子（如"基地"组织）及其网络。根据美国相关法律法规，国务院需要向国会提交年度的恐怖主义报告，国务院下属的反恐局每年出台《国别反恐报告》，识别世界上所存在的恐怖组织，以及恐怖组织的国家赞助商。

（二）恐怖主义行动风险评估机制

恐怖主义风险评估的另一部分重要工作在于对于恐怖主义行动的风险及其后果进行评估，国家反恐中心、联邦调查局各个反恐职能部门、国土安全部反恐职能部门，以及国务院、能源部的情报机构和中央情报局等政府机构成为风险评估的主体。除了识别恐怖分子身份外，国家反恐中心还有其他更广泛的恐怖主义风险评估任务：对恐怖主义风险进行综合和跨部门协调的分析评估，主持关于恐怖组织、能力、计划和意图以及对美国国内外利益的新威胁的机构间会议，领导跨部门工作组，分析、监测和阻止潜在的恐怖袭击，并适时发布警告、警报和咨询，以应对最优先的恐怖主义威胁。国家反恐中心情报人员为执行反恐任务的机构提供其所需的在美国国内外所搜集的情报。为改善信息共享和加强公共安全，国家反恐中心下设联合反恐评估小组，就可能影响美国当地或地区公共安全状况的重大国际恐怖主义或与恐怖主义有关的事件提供清晰、相关的信息，在联邦调查局和国土安全部的协调下，该小组与情报界其他成员合作，研究、生产和传播反恐情报产品，并提供给州、地方、部落和保留地（SLTT）实体。为了便于进一步传播，与恐怖主义有关的信息以需使用可用的格式呈现，即尽可能通过非保密的形式传递和发布。②

联邦调查局下设的与恐怖分子甄别中心同年成立的恐怖分子爆炸装置

---

① "Terrorist Finance Tracking Program (TFTP)," U. S. Department of the Treasury, https://home.treasury.gov/policy-issues/terrorism-and-illicit-finance/terrorist-finance-tracking-program-tftp.

② "Joint Counterterrorism Assessment Team (JCAT)," The National Counterterrorism Center, https://www.dni.gov/index.php/nctc-how-we-work/joint-ct-assessment-team.

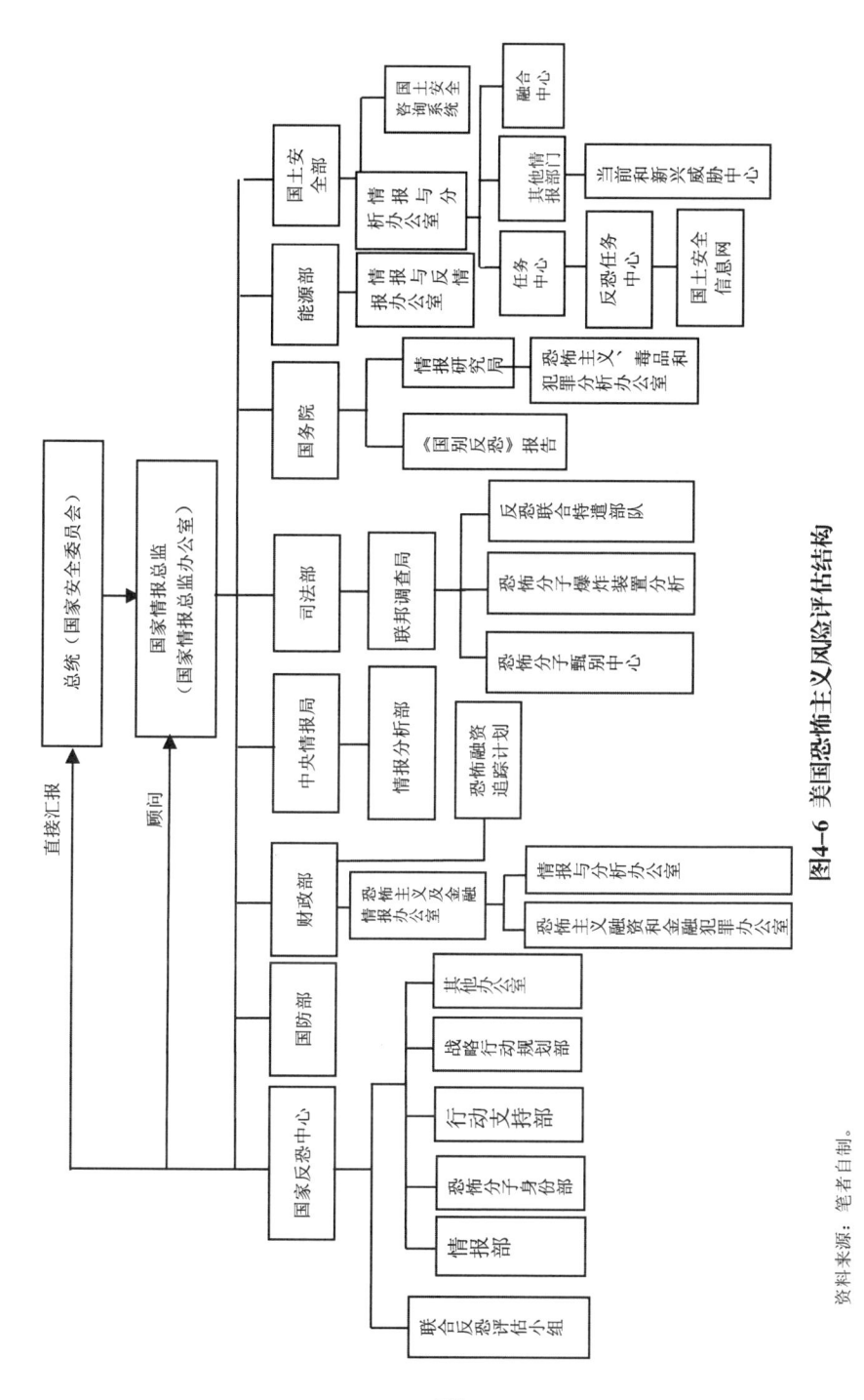

图4-6 美国恐怖主义风险评估结构

资料来源：笔者自制。

分析中心，利用简易爆炸装置的信息和材料制作可采取行动的情报，并将情报传达给政府及其在执法、军事、情报、科学技术和边境保护方面的国际合作伙伴，以保护美国及其国际伙伴免受恐怖袭击。联邦调查局反恐联合特遣部队是美国在国际和国内打击恐怖主义的前线。第一个特遣部队于1980年成立。现美国大约有200个特遣部队，其成员是一群训练有素、以当地为基地、充满热情的调查人员、分析师、语言学家和其他来自数十家美国执法和情报机构的专家。他们追查线索，收集、分享情报和证据，为特殊事件提供安全保障，并在接到通知后立即对威胁和事件做出反应。

国土安全部设立了多个任务中心，每个任务中心都有一个主题任务，重点是减轻对国家的持久威胁。反恐任务中心综合和整合反恐情报，保护国土免受恐怖主义袭击。通过联邦和地方政府、国际伙伴、私营部门和情报界合作伙伴的协调，反恐中心充当国土安全部情报事业的协调中心，"以尽可能低的分类提供所有来源的成品情报，为国务卿、国防部和合作伙伴提供反恐决策优势"。反恐任务中心利用国土安全信息网共享敏感但非机密的信息。该网络用于管理行动、分析数据、发送警报和共享信息，以确保美国国土的安全和复原力。[1] 国土安全部还设有当前和新兴威胁中心，与联邦和地方政府和情报机构合作伙伴密切合作，专注于收集、分析和传播当前、相关和可操作的情报，针对本土的威胁提供24小时全天候的指示和警告。[2] 国土安全部下的融合中心作为州和主要城市地区的联络中心，在联邦政府、地方政府和私营部门合作伙伴之间接收、分析、收集和共享恐怖主义威胁相关信息。"9·11"事件发生后小布什总统签署了国土安全总统令，于2002年建立了国土安全部警报系统，通过采用不同的编码颜色代表不同的恐怖主义威胁等级，使用9年之后，全国恐怖主义威胁警报系统取代了国土安全部警报系统。这一新系统将通过向公众、政府机构、第一响应者、机场和其他交通枢纽以及私营部门提供及时、详细的信

---

[1] "Mission Centers," Official website of the Department of Homeland Security, https：//www.dhs.gov/mission - centers.

[2] "Other Intelligence Elements," Official website of the Department of Homeland Security, https：//www.dhs.gov/mission - centers.

息，更有效地发布有关恐怖主义威胁的信息。通过电子邮件、脸书、推特订阅全国恐怖主义威胁警报系统，还可以将全国恐怖主义威胁警报系统用于网页。同时，全国恐怖主义威胁警报系统鼓励个人遵循州和地方官员提供的指导，报告恐怖主义威胁的可疑活动。①

国务院、能源部的情报机构和中央情报局也发挥了各自的恐怖主义情报分析职能。国务院负责发布国外旅行建议，若美国公民前往的对象国存在恐怖主义安全，视威胁的程度，旅行咨询建议分为四个层次：层次一，采取正常的预防措施；层次二，提高警惕；层次三，重新考虑旅行；层次四，请勿前往旅行。② 能源部下属的情报和反情报办公室为美国政府提供科学和技术上的专业知识，以应对外国情报、恐怖分子和网络威胁，解决与美国能源安全相关的最棘手问题，以及其他一系列国家安全问题。③ 中央情报局下设的情报分析部生产其他地方无法获得的及时信息和见解，在全球反恐战争中发挥至关重要的作用。④

四、美国恐怖主义风险评估机制的优势与问题

"9·11"事件是美国历史上第一次本土遭受恐怖主义袭击，引起了美国上下的深刻反思。如何防止再次遭受恐怖主义袭击，成为美国政界和学界最为关心的内容之一。对于面临恐怖主义风险威胁的中国而言，美国恐怖主义风险评估机制的优势值得参考和借鉴，其存在的问题也可以让我们避免重蹈覆辙，避免多走弯路。同时，应该根据自身面临的恐怖主义威胁的情况和国情特点，因地制宜地进行恐怖主义风险评估。

---

① "National Terrorism Advisory System," Official website of the Department of Homeland Security, https：//www.dhs.gov/topic/ntas.
② "Travel Advisories," Bureau of Consular Affairs – United States Department of State, https：//travel.state.gov/content/travel/en/traveladvisories/traveladvisories.html/.
③ "Office of Intelligence and Counterintelligence," Department of Energy, https：//www.energy.gov/intelligence/office – intelligence – and – counterintelligence.
④ "Offices of CIA," Central Intelligence Agency, https：//www.cia.gov/offices – of – cia/intelligence – analysis/history.html.

(一) 美国恐怖主义风险评估机制的特点与优势

"9·11"事件的发生对美国而言是一次猝不及防的灾难性事件,它使得美国各个政府部门整合力量对恐怖主义威胁进行专门性的风险评估,其评估机制具备以下新的特点和优势:

第一,恐怖主义风险评估受到前所未有的重视。杜绝类似事件的悲剧再次发生,关键在于恐怖主义的风险评估,防范于未然的重任自然落到了美国情报界。"9·11"事件发生后美国对情报界进行了重大改革,其核心目标在于增强恐怖主义威胁的评估能力。新成立的国家情报总监办公室的一项核心任务就是整合各情报机构搜集的恐怖主义威胁情报,并加强情报分析和研判,生产高质量的情报产品。国家情报总监办公室专门成立了国家反恐中心,该中心下设多个职能办公室支持反恐工作。国土安全部吸纳了原分散于22个部门的成员,将反恐作为其首要任务之一。[1] 几乎所有新增的情报机构均把反恐作为国家安全的核心任务。

第二,整个情报系统参与恐怖主义风险评估。美国最新的情报系统是"16+1"结构,各个情报系统各司其职,但是恐怖主义情报搜集与分析成为它们共同的工作目标。国家情报总监办公室下设国家反恐中心,该中心的工作人员来自联邦政府的各个职能部门;国土安全部下属的情报机构也设置了反恐任务中心;中央情报局把恐怖主义威胁情报搜集放在优先位置;联邦调查局设置的反恐组织和机构就更加细致;财政部下属的情报机构命名为恐怖主义及金融情报办公室,从字面上已经反映出鲜明的反恐特征;国务院下设的情报研究局将恐怖主义与毒品和犯罪的情报搜集和分析集中在一个办公室;国防部的情报系统也评估恐怖分子和极端暴力分子的风险;能源部的情报与反情报办公室也涉及与能源相关的恐怖主义威胁的情报搜集。由此可见,美国的情报系统全面参与恐怖主义威胁的评估,所有的情报机构都承担恐怖主义威胁情报的搜集与分析工作。恐怖主义威胁涉及每个民众的安全,国土安全部还发起了"如果发现可疑行为就立即报

---

[1] "Counter Terrorism and Homeland Security Threats," Official website of the Department of Homeland Security, https://www.dhs.gov/counter-terrorism-and-homeland-security-threats.

告"运动，号召美国所有民众从人物、内容、时间、地点和原因五个方面向当地执法部门报告恐怖主义或者与恐怖主义相关的活动，全民参与恐怖主义威胁的评估。

第三，中长期评估与短期评估相结合。美国政府出台的《国家安全战略》报告、《国家反恐战略》报告和《国别反恐报告》是对恐怖主义风险的长期评估，其服务对象主要是国家和政府，针对的评估对象是国际恐怖组织，较少涉及国内的极端分子和恐怖势力。美国政府短期的恐怖主义风险评估主要包括两个方面：一是提醒民众注意预防恐怖主义威胁。例如，国土安全部先后建立国土安全部警报系统和全国恐怖主义威胁警报系统发布贴近民众生活的恐怖主义威胁信息，其评估的结果具有时效期限，服务对象是普通民众，主要目标是让民众预防恐怖主义威胁；二是提交给总统等高级官员的时效性更强的日常评估，及时掌握国外恐怖主义动态。中长期与短期相结合的恐怖主义风险评估在反恐过程中发挥不同的作用，两者相辅相成，相互促进。

（二）美国恐怖主义风险评估机制的缺陷与问题

虽然美国恐怖主义风险评估机制实现了重大改革，不断完善体制机制，提升评估效果，但是恐怖主义风险的评估非常复杂，恐怖主义风险评估机制依然面临新老问题的制约。

第一，情报分析难度大。恐怖主义风险涉及的范围非常广泛，情报搜集覆盖世界各地，但搜集到的信息往往不完整且常常相互矛盾。[①] "9·11"事件后美国政府加强了对恐怖主义风险的评估，恐怖主义风险的情报数量也大幅上升。面对比情报改革之前更加卷帙浩繁的情报信息，在有限的时间内从中形成一份高质量的情报，且受到政府高层的重视并非易事；美国情报失误的核心问题在于情报分析和威胁评估层面，而并不是情报搜集问题。弥合情报机构情报收集能力和分析能力之间的普遍差距，对最大限度

[①] "Offices of CIA," Central Intelligence Agency, https://www.cia.gov/offices-of-cia/intelligence-analysis/what-we-do.html.

地提高情报生成能力至关重要。① 虽然美国促进了情报的整合和协同工作，加强情报共享和分析，但是重组是决策者迫于在危机中快速反应的政治压力而做出的，是一种能够迅速实施而又不会引起根深蒂固反对意见的选择，是一种默认的办法，② 机构改革能否有效提升情报分析的能力和水平尚需时间的检验。

第二，国家反恐警报系统曾无故突然中断。美国国土安全部负责开发的国家反恐警报系统是面向全民的恐怖主义威胁警报系统，视恐怖主义威胁的程度为民众发出警报和警告。自 2015 年 12 月底开始发布反恐信息，并且提供阿拉伯语、法语、中文（包含简体中文、繁体中文）、俄语、西班牙语等语种。2020 年的 1 月 18 日该系统发布了有效期为两个月的警报信息，该警报于 2020 年的 3 月 18 日到期，但是到期之后，不仅系统没有再更新，而且中断近一年的时间，直到 2021 年 1 月 27 日才重新恢复正常。在国家反恐警报系统网页也没有关于系统中断风险评估的任何说明。这表明美国的恐怖主义风险评估还不够严谨，让人对美国恐怖主义风险评估的判断产生质疑，甚至对恐怖主义风险评估的作用产生怀疑。

第三节 美国军事安全风险评估与预警机制

美国发展的历史证明，美国是一个处于战争中的国家，一直面临着各种各样的军事安全风险，③ 总体上可以划分为传统军事安全风险和灾难性军事安全风险。为了应对复杂的军事安全风险，美国建立起特别发达的军

---

① Arpad Palfy, "Bridging the Gap between Collection and Analysis: Intelligence Information Processing and Data Governance," International Journal of Intelligence and Counter Intelligence, Vol. 28, No. 2, 2015, p. 365.

② Douglas Hart and Steven Simon, "Thinking straight and talking straight: Problems of intelligence analysis," Survival, Vol. 48, No. 1, 2006, p. 36.

③ The Department of Defense, "The National Defense Strategy of The United States of America 2005," p. iv, https://www.files.ethz.ch/isn/154941/US%20National%20defense%20strategy%202005.pdf.

事情报体系,帮助美国在与对手的军事竞争中获得优势。

一、美国军事安全风险评估与预警

美国作为一个离岸平衡手,需要在重要地区出现挑战和威胁的时候,推卸责任给其他大国,当这种方法失效时,则迅速军事介入并取得胜利,重新建立重要地区的均势后撤军收兵,以确保自己的霸权地位。[1] 因此,军事风险的评估是美国作为一个成功的离岸平衡手所必须具备的职能。美国军事风险评估包括两部分内容,其一是传统军事安全风险评估,即传统军事设备及其创新技术所带来的军事风险,其二是灾难性军事风险,即大规模杀伤性武器使用所引发的军事风险。

(一) 传统军事安全风险评估

传统安全军事风险是指他国在公认的军事竞争和冲突中,采用众所周知的军事能力和力量。这些军事能力和力量主要指的是陆军、海军和空军等常规军事力量。虽然美国在传统军事领域具有超强实力,还拥有北约等联盟优势,加之传统军事领域的竞争成本高昂,大大减少竞争对手在这个领域与美国竞争的动机。[2] 但是随着国际格局的调整、国家实力的消长和全球安全环境的变化,美国的传统军事优势受到了挑战。如今的美国已经难以在所有常规作战领域保持绝对的竞争优势。在空中、地面、海洋、太空和网络空间等每一个领域,美国都面临竞争。[3]

第一,常规作战能力不足。保障美军高质量完成军事作战任务,实现既定的作战目标,需要配置充分的作战资源。但是美军在海外作战过程

---

[1] [美] 约翰·米尔斯海默著,王义桅、唐小松译:《大国政治的悲剧》,上海人民出版社 2008 年版,第 264 页。

[2] The Department of Defense, "The National Defense Strategy of The United States of America 2005," pp. 2 – 3, https://www.files.ethz.ch/isn/154941/US%20National%20defense%20strategy%202005.pdf.

[3] The Department of Defense, "Summary of the 2018 National Defense Strategy of the United States of America," p. 3, https://dod.defense.gov/Portals/1/Documents/pubs/2018 – National – Defense – Strategy – Summary.pdf?mod=article_inline.

中，就出现能力支援装备不足的问题，对持续进行的行动造成多方面的掣肘。① 参谋长联席会议主席马丁·E. 邓普西在评价2014年《防务评估》报告时认为，美军作战能力、力量规模和部队战备状态不足以支撑美军的作战计划。如果以中等烈度和高等烈度的作战计划来衡量，2014年《防务评估》规划的部队既要保卫国土，同时还要进行击败并拒止的战役，风险水平会更高。②

第二，依赖盟友和伙伴。在成功应对当前的安全挑战方面，美国盟友及国内外合作伙伴至关重要。在海外，国际伙伴不能或不愿支持双方的共有目标或提供通道，将给美军增添额外的作战风险，并削弱美国解决当前或未来冲突的能力。③ 但是，指望通过增加对盟友和伙伴的依赖，来完全缓解美国自身力量规模减小的影响，似乎不太可能。由于美国自己的部队结构正在缩减，想要建立新的伙伴关系将更加困难，而这正是美国每个军种的核心能力。④

第三，突破性军事技术挑战。随着尖端武器和技术的扩散，一些小国和非国家行为体也有可能获得并使用射程更远、精度更高的武器。未来对手可能会拥有先进的能力，与美国争夺在空中、海上、太空和网络空间等领域的控制权。⑤ 除了技术的扩散和获取，各国都加大了对研发工作的投入，许多研发因素将逐渐对美国的技术优势构成巨大挑战。事实证明，美国要想在防务技术的各个领域保持竞争优势已经越来越难。即便在目前仍拥有相对较大投入的情况下，美国国防部的科技项目也仅能勉强应对目前安全环境下不断增加的挑战，尽量做到与全球技术的发展速度和成本增速

---

① The Department of Defense, "Quadrennial Defense Review Report 2010," p. 90, https：//dod. defense. gov/Portals/1/features/defenseReviews/QDR/QDR_as_of_29JAN10_1600. pdf.
② The Department of Defense, "Quadrennial Defense Review Report 2014," p. 62, https：//www. govinfo. gov/content/pkg/CHRG－113hhrg87865/pdf/CHRG－113hhrg87865. pdf.
③ The Department of Defense, "Quadrennial Defense Review Report 2010," p. 91, https：//dod. defense. gov/Portals/1/features/defenseReviews/QDR/QDR_as_of_29JAN10_1600. pdf.
④ The Department of Defense, "Quadrennial Defense Review Report 2014," p. 63, https：//www. govinfo. gov/content/pkg/CHRG－113hhrg87865/pdf/CHRG－113hhrg87865. pdf.
⑤ The Department of Defense, "Quadrennial Defense Review Report 2010," p. 9, https：//dod. defense. gov/Portals/1/features/defenseReviews/QDR/QDR_as_of_29JAN10_1600. pdf.

同步。① 虽然美国军队仍然是世界上最强大的，但随着敌对或竞争国家的现代化，发展传统武力和核力量，美国的优势正在缩小。现在许多国家可以部署一大批先进的导弹，包括可以到达美国本土的导弹。对技术的获取使原本弱小的国家变得强大和敢为。②

（二）灾难性军事安全风险评估

灾难性军事安全风险是指，拥有和使用大规模杀伤性武器或产生类似大规模杀伤性武器对美国国家安全造成挑战。一些美国认为的敌对势力由于在传统军事领域无法与美国展开竞争，更无法对美国传统军事实力构成挑战，只能寻找其他途径与美国对抗。寻求获得大规模杀伤性武器能力就是可能的途径，不但成本没有发展传统军事能力高昂，而且薄弱的国际控制以及易于获取相关技术信息促进了这些努力。由于大规模杀伤性武器的使用带来的是灾难性后果，使得应对灾难性挑战成为当务之急，即使是针对美国盟友的单一灾难性袭击也是不可接受的。③

大规模杀伤性武器的扩散将破坏全球安全，并使保持持久和平与预防恶性军备竞赛的努力变得更加复杂。④ 追求或拥有大规模杀伤性武器的行为体会经常挑战全球规范、地区力量平衡及美国的目标，会使关键地区更容易发生冲突，增强局部或地区危机的影响，并通过连锁反应产生新的获取大规模杀伤性武器的动机。⑤ 另外，美国认为弹道导弹在数量及质量上

---

① The Department of Defense, "Quadrennial Defense Review Report 2010," p. 94, https://dod.defense.gov/Portals/1/features/defenseReviews/QDR/QDR_as_of_29JAN10_1600.pdf.

② The White House, "National Security Strategy of the United States 2017," p. 3, https://www.trumpwhitehouse.archives.gov/wp-content/uploads/2017/12/NSS-Final-12-18-2017-0905-2.pdf.

③ The Department of Defense, "The National Defense Strategy of The United States of America 2005," p. 1, https://www.files.ethz.ch/isn/154941/US%20National%20defense%20strategy%202005.pdf.

④ The Department of Defense, "Quadrennial Defense Review Report 2010," p. 7, https://dod.defense.gov/Portals/1/features/defenseReviews/QDR/QDR_as_of_29JAN10_1600.pdf.

⑤ Department of Defense, "Department of Defense for Strategy for Countering Weapons of Mass Destruction, June 2014," p. 3, https://dod.defense.gov/Portals/1/Documents/pubs/DoD_Strategy_for_Countering_Weapons_of_Mass_Destruction_dated_June_2014.pdf.

的威胁一直持续增长,并将会在未来十年保持此趋势,对美国发起弹道导弹袭击的威胁近年来急剧增加,该威胁对美国的海外力量投送、预防与威慑未来冲突以及在威慑失败情况下取胜的能力有着重大影响。更为严峻的是,一些国家还在为其导弹研制、开发核生化弹头。一些地区性国家不断研制大规模杀伤性武器及其运载工具,是对美国本土最严重的威胁之一。[1]

二、美国军事安全风险评估的结构与运行机制

二战期间,美国的国家安全决策过程混乱无序,"珍珠港事件"更是暴露出美国情报机构的缺陷。[2] 为改变这一局面,1947年美国国会通过《国家安全法》,明确规定以国家安全为根本利益,对美国现实与潜在的军事力量相关风险做出评定与评价。[3] 国家安全委员会依据《国家安全法》成立,军事风险评估成为国家安全委员会的重要职责。美国军事风险评估的主体工作由国防部完成。尤其是传统军事安全风险的评估主要由国防部的作战情报机构和作战支援情报机构共同完成,灾难性军事风险的评估除了国防部的情报机构,国家情报总监办公室、中央情报局、司法部、国务院等情报机构也是重要的评估主体。

(一)美国传统军事安全风险评估的结构与运行机制

国防部的情报机构主要可以分为两大类:一类是作战情报机构,主要是国防部四大军种——空军、陆军、海军和海军陆战队所属的情报机构,它们所搜集的情报主要为美军的军事作战服务,关注的是军事作战本身:美国空军情报监视和侦察局负责管理全球空军综合情报、监视与侦察活

---

[1] Department of Defense, "Ballistic Missile Defense Review Report," February 2010, p. 4, https://dod.defense.gov/Portals/1/features/defenseReviews/BMDR/BMDR_as_of_26JAN10_0630_for_web.pdf.

[2] 初建忠:《美国国家安全委员会运作模式的演变》,《国际研究参考》2016年第3期,第33页。

[3] "National Security Act of 1947: SEC. 101 [50 U. S. C. § 402]," https://www.dni.gov/index.php/ic-legal-reference-book/national-security-act-of-1947.

动,利用先进的机载、空间和网络空间传感器获取情报为空军指挥官提供作战支持和决策优势;陆军参谋部二部负责评估和监督陆军部的情报活动,其下设的陆军情报小组支持指挥部应对多领域行动中的所有威胁。海军情报局收集、分析和生成海上情报,并迅速将情报分发给战略、作战和战术决策者,以满足海军、国防部和国家的要求,其目标是获得并保持对美国潜在对手的决定性信息优势;海军陆战队为战场的支援提供战术和作战情报,海军陆战队司令代表海军陆战队处理联合和情报界事务,并监督海军陆战队的情报活动。[①] 各个军种的代表——包括陆军参谋长、海军作战部长、空军参谋长、海军陆战队司令,以及国民警卫队队长是参谋长联席会议的主要成员。参谋长联席会议主席是总统、国防部长和国家安全委员会的主要军事顾问,所有参谋长联席会议成员都是军事顾问,作为参谋长联席会议成员的责任优先于作为军事首长的职责,他们可以向总统、国防部长,或国家安全委员会提出建议或意见。但是参谋长联席会议没有指挥作战部队的行政权力,主要发挥参谋和提供政策建议的作用。[②] 作为事后的军事安全风险评估,在每次执行完军事行动和重大军事演习后,国防部及其下属的各个军种的对口管理机构都要对军事行动和军事演习进行经验教训总结,其中最具代表性的是国防部下属的国防部最佳实例数据库、联合司令部下属的联合经验教训研究中心,以及各个军种下属的经验教训研究中心。[③]

另一类是作战支援情报机构,它们从不同的职能和角度搜集情报支持美国军事作战。国防情报局不仅是美国对外军事情报的主要管理者和制作者,也是国防部长、参谋长联席会议和统一作战司令部的中央情报制作者和管理者,为作战和非作战军事任务制作、分析和传递军事情报信息,为国防部和情报界的作战人员、国防决策者和部队规划人员提供军事情报。国防情报局局长是国防部长和参谋长联席会议主席在军事情报方面的主要

[①] "Members of the IC," Office of the Director of National Intelligence, https://www.dni.gov/index.php/what-we-do/members-of-the-ic#usn.
[②] 刘胜湘等:《世界主要国家安全体制机制研究》,经济科学出版社2018年版,第71页。
[③] 刘胜湘等:《世界主要国家安全体制机制研究》,经济科学出版社2018年版,第82—83页。

顾问。他还担任军事情报委员会主席，负责协调国防情报部门的活动。国家地理空间情报局提供及时和准确的地理空间情报以支持国家安全目标，为文职和军事领导人提供支持，并为美国军队的战斗准备做出贡献；国家侦察局设计、建造和运营国家的侦察卫星，通过侦察卫星搜集情报客户需要的世界范围内的军事情报，监测军事行动的环境，以帮助计划军事行动；① 美国国家安全局/中央安全署负责协调、指导和执行高度专业化的活动，以保护美国信息系统和生成外国信号情报信息。它是国家的密码机构，据说是美国乃至全世界数学家的最大雇主。国防部情报系统兵强马壮，实力超强，生产的军事情报产品数量众多，公开发布的代表性报告包括《国防战略》《军事战略》《防务评估》《国别军力》，以及其他专项的军事报告。

（二）美国灾难性军事安全风险评估的结构与运行机制

国防部情报系统关于军事安全风险的评估也涉及灾难性的军事风险评估，这在国防部出台的评估报告中有所反映。在国防部的情报系统之外，美国情报界的其他情报机构也关注大规模杀伤性武器的使用问题。国家情报总监办公室设有国家反扩散中心，整合了整个情报机构的防扩散力量，确保情报人员能够获得了解和制止大规模杀伤性武器扩散所需的全套技术和非技术性信息，以消除美国政府对大规模杀伤性武器扩散最为关注的关键情报缺口，并牵头制定战略，发出威胁警告，提供尽早应对这些威胁所需的洞察力。② 联邦调查局专门设立大规模杀伤性武器部，调查和收集与大规模杀伤性武器有关的威胁和事件的情报。其在56个外地办事处和一些办事处配有大规模杀伤性武器协调员，他们与执法伙伴和私营部门建立关系，以促进信息共享，并确保联邦调查局对新出现的大规模杀伤性武器威

---

① "Members of the IC," Office of the Director of National Intelligence, https：//www.dni.gov/index.php/what－we－do/members－of－the－ic#usn.
② "The National Counterproliferation Center," Office of the Director of National Intelligence, https：//www.dni.gov/index.php/ncpc－how－we－work.

胁得到早期预警。① 国务院下设军备控制、核查和遵守局，涉及评估大规模杀伤性武器及其运载工具、空间和网络能力以及常规武器构成的威胁，致力于加强全球军备控制和透明度，增加政府对核查活动的支持。②

三、美国军事安全风险评估机制的优势与问题

"安全困境"直指国家的传统安全问题，这通常也是一个国家最初建立军事风险评估机制的直接动因。美国作为全球国防预算规模最大的国家，在军事风险评估问题上给予了更加充足的资源和更加充分的关注，但也存在其独有的问题和局限。

（一）美国军事安全风险评估机制的特点与优势

美国军事风险评估机制形成了自身的两大优势：对外依靠强大的情报系统评估常规军事力量和大规模杀伤性武器使用的威胁，对内强调防务风险管理。通过"内外兼修"，保障军事制胜能力，维护国家的安全。

第一，军事情报系统独占鳌头。美国军事安全风险的评估主要由庞大的军事情报系统完成，其传统军事安全风险的评估主要集中在国防部的情报系统。总体而言，美国的军事情报系统的实力无论在情报系统内部还是在国际军事情报系统上都首屈一指，这也决定了美国强大的军事风险评估能力，尚无国家可以望其项背。

第二，重视自身防务安全风险的评估。美国军事安全风险评估不仅包括外部的军事安全风险，也包括自身防务安全风险。防务风险管理对国家而言事关成败，对于美军官兵及其家人而言则关乎生死存亡。③ 美国军事

---

① "Weapons of Mass Destruction," Federal Bureau of Investigation, https://www.fbi.gov/investigate/wmd.

② "Bureau of Arms Control, Verification and Compliance," United States Department of State, https://www.state.gov/bureaus-offices/under-secretary-for-arms-control-and-international-security-affairs/bureau-of-arms-control-verification-and-compliance/.

③ The Department of Defense, "Quadrennial Defense Review 2010," p. 89, https://dod.defense.gov/Portals/1/features/defense Reviews/QDR/QDR_as_of_29JAN10_1600.pdf.

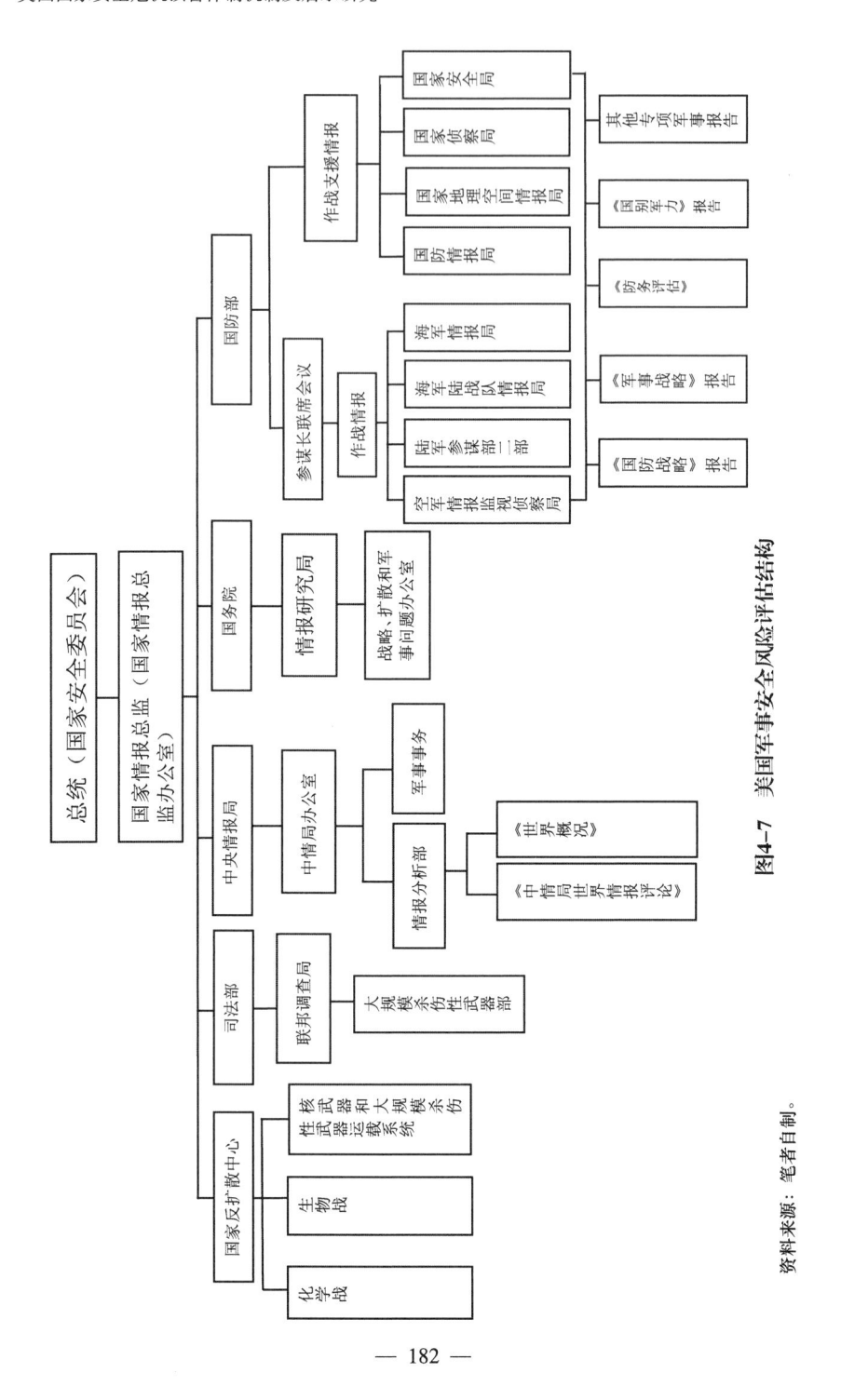

图4-7 美国军事安全风险评估结构

资料来源：笔者自制。

情报系统将防务管理作为军事安全风险评估的重要内容，其评估非常细致，主要包括：常规作战部队的数量、军事力量对外依赖盟友的程度、国防部的医疗成本、国防预算、后备役部队与现役部队占总兵力的比例，以及派遣到阿富汗与伊拉克作战的美国官兵的身心健康状况等。这些指涉美国军事系统内部的安全风险评估，也是影响美国军事实力的提升与发展的重要因素。

（二）美国军事安全风险评估机制的缺陷与问题

美国军事风险评估在配备强大的情报系统的同时，也由此引发相应的问题，导致在军事风险评估的资源投入上过于倾斜，不利于整体安全风险评估的平衡，同时也造成军事情报被作为一种决策工具的情报政治化现象产生。

第一，国防部情报系统一家独大。军事情报系统在美国情报体系独占鳌头也带来一个负面的影响，即其情报开支占整个情报开支的近80%。[1] 从情报机构的设置上而言，国防部下属的情报机构只是占据整个情报系统将近一半，但是使用在国防部情报机构的经费开支却远远超过这个比例。从情报分析的功能而言，军事情报的搜集和分析只是美国安全情报分析的一个方面，虽然军事情报对美国安全发挥重要作用，但是美国安全威胁涉及的范围和内容极其广泛，军事情报无法解决美国安全风险所面临的所有问题。军事情报开支所占的比重过大，必然导致对其他领域的安全情报工作投入的资源不足。例如，在情报系统开支一定的情况下，随着在"9·11"事件后提升对恐怖主义威胁评估的投入，再加上军事情报系统的大比例开支，应急风险的投入自然受到挤压和缩减，总体而言仍然不利于美国安全风险的防范。

第二，存在情报政治化现象。虽然美国军事情报系统实力极为雄厚，但却无法避免军事情报的政治化现象。情报政治化现象多种多样，其中一个较为普遍的现象表现为决策者对安全风险已经形成一套自身的看法和观

---

[1] ［美］"9·11"独立调查委员会著，史禹等译：《9/11委员会报告》，世界知识出版社2005年版，第123页。

点，他们面对情报人员提供的情报只是选择性地使用，只重视那些符合自身观点和判断标准的情报，而忽视情报人员的情报分析。[1] 更为严重的是，决策者可能通过修改情报分析结论的方式直接干涉情报评估，或者采取间接干涉的方式，暗示情报人员朝着决策者预期的方向做出情报风险评估。[2] 小布什政府发动伊拉克战争在于得到萨达姆政权拥有大规模杀伤性武器的军事情报，但联合国派出监督人员到情报所指出的藏匿大规模杀伤性武器的秘密地点进行核查，却一无所获，伊拉克战争的发动与军事情报政治化问题密切相关。其根源是美国霸权战略的目标导向，该导向之下的情报容易产生偏差甚至失误，最后成为当政者为行动辩护的借口。[3] 值得一提的是，除军事安全风险之外，应急安全风险、恐怖主义风险、战略安全风险都存在情报政治化的风险，只是程度有所不同，自然灾害的应急风险评估走向情报政治化的可能性最小。

美国军事风险评估与机制运行对我国的军事风险评估有一定的启示。

第四节 美国战略安全风险评估与预警机制

"确立自身安全的主体与目标就是对自身威胁的定义。"[4] 要了解美国国家安全战略风险与威胁，首先应了解美国国家安全战略目标。美国政府颁布的《国家安全战略》报告作为国家层面最为权威的官方文件，是解读美国国家利益的最重要的文献。根据《国家安全战略》报告所定义的国家利益包括安全、繁荣、价值观和国际秩序四大方面。本节的战略风险评估

---

[1] Stephen Marrin, "Why Strategic Intelligence Analysis Has Limited Influence on American Foreign Policy," Intelligence And National Security, Vol. 32, No. 6, 2017, p. 725.

[2] [美] 约书亚·瑞夫纳著，张旸译：《锁定真相：美国国家安全与情报战略》，金城出版社 2016 年版，第 6 页。

[3] 刘胜湘等：《国家安全：理论、体制与战略》，中国社会科学出版社 2015 年版，第 285 页。

[4] 储昭根：《冷战后美国学者对安全应对的定义与评估》，《甘肃社会科学》2015 年第 3 期，第 217 页。

涉及经济安全风险、价值观风险及国际秩序风险评估。

一、美国战略安全风险评估与预警

制定美国大战略的一个首要工作是确定国家利益，并评估国家利益所面临的各种威胁。① 鉴于此，可从国家战略利益的视角分析美国战略风险的评估。

（一）经济安全风险评估

美国领导地位的基础是其繁荣的经济。一个不断增长的、开放的全球经济，对美国人民而言是机会之源，对美国而言则是力量之源。② 美国的权力大小在某种程度上是其经济实力大小的反映。与潜在竞争对手相比，美国经济规模最终决定了国际政治中权力的限度。美国政府提出："经济安全就是国家安全。"③ 美国经济安全风险主要体现在以下三个方面：第一，全球经济仍存在衰退风险。美国经济安全与繁荣和全球经济紧密相关。全球经济遭受冲击将会导致全球范围内失业现象加剧、部分地区生活水平下降，经济问题将引发动荡不安和美国影响力下降。下一次全球经济减退的风险依旧存在。④ 全球性流行病导致国际经济中断，甚至走向毁灭性的经济衰退。⑤ 第二，国际经济体系不利于美国经济。与美国价值观不同的国家口头上支持自由贸易并从中获益，但实际上只会有选择地遵守自由贸易的规则和协议。不平等贸易往来削弱了美国经济，导致美国的工作

---

① ［美］罗伯特·阿特著，郭树勇译：《美国大战略》，北京大学出版社2005年版，第56、103页。

② The White House, "National Security Strategy of the United States 2010," p. 28, https：//dod. defense. gov/Portals/1/features/defenseReviews/QDR/QDR_as_of_29JAN10_1600. pdf.

③ The White House, "National Security Strategy of the United States 2017," p. 17, https：//www. trumpwhitehouse. archives. gov/wp－content/uploads/2017/12/NSS－Final－12－18－2017－0905－2. pdf.

④ The White House, "National Security Strategy of the United States 2015," p. 1, https：//news. usni. org/wp－content/uploads/2015/07/R44023. pdf.

⑤ The White House, "Interim National Security Strategic Guidance, 2021," pp. 6－7, https：//www. whitehouse. gov/wp－content/uploads/2021/03/NSC－1v2. pdf.

岗位流向海外，国际经济体系不利于继续服务美国的利益。① 第三，美国国内经济形势仍然严峻。2017年《国家安全战略》报告认为，当前美国整体经济增长仍处于2008年金融危机经济衰退以来的低迷状态。过去五年来，国内生产总值的增长率几乎不到2%，政府对经济的过度干预减缓了经济增长和就业机会，风险厌恶和管制取代了投资和企业精神。② 2019年以来，新冠疫情蔓延，导致美国经济发展危机重重，甚至爆发了经济危机。③

（二）价值观安全风险评估

美国历届政府高度重视价值观的作用，他们认为美国就是在普世的价值观基础上建立的，美国从最初的13个分散的殖民地迅速发展成为世界超级大国，这一轨迹证明了美国建国所依赖的理念力量。④ 因此，美国主张将这些价值观在全世界范围内推广并发扬光大，认为这是保障世界和平的最根本办法，但目前陷入了停滞甚至倒退的状态。竞争对手通过宣传和其他手段来"诋毁民主"，推进反西方观点，并传播虚假信息以使美国及其盟国和合作伙伴之间产生分歧。他们认为，中俄两国可能都将联合国作为一个平台，强调反映其利益的主权叙述，而不以人权、民主和良好治理为讨论重点。⑤ 伊朗等国政府企图破坏地区稳定，威胁美国人民和美国的盟友。虽然这些挑战在性质和程度上各不相同，但它们本质上都是尊重人的

---

① The White House, "National Security Strategy of the United States 2017," p. 1, https：// www. trumpwhitehouse. archives. gov/wp – content/uploads/2017/12/NSS – Final – 12 – 18 – 2017 – 0905 – 2. pdf.

② The White House, "National Security Strategy of the United States 2017," p. 17, https：// www. trumpwhitehouse. archives. gov/wp – content/uploads/2017/12/NSS – Final – 12 – 18 – 2017 – 0905 – 2. pdf.

③ The White House, "Interim National Security Strategic Guidance, 2021," p. 16, https：// www. whitehouse. gov/wp – content/uploads/2021/03/NSC – 1v2. pdf.

④ The White House, "National Security Strategy of the United States 2017," p. 41, https：// www. trumpwhitehouse. archives. gov/wp – content/uploads/2017/12/NSS – Final – 12 – 18 – 2017 – 0905 – 2. pdf.

⑤ Office of the Director of National Intelligence, "Statement for the Record：Worldwide Threat Assessment of the US Intelligence Community," January 29, 2019, p. 24, https：//www. dni. gov/files/ODNI/documents/Maguire_statement. pdf.

尊严和自由与压迫个人与强制统一之间的根本对立;①"圣战"恐怖分子和恐怖组织将继续散播野蛮的意识形态,蛊惑人们通过暴力实现自身的诉求。②"基地"组织与"伊斯兰国"的兴起和成长,在本质上也是受到极端意识形态的影响。③

(三) 国际秩序安全风险评估

传统大国竞争和新兴技术将对国际格局产生影响,而全球性问题对仍是世界上最为发达的美国影响最大。因此,大国竞争、新兴技术和全球性问题成为国际秩序安全风险评估的主要内容。

第一,大国竞争。"威胁评估的本质是决策者对外部威胁的认知",④美国传统安全观是防范欧亚大陆现实或潜在敌对大国威胁。⑤特朗普政府将美国战略安全威胁分为三个层次,大国被列为第一个层次。⑥美国国家情报总监办公室每年发布《全球威胁评估》报告一直以来备受关注,⑦2019年的《全球威胁评估》报告认为,自2014年以来,大国在能源、军事和技术领域的合作显著扩大,大国将对美国及其盟国在经济、政治、反情报、军事和外交等领域形成各种各样的挑战,并利用一些政府对自由民

---

① The White House,"National Security Strategy of the United States 2017,"pp. 2 – 3,https://www.trumpwhitehouse.archives.gov/wp – content/uploads/2017/12/NSS – Final – 12 – 18 – 2017 – 0905 – 2. pdf.

② The White House,"National Security Strategy of the United States 2017,"p. 3,https://www.trumpwhitehouse.archives.gov/wp – content/uploads/2017/12/NSS – Final – 12 – 18 – 2017 – 0905 – 2. pdf.

③ National Strategy for Combating Terrorism 2018,p. 2,https://www.dni.gov/files/NCTC/documents/news_documents/NSCT. pdf.

④ 左希迎:《威胁评估与美国大战略的转变》,《当代亚太》2018年第4期,第19页。

⑤ 刘胜湘等:《国家安全:理论、体制与战略》,中国社会科学出版社2015年版,第119页。

⑥ 邓凯帆、叶圣萱、刘胜湘:《特朗普政府战略安全威胁评估与预警机制论析》,《社会主义研究》2019年第1期,第142页。

⑦ 季澄:《〈美国情报界全球威胁评估报告〉解读》,《国际研究参考》2013年第4期,第32页。

主模式的疑虑，联合打击美国的目标。①

第二，新兴技术。大国竞争的威胁很大一部分来源于新兴技术的出现以及现有技术的新应用，几乎可以肯定这些新技术和应用不仅更加容易为各国所用，也容易被非国家行为体以与美国利益背道而驰的方式所利用。②美国已经在众多技术领域面临着重大挑战，美国的竞争对手越来越多地利用技术的快速发展以及颠覆性技术的突破，在空间、通信网络以及生物技术等对美国具有战略优势的领域发起挑战和冲击，美国担心失去技术领域的战略优势。

第三，全球性问题威胁。全球相互依赖，以前所未有的方式把个人、团体和政府联系在一起。③ 美国作为众多国际制度的创立者和维护者、国际体系的领导者、国际社会的头号强国，全球性问题对美国的威胁和挑战无疑胜过其他国家。美国应对全球问题的责任也比其他国家更为重大。虽然全球性问题对世界上的任何国家都会带来挑战，没有哪个国家可以单独解决全球性问题，美国也难以独善其身，但美国因其自身实力、影响力和影响范围使然，往往首当其冲。根据2013年至2019年美国历年对全球安全威胁所做的评估发现，网络、大规模杀伤性武器和核扩散、情报、恐怖主义、空间、跨国有组织犯罪、经济和能源以及人类安全这八项安全威胁出现在历年的《全球威胁评估》报告中。

二、美国战略安全风险评估的结构与运行机制

美国战略安全风险评估涉及长期的计划和风险评估，对总统和未来外交政策有重大价值。国家安全委员会是美国对外决策的核心机构和法定机

---

① Office of the Director of National Intelligence, "Statement for the Record: Worldwide Threat Assessment of the US Intelligence Community," January 2019, p. 24, https://www.dni.gov/files/ODNI/documents/Maguire_statement.pdf.

② Office of the Director of National Intelligence, "Statement for the record: Worldwide Threat Assessment of the US Intelligence Community," February 2018, p. 12, https://www.dni.gov/files/documents/Newsroom/Testimonies/William-Evanina-SFR-for-Confirmation-Hearing.pdf.

③ The White House, "National Security Strategy of the United States 2015," p. 4, https://news.usni.org/wp-content/uploads/2015/07/R44023.pdf.

构，为总统提供政策建议与协调对外政策机制，总统在其中居于核心角色，也是对外政策的最后决策者。① 但国家安全委员会愈发注重危机治理，轻视战略规划，② 国家安全委员会的长期计划功能变得不重要了，除了国家安全委员会的第68号文件形成以外，再也没有任何重要的长期计划。③ 美国不同战略风险的评估主要由不同的评估机构采取不同的评估路径完成。

（一）美国经济安全风险评估的结构与运行机制

美国经济安全风险评估主要由财政部、国务院、国土安全部以及中央情报局等情报机构完成。财政部下属的恐怖主义及金融情报办公室作为美国情报界的一员，从经济安全的角度提供对国家安全造成威胁的情报，切断威胁制造者的金融支持。其专门设有情报与分析办公室，专职情报搜集与分析，查明合法和非法网络中的威胁和脆弱性，向财政部决策者和外部情报需求客户提供及时、相关和准确的情报信息，保护国家金融完整性。

国务院下属的情报研究局负责的情报内容丰富多样，设立促进国家安全、针对不同议题的专门办公室进行情报搜集和分析工作，其中与美国经济安全直接相关的是经济分析办公室，主要涉及国际经济、能源、贸易和投资、不公平商业惯例、产业政策、高科技产业、国际金融市场、非法金融和制裁等具体议题，分析和研究这些领域在当前和长期存在哪些风险，并汇报给情报研究局的局长，局长可以直接向国务卿以及国务院的高级官员汇报相关问题。④

国土安全部下设的情报与分析办公室设立了多个任务中心，其中，经济安全中心负责提供包括知识产权盗窃、供应链威胁和非法贸易等对美国

---

① 李枏：《美国国家安全委员会决策体制研究》，《美国研究》2018年第6期，第127页。
② 杨楠：《政府组织如何制约美国国际战略转型？——基于美国国安会的分析》，《美国研究》2020年第6期，第110页。
③ ［美］杰里尔·A. 罗赛蒂著，周启朋、傅耀祖等译：《美国对外政策的政治学》，世界知识出版社1997年版，第83—84页。
④ "About Us – Bureau of Intelligence and Research," Department of State, https：//www.state.gov/about – us – bureau – of – intelligence – and – research/.

经济竞争力有威胁的情报,为联邦政府、地方政府、私营部门合作伙伴提供对外交往、政策讨论和其他经济安全决策,定期与财政部、商务部、美国贸易代表以及美国情报界的其他情报机构交流,通过对情报的搜集和分析研判,推动经济决策。①

中央情报局涉及的情报议题多种多样,对影响国家安全的各种专题进行所有来源的分析,经济议题也会被包含在中央情报局的情报产品当中。每年的《世界概况》就包括全世界260多个国家和实体的经济信息。中央情报局还可以为关键情报消费者提供量身定制的情报,②满足他们对特定情报的需求。

(二) 美国价值观安全风险评估的结构与运行机制

虽然价值观安全对美国战略安全具有重要地位,但是并没有哪一个具体的情报机构负责美国价值观安全风险的评估。关于价值观的分析常常作为其他安全风险分析的附加要素包含在内。价值观属于一个国家的软实力,它更多体现在国家和社会的各个部门和领域,参与《国家安全战略》报告撰写工作的美国行政部门和情报机构都参与到价值观安全风险的评估之中。国务院情报研究局的国家安全风险情报搜集相对突出价值观的风险评估,尤其是该局下属的两个办公室参与程度较高:一是舆论研究办公室,对世界所有地区的外国舆论进行分析,并进行民意测验和调查,以衡量国外对国家治理、国际安全、民族和社会关系,民主过渡和其他问题的态度;二是地理学家和全球问题办公室,涉及人道主义危机和难民、人权与安全等问题的情报搜集和分析。③

(三) 美国国际秩序安全风险评估的结构与运行机制

国际秩序安全风险涉及的内容较多,其风险评估机制相应涉及众多情

---

① "Mission Centers," Official website of the Department of Homeland Security, https://www.dhs.gov/mission-centers.
② "About CIA," Central Intelligence Agency, https://www.cia.gov/about-cia.
③ "About Us - Bureau of Intelligence and Research," Department of State, https://www.state.gov/about-us-bureau-of-intelligence-and-research/.

报机构,其中国务院下设的情报研究局、中央情报局对国际秩序的大国竞争、新兴技术和全球问题均有涉及,国家情报总监办公室、司法部下设的联邦调查局和国土安全部下设的情报与分析办公室主要关注反情报威胁和网络威胁。

情报研究局的主要任务是利用情报为美国外交政策服务,吸纳私营部门、学术界和非政府组织的专家对最具挑战性的外交政策和情报问题提出看法和观点,致力于为外交官和外交人员提供广泛的情报信息,为国务院决策者提供增值的独立事件分析,确保情报活动支持外交政策和国家安全目的。[①] 情报研究局设计了一套周密的组织架构,处于领导地位的是情报研究局管理部门及其附属:情报研究局管理部门负责指导情报行动,为国务卿和部门负责人提供有关重要外交政策优先事项的最新情报;执行主任办公室、分析支持和生产人员、技术与创新办公室从不同的职能负责情报研究局的管理和完善;情报研究局观察组是国家24小时的情报中枢。观察组成员是国务院的情报把关人,负责向国务院负责人通报有关时事和优先政策问题的最新情报。在管理部门之下有两大类具体的职能办公室,一类是分析办公室,包括覆盖全球的各个地区的事务分析办公室,主要就各地区每个国家广泛的政治、外交、社会和其他问题进行研究和分析;[②] 分析外展办公室,主要与非政府专家进行分析交流和研讨,为决策者和情报分析员提供来自私营部门的专门知识,以及对外交政策和国家安全问题的研究和分析;地理学家和全球问题办公室就一系列跨界问题、环境与发展、人道主义危机和难民、联合国事务、人权与安全、野生动物贩运和战争罪等问题进行研究、分析,还有经济分析办公室、舆论研究办公室,战略、扩散和军事问题办公室和恐怖主义、毒品和犯罪分析办公室,在恐怖主义风险、军事风险、经济风险、价值观风险评估当中已经有所涉及。另一类是负责对外情报联络、分享、协调和支持等活动的协调办公室,主要包括

[①] "About Us – Bureau of Intelligence and Research," Department of State, https://www.state.gov/about-us-bureau-of-intelligence-and-research/.

[②] 包括非洲、东亚和大洋洲、欧洲、近东(中东和北非)、俄罗斯和欧亚、南亚、西半球7个分析办公室。参见"About Us – Bureau of Intelligence and Research," Department of State, https://www.state.gov/about-us-bureau-of-intelligence-and-research/。

领事和管理联络办公室、网络事务办公室、情报行动和监督办公室、情报政策和信息共享中心办公室、技术收集事务办公室。①

中央情报局作为美国的独立情报机构，几乎参与每一类安全风险评估。在国际秩序的安全风险评估中发挥着重要作用。情报分析部是中央情报局最核心的职能机构，情报分析部的官员站在保护美国国家安全利益的最前线，根据不断变化的全球安全环境，生产两类情报产品：一类具有保密性质，例如《中央情报局世界情报评论》，面向美国政府的高级政策和安全官员；《总统每日简报》由国家情报总监负责协调和交付，由中央情报局和其他情报部门提供重要情报内容并参与起草，从1946年开始以某种形式提交给总统。② 由于信息极为敏感，这两份情报产品只有总统、副总统和总统指定的一批内阁级官员才有阅读权限，且中央情报局要求其下属的情报分析局的所有雇员必须是美国公民。除此之外，情报分析部的分析师还经常起草备忘录，以回应个别决策者的具体问题，或支持即将召开的关键政策问题会议，分析师还通过机密出版物和口头简报分享他们的发现。③ 不过，中央情报局也向公众提供非保密性质的参考资料，例如《世界概况》和《国家元首和外国政府内阁部长名录》。

反情报威胁和网络威胁是美国国家安全威胁的重要内容。国家情报总监办公室成立了国家反情报中心和网络威胁情报整合中心，中央联邦调查局设有反情报分支机构、国家网络调查联合特勤部队和网络任务部队，国土安全部下的情报与分析办公室专门设立了反情报任务中心和网络任务中心搜集、分析和研究反情报与网络威胁。

---

① "About Us – Bureau of Intelligence and Research," Department of State, https://www.state.gov/about－us－bureau－of－intelligence－and－research/.

② "What is the PDB?" https://www.intelligence.gov/publics－daily－brief/presidents－daily－brief.

③ "Offices of CIA," Central Intelligence Agency, https://www.cia.gov/offices－of－cia/intelligence－analysis/what－we－do.html.

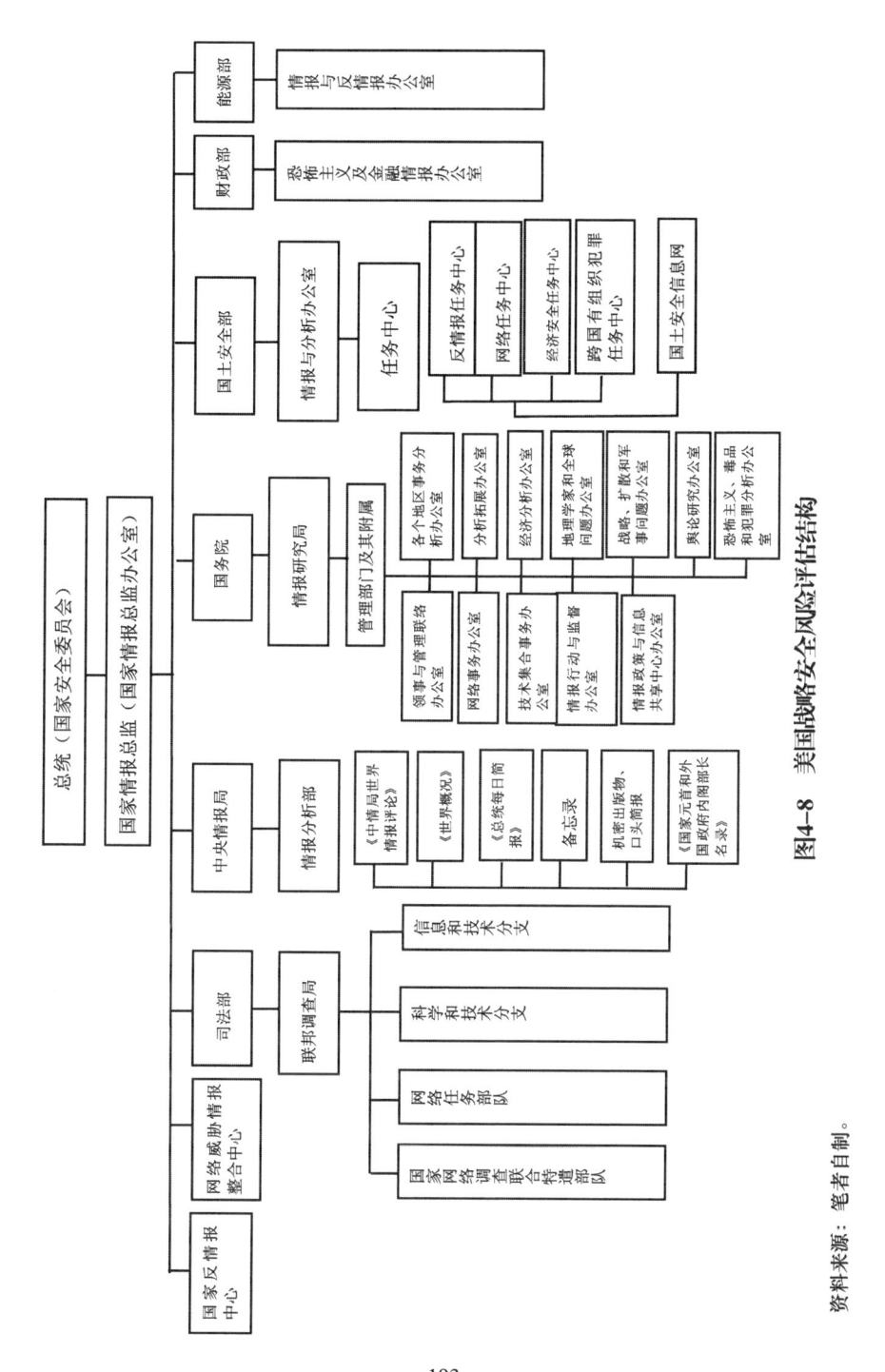

图4-8 美国战略安全风险评估结构

资料来源：笔者自制。

三、美国战略安全风险评估机制的优势与问题

从历史上看,美国制定大战略的能力远超他国。[①] 相应地,美国战略安全风险的评估能力在世界上也是最强大的。加强战略安全风险评估是中国作为世界性大国的应有题中之义和必然要求。学习美国战略安全风险评估的先进经验,了解战略安全风险评估过程中容易陷入的误区和遇到的麻烦,对中国研判战略安全环境风险具有重要的现实意义。或许正如美国普林斯顿大学教授阿兰·弗里德伯格所言,战略规划的成果用处不大,但是规划的过程不可或缺。[②]

(一)美国战略安全风险评估机制的特点与优势

美国战略安全风险评估涵盖众多事关国家发展的重要内容,集中体现了美国政策界精英的战略智慧,其产出的成果不计其数,《国家安全战略》报告是其中最重要的成果,为美国战略发展指明方向,是各国政府和学界了解美国战略规划的重要一手文献。在具体实践上,美国情报界不断改革、创新与完善,保持战略风险评估的生命力。这是美国战略风险评估在理论和实践上的鲜明优势。

第一,发挥《国家安全战略》报告的提纲挈领作用。美国《国家安全战略》报告首先界定了美国最重要的国家利益。威胁国家利益的安全风险自然就是美国所面临的安全风险。《国家安全战略》报告囊括了所有国家安全风险,并且在这个基础上体现了安全风险之间的轻重缓急。例如,在2001年的"9·11"事件发生以后,2002年的美国《国家安全战略》报告就突出了恐怖主义风险,相应地加强了应对恐怖主义的安全措施。自特朗普政府开始,美国《国家安全战略》报告突出了大国竞争给美国霸权带来

---

① 赵明昊:《迈向"战略克制"?——"9·11"事件以来美国国内有关大战略的论争》,《国际政治研究》2012 年第 3 期,第 134 页。
② Avoiding Travia: "The Role of Strategic Planning in American Foreign Policy," Washington, D. C.: Brookings Institution Press, 2009, pp. 85 – 88.

的风险，取代了恐怖主义成为美国的首要风险。美国的外交政策与战略主要针对国家安全战略所提出的安全风险，且遵循国家安全战略的指导思想。各个具体领域的专项战略也以美国所评估的主要风险为背景，制定相应的应对措施。因此，美国《国家安全战略》报告不仅涵盖全面的安全风险，而且突出了当前美国政府所评估的最主要的安全风险，形成了未来美国所面临的安全风险的关键词。

第二，坚持情报机构不断创新改革。老牌的美国情报机构都经历过漫长的创新和改革历程，包括情报法律体系的完善，情报体制的分化、重组与新建，情报机制的调整等内容，所有这些改革措施的核心目标只有一个——提高情报机构安全风险评估与分析的能力。新的情报机构必然也会根据安全环境的变化、安全威胁的转变、安全任务的设置而同样经历创新和变革，这是保证情报机构保持生命力的必要条件。情报机构变革的程度大小往往和情报失误有关。出现重大的情报失误，将会导致重大的情报体系改革。例如，"9·11"事件发生以后，美国政府成立了"9·11"事件调查委员会，对美国情报体系的改革提出了五点改进意见，[①] 这些意见已经相继得到落实。

（二）美国战略安全风险评估机制的缺陷与问题

美国战略安全风险评估涉及的范围广泛，建立了系统的情报机构，但是情报机构之间如何打破壁垒、促进融合，是提高情报有效性的关键。美国战略安全风险评估仍然面临情报融合不充分、情报分析欠客观准确的结构困境。

第一，情报融合成效不明显。美国情报体系像一个金字塔，国家情报总监办公室是美国情报系统的总协调单位，位于金字塔的塔尖，其下设有作为独立情报机构的中央情报局，以及国土安全部、国防部、司法部、财政部、能源部、国务院等行政部门所属的共计16个情报机构，称之为

[①] 五点意见的主要内容如下：1. 成立国家反恐中心；2. 任命一位"国家情报总长"；3. 建立以网络为基础的情报共享系统，实现信息共享；4. 统一并强化国会的监督职能，提供工作质量，明确职能；5. 加强联邦调查局和国土安全部的作用。参见［美］"9·11"独立调查委员会著，史禺等译：《9/11委员会报告》，世界知识出版社2005年版，第548页。

"16+1"的情报体系。[1]及时、相关和准确的情报输出，关键在于情报机构的情报处理与整合能力。[2]国家情报总监办公室的首要使命在于情报集成，将国家情报总监办公室打造成为一个能够提供最具洞察力的情报机构，试图解决之前美国情报界各自为政，情报融合度低的问题。但是，除了诞生国家情报安全总监办公室以外，对于情报融合的具体维度、程度、路径等关键性问题均没有明确，使得情报融合的目标难以取得大的成效。[3]有部分美国观察员认为国家情报总监和国家情报总监办公室的作用微弱，除了增加一个浪费资源的官僚机构之外，对美国情报界几乎没有影响。[4]尽管国家情报总监办公室建立后一直致力于建设情报界统一的情报文化，[5]然而国家情报总监办公室并没有显著改变组织文化，组织激励机制、绩效标准或运营绩效的改革成效也不明显。[6]美国安全风险评估部门间的利益之争，也影响安全危机预警机构功能的发挥。[7]

第二，存在情报分析困境。战略风险评估也存在情报政治化现象。战略决策者根据自己战略偏好选择相匹配和相对应的战略情报，有可能削弱战略情报对美国的外交政策的影响。[8]正因为情报政治化的现象存在，导致情报分析人员以得到决策者认可为情报分析的标准，而偏离了情报分析的客观标准和所依赖的客观评估程序。中央情报局情报分析部通过三个排

---

[1] 刘胜湘等：《世界主要国家安全体制机制研究》，经济科学出版社2018年版，第4页。
[2] Arpad Palfy, "Bridging the Gap between Collection and Analysis: Intelligence Information Processing and Data Governance," International Journal of Intelligence and Counter Intelligence, Vol. 28, No. 2, 2015, p. 366.
[3] 朱亚捷、申华：《美国国家情报总监办公室组织变革的成效与困境分析》，《情报杂志》2020年第4期，第17—18页。
[4] John A. Gentry, "Has the ODNI Improved U. S. Intelligence Analysis?" International Journal of Intelligence and Counterintelligence, Vol. 28, No. 4, 2015, p. 637.
[5] 朱亚捷、申华：《美国国家情报总监办公室组织变革的成效与困境分析》，《情报杂志》2020年第4期，第16页。
[6] John A. Gentry, "Has the ODNI Improved U. S. Intelligence Analysis?" International Journal of Intelligence and Counterintelligence, Vol. 28, No. 4, 2015, p. 653.
[7] 朱宝林、刘胜湘：《美国国家安全危机预警体制的结构设计及启示》，《江南社会学院学报》2021年第4期，第56页。
[8] Stephen Marrin, "Why strategic intelligence analysis has limited influence on American foreign policy," Intelligence And National Security, Vol. 32, No. 6, 2017, p. 725 – 742.

比问句的方式强调了情报分析人员工作的重要性："你还能在哪里写一篇对世界事件的分析并让总统阅读？"；"除此之外，你还能在哪里确保我国政府最高级别认真审议你关于非洲人道主义紧急情况影响的报告？"；"在国际危机最严重的时候，你还能在哪儿被要求向美国政策制定者介绍情况？"① 但情报人员的工作业绩是通过发表文章（这些文章都是保密的）的数量和质量来评定的，"除了希望得到同事的认可之外，还希望得到决策者的首肯和指示"。对于中央情报局的情报分析人员来说，文章入选《高级官员情报简报》已经意义非凡，而入选《总统每日简报》那更是非同凡响。② 在这种评价体系下，情报分析员迎合决策者的需求进行情报分析的情况在所难免，而使得情报分析失去了客观真实的内在核心要求。

美国战略安全风险评估的优势与特点、经验和教训对中国战略安全风险评估有借鉴意义。

本章小结

美国作为世界上最强大的国家，"无时不刻不面临着来自其认定的内部和外部'威胁'"。③ 这些广泛的安全风险，大体可以划分为应急安全风险、恐怖主义风险、军事安全风险和战略安全风险四大类。每一类安全风险覆盖面广泛但又不尽相同，占据自己的独特领域，具有各自不同的特点，也采取不同的评估机制。这四大类风险之间的界限不是绝对的，风险之间可以相互转化。例如，恐怖主义袭击事件通常带有隐蔽性和突然性，也是应急安全风险的考虑范围；如果恐怖分子和恐怖组织采用大规模杀伤性武器袭击美国本土，恐怖主义威胁又转换成灾难性军事安全威胁；恐怖

---

① "Offices of CIA," Central Intelligence Agency, https://www.cia.gov/offices-of-cia/intelligence-analysis/what-we-do.html.
② ［美］"9·11"独立调查委员会著，史禹等译：《9/11委员会报告》，世界知识出版社2005年版，第128—129页。
③ 刘胜湘等：《世界主要国家安全体制机制研究》，经济科学出版社2018年版，第3页。

主义活动涉及金融犯罪、价值观传播等各个方面，在战略安全上也对美国构成挑战。再如，网络现如今已经成为全球各国政府、组织和个人不可缺少的工作或生活工具，但网络的便捷性和匿名性也随之加强各类风险发生的广度、频度和烈度，恐怖分子和恐怖组织以及竞争对手均可以是网络背后的利用主体。四大类安全风险的界限越来越模糊且可以相互转化，进一步促进了美国情报界的改革。美国国家安全风险评估机制就是在应对风险和危机的过程中不断总结和完善，日益走向成熟的，但这个过程不是一蹴而就，而且也无法达到完美状态，不同的阶段存在不同的问题、缺陷，甚至是困境。他山之石可以攻玉，中国可以结合自身国情情况，学习美国国家安全风险评估机制的做法，建设和打造一套具有中国特色的国家安全风险评估机制，评估和防范重大国家安全风险，这也是践行国家总体安全观的题中之义。

第五章
美国国家安全危机预警流程

国家安全体制机制可以被视为一个复合概念,体现"体制与机制的结合,即组织结构和运行流程的结合"。①作为美国国家安全危机预警体制机制的重要内容,安全危机预警流程体现的是国家安全危机预警活动中的过程逻辑,直接关乎向特定对象发出预警信号的过程,主要包括安全局势监控、预警、拟制预案三个阶段。②然而在这一流程之中,安全情报的不同类型又框定了国家安全危机预警活动的差别,具有结构性逻辑的特点,具体包括:应急安全预警、反恐安全预警、军事安全预警和战略安全预警四个流程层次。因此,美国国家安全危机预警流程应该可以被认为是:一种四个层次三个阶段的"复合型"国家安全危机预警体系。

第一节　美国应急安全危机预警流程

国家安全的维护是指一个国家为应对其生存所面临的多层面威胁,进而权衡了国家所有的手段后而选择采取的最为合适的行动。③所以,从国家安全维护的角度上看,所谓国家应急安全危机的预警,就是国家行为体基于其对国家安全的威胁与判断,进行的应急处置和危机管理的应对行为。

---

① 刘胜湘等著:《世界主要国家安全体制机制研究》,经济科学出版社2018年版,第5页。
② 刘胜湘、邬超:《美国情报与安全预警机制论析》,《国际关系研究》2017年第6期,第95页。
③ Prabhakaran Paleri, "National Security: Imperatives and Challenges," New Delhi: Tata McGraw-Hill, 2008, p. 521.

这表明，国家应急安全及其危机预警，一方面体现了国家对于自身国家安全利益和威胁的认知与判断，另一方面是这个国家在综合考虑国情后进行选择并得出的"最佳"方案。在应急安全及其危机预警方面，美国对于其自身利益和威胁的判断，以及其选择的应对方案表现在其应急安全的监控、预警和预案三个方面。

一、应急安全的监控

应急安全的监控是应急安全危机预警得以成功实施的前提。美国应急安全监控的主要活动是围绕国家安全信息和情报展开的。从结构上看，美国应急安全监控的主体呈现出"国家主导，社会参与"的基本模式。隶属于美国国土安全部的国家运行中心是进行安全信息和情报监控的官方核心机构。作为国家级应急安全感知、信息融合、信息共享、执行沟通中心，国家安全运行中心每天24小时工作，全年不停息地进行国土安全监控，其做法主要是通过对传统和社交媒体的监控和情报搜集，然后进行智能分析，依靠其全天候跨部门的组织体系，可以广泛调动资源，形成日常的情报搜集、监测和传递，实现资源和情报的共享，同时给国土安全部联邦应急管理局等应急管理机构提供决策的情资信息和判断依据。

在此基础上，与官方机构的全天候监控模式不同，美国的应急安全监控还注重"全社会参与"。"全社会参与"是美国应急管理部门总结过去应对突发事件信息工作的经验，试图从社会最底层出发来思考应急管理工作和应对方法。根据《斯塔福德法案》，以及国会对其部分条款的修订，美国的应急管理机制表现为一种"联邦与属地相互协调，个人自助保护相结合"的原则，即"鼓励联邦和各州政府制定全面备灾与援助的计划，个人、州和地方政府通过购买保险等自助方式实施应急保护"[①]。当应急事件刚刚发生时，由联邦应急管理局派出的联络官，到灾害发生地协助工作和

---

① The Federal Emergency Management Agency (FEMA) of the United States Department of Homeland Security, "Stafford Act as Amended and Related Authorities: Homeland Security Act as amended (Emergency Management – related Provisions), FEMA P – 592," May 2019, p. 1, https://www.fema.gov/sites/default/files/2020 – 03/stafford – act_2019.pdf.

获取关于灾害的最新情报和事态情况，通过个人、家庭和私营部门等渠道获取关键信息，并及时上报给地方应急管理机构。地方应急管理机构对接到的应急情报进行分析和判断后，会根据应急灾害的危险程度和地方应急管理机构的应急能力进行评估，形成应对灾害的机制和策略。如果判断为"不能有效应对"时，则会将信息上报给州级应急管理机构。州级应急管理机构是应对突发灾害的主要机构，联邦层面起支撑性和辅助性作用。只有当州长经过联邦应急管理局向总统发出请求联邦支援时，应急情报的传递才送达联邦应急管理局、国土安全部和总统。总统按照请求宣布该州进入紧急状态，然后下令国土安全部联邦应急管理局对其开展救援工作。

从流程上看，美国应急安全监控主要包括：安全情报的搜集、监测、分析和传递，而该流程体系及其核心内容主要体现在2011年3月由奥巴马总统签署的"第8号总统政策令"。有研究将该指令视为美国应急管理体系重构的分水岭，因为这一指令在真正意义上建立了一种整体性的、全国的、以能力为基础的准备模式，以应对美国面临的国内综合性安全问题。[1] 根据该总统令的要求，联邦应急管理局形成了《国家响应框架》文件，[2] 该文件明确了联邦应急管理局为美国应急安全监控工作的牵头部门，在有需要的时候还可以协调和统筹其他各个部门工作。与此相应，《国家响应框架》中"信息和计划"功能强调，应急安全监控的主要任务是搜集、分析、处理应急事件情报和情报发布，并且制定对突发事件的应对预案。在这个意义上，美国应急安全监控的流程可以按照安全情报的跨部门流转简述为："情报搜集＋情报监测－情报分析－情报传递"（参见图5-1）。

更重要的是，通过其他应急支撑体系的合作与共同研发，这种跨部门的协作对应急危机的情报搜集、分析和传递起到十分重要的作用，同时，

---

[1] 张政：《美国重构应急管理体系后加强突发事件信息工作的主要做法及特点》，《中国应急管理》2016年第1期，第78页。
[2] 《国家响应框架》是美国国土安全战略的一个组成部分，主要是为国内各级响应合作伙伴提供一套全国统一应对灾害和紧急情况的指导原则。这套《国家响应框架》由《国家响应计划》发展而来。参见"Draft National Response Framework Released for Public Comment," http://www.dhs.gov/xnews/releases/pr_1189450382144.shtm。

对应急危机的监控和过程的把握以及预警信息的发布更加具体和具有操作性。而其中比较具有代表性的应急安全监控平台及其支撑体系有：联邦应急管理局和国家建筑科学院共同开发的美国多危险源预测系统（Hazard U. S. Multi - Hazard，HAZUS - MH），主要是用于预测飓风、洪水和地震造成的后果；由联邦应急管理局、美国陆军工程兵部队和国家气象服务中心共同开发的风暴预测系统（Sea, Lake, Overland, Surge from Hurricanes, SLOSH），主要是用于预测飓风引起风暴潮的危险性。[①] 2005年8月24日，"卡特里娜"飓风于佛罗里达州以小型飓风强度登陆美国。作为联邦层面的应急管理机构，联邦应急管理局与美国商务部国家海洋和大气管理局所属多个部门，尤其是国家飓风研究中心就曾通过情报的跨部门流动进行过应急安全监控合作，并通过上述应急安全预警系统针对"卡特里娜"飓风的形成、发展、可能演进的路径和登陆的地点进行实时监测和情报搜集，同时对其进一步的发展进行分析和研判，然后做出相应的预警。8月27日，国家飓风中心主任根据情报搜集、监测和预判认为这是一场灾难性的飓风，并且致电新奥尔良市长和美国总统小布什，提醒他们提高警惕。[②]

二、应急安全危机预警

美国应急安全危机预警主要是在当总统、国土安全部、联邦应急管理局、州政府和地方政府等政府机构接收到应急情报之后开始启动，目的是确保在紧急情况下，政府机构可以迅速通过综合公共警报与预警系统向公众提供生命安全救助信息，保护美国人民的生命和财产安全。值得一提的是，应急安全预警是一个围绕公众救助信息传递而展开的系统性联动过程，会根据公众的不同群体特征有针对性地展开，比如向盲人、聋哑人等特殊群体配发特殊通信设备，以保证他们能够及时获得预警通报，帮助他

---

① 清华大学美国应急平台考察团：《美国应急平台及其支撑体系考察报告》，《中国应急管理》2008年第1期，第52页。
② 蒋杭君：《美国的灾害救助问题与政府救助政策浅析——以2005年"卡特里娜"飓风为例》，《商场现代化》2006年第16期，第163页。

们接收到预警信息和警告。①

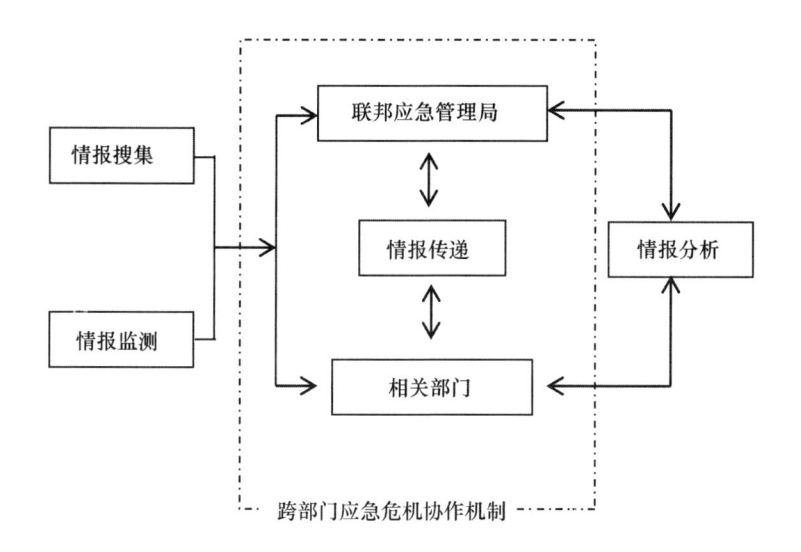

图 5-1　美国应急安全监控体系情报跨部门流程简图

从结构上看，2006 年，小布什总统签署了第 13407 号行政命令，要求建立一个"有效、可靠、综合、灵活和全面的预警系统"，并确保美国总统在任何情况下都可以向美国人民发表讲话，以便在自然灾害、突发事件等应急灾害发生前向所有美国人民发出及时和有效的预警和提醒。②到 2007 年 4 月，美国联邦应急管理局按照总统的要求建立了一个被称为"系统中的系统"，即综合公共警报与预警系统，整合了已有的国家应急安全预警系统和渠道。美国应急安全预警的系统性联动主要由国家预警系统、无线应急警报、应急警报系统，以及国家海洋和大气管理局气象广播等其他预

---

① Office of Disability Integration and Coordination of the Federal Emergency Management Agency (FEMA), "Cadre Management and Training Branch," The FEMA of the United States Department of Homeland Security, https：//www.fema.gov/disability.

② Administration of George W. Bush, "Executive Order 13407：Public Alert and Warning System," https：//www.govinfo.gov/content/pkg/WCPD-2006-07-03/pdf/WCPD-2006-07-03-Pg1226.pdf.

警系统和渠道组成。①

　　一是国家预警系统。这是在联邦应急管理局管辖范围内的电话预警系统，通过联邦、州和地方三级运行中心向地方政府机构发出预警，最早建立于冷战时期，是为了对其认为敌方的袭击进行预警和警告，现在其主要作用是对自然灾害和技术类灾害发布预警和提醒。② 二是无线应急警报。这是一种专门向手机和其他具备无线紧急报警功能的移动设备推送紧急警报的系统。任何在警报范围内、具备无线紧急警报能力的移动设备都可以收到警报。同时它会向参与无线紧急警报项目的无线运营商发布警报，然后无线运营商再把警报发给自己用户，运营商可以允许用户屏蔽除了总统预警信息以外的无线紧急警报的信息情报。③ 三是应急警报系统。美国应急警报系统的前身被称为"广播应急系统"，其目的是美国在冷战初期为了应对苏联的核武器攻击而建立的，通过公众广播设施向美国人民发出预警的系统。目前，这套系统经过了技术升级和改造，使得大众广播、卫星数字音频以及有线电视等大众传媒系统之间实现了信号对接和信息共享。当国家发生紧急情况的时候，总统可以在10分钟内向美国人民发表讲话或者直接发出预警。④ 四是美国国家海洋和大气管理局气象广播系统。这套系统每天24小时不间断地通过广播台网发布官方的警告、预报危险信息，它也通过紧急警报系统发布有关国家安全、自然类和环境类以及公共安全等非天气类的紧急情况警报。⑤

---

① Federal Emergency Management Agency, "Integrated Public Alert and Warning System (IPAWS) Stakeholder Engagement Plan," March 2010, https：//www.fema.gov/pdf/emergency/ipaws/ipaws_stakeholder_engagement.pdf.

② Federal Emergency Management Agency, "National Warning System Operations Manual," March 30, 2001, https：//web.archive.org/web/20150924051034/http：//www.fema.gov/pdf/library/1550_2.pdf.

③ 无线应急警报系统是美国国家应急安全体系的重要组成部分，依据2008年通过的《预警、警报和反应网络法案》建立，2012年开始运行，主要是政府部门通过无线电话或者其他兼容的移动通信装置向民众提示即将来临的安全威胁。

④ Dave Lee, "Emergency broadcasts can be hacked, US researchers say," BBC News, July 9, 2013, https：//www.bbc.com/news/technology-23240430.

⑤ National Oceanic and Atmospheric Administration, "Programming NOAA Weather Radio," January 2022, https：//www.weather.gov/media/nwr/NWR_poster.pdf.

从过程上看，美国联邦应急管理局通过在联邦层次上的综合公共警报与预警系统进行应急安全预警活动。在操作上，综合公共警报与预警系统及其各次级系统都是在同时按照各自系统的设置进行运转，虽然其中有很多相似处，甚至相互交叉和重叠的内容，但是仍有一些差异性特征。国家预警系统主要进行应急安全的常规预警；无线应急警报系统针对应急安全分级预警；国家级紧急警报系统则侧重应急安全的急迫性，体现应急安全的安全性和可靠性；而其他应急安全的预警系统则更多是辅助性的。具体而言：

第一，国家预警系统由 2200 个电话组成，24 小时不间断运行，实行分级别进行不同的响应。联邦层面设有两个运行中心，分别设在弗吉尼亚州的联邦应急管理运行中心和佐治亚州联邦应急管理中心。[1]第二，无线应急警报系统发出的警报会首先按照层级被分为：紧急威胁警报、琥珀色警报、总统级警报三类；警报内容形式像短信，内容不超过 90 个字符，主要包括预警的类型、预警的时间，以及对即将到来的突发灾害采取的必要操作和措施；警报的形式是通过特别的声音和震动来实现，并且重复两次。整体而言，这样的预警系统设计比较简洁易懂，警示性强，很难被错过。第三，国家级紧急警报系统的功能性定位是"紧急预警"，即当所有其他警报手段都不能使用时，这套系统也必须能够使用。国家级紧急警报系统的启动由总统全权负责，以自上而下的方式进行传递。当紧急事件或者灾害发生时，州和地方当局安全官员可以通过应急警报系统传递重要紧急信息，比如，天气信息、紧急威胁警报、琥珀色警报和针对特定地区的事件警报。这套系统的测试和演习由联邦应急管理局负责。第四，美国国家海洋和大气管理局气象广播系统属辅助性应急安全预警的代表性系统，由联邦应急管理局和国家气象局合作共建。这套系统为应急安全预警提供了一个额外的通道，通过这个渠道，政府机构可以使用综合公共预警和警报系统的名义向公众发出公共警报和警告。

---

[1] 董泽宇：《美国突发事件预警体系建设的经验与启示》，《党政论坛》2013 年第 8 期，第 58 页。

三、应急安全预案

应急安全预案是指当应急事件或者安全威胁发生后，应急管理部门为了最大限度地挽救生命和财产的损失，尽最大可能将灾害的影响降到最低限度而制定的预防性应对之策。从预警流程的角度上看，应急安全预案是应急安全管理部门基于安全危机监控和预警而做出的，因此，应急安全预案处于预警流程的"末端"，既是预警情报与预警结果的"产物"，又是应急处置各方在危机预警过程中围绕各自职能和权责进行"方案博弈"的结果。应急预案的具体内容体现了应急处置各方权力分配而具有的结构性影响，其启动的程序则更多与进程要素有关。

美国于1992年出台的《联邦响应计划》，是首个全国性的应急响应预案。整套预案虽然只是围绕联邦层面的应急响应展开，但确立了分层响应的原则，按照"自下而上"的分层顺序由联邦向地方扩大应急响应。同时，该套预案重点对应急响应的政策、预案编制原则、应急操作方式、27个联邦机构的职责等进行了规定。[①] 2004年，国土安全部主导推出了《国家响应计划》。就内容和进程而言，该项预案被认为是一个真正意义上的"国家"框架，不仅涵盖了联邦、州、地方、社区各个层级的政府与非政府机构、私人企业和应急管理机构，还在横向上整合了消防、营救、应急管理、执法、公共工程，以及紧急医疗服务等领域的资源。[②] 2008年，国土安全部重新修订了《国家响应计划》，并将"预案"更名为"框架"，即《国家响应框架》。这次修订最大的变化是，明确了应急安全处置各主体的关键角色和职责，并为各主体之间的互动建立了一套可伸缩的、灵活的、适应性强的协调结构，为各相关机构进行危机的应对提供了"指

[①] 李雪峰：《美国国家应急预案体系建构及其启示》，《中国应急管理》2012年第7期，第14页。
[②] U. S. Department of Homeland Security, "National Response Plan," December 2004, https：//www.hsdl.org/? view&did=450766.

南"。[①]2011年，奥巴马总统发布了"第8号总统政策令"，强调了应急安全准备工作的重要性，应急安全的领域也正式扩大到预防、减除、保护、响应、重复五个方面，《国家预防框架》《国家保护框架》《国家减除框架》《国家响应框架》和《国家复原框架》被相继推出。在此之后，国土安全部对《国家响应框架》分别在2013年、2017年、2019年进行了三次更新，与2011年之前"预案"偏重于行为体在应急安全处置过程中的职能和权责不同，2011年以后的应急安全预案更加细化应急安全处置过程中的行动方案。

从过程上看，当美国的应急灾害发生时，应急预案是按照"地方为主、属地管理、分级响应"的原则进行启动的。制定和完善社区应急预案是地方应急管理者的责任，当洪水、飓风或者地震等应急灾害发生时，地方政府会首先启动应急预案，受灾地方的一线工作人员，即当地的警察、应急医护人员和消防人员率先对应急灾害进行处置，采取维护秩序、救治伤员、灭灾减灾等措施。当应急事件的危害程度和造成的损失超出了地方政府的承受能力，或者突发事件的破坏规模大大超出了地方应急人员的能力范围，在这种情况下，当地地方官员，如市长会向州政府和州长求助来应对和处理突发灾害。州长会启动州一级应急预案，要求州的应急管理部门或国民自卫队提供协助以及请求其他州应急资源来提供帮助。国民自卫队能够提供人力帮助、通信设施和设备、空中和陆上的交通工具以及大量的医疗和食物。州长根据地方政府或者州政府的官员所传达的受灾地区的灾情和情况做出判断，当州长认为该州缺乏应对此次突发灾害的能力时，州长会向总统发出正式的请求，请求总统发布一个重大灾难声明，总统在听取联邦应急管理局的建议后，再决定是否答应州长的请求。一旦总统发布了重大灾难声明，宣布该州进入紧急状态，联邦应急管理局就会启动国家应急预案，同时指挥包括美国红十字会在内的32个联邦部门和机构援助州和地方的灾难应对和秩序恢复，总统的灾难发布也会启动一些联邦应急管理局和其他联邦机构的灾难救助项目，帮助受灾的个人，恢复秩序和抢

[①] U. S. Department of Homeland Security, "National Response Plan," January 2008, https://www.hsdl.org/? view&did=482656.

救生命。①

第二节　美国反恐安全危机预警流程

恐怖主义是一个高度政治化的词语，最早被用于形容专制主义者对人民的恐怖统治，如白色恐怖，而后又成为争取民族解放和反对殖民主义的一种暴力斗争形式。在当今国际关系中，恐怖主义则被视为是一种暴力行为，是一种非法手段和犯罪行为。②世界各国政府针对恐怖主义带来的巨大非传统安全威胁，逐渐建立起了切实有效的反恐防范机制。

美国国务院曾将恐怖主义界定为："亚国家集团或秘密代理人攻击非战斗人员的蓄谋的、具有政治动机的暴力行为，这种行为通常是为了影响公众。"③由于美国在进行反恐应对方面一直受到冷战思维的干扰，很多部门仍把主要的防范重点锁定在"特定的对象国家"，但是不同部门涉及的国家安全事务可能会因为"密级"和"优先级"限制的不同而在防范重点上有所差异。这在很大程度上限制了美国情报体系中不同隶属部门之间进行有效信息资源共享的实现，也一定程度上不利于跨部门合作机制的建立。④直接的结果是，具有非传统安全威胁特征的恐怖主义活动，甚至可能都无法被一些部门列入安全威胁响应的优先级范畴，所以，多部门间应对恐怖主义威胁的协同行动几乎难以实现。"9·11"事件的发生使美国各界都开始认真审视"反恐安全危机的预警"问题。

---

① George D. Haddow, Jane A. Bullock, Damon P. Coppola, "Introduction to Emergency Management (Fifth Edition)," Butterworth – Heinemann, 2014, pp. 175 – 176.
② See Alex P. Schmid, ed., "The Routledge Handbook of Terrorism Research," Routledge, 2011, p. 39.
③ U. S. Department of State, "Patterns of Global Terrorism 1999," April 2000, p. 7, https：//1997 – 2001. state. gov/global/terrorism/1999report/patterns. pdf.
④ Richard A. Best, Jr., "Intelligence to Counter Terrorism: Issues for Congress," February 21, 2002, https：//www. everycrsreport. com/files/20020221_RL31292_b2403c05a5b122902647c2d620a960bfc04bf3ca. pdf.

一、反恐安全监控

反恐安全监控是指，反恐安全部门通过"搜集和分析有价值的反恐情报并据此进行恐怖威胁评估，以此来确定潜在的恐怖主义威胁是否真实存在"的过程。[1]"9·11"事件之后，美国在反恐安全的监控方面主要呈现出如下变化：

第一，2004年，美国总统小布什签署《情报改革及预防恐怖主义法》。这项法案要求成立国家情报总监及其办公室统筹指导美国国家情报体系，属内阁层级，直接受到总统的指挥、管理与控制，并为总统、国家安全委员会与国土安全会议在关系到国家安全的情报事务上提供决策咨询。[2]就反恐安全而言，国家反恐中心是国家情报总监办公室中最重要的下属机构。2012年，美国总检察长埃里克·霍尔德授权之后，该机构可以收集、存储和分析从政府和非政府来源的有关美国公民的大量数据，并通过专业分析从中揭示可疑行为，并上传到共享数据库。[3]

第二，为"防止美国境内的恐怖袭击、降低美国对恐怖主义的脆弱性，以及尽量减少恐怖主义引发的伤害并保障国家能够在恐怖袭击中尽快恢复"，[4]美国联邦政府按照《国土安全法》成立了国土安全部。这一举措不仅实现了对美国联邦层面国家安全职能和职责的优化组合，还与"国土安全"相关的美国行政部门合并为一个全新的内阁式机构。甚至有研究认为，这是美国国家安全危机预警在情报共享领域形成的重要成果，是美国

---

[1] 刘胜湘、邬超：《美国情报与安全预警机制论析》，《国际关系研究》2017年第6期，第96页。

[2] "Who We Are," Office of the Director of National Intelligence, https://www.odni.gov/index.php/who-we-are.

[3] Michael Kelley, "Confirmed: US Counterterrorism Agency Can Amass Data on Any Citizen," Business Insider, December 14, 2012.

[4] Department of Homeland Security History Office, "Brief Documentary History of the Department of Homeland Security: 2001-2008," History Associates Inc., 2008, p. 7.

政府自冷战以来最有效的部门重组。①作为一个为反恐安全而生的部门，虽然自成立以后很多部门架构和职能先后进行过变更和调整，但国土安全部仍然是美国反恐安全监控体系的核心，"在美国境内针对反恐安全危机的侦查、准备、预防、防范和应对的工作"从未改变。②

第三，对联邦调查局的结构和重点任务进行调整，突出预防和打击恐怖主义的职能。2002年5月29日，时任联邦调查局局长的罗伯特·穆勒就公开宣布该局的新工作重点将聚焦于反对恐怖主义。而后，联邦调查局对所属系统的架构进行了调整，其内容包括：重组联邦调查局总部的反恐司；加强总部对现场信息进入、信息分析和信息传播主导权；反恐安全监控由"反应型转向主动型"；建立能够联结国家和国际调查的"飞行工作组"；建立由联邦、州和地方机构代表参加的全国联合恐怖主义特别工作组；建立能够同时监督反情报和反恐事务部门的情报办公室；增强联邦调查局在海外44个法定办公室在信息交换与行动协调合作的职能；大规模招募信息代理、分析师、翻译人员和其他具有专门技能和背景的人员加入八个方面。③从反恐安全监控的角度上看，联邦调查局提出的所谓"结构性改革"更为注重从总部主导、监控范围扩大、信息多元共享三个方面，来推进其"反恐优先"的战略转型。在此之后，美国司法部的一项调查报告显示，虽然联邦调查局针对内部安全和反对恐怖主义开展的工作远未达到预期，但联邦调查局在打击国际恐怖主义方面还是体现了其明确的作用。④

与此相应，美国反恐安全的监控过程具有按照反恐情报类型进行"分类流动－分析汇总"的特点。"分类流动"是美国国家安全各相关机构都会通过卫星图像、监听、人力情报等手段获取与恐怖主义有关的情报，并

---

① Peter Andreas, "Redrawing the Line: Borders and Security in the Twenty-First Century," International Security, Vol. 28 No. 2, Fall 2003, p. 92.
② "Mission," The U. S. Department of Homeland Security (DHS), https://www.dhs.gov/mission.
③ "John Ashcroft and FBI Director Robert Mueller on the FBI Re-organization," PBS News Hour, May 29, 2002, https://www.pbs.org/newshour/show/john-ashcroft-and-fbi-director-robert-mueller-on-the-fbi-reorganization.
④ Transactional Records Access Clearinghouse (TRAC), "The FBI and its Responsibilities," https://trac.syr.edu/tracfbi/atwork/current/fbiResponsibilities.html.

进行监控,由于职能差异和分工不同,这些机构在反恐安全的监控上也各有侧重,主要包括:对外和对内的反恐情报监控。

就对外反恐监控而言,中央情报局是主要负责国际恐怖主义情报监控的机构,其下属的国家秘密行动处及其反恐中心是反恐监控的重要部门。该部门日常的工作就是分析世界范围内与恐怖威胁有关的情报信息,并发现其中有价值的线索,以便形成针对恐怖主义的预警。该部门还会通过技术和分析手段,发现并追踪恐怖主义组织及其相关联的人或组织的活动情况。[1]有研究就指出,美国海豹突击队在2011年击毙本·拉登所依靠的正是中央情报局长期在反恐监控方面所进行的努力,特别是一些先进侦查技术、纳米技术和传感技术对恐怖组织和人员行踪和地址的持续监控。[2]

从对内反恐监控上看,因为国土安全部和联邦调查局的职责都更倾向于美国的国内安全与保卫,因此这两个机构在反恐监控上都是围绕恐怖组织和恐怖分子的威胁展开,同时对恐怖分子的策略、手法和步骤进行分析,并协调和通知相关部门改进防范措施。不同的是,国土安全部反恐监控的主要领域集中在客运和货运等运输系统,以及边境和入境、移民等方面;反恐监测的主要内容是探测爆炸物和其他武器,保护关键的基础设施和网络避免潜在的恐怖分子袭击和破坏,加强与其他反恐情报机构的合作,实现更好的反恐监测情报交流和共享。[3]联邦调查局的反恐监控则更多侧重于"共享"和"协调",包括与关键伙伴的情报机构进行合作与情报共享;将联邦、州和地方的反恐特别小组联合起来,同时加强与前线执法人员的合作和联系;主导下属的多机构中心——恐怖分子筛查中心,针对可能危害美国国家安全的恐怖分子信息,进行监控,并进行信息的传递和共享。[4]

---

[1] Jeffrey T. Richelson, "The U. S. Intelligence Community, Seventh Edition," New York: Routledge, 2015, p. 22.

[2] 亚诺编著:《中情局档案》,凤凰出版社2012年版,第229—231页。

[3] "Preventing Terrorism," The U. S. Department of Homeland Security, https://www.dhs.gov/topic/preventing-terrorism.

[4] 白海将、田华伟、李俊蕙:《美国联邦调查局反恐情报共享机制分析及启示》,《情报杂志》2015年第4期,第9页。

"分析汇总"则是把各种有所侧重的监控领域和情报类别进行汇总，并进一步对监控信息和情报内容进行分析的过程。从操作上看，"汇总"在类别上至少具有情报部门和公共部门汇总两种流程。前者主要是反恐安全情报向国家情报总监的汇总。国家情报总监是监督和管理政府控制的、具有特定专业领域专业分析能力的情报中心，管理国家情报计划并监督各种情报机构。各个机构的反恐情报搜集、分析和传递，最终都需要报告给国家情报总监及其办公室。其中的反恐情报主要由国家情报总监下属的国家反恐中心负责。据反恐中心发布的《信息共享规则与渠道》的文件所示，反恐中心将与共同致力于反恐怖主义活动的关键伙伴机构共享情报资源。该中心不直接负责指挥行动，但是仍然跟踪各部门的任务完成情况，利用其独特的优势和权威有效地弥合国内情报机构之间的鸿沟。① 而"公共部门汇总"主要表现为，美国国务院各下属部门的反恐监控信息向负责主管反恐事务的副助理国务卿汇总，主要包括：能源部对恐怖分子或组织可能获取或制造核装置、放射性装置的监控和分析；财政部关于恐怖分子或组织与国家、企业、个人等经济体进行金融和经济往来的监控和分析。②

二、反恐安全危机预警

"9·11"事件是对美国国家安全体系一次沉重打击，可以被视为是美国反恐情报体系转型的"分界线"③。尽管根据"9·11"事件调查委员会的报告，美国情报系统在"9·11"事件之前就曾收到本·拉登及其"基地"组织将针对美国发动恐怖袭击的情报，但美国方面却并未引起足够的重视，致使其国内没有采取有效的措施来加以应对。④ 为了更好地维护国土

---

① "How We Work," The National Counterterrorism Center, https：//www.dni.gov/index.php/nctc–how–we–work/overview.
② [美] 杰弗瑞·理查尔森，石莉译：《美国情报界》（上），金城出版社2018年，第153—168页。
③ 江焕辉、舒洪水：《美国反恐情报变革研究：应对新问题与新挑战》，《情报研究》2018年第11期，第17页。
④ The National Commission on Terrorist Attacks Upon the United States, "Executive summary of the 9/11 Commission Report," https：//govinfo.library.unt.edu/911/report/911Report_Exec.pdf.

安全和打击恐怖主义，美国政府在"9·11"事件之后对国家反恐安全预警体系进行了变革和调整，表现为对恐怖主义的防范和打击由"应急处置"向"反恐预警"转移。①这预示着反恐战线前移，由被动应对向主动防范转变，强调对恐怖分子和恐怖组织进行全面、准确的侦查、监测，得到可信度较高、及时的反恐信息和情报，然后反恐机构通过反恐预警系统及时发布，使有关各方提前做好准备，采取有效的措施和打击策略，将恐怖活动消灭在萌芽状态，减少人员的伤亡和财产的损失，缓解社会的恐慌情绪，维护国家和社会的秩序与稳定。

从结构上看，反恐安全危机预警主要体现在反恐预警体系建设方面。2002年3月，美国建立了国土安全警报系统，分为五个级别：低级恐怖威胁预警（绿色），警戒恐怖威胁预警（蓝色），升级恐怖威胁预警（黄色），高级恐怖威胁预警（橙色），严重恐怖威胁预警（红色）。②由于在发布反恐预警的过程中，蓝色和绿色这两种较为低级别的恐怖威胁预警从未被使用过，且颜色的多样和规避措施之间的匹配性并不严密。③2011年和2015年，美国进一步完善了国家威胁警报系统，对美国受到恐怖主义的威胁判断基于一种"差异性"标准，即包括两个因素：必须有公认的用于划分级别的等级序列，同时必须有一些可广泛理解的符号，以便让人们能够清晰地评估一个相对陌生情况发生影响的程度。④

从过程上看，反恐安全危机预警的实施则需要围绕"等级的序列""广泛的理解""清晰的评估"三个方面来考虑安全危机的预警效果。美国反恐安全的预警过程因此体现在预警对象确认、预警范围扩大、预警信息传递三个环节。在对象确认阶段，安全部门会采取以下行动：首先是通过内部沟通机制通知反恐行动执行部门和相关私立机构，对可能会发生的恐

---

① 马振超：《俄美反恐预警的启示》，《国际关系学院学报》2009年第6期，第28页。
② 董泽宇：《美国反恐预警体系建设的经验与教训》，《情报杂志》2016年第3期，第13页。
③ 梅建明、李健和、马振超、王存奎、翟金鹏：《美国反恐怖预警机制研究》，《中国公安大学学报》2009年第1期，第4页。
④ 有研究将这种"差异性"标准在对"人的分级"方面进行了学理的总结。参见[美]戴维波普诺著，李强等译：《社会学》，中国人民大学出版社2004年版，第243页。

怖袭击以及对社会公众造成的影响进行评估，并运用技术手段根据恐怖威胁的性质与特点，有选择地向美国特定或全部公众、急救人员、政府机构、公共组织等个人或组织发布反恐预警信息。在范围选择阶段，安全部门会有针对性地对预警范围进行选择，即向特定或公共的区域、线上的或线下的空间发送预警信息，包括州政府、地方政府和基层政府的合作机构；公交枢纽、机场和政府大楼等公共或私人场所；网站、社交媒体、新闻单位等。在信息传递阶段，安全部门会首先明确预警信息，包括"恐怖威胁的性质、威胁的区域以及哪些地区或部门可能受到恐怖袭击影响，说明有关负责部门将采取哪些措施预防、减轻和应对恐怖主义威胁。然后是时间期限，预警系统在发布预警时会明确规定预警的起止期限，如果需要延期，则会说明原因，避免因预警长期运行造成各方持续处于紧张状态。最后是有针对性地应对措施建议，建议其他政府部门、社区、公司和个人采取相应的准备措施来预防与应对可能发生的恐怖威胁"。①

三、反恐安全危机预案

美国反恐安全危机预案是其国家安全战略的一个重要组成部分，是美国联邦政府在应对恐怖主义威胁过程中基于客观安全威胁进行主观认知和判断的结果。目前，美国联邦层面的反恐预案基本被纳入到《国家保护框架》。②从结构上看，美国反恐安全危机预案是其安全决策系统内各单位围绕"安全优先级"进行"博弈—妥协"互动的产物。从过程上看，该预案也是在反恐安全危机预警之后，行动各方根据反恐情报和预警进行应急处置的实施方案。所以，美国反恐安全危机预案既是体现"决策各方"的结构性偏好，又要兼顾"行动各方"的过程性职能。

就"决策各方"的结构性偏好而言，这种结构性特征在本质上仍然与

---

① 董泽宇：《美国反恐预警体系建设的经验与教训》，《情报杂志》2016年第3期，第14页。
② 刘胜湘、邹超：《美国情报与安全预警机制论析》，《国际关系研究》2017年第6期，第97页。

权力横向配置紧密关联。《国家保护框架》在其导言部分就明确指出：《国家保护框架》是一份结构化的单一文本，其目的是为推进多方合作参与安全维护行动，提供了一种权力集中的国家模式。①因此，《国家保护框架》构建了一套"协调多方、有效参与、单一目标"的权力分配机制。具体而言，为反恐安全目标的实现，《国家保护框架》是在既有的安全体制机制基础上，针对反恐安全保护需要的"核心能力"进行了新开发和部署，包括"战略与整体"层面的规划，公共信息与预警，业务协调；"预防与保护"层面的情报与信息共享，颁布禁令与实施干扰，甄别、搜查与检查；"响应与恢复"层面的对基础设施、运输、环境、公共卫生、通信系统等公共系统的使用，以及对丧葬、消防、物流、搜救、护理、保健等公共服务的提供进行统筹。②

从这样的"核心能力"出发，一是作为建议并协助总统进行国家安全决策的主要政策性机构，国家安全委员会被置于反恐安全预案的核心位置，对反恐安全的主要模块："战略与整体""预防与保护""响应与恢复"发挥主导性作用。《国家保护框架》指出：国家安全委员会将会与下属委员会一起参与反恐安全的各个方面，包括内政、外交、军事、情报和经济等。③二是联邦部门和机构将会按照《国家保护框架》形成的权限分配，针对特定的威胁、危害或风险性质承担"预防与保护"，以及"响应与恢复"的角色。与此同时，《国家保护框架》还允许国土安全部部长根据需要在联邦部门和机构的代表之间酌情召开会议，讨论和考虑反恐安全保护的协调工作，重点包括：开展安全保护方面的规划工作；信息共享活动；跨社区合作的协调；为解决共同关切提供行动方针的建议；整合安全

---

① U. S. Department of Homeland Security, "National Protection Framework, Second Edition," June 2016, p. 2, https://www.fema.gov/media-library/assets/documents/117782.

② U. S. Department of Homeland Security, "National Protection Framework, Second Edition," June 2016, p. 11, https://www.fema.gov/media-library/assets/documents/117782.

③ U. S. Department of Homeland Security, "Protection Federal Interagency Operational Plan, First Edition," August 2016, p. 18, https://www.fema.gov/media-library-data/1472581208497-42ba23c551f5a502c4f0eab69c3c741b/Protection_FIOP_1st_v3.pdf.

保护不同环节中职能相近团体的行动。①三是由联邦各相关部门和机构任命的高级领导组成"联邦领导协调委员会",直接对全国范围内实施的各种反恐安保工作进行协调,主要承担"预防与保护"的角色,包括监视和评估各单位的反恐安保能力;提高联邦机构之间合作的效率与有效性;管理反恐安保风险的实践和操作。②

就"行动各方"的过程性职能而言,从本质上看,安全维护行动要求权力的分散,因为安全的维护不仅要依靠政府机关的行动,还涉及组织和社区等诸多单位的参与。这些单位的行动逻辑会因其各自职能的差异而不同。所以,《国家保护框架》在原则中力图确认一个共同行动计划,但是在方案中,《国家保护框架》却没有提出一个国家层面上的组织结构,只是为那些分散的组织共同发挥其能力提供了一套行动框架。③

与结构上注重决策方"核心能力"不同,过程上的行动更为注重恐怖主义风险响应的等级高低。其一,当风险等级较低的恐怖袭击事件发生之前或之后,发生地的政府部门会立即启动地方级的反恐预案,地方政府的反恐执法部门是第一反应者,是第一道发现和打击恐怖主义的防线,率先打击、逮捕恐怖分子,消灭恐怖主义威胁,维护恐怖事件发生地的秩序,减少恐慌和社会混乱。与此同时,当地的医护人员也将第一时间抵达现场,进行紧急的医疗救助,救治受伤人员。其二,当发生恐怖主义的规模和破坏程度较大时,联邦反恐怖执法机构和部门也将加入到反恐队伍中,总统会率先进入反恐安全保护行动的领导角色,为联邦的相关部门和机构应对各种恐怖威胁和其他紧急情况做好准备。联邦调查局下属的危机事件反应小组人员每天 24 小时待命,随时应对突发、恐怖事件。

一直以来,美国社区就有"邻里守望计划"的传统,即如果居民在社

---

① "U. S. Department of Homeland Security, Protection Federal Interagency Operational Plan, First Edition," August 2016, p. 18, https：//www. fema. gov/media - library - data/1472581208497 - 42ba23c551f5a502c4f0eab69c3c741b/Protection_FIOP_1st_v3. pdf.

② U. S. Department of Homeland Security, "Protection Federal Interagency Operational Plan, First Edition," August 2016, pp. 18 - 19, https：//www. fema. gov/media - library - data/1472581208497 - 42ba23c551f5a502c4f0eab69c3c741b/Protection_FIOP_1st_v3. pdf.

③ U. S. Department of Homeland Security, "National Protection Framework, Second Edition," June 2016, p. 2, https：//www. fema. gov/media - library/assets/documents/117782.

区发现有可疑的陌生人或者邻居存在违法行为,应该立即向警察报警。[1]随着"独狼式"恐怖袭击发生数量的增多,美国政府开始在反恐预案中注重引入社会力量的参与。社区反恐就是其中一项重要的尝试。虽然从"过程性职能"的角度上看,社区反恐的职能在流程中处于最末端,但是,把社区当作反恐的主体,极大地增强了反恐的力量,使其在范围上占据了巨大优势。这不仅能够让社区职能在反恐中发挥更多作用,还能使社区与政府的反恐合作关系变得更为紧密和有效。[2]

第三节 美国军事安全危机预警流程

一般认为,在国家层次上关于安全的研究就是始于军事人员为了战争的胜负而对军事力量威胁、使用和控制而进行的研究,基本上是一种以军事战略为中心的研究。[3]所以,国家安全在诞生之初可以被视为一种军事安全的广义表达。虽然随着非传统安全问题的日趋兴起,安全的外延已经出现了显著的扩大,但是军事安全仍然是国家安全最为核心的部分。因为保持、扩大和显示军事实力的方式仍然是维护和实现国家安全利益最经久不衰的原则。[4]作为当今世界的第一军事强国,美国一直十分重视增强其军事力量,保持对其他国家的军事优势,而构筑一套能够维护其本土安全的国家军事安全体系就是其重要内容。

一、军事安全监控

军事安全监控是指本国的情报系统,尤其是军事情报系统通过军事情

---

[1] 雷少华:《美国国家反恐体系的演进》,《美国研究》2016年第1期,第25页。
[2] 王林:《美国社区反恐的理论、经验及启示》,《桂海论丛》2015年第3期,第122页。
[3] 李少军:《国际政治学概论》,上海人民出版社2014年版,第181页。
[4] [美]汉斯·摩根索著,徐昕等译:《国家间政治——权力斗争与和平》,北京大学出版社2006年版,第4—5页。

报的搜集与分类，对其中有价值的内容进行分析和研判，并据此展开对他国，尤其是对对手国家的军事活动进行监控的行动。进行军事监控的国家会按照其对军事安全的利益需求，对被监控国家的军事活动做出军事威胁可能性和紧迫度的判断。目前，美国的军事安全监控在结构上仍主要体现为，一种围绕不同军事安全对象进行职能分工的机构化模式。具体而言，美国的军事监控机构主要分为："军队的专职军事机构"和"国家其他部门的安全机构"两类。这两类军事监控机构根据总统、国家安全委员会和国防部长等对不同军事情报和军事对象的需求，利用自己部门的特点和优势对潜在的军事对手实施监控行动。

（一）国家安全局进行的军事安全监控

国家安全局是国防部的国家级情报机构，该部门的职责主要是，通过对全球范围内信息和数据的监视、搜集和处理，开展国内外的情报与反情报工作，同时它还负责保护美国的通信网络和信息系统。所以，国家安全局的军事安全监控工作主要通过密码破解、信号跟踪、技术控制，以及信息监控等信息手段来加以完成，其对象主要包括特定设施和特定人员，前者主要是美国认为对其军事安全构成威胁的对象国家和地区的军事设施，后者则主要针对这些国家和地区的政要和高级将领等。例如，国家安全局下属的国防特殊导弹和太空中心就主要针对外国导弹和太空活动的情报，进行信息搜集、预警，甚至实施技术控制。在行动方式上，国家安全局通常会依靠各种措施来完成任务，而且其中的绝大多数行动是保密性质的。因此，也有研究将其称之为"查无此部"。

（二）国防情报局进行的军事安全监控

国防情报局隶属于国防部，是专门从事外部情报工作的机构，同时也是美国情报共同体的重要组成部分。这种交叉定位决定了国防情报局不仅向国防政策的制定者提供外国政府和非国家行为体的军事意图和能力信息，也向联邦的内政部门提供相关的信息和情报，发挥情报整合与部门间协调的作用。①从情报类型来看，该机构的情报主要涉及与军事有关的外国政治、经济、工业、地理、公共卫生等各个方面的内容，其情报的获取方式主要是相对传统的人力资源模式，即"间谍"。这使得该机构的雇员中有将近一半分布于世界上140个国家和地区的数百个地点，其中有约2/3的人员为民间雇员，并且有超过3/4的人员是在国防或与军事有关的领域内任职的在职人员。②

（三）国家侦察局进行的军事安全监控

国家侦察局是国防部的下属机构，主要负责设计、建造、发射和运行联邦政府的侦察卫星，确保美国在全球信息领域具有卫星技术和星载资源方面的优势。③该机构的情报获取方式主要通过卫星的控制侦查来完成，包括通过卫星实施或者卫星控制的侦察系统和通信、数据处理，以及航天及其设备。从情报类型来看，由于该机构的情报获取主要是通过卫星及其系统实现，因此，该机构的情报类型并不按照传统的情报内容进行分类，而是按照卫星技术类别相互对应，主要包括信号、影响、测量等。国家侦察局在获得这些卫星情报之后，并不进行具体的分析，而是将对应的情报按照类别提供给其他情报机构：向国家安全局提供信号情报、向国家地理空间情报局提供影像情报，以及向国防情报局提供测量和签名情报。④而关于这些卫星情报的使用则由相应的情报机构按照各自需要进行分析和评估。

（四）国家地理空间情报局进行的军事安全监控

国家地理空间情报局是国防部下属的作战保障机构，主要职责是负责地理空间情报的计划、搜集、分析、编制和分送，确定或者整合国防部长

---

① "Strategy of The Defense Intelligence Agency," https：//www. dia. mil/About/Strategy/.
② 根据美国国防英特尔校友会日志介绍，时任美国国防情报局临时国家情报总监罗纳德·L. 伯吉斯中将曾表示：从情报人员来源上看，民间雇员大约占到65%，军事雇员（专业雇员）则为35%，并且由于向民间雇员支付的薪资较高等原因，情报部门的预算压力不断加大。
③ ［美］伯特·查普曼著，徐雪峰、叶红婷译：《国家安全与情报政策研究：美国安全体系的起源、思维和架构》，金城出版社2017年版，第283页。
④ "The Evolving Role of the NRO," The National Reconnaissance Office（NRO），https：//fas. org/irp/nro/commission/evolving. htm.

的地理空间情报搜集需求，开展搜集活动，并提供相关的数据。在方式上，该机构主要通过地理空间情报进行军事情报监控。在美国国家安全领域，地理空间情报是关于人类活动的情报，主要是将地球上人类活动的物理特征和地理参考条件基于可视化的处理，将这些情报变成由代码定义的图像，即图像情报和地理空间信息。[①] 这些信息由国家地理空间情报局下属的国家图像解读中心进行具体的分析和评估。

美国各军种也有自己的军事情报监控机构，就军事安全监控而言，与前述情报机构最大的不同就是，隶属于美国各军种的下属情报机构，在进行军事安全监控的时候主要是针对其各自军种范围内的军事情报和信息，发挥自己军种的特点和优势，利用各自先进的技术手段和人力情报优势，对其他国家相应军种领域的情报进行监控和搜集，并进行分析和预测。例如，海军情报局主要是针对外国海军和海事行动的军事安全监控，为美国舰队的军事行动提供情报支持；海军陆战队情报局在军事安全监控领域的主要职责是，为海军陆战队司令提供特定的情报追踪服务，为参谋长联席会议海军陆战队的军事行动进行常规军事与科技情报搜集，并进行中、长期的情报威胁的分析与评估。

除此之外，虽然军事安全监控并非美国国家其他部门安全机构进行安全监控工作的主要内容，但由于军事安全越发呈现出来的安全威胁的跨界性趋势，美国其他部门的安全机构也会参与军事安全监控。具体而言，在军事安全监控方面，隶属于美国能源部的情报及反情报办公室，主要会参与核安全与能源安全方面的安全监控工作；国土安全部下属的情报与分析办公室针对国土安全领域；海岸警卫队则主要负责港口巡逻、情报搜集等活动，并在港口内外部署小型武装快艇以保护国防部队的移防行动，也可以使用小型武装快艇和飞机配合进行军事安全行动。

---

① United States Geospatial Intelligence Foundation, "2016 State of GEOINT Report," February 2016, p. 5, https://usgif.org/system/uploads/4510/original/2016_SoG_book.pdf.

二、军事安全预警

美国的军事安全预警工作及其相应的机制缘于冷战时期针对苏联核武器和远程轰炸机的威胁预警,即在 20 世纪 50 年代建立的反飞机预警线,以及与加拿大一起成立的"北美防空司令部"。20 世纪 60 年代,随着弹道导弹技术的不断突破,美国逐步建立了"北方弹道导弹预警系统"和"潜射弹道导弹预警系统",美国军事安全预警任务也不断地转换和演变,特别是在相控阵雷达和预警卫星技术的研发方面,美国军事安全预警机制得到不断发展和完善,也逐渐建立起了当今世界最庞大、最先进、最为复杂的军事安全预警系统。[1]

与应急安全和反恐安全的预警不同,军事安全预警的任务内容相对单一,主要是针对美国军事领域的安全威胁进行识别和预警,所以,从结构上看,国防部是美国军事安全预警系统的核心,而军事安全预警系统也主要是其国防体系下的一个组成部分,为此,根据国防领域的不同空间位置,主要分为陆基(海)预警监视系统、天基预警监视系统和空中预警监视系统。[2]

第一,美国的陆基(海)预警监视系统是依靠陆射和海射弹道导弹系统的雷达、拦截器与传感器等技术体系进行预警和监视活动的,主要包括:北方弹道导弹防御系统、潜射弹道导弹预警系统、空军空间跟踪系统、海军空间跟踪系统、联合监视系统、北方预警系统六个部分。其中,北方弹道导弹防御系统主要是针对美国北部和东部方向出现的安全威胁进行预警,预警方式主要是通过陆基雷达网络及其相互之间独立的通信线路进行情报信息识别和传输。潜射弹道导弹预警系统主要是针对可能来自太平洋、大西洋以及墨西哥湾方向海面或海底的安全威胁。经过 20 世纪 70—90 年代的发展,该系统目前已经实现了多次改进升级,形成了大型相控阵雷达与超视距雷达、潜射弹道导弹预警网和空中预警机相结合的军事

---

[1] 刘强:《战略预警视野下的战略情报工作:边缘理论与历史实践的解析》,时事出版社 2014 年版,第 91—92 页。

[2] 刘凤增等:《美国战略预警体系发展探析》,《飞航导弹》2019 年第 3 期,第 65 页。

安全危机预警体系。空军空间跟踪系统主要用于探测、跟踪和识别各种空间目标，并通过空间跟踪、情报搜集的方式对俄罗斯弹道导弹实验进行监视。目前，该系统由一个传感网络、两个光学观测站、三个雷达跟踪站以及五个光电观测站构成。海军空间监视系统主要是针对海洋方向出现的军事安全威胁展开监视和预警，例如可能对美国进行袭击的战略轰战机和巡航导弹。该系统主要依靠海军航天司令部的空间监视中心及其设在达尔格伦的空间监视系统进行安全预警。联合监视系统主要用于航路监控与空中管制以及国土防空方面的安全预警，该系统由美国联邦航空局和美国空军共同管理，主要由三坐标、全固态无人值守的航路监视雷达和远程预警雷达构成。北方预警系统是由针对苏联的核武器和远程战略轰炸机威胁的远程预警系统发展而来。目前，该系统主要由超视距后向散射雷达系统和远程预警系统构成，主要是对来自北极方向的安全威胁进行监视和预警。[1]

第二，美国的天基预警监视系统是通过运用卫星群与地面支持设备，对地球轨道上的物体进行空间探测和跟踪，进而担负对弹道导弹的预警和空间目标的监视任务，包括天基预警卫星系统和天基空间监视系统。[2]就天基预警卫星系统而言，该系统是美国军事预警体系的重要组成部分，从1959年开始研制到2007年，一直由"国防支援计划"的卫星组成，主要负责对弹道导弹的监控以及对潜射弹道导弹的预警。[3] 2007年之后，"天基红外预警系统"卫星逐渐取代了"国防支援计划"的卫星。这样的变化是因为"国防支援计划"卫星存在战术弹道导弹预警的"虚警率"过高、对地面站的依赖过大等缺陷，取而代之的"天基红外预警系统"由高轨道和低轨道两部分组成，高轨道由4颗地球同步卫星和2颗大椭圆轨道卫星组成，低轨道卫星由若干个近地轨道卫星组成。[4]就天基空间监视系统而言，

---

[1] 目前有多篇研究成果对美国陆（海）基预警监视系统的六个部分进行了有针对性的梳理和分析。参见秦毅：《美国战略预警体系解析》，《外国军事学术》2005年第6期；徐炳杰：《世界当代战略预警体系建设发展述论》，《军事历史研究》2010年第3期；刘凤增等：《美国战略预警体系发展探析》，《飞航导弹》2019年第3期。本书在上述材料的基础进行了二次梳理。

[2] 刘凤增等：《美国战略预警体系发展探析》，《飞航导弹》2019年第3期，第68页。

[3] Craig Covault, "Secret Inspection Satellites Boost Space Intelligence Ops," Spaceflight Now, January 14, 2009, https://spaceflightnow.com/news/n0901/14dsp23/.

[4] 龚旭、郝强等：《解读美军战略预警系统》，《中国人民航空》2004年第7期，第46—47页。

这套监视系统主要由"探路者"卫星、轨道和地球同步轨道空间感知项目等构成，是美国为了增强太空感知能力，提高其太空资产的安全性而研制的。2010—2016年间，有4颗"探路者"卫星先后发射成功，这些卫星每颗都搭载了一个装有30厘米口径的望远镜，带有一个2.4兆像素图像传感器，能够感知经过空间的人造卫星、近地天体、弹道导弹和空间碎片。[①]

第三，空中预警监视系统是通过空中载体搭载雷达系统用于探测和监视美国军事安全的威胁，这种设置方式有减少监测盲区、最大限度地延长监测距离、机动性强以及便于部署等优势，主要包括预警机载和气球载雷达系统。从前者来看，预警机载雷达系统是一种机载预警与控制系统，主要由空军E-3系列空中预警机和海军E-2"鹰眼"系列舰载预警机组成，具有军事安全预警和控制指挥的双重功能，不仅能够提供15—20分钟的预警时间，对1200千米范围之内的近600个目标进行锁定和跟踪，而且可以发挥其控制指挥的功能，引导百余架飞机进行空中拦截，指挥陆海空三军联合作战，具有机动性强、获取和传输情报速度快、监测和侦察范围广等优势，特别是对低空目标的探测和预警特别适合。[②]气球载雷达系统主要部署在美国与墨西哥的边界交接地带，气球主要搭载L-88型雷达，能够实现近370千米的监测和预警，担负低空飞行器和巡航导弹的警戒监测任务。2014年开始，美国海关与边境保护局为气球载雷达系统提供经费支持，才使其能够运行至今。[③]

从过程上看，美国的军事安全预警是通过国防预警网络推动的。国防预警网络是由国防部不同的机构组成的具有合作性质的综合网络，其宗旨是为国防部高级官员提供足够的情报信息，并为其留出足够的时间来应对正在发生的挑战，进而减少或者避免外来威胁对美国及其盟友造成的危害。国防预警网络由国防预警委员会进行建设和监督，国防预警委员会由参谋长联席会议主席领导，委员会的成员一般包括：负责情报工作的国防

[①] 陆震：《美国空间态势感知能力的过去和现状》，《兵器装备工程学报》2016年第1期，第7页。
[②] 韩骏：《美国战略预警系统现状与发展动向》，《外国军事学术》2005年第12期，第62页。
[③] 刘凤增等：《美国战略预警体系发展探析》，《飞航导弹》2019年第3期，第68页。

部副部长、国家安全局局长、国家地理空间情报局局长、国防部情报局局长、军方的各部部长和作战部门的司令官。①国防预警任务是对来自对手的威胁、其他可能影响美国国家安全利益,尤其是军事安全利益的挑战等问题做出识别和预警。其任务包括两个方面:一是对可能要求或导致美国和其盟友使用武力的危险行为提出预警;二是辨别和告知对美国利益、目标和正在实施行动的威胁以及对自身弱点的提醒。美国依靠其在全球的绝对情报网络和科技优势,建立了全方位、多层次、宽领域的军事安全预警体系,具有能够维护美国国家安全的第一道屏障,并赢得防卫和反击时间的能力。

三、军事安全预案

冷战结束后,美国的军事力量在每个作战区域都享有无可匹敌的优势,通常情况下美国可在任何时候部署军队,在其想集结的任何地方集结,并且按照意图开展军事行动。老布什政府时期,美国军方的口号是"同时应对两个半危机"。但在美国经历了"两次战争,一次危机"后,美国军队的作战能力和综合军事态势相对有所退步。美国著名的智库"传统基金会"发布了《2019年美国军力指数》的分析报告,该份报告将美国的军事地位评为"边缘",并在分析的基础上得出结论,认为美国当前的军力可以应付一个主要地区的冲突,同时美国还可以采取军事行动以应对其他可能出现的突发情况,但要付出可能难以承受的代价。②然而,让美国真正感到不安的是,美国军方认为,中国军事力量已经实现了快速发展,这使中国已经具备了越来越强大的军事力量,而且其远程投送能力也大为加强,包括使用航空母舰、远程航空器与核动力潜艇等新式军用装备。根据2018年美国《国防战略》报告,美国国防部正专注于大国对美国国家安全利益构成的威胁。该报告认为,美国面临的是日益加剧的全球混乱,

---

① [美]杰弗瑞·理查尔森,石莉译:《美国情报界》(下),金城出版社2018年版,第634—635页。

② The Heritage Foundation, "2019 index of U. S. Military Strength," pp. 455 – 456, https://www.heritage.org/sites/default/files/2018 – 09/2019_IndexOfUSMilitaryStrength_WEB.pdf.

长期存在的、以国际制度为基础的国际秩序正在失效,这导致美国面对着有史以来最为复杂和多变的安全环境。①与此同时,兰德公司的研究指出,面对这样的国家安全环境,美国的军事优势正在逐渐消失,这直接导致美国的军事力量不足以应对这些挑战,因为大国都建立了强大的导弹、雷达和电子战系统等军事网络,大国日益增长的军事力量正在降低甚至可能阻止美军在西太平洋和东欧保卫这些地区盟国和伙伴的军事能力。②

针对美国军事优势逐渐减弱的情况,美国政府采取了一系列措施,并制定出相应的军事预案来试图重塑美国的军事预警能力。特朗普"让美国再次强大起来"口号背后的本质就是要重振美国强大的军事力量,以实力求和平,凭借更好的战备遏制战争,应对可能的战争威胁,计划部署一支杀伤力强、负有弹性和强适应性的联合部队。直接的表现是,在国防开支方面,特朗普上台以来,军费开支逐年增加。根据瑞典斯德哥尔摩国际和平研究所关于世界各国国防开支的数据(见表5-1),2016年以来,美国国防开支一直呈现持续增长的态势,超过6000亿美元,并且占本国GDP比重不断提高。

表5-1　美国2016—2020年国防开支数据

年度	国防开支总额（十亿美元）	占本国GDP比重（%）	占世界各国国防开支比重（%）
2016—2017	611	3.3	36
2017—2018	611	4.2	35
2018—2019	649	4.6	36
2019—2020	778	3.7	39

资料来源:斯德哥尔摩国际和平研究所世界各国国防开支数据库。③

---

① The U. S. Department of Defense, "The National Defense Strategy (2018)," p. 1, https://dod.defense.gov/Portals/1/Documents/pubs/2018-National-Defense-Strategy-Summary.pdf.

② Elbridge A. Colby and David Ochmanek, "How the United States Could Lose a Great-Power War," https://www.rand.org/blog/2019/10/how-the-united-states-could-lose-a-great-power-war.html.

③ Stockholm International Peace Research Institute (SIPRI) Military Expenditure Database, https://view.officeapps.live.com/op/view.aspx?src=https%3A%2F%2Fwww.sipri.org%2Fsites%2Fdefault%2Ffiles%2FSIPRI-Milex-data-1948-2023.xlsx&wdOrigin=BROWSELINK.

在此基础上，美国的军事预案还提出了一些更为具体的做法，其中的关键就是提高军队核心能力的现代化，时任国防部长詹姆斯·诺曼·马蒂斯就曾在 2018 年 4 月 26 日向参议院阐述 2019 年美国国防预算的时候坦言，不会寄希望于用昨天的武器装备去赢得明天的战争。①为此，美国正在把更大规模的军费开支投向先进计算机处理技术、大数据分析、人工智能、高超音速及生物技术等领域，并针对性地加大了对相关专业人员的培训和装备的研制，以满足美军在未来战争中的战备需求。具体的措施有：

第一，扩充军备以扩大竞争优势。为了增强与大国的竞争能力，美国最为首要的做法就是增加军备。美国国会批准的国防预算在支出上一般主要用于军事人员和武器装备两个方面，从 2019 年的预算分配来看，在军事人员方面，美军用于扩军 1.56 万人；在武器装备方面，"国防部采购 77 架 F-35 型战斗机和 15 架 KC-46 型'飞马'加油机，建造第 4 艘'福特'级核动力航空母舰、3 艘濒海战斗舰和 6 艘极地破冰船等，并且为陆军采购 135 辆 M1 型'艾布拉姆斯'坦克、60 辆"布雷德利"战车、197 辆多用途装甲车辆等提供经费。同时，增加资金以维持关键弹药的最大生产速度，包括小直径炸弹、联合直接攻击弹药、'地狱火'导弹、高精密杀伤武器系统、远程反舰导弹、'战斧'巡航导弹、高级中程空空导弹和鱼雷等。"②时任美国国防部长的马蒂斯在国会进行国防预算发言时明言："预算可以让我们适度增加兵力，扩大对优选和高性能弹药的采购，并增加 10 艘战舰和相应补给舰的海军力量，生产 77 架 F-35 闪电 II 和 24 架 F/A-18 大黄蜂战斗机。与此同时，预算还能为作战系统提供资金，以增强美军在网络空间通信和信息技术方面的优势。"③

第二，发展创新的作战理念和概念。美国政府不但要实现军队在军备上的恢复和领先，同时要发展新的作战理念来扩大竞争优势，在增强打击

---

① 《美防长向国会阐述 2019 国防预算》，央视网，2018 年 4 月 27 日，http：//news.cctv.com/2018/04/27/ARTIZDeDKUpbmOeoSYG3ZWKn180427.shtml.

② 《美国 "2019 财年国防授权法案" 为何引人注目》，《中国青年报》2018 年 8 月 16 日。

③ Terri Moon Cronk, "National Defense Strategy to Restore Competitive Edge, Mattis Tells Senate," DoD News, https：//www.jcs.mil/Media/News/News-Display/Article/1516932/national-defense-strategy-to-restore-competitive-edge-mattis-tells-senate/.

能力的同时，摸清竞争对手和敌人将如何运用作战理念和技术对付美军。有研究指出，美军从海湾战争中并没有找到"战争已经打破了通常的界限"，因此，要为超越一切界限和限度的战争进行准备，而这种战争意味着手段无所不备，信息无所不至，战场无所不在。①美军强调发展创新性作战理念是美国军队走向强大，争取在未来战争中赢得胜利的思想和作战思路的有效转变。发展灵活致命和负有弹性的力量态势和力量运用，尤其是动态力量运用，将保持应对大规模作战的力量规模与能力置于首要位置，并为主动适应联合部队提供选项，能够在更加灵活地运用常备力量来主动塑造战略环境的同时保持战备状态，以应对突发状况，保持长久的作战准备态势。②对此，有研究认为，美军正在创新战争方式，实施所谓"高端战争"和"多域作战"，突出在"反进入/区域拒止"的环境中对付"势均力敌的对手"，强调美军必须在战前、战中、战后的所有作战中都要加强各军种、机构和国家间的合作以赢得未来战争。③

第三，美国国防部将完善"三位一体"核力量，建立强大而高效的核指挥、控制和通信系统。美国2018年2月发布的《核态势评估》报告认为，美国在持续减少核武器的数量和核武器突出战略地位的同时，大国等在不断地走相反的道路，因此，为了维护自身的国家安全和核武器的战略威慑，美国需要升级核武器及其相关设施，提高核武器的战略打击能力。④所以，美国政府提出要对装备有潜射弹道导弹的潜艇、陆基洲际弹道导弹，以及载有重力炸弹和空射巡航导弹的战略轰炸机为核心的"三位一体"核力量进行强化和重整。具体的计划是：（1）"美国将继续保证当前运行的14艘俄亥俄级潜艇，并保持其有效的运作和生存能力，直到被12

---

① 乔良、王湘穗：《超限战与反超限战：中国人提出的新战争观美国人如何应对》，长江文艺出版社2016年版，第5页。

② Mark F. Cancian, "U. S. Military Forces in FY 2020: The Strategic and Budget Context," September 30, 2019, https://csis - prod. s3. amazonaws. com/s3fs - public/publication/190930_Cancian_FY2020_v3. pdf? AU749pfJqi52ZgJeVJJcyuIG8VWU8RE4.

③ 林治远：《美国军事战略和作战理论新变化》，《军事文摘》2019年第1期，第9页。

④ The U. S. Department of Defense, "Nuclear Posture Review," Feburary 2018, pp. 6 – 7, https://media. defense. gov/2018/Feb/02/2001872886/ - 1/ - 1/1/2018 – NUCLEAR – POSTURE – REVIEW – FINAL – REPORT. PDF.

艘哥伦比亚级潜艇所取代";(2)"美国启动了陆基战略威慑计划,准备在2029年开始取代'民兵'三式导弹,并将450个洲际弹道导弹发射设施现代化,为部署400枚洲际弹道导弹提供支援";(3)"新一代具有核投射能力的'B-21袭击者'战略轰炸机将从2020年中期开始逐步取代目前的'B-52H'和'B-2A'隐形战略轰炸机";(4)"2020年开始将'B61-12'重力炸弹装备部队,并逐步取代"B83-1"和"B61-11"重力炸弹,同时美军正在启动一项'远程对峙巡航导弹'以更替现有的空射巡航导弹";(5)"美国正在将核能力纳入可在前沿部署的、具有核投射能力的'F-35'战机,更替目前的'F-15E'和盟国具有双重作战能力的战斗轰炸机"。[1]

第四节 美国战略安全危机预警流程

战略概念是战争的产物,是人们在战争实践的过程中形成的关于"在哪里进行战斗和怎样进行战斗"的认识。[2]但由于战斗并非时刻发生,战略的内容也开始由对"战斗的思考"而转向对"战斗准备的思考"。这样变化的最大差别在于,战斗的准备需要考虑更多非军事因素,"战略"概念的内涵和外延因此不断扩展,正因为如此,战略概念在广义上又被称为"大战略"。在这个意义上,大战略可以被认为是国家将军事与非军事领域的诸多经验或实践整合到一个系统中,并通过在这个系统中建立不同职能单位及其部门之间的相互关系,最大程度推动国家安全利益和目标的实现。为此,战略安全是国家安全利益或目标得以按照预期发展的一种状态,而战略安全的危机预警则关乎这一状态可能无法实现或者面临威胁而

---

[1] The U. S. Department of Defense, "Nuclear Posture Review," Feburary 2018, pp. ix - x, https://media.defense.gov/2018/Feb/02/2001872886/-1/-1/1/2018-NUCLEAR-POSTURE-REVIEW-FINAL-REPORT.PDF.

[2] 李少军主编:《国际战略学》,中国社会科学出版社2009年版,第14页。

进行的一种战略性干预。

当前，美国认定的战略安全利益和目标主要是维系其在全球的领导和霸主地位，遏制和打压潜在的战略竞争对手，维护国家和人民的生存安全和生存环境，维持经济的繁荣，保护以美式自由、民主和人权为价值观核心的意识形态。[1]因此，美国的战略安全危机预警就是通过特定的干预，保证其国家战略安全利益和目标的实现。这种干预可以按照干预进程被相应地分为监控、预警和预案，其中，监控主要是专业情报机构针对战略情报开展的行动；预警是在战略情报分析的基础上对相关判断形成的安全决策；预案则是一个对决策细化于行动，甚至是制定应对方案的过程。

一、战略安全监控

情报是战略安全监控的基础，但是战略情报与一般情报不同，战略情报是关乎国家重大利益的情报，[2]是用于指导国家战略规划、维护国家战略安全的情报信息资源，而这些信息资源往往涉及国家全局的、高层次的和长期的利益。对于美国而言，战略情报是其情报领域的一个常见术语，它最早出现在1946年关于成立中央情报组的总统令，该总统令的第一部分第6条指出："中央情报组将利用所有可用的情报来确定战略和国家政策情报。"[3]特朗普当选总统以来，2017年12月18日发布了《国家安全战略》报告，明确了其战略安全的重心由"恐怖主义"转向"潜在的战略竞争对手"。[4]这意味着，美国战略安全监控的重点将是对"潜在的战略竞争对手"

---

[1] Office of The Director of National Intelligence, "The National Intelligence Strategy of the United States of America," https：//www.dni.gov/files/ODNI/documents/National_Intelligence_Strategy_2019.pdf. 此前有研究对此进行过总结。参见刘胜湘、邰超：《美国情报与安全预警机制论析》，《国际关系研究》2017年第6期，第89页。

[2] 牛新春：《战略情报分析：方法与实践》，时事出版社2019年版，第35页。

[3] "U. S. President's Letter of January 22," 1946, https：//www.cia.gov/library/readingroom/docs/Index_of_NIA_Directives_Undated.pdf.

[4] The White House, "National Security Strategy of the United States of America," December 2017, pp. 2–3, https：//www.whitehouse.gov/wp-content/uploads/2017/12/NSS-Final-12-18-2017-0905.pdf.

进行全方位战略性情报的搜集、分析和研判。拜登当选总统之后，2021年3月3日，白宫国家安全委员会发布了拜登政府《临时国家安全战略方针》，将"保护美国人民的安全""扩大经济繁荣和就业机会"和"实现和捍卫作为美国生活方式核心的民主价值"明确为美国国家安全的三大优先事项，并将"应对来自大国和区域对手的挑战"视为对美国人民安全的威胁。[①]这表明，拜登政府基本上完全延续了特朗普政府对战略安全重心的判断，所以战略安全监控部门的工作重心也不会发生太大变化。从结构上看，美国战略安全的监控不仅有政府机构和专业情报机构，还有各类政治性的专业调查委员会和民间智库。

第一，国家安全委员会。作为美国国家安全政策的核心机构和对外决策过程中的法定机构[②]，国家安全委员会是美国战略情报监控领域最重要的组织者、参与者和拟定者。从分工来看，总统是其核心，参谋长联席会议主席和国家情报总监是开展战略监控工作的顶层职位。副总统、国务卿、国家安全顾问、中央情报局局长、白宫幕僚长、国土安全顾问等国家安全委员会的核心人员都是直接参与战略监控和情报搜集工作的重要决策人员。除此之外，美国复杂而庞大的情报机构都是美国国家战略安全监控的主要参与者。从美国国家情报体系的架构上看，中央情报局、联邦调查局、国防情报局等情报机构是美国情报体系的核心。[③]根据2019年美国《国家情报战略》显示，美国战略情报监控开始重点关注俄罗斯、伊朗等国在政治、经济、军事等传统领域，以及非传统领域存在的和可能存在的对美国国家安全构成的威胁和潜在威胁。[④]

第二，国会及其专门的调查委员会。国会通过提出议案、召开听证会等形式，为国家的情报搜集和战略监控进行立法，同时设立了专门的情报

---

① The White House, "Interim National Security Strategic Guidance," March 2021, p. 9, https://www.whitehouse.gov/wp-content/uploads/2021/03/NSC-1v2.pdf.
② 李桥:《美国国家安全委员会决策体制研究》,《美国研究》2018年第6期, 第127页。
③ Nina Agrawal, "There's More than the CIA and FBI: The 17 Agencies that Make Up the U. S. Intelligence Community," Los Angeles Times, Jan. 17, 2017, https://www.latimes.com/nation/la-na-17-intelligence-agencies-20170112-story.html.
④ 赵旭红:《2019〈美国国家情报战略〉评述》,《情报杂志》2019年第4期, 第2—3页。

监督委员会来规范和监督情报机构的行为。在"水门事件"中,尼克松利用情报机构窃取民主党的竞选情报,国会对其进行弹劾并建立积极、长效的监督制度;①"9·11"事件发生后,国会成立独立的调查委员会,对情报机构存在的问题进行调查,为后来的国家战略安全的监控体系和情报机构改革起到重要的作用;②在"棱镜门"事件中,国会则与情报机构相互配合,在强调斯诺登是"泄密的叛国者"的同时,也为"棱镜"事件辩护,称其是为了"美国的国家安全",从而为战略情报监控在美国国内法的框架上提供了所谓的"程序合法"。③

第三,各类专业智库和科研机构。在战略监控领域,作为重要的战略情报来源,美国各类智库和科研机构也是战略情报监控的重要力量。《全球智库报告 2017》显示,美国现有智库 1872 家,占据全球 7815 家智库的近 25%,而最具影响力的前十名智库中,美国智库占据 6 席,其中,布鲁金斯学会已经多年位居榜首。④智库是美国政治中的一支强大战略防备研究力量,他们的一些观念一定程度上能够反映政府决策的导向,成为政府决策或者对策的"咨询机构",常常被美国国会邀请作为听证会的"陈述人",⑤被成为继立法、司法、行政、媒体之后的"第五大权力"。智库及其关联的研究机构在成员组成上主要由那些具有丰富政治经验、广泛政治资源和扎实专业知识的专家学者和政府退休高官组成。这些人员大多是美国不同政治力量的代表,他们明白美国国家安全的核心利益及其各自背后政治力量的核心利益,熟悉美国政治运作,能够平衡各方关切,通过研究报告或政治参与等间接或直接的方式为美国的战略情报工作提供建议。就美国国内政治体制而言,这些智库和学术研究机构可以通过发表研究成果、

---

① Theodore White, "Breach of Faith: The Fall of Richard Nixon," Readers Digest Press, 1975, pp. 296 – 298.
② 谢星海:《美国国家情报一体化改革研究》,时事出版社 2019 年版,第 82—84 页。
③ 汤镕昊:《从"棱镜门"事件看美国的情报监督机制》,《情报杂志》2013 年第 9 期,第 9 页。
④ McGann, James G., "2017 Global Go To Think Tank Index Report," TTCSP Global Go To Think Tank Index Reports, pp. 36 – 37, 65, https://repository.upenn.edu/think_tanks/13.
⑤ 沈进建:《美国智库的形成、运作和影响》,《中国社会科学评价》2016 年第 2 期,第 13 页。

国会听证会、对政府官员进行培训、旋转门等方式将其思想产品"兜售"给政府情报机关或决策机构，直接对美国的战略决策产生影响。①

二、战略安全预警

相比于前三种类别的安全危机预警，战略安全由于在特征上更为宏观，所以，战略安全危机预警需要国家安全决策者对国家战略安全利益有着更高前瞻性和预见性的把握。笔者认为，作为战略安全威胁判断及其应对方式选择的重要组成部分，战略安全预警也是战略安全决策体系关注的核心议题。所以，战略安全预警往往属于战略安全决策过程中对威胁判断的一部分。

从结构上看，国家安全决策体系有着一个系统化的过程，时间节点是《1947年国家安全法》。尽管历届政府都对国家安全决策体系进行过不同程度的改革，但是从政治结构和政治过程两个方面来看，国家安全决策体系主要是"以白宫为中心，府会调研组织和智库提供政策咨询，国家安全委员会、国家经济委员会、国土安全委员会、国家情报总监办公室等机制或机构辅助总统协调和决策，国防部、国务院、中央情报局、国土安全部等职能部门负责执行，国会、政府问责局、管理和预算办公室实施监督的国家安全体制"。②据此，国家安全决策体系的结构为："处于决策中心位置的白宫决策中枢系统，位于两翼的以政府机构和非政府机构为主构成的决策信息系统和决策咨询系统，以及在一个较大范围内存在的为决策提供监督和反馈作用的决策协调系统。相应的，这一决策体系也正是美国战略安全危机预警的核心主体。同时，国家安全决策的信息系统、咨询系统和协调系统虽然在功能和作用上各有侧重，但是彼此之间并不排斥，而是相互交

---

① 周琪：《美国智库的组织结构及运作——以布鲁金斯学会为例》，《理论学习》2015年第6期，第48页。

② 刘建华：《美国国家安全体制改革：历程、动力与特征》，《美国研究》2015年第2期，第68页。

叠，共同为决策中枢系统提供决策辅助。"①

从过程上看，国家安全决策体系的三大系统在进行国家战略安全危机预警和决策时遵循"内外协调"的机制。一方面是外向内化的过程，表现为在情报信息系统对来自外部的战略安全情报进行分析、筛选和核查，咨询系统则在此基础上形成政策性预判与意见反馈，进而提出相应的参考性决策方案或方案组合；另一方面是内部平衡的过程，表现为以国会和司法为核心的决策监督与反馈系统在各利益攸关方之间，围绕战略安全目标优先级的选定、战略安全利益威胁的判断等进行的平衡协调、辩论投票与争议解决。在"外向内化"与"内部平衡"之后，决策中枢系统会在一个更宏观的层面对国家安全利益和目标进行把握，并完成决策。具体来看，第一，战略安全决策的中枢系统。作为美国政治体制中最有权势的人物，总统无疑在美国国家安全决策体系中处于核心位置。这主要是因为宪法赋予了总统诸多权力，以及国会、最高法院、政治精英与美国民众对总统权力作出的从宽解释。尤其是《1947年国家安全法》为总统领导下的行政机构的扩张提供了法律依据。依据该法案，美国设立了一批针对国家安全的专门机构，包括中央情报局、国家安全委员会、国防部等。②对此，有研究甚至认为，美国战略安全威胁的判断在本质上就是总统在国家安全意愿与偏好方面的呈现。③但是，这并不意味着，总统在国家安全决策上的观点和见解能够"畅通无阻"。因为国家安全决策中枢系统中还有总统国家安全事务特别助理、国务卿、国防部长、中央情报局局长等高层官员参与其中。④

第二，战略安全决策咨询系统。与决策中枢系统中的工作人员和顾问为总统提供直接的决策辅助不同，决策咨询机构主要是为决策中枢提供科学化的建议和参考性方案。从国家机关方面来看，"国防部及其下属机构

---

① 刘骞：《试述宗教对美国国家安全决策体系的影响——以"政教相依"关系为视角的思考》，《宗教与美国社会》第18辑，时事出版社2019年版，第70—71页。
② [美]沃尔特·E.弗克默尔著，汪威译：《美国政府》，上海社会科学院出版社2016年版，第360页。
③ 周建明：《美国国家安全战略的基本逻辑——遏制战略解析》，社会科学文献出版社2009年版，第82—110页。
④ Jerel A. Rosati and James M. Scott, "The Politics of United States Foreign Policy, Fifth Edition," Wadsworth: Cengage Learning, 2011, p. 103.

是提供安全政策信息最大的政府机构。除此之外，商务部、能源部、卫生及公共服务部、国土安全部、司法部、国务院、运输部、财政部等诸多行政分支机构也参与其中。2002年之后，上述许多提供国家安全政策信息资源的机构统一被并入单独的执行部门——国土安全部"。①从智库和利益集团的角度上看，"各种社会组织和利益团体大多以组织游说和资源输送的方式，通过营造'政治压力'或者给予'政治献金'的方式来影响国家安全战略的决策者"，进而间接影响决策者对战略安全重点和安全威胁的判断。随着政治社会化的发展，美国的智库和利益集团还发展出了提供研究支持、兜售咨询服务和实施利益整合游说等"市场化"的方式与战略决策系统建立一种"互依"格局。②

第三，战略安全决策协调系统。国家安全决策协调系统具有显著的法制化特点，体现对安全决策的监督和反馈，主要包括国会及其支持机构和司法机构。就国会而言，宪政框架赋予国会在外交与国防等涉及国家战略安全利益的领域中拥有重要的权力，包括宣战、筹集资金支持军队，以及通过立法的方式进行国家战略框架的把握。③具体而言，在国家安全事务方面，国会一直以"年度授权法案"为切口，通过为国防部和武装部队提供资金的方式直接影响国家安全事务。"国内立法的国际化"也是国会直接影响国家战略安全预警的一个重要手段。例如，1989年通过《支持东欧民主法》为前华沙条约国家提供所谓的"美国援助"；1991年美国国会在关于"沙漠风暴"行动的辩论和投票上的积极运作，为美国决定对伊拉克开战发挥了重要作用。④就司法机构而言，美国的司法系统虽然在职能上是法律机构，但是作为美国"三权"体系之一，司法系统可以通过司法任命、

---

① ［美］伯特·查普曼著，徐雪峰、叶红婷译：《国家安全与情报政策研究：美国安全体系的起源、思维和架构》，金城出版社2017年版，第28、88页。

② 有研究以美国的政教互依为个案，全面梳理了美国社会组织与安全决策系统之间的政治性"互依"格局。参见刘骞：《试述宗教对美国国家安全决策体系的影响——以"政教相依"关系为视角的思考》，《宗教与美国社会》第18辑，时事出版社2019年版。

③ Thomas E. Patterson, "The American Democracy," The McGraw - Hill Company, 2008, pp. 324 - 327.

④ Kay King, "Congress and National Security," Special Report for Council on Foreign Relations, No. 58, November 2010, p. 7.

司法判决、司法审查等方式对行政系统和立法系统产生影响,这就使得美国的司法机构不仅可以影响政治,甚至还可以对国家安全事务产生影响。有研究通过对"布什诉戈尔"司法判例的分析,认为美国的司法机构并不是单纯的法律机构,而是一个极其重要的政策制定部门。与国会成员或总统不同的是,司法机构的法官是在法律机构内任职,并且根据法律做出判决,影响政策的制定。①历史上美国司法力量还曾多次以主导国际刑事法庭的方式参与美国的战略安全活动。例如,二战期间,美国就主导建立了纽伦堡和东京临时法庭,从司法审判的角度捍卫了其战略安全的核心利益与价值。

三、战略安全预案

与之前三种安全预案一样的是,战略安全预案也是在情报监控基础上的预警,并提出相对细化的应对方案。不同的是,战略安全预案是针对国家战略安全威胁认知与判断而形成的国家行动方案。这套方案相较于前三种预案在涉及安全利益和威胁判断方面范围更广,层次更高,不局限于某一个或某几个特定问题或领域、特定个人或集团,而是直接关乎整个国家和民族的生死存亡。从历史上看,美国历届政府都十分重视国家的战略安全,并总是能够对战略安全威胁形成预判,并提出应对方案。

开国总统乔治·华盛顿的《告别演说辞》被有的研究认为是美国最早的战略安全预案,时至今日美国参议院每年都会选出一位代表朗读华盛顿总统的《告别演说辞》,这主要是因为华盛顿总统的这份演说为美国的发展和崛起提供了一份绝佳的战略性方案,即认为美国最大的战略安全威胁将来自欧洲国际政治的冲突。②所以,美国应该充分利用"两洋之间"的地缘政治优势,保持政治独立,与欧洲保持商务和贸易关系符合美国的战略

---

① Herbert M. Kritzer, "Into the Electoral Waters: the Impact of Bush v. Gore on Public Perceptions and Knowledge of the Supreme Court," Judicature, Vol. 85, No. 1, July/August 2001, pp. 32 – 38.

② "Washington's Farewell Address," February 22, 1862, https://www.senate.gov/artandhistory/history/minute/Washingtons_Farewell_Address.htm.

安全利益，但不要卷入欧洲政治，既不与他们敌对甚至发生冲突，也不与他们结成友好的同盟。①在此之后，美国历届政府都有维护和实施国家战略安全的方案和应对安全危机的预案，如门罗政府的国情咨文对欧洲国家在美洲进行殖民主义的安全威胁判断，以及提出不干涉和美洲自主原则的方案；林肯政府反对英国对美国内政干预，建立一个统一国家的战略安全判断；罗斯福及其继任者从对德国法西斯和日本军国主义的威胁认知，转向对苏联战略性威胁的判断，及其由此提出的"遏制战略"和战后国际秩序方案。但是，美国形成相对系统和正式的战略安全预案则相对较晚，其核心的标志是：1986年美国国会通过的《戈德华特-尼科尔斯法》。这项法律不仅对美国的军事制度进行了改革，还要求总统应每年向国会提交一份正式的《国家安全战略》报告。②在此之后，从里根政府至今，美国一共发布了16份《国家安全战略》报告。就内容而言，这些报告都体现了美国对国家安全战略的筹划和部署，包含着不同时期战略安全的决策者关于美国战略安全利益和目标，以及对安全威胁和预警的判断与应对思考。在这个意义上看，《国家安全战略》报告无论是从其缘起的目的，还是在不断变化的过程中都体现了不同时期美国对战略安全危机的预警和预案。与此同时国防部也会根据1997年实施的《国防授权法案》每隔四年发布一份《防务评估》报告。这是美国军方用于分析国家战略目标和研究潜在战略威胁的国防政策指导性文件，也被称为"国防政策的路线图"，这份报告在2018年被《国防战略》报告所取代。

无论是2017年底发布的《国家安全战略》报告，还是国防部2018年的《国防战略》报告，美国对其战略安全威胁的判断是，美国繁荣与安全的主要挑战是当今世界的政治、经济和军事领域都重新出现了国家间的战

---

① [美]沃沦·I.科恩主编，周桂银等译：《剑桥美国对外关系史》（第1卷），新华出版社2004年版，第17、23页。
② 郑毅、孙敬鑫：《论奥巴马政府国家安全战略调整与中美关系》，《重庆社会主义学院学报》2011年第1期，第73页。

略性竞争。①所以，特朗普政府提出了"使美国再次强大起来"的国家战略口号，试图整合国家国防、财政、情报、能源等多方面资源，加快多部门、多领域相互协作，以提升美国全方位战略竞争优势的"防范性竞争"方案：一方面，美国要做好长期军事竞争的准备，推进国家权力系统多要素的整合，包括：外交、信息、经济、金融、情报和军事。同时，针对挑战美国优势的竞争对手，美国需要扩大竞争空间，抓住主动权，包括要建立更具杀伤力的军事力量、强大的联盟和伙伴关系，以及保持在技术创新和战略文化的决定性和持久性的优势。另一方面，美国还需要保持与竞争对手之间的合作，但是必须以实力确保合作能够有助于美国国家利益。同时，美国必须为合作失败做好准备，以捍卫美国和美国人民的价值观和利益，包括迫使竞争对手放弃侵略的意愿、阻止或击败长期战略竞争对手，并使竞争对手陷入不利地位，挫败他们的努力，或是在不利的条件下面对冲突。②拜登政府发布的《临时国家安全战略方针》也进一步明确了美国面对的所谓"威胁"："我们还必须正视这样的现实：纵贯世界的权力分配正在发生变化，并产生了新的威胁。俄罗斯决心增强其全球影响力，并在世界舞台上发挥颠覆性作用。俄罗斯投入了大量努力以遏制美国的实力，阻止美国捍卫其在世界各地的利益和联盟。伊朗和朝鲜这样的地区性国家则继续追求改变游戏规则的能力和技术，威胁美国的盟友和伙伴，并挑战地区稳定。"③

在此基础上，美国的战略安全预案还在不同战略领域和方向上提出了一些更为具体的做法。首先是在总体的战略安全危机应对上，美国提出四个战略级至关重要的国家安全利益：国土安全、经济安全、军事安全和意识形态安全，并认为这四种安全利益面临的安全危机和应对预案是：通过

---

① The White House, "National Security Strategy of the United States of America," December 2017, p. 2, https：//www.whitehouse.gov/wp-content/uploads/2017/12/NSS-Final-12-18-2017-0905.pdf.

② The U. S. Department of Defense, "The National Defense Strategy (2018)," p. 5, https：//dod.defense.gov/Portals/1/Documents/pubs/2018-National-Defense-Strategy-Summary.pdf.

③ The White House, "Interim National Security Strategic Guidance," March 2021, pp. 7–8, https：//www.whitehouse.gov/wp-content/uploads/2021/03/NSC-1v2.pdf.

改革移民制度打击非法移民，建立分层导弹防御系统应对战略导弹威胁，从来源上打击恐怖主义以使恐怖主义分子到达美国边界之前就被消灭；利用美国的经济优势重点解决贸易不平衡对美国经济安全的威胁，加快研发以消解在研究和技术上领先地位遭到的挑战，以及由此可能引发的信息安全风险、打击知识产权的竞争者、在能源领域建立主导地位以捍卫美国能源安全，同时通过能源主导刺激经济的发展；改造甚至重建军队来保持美国军事力量的卓越地位，并积极准备应对与竞争对手可能发生的军事冲突，来确保世界各地区不受到某个国家统治的"威胁"；通过竞争并领导多边组织以保护美国的利益和原则，寻找并帮助那些"有抱负伙伴"成为美国在未来贸易安全领域的伙伴。[①]

本章小结

从体制机制的角度上看，国家安全危机预警流程体现的是，安全主体在实施危机预警的时候，形成的一系列经过精心设计和安排的、有着特定顺序的行为过程。就美国国家安全危机预警流程而言，这一行动过程表现在应急、反恐、军事和战略四个安全层次上，基于"获取情报—决策判断—选择方案"三个阶段，其流程是从"监控"到"预警"再到制定"预案"。

在应急安全危机预警流程上，美国的应急安全监控呈现的是一种"跨部门应急危机协作机制"，即围绕应急安全情报流转的"情报搜集+情报监测—情报分析—情报传递"过程；应急安全预警则是一个围绕公众救助信息传递而展开的系统性联动过程，这一过程采用"分层分级分类"的预警联动机制，"差别设计"和"主辅结合"是其最主要的特点；应急安全

[①] The White House, "National Security Strategy of the United States of America," December 2017, p. 4, https://www.whitehouse.gov/wp-content/uploads/2017/12/NSS-Final-12-18-2017-0905.pdf.

预案由1992年的《联邦响应计划》，几经发展和更新，先后升级为《国家响应计划》和《国家响应框架》，虽然不同时期曾有不同程度的调整，但是整体上还是遵循了"地方为主、属地管理、分级响应"的原则。

在反恐安全危机预警流程上，作为世界上曾遭受过恐怖主义主要威胁的国家之一，美国的反恐安全监控流程一直在围绕情报的"类型"进行情报机构的职能整合与重组，形成了以情报为中心的"分类流动—分析汇总—再分类流动—再分析汇总"机制；基于国土安全部警报系统为核心的分级预警，遵循"等级的序列""广泛的理解""清晰的评估"原则，按照"预警对象确认—预警范围扩大—预警信息传递"的流程展开行动；在美国联邦层面的反恐安全预案基本已经被纳入到《国家响应框架》分支体系的《国家保护框架》之中，设计上体现的是一种"自上而下＋分工协作"的模块化机制，即"战略与整体""预防与保护""响应与恢复"三个方面的协同统一。除此之外，尽管随着安全优先级的变化，反恐安全预案在军事安全与战略安全的危机预案中也有所体现，但侧重点有所差别。

在军事安全危机预警流程上，针对军事安全监控对象多元化发展的趋势，军事安全监控以军事情报的"搜集与分类"和"分析与研判"为中心目标，建立了一套由军队主导、国家和社会机构参与的"专业主导＋多元参与"情报跨界共享机制；与军事安全监控注重多元参与完全相反，由于军事安全预警是依托国防领域按照不同空间位置分层的军事化预警系统而运作的，因此，军事安全预警遵循国防预警委员会"自上而下"的指令型机制，有突出的"单一"军事性特征；军事安全预案集中体现在美国总统在每个财年签署并发布的《国防授权法案》，以及国防部发布的《国防战略》报告，以及对于特定国家和地区的"军事与安全发展报告"。目前，美国对其军事安全危机的预案以"重塑美国的军事预防能力"为中心，坚持"以实力求和平，用战备遏制战争"的思路，计划部署一支杀伤力强、负有弹性和强适应性的联合部队。

在战略安全危机预警流程上，作为最为注重宏观性、全局性和长期性特征的安全领域，战略安全危机预警的流程主要围绕国家战略安全的利益与目标展开。战略安全监控流程以关乎国家重大利益的战略安全情报为核心，形成了由专业情报机构与各类民间组织共同参与、协同推进的"官民互依"型机制；以战略安全威胁判断与应对措施选择为特点的战略安全预警，是战略安全决策体系关注的核心议题。因此，从机制上看，战略安全预警遵循着一种以决策中枢系统为中心，以"决策信息系统和咨询系统"与"决策监督和反馈系统"为支撑的"外向内化＋内部平衡"的协调型机制；战略安全预案尽管在美国发展的不同阶段都有所呈现，然而以相对正式的方式系统提出战略安全预案是以1986年的《戈德华特－尼科尔斯法》为标志的，在此之后，美国《国家安全战略》报告几乎涵盖了美国战略安全危机判断和应对的主要内容。与此同时，由《防务评估》报告发展而来的《国防战略》报告也涉及战略安全威胁判断与应对预案。目前，美国对其战略安全威胁的判断是，当今世界重现国家间的战略性竞争，其预案聚焦以重塑美国优势为前提的"防范性竞争"方案，强调要提升美国全方位的战略竞争能力，做好长期军事竞争的准备，推进国家权力系统多要素的整合，同时又不放弃与竞争对手之间的合作，并为合作的失败做好准备，捍卫美国和美国人民的价值观和利益。

第六章
美国国家安全危机预警联动机制

自美国依据1947年《国家安全法》设立国家安全委员会负责统筹协调各安全部门以来，经过70多年的改革发展，美国已经建立了包括应急安全预警、反恐安全预警、军事安全预警和战略安全预警在内的世界上最先进、最完善且高效灵活的安全预警机制。[1] 各安全预警部门在国家安全委员会的统一协调下，共享安全情报，逐渐摆脱了成立初期各自为政的孤立状态，实现了各预警机制之间的联动运作。

安全环境、安全理念和法律制度共同推进着美国国家安全危机预警体制机制的发展与完善。[2] 建立健全高效统一的安全危机预警联动机制不仅是对前期安全危机事件的总结，也是适应新的国家安全环境和应对新的未知事件的需求，因而一直是美国历届政府安全工作的重中之重。作为当今世界上权力最大的国家，美国的国家利益遍及世界各地，其对国家安全危机预警的需求不仅仅来自内部的经济、自然灾害等因素，那些外部力量尤其是核威胁和大国威胁更是美国安全危机预警的重点内容，其国家安全危机预警的领域也早已从国内扩展到了国外。目前，美国已经建立了世界上规模最大、覆盖范围最广、层级最多的综合性、动态性的国家安全危机预警体制机制，国家安全危机预警体制形成了以总统为核心、国家安全委员会统筹协调、各安全部门分工协作、国会负责监督的综合性动态管理机

---

[1] 刘胜湘、邵超：《美国情报与安全预警机制论析》，《国际关系研究》2017年第6期，第83—105页。

[2] 刘胜湘等：《世界主要国家安全体制机制研究》，经济科学出版社2018年版，第99—101页。

制。在央地关系的纵向领域，国家安全危机预警体制机制形成了联邦、州和地方的三级预警管理体系，同时美国对未知事态的警惕心理使其预警体制机制仍处于不断改组状态中，以满足新的国家安全需求。

第一节　美国国家安全危机预警纵向联动机制

在美国国家安全危机预警体制机制的建设中，各预警机构之间的协调与联动是一条重要线索，也对美国国家安全危机预警体制机制的形成起了特别重要的作用，因而需要进行深入分析。美国国家安全危机预警体制机制的联动可以分为纵向联动机制与横向联动机制。本部分将分析美国国家安全危机预警的纵向联动机制。在分析美国国家安全危机预警的纵向联动机制时，我们首先从整体上分析美国国家安全危机预警的纵向联动。由于情报与安全体制机制在国家安全危机预警中扮演着核心角色，我们也将以情报与安全体制为主体，分析美国情报与安全部门的安全危机预警联动机制。

一、整体纵向联动：决策、执行与评估

总统及国家安全委员会作为美国最高的国家安全事务决策机构，统领美国所有的国家安全部门，所有涉及安全事务的国家部门都必须向总统和国家安全委员会负责。作为国家安全预警事务的主要决策机构，国家安全委员会成员涵盖国防部、财政部、情报系统、司法部等部门，以及美国驻联合国及各国代表机构等部门，总统任该委员会主席，参谋长联席会议主席和国家情报总监作为国家安全委员会的最高军事和情报顾问，经常参与国家安全委员会会议并就各自领域的问题提出相关建议。国家安全委员会

会议分为日常会议和临时会议两种。[①]

日常会议采取分级会议的形式讨论国家安全问题，具体分为三个层级：由总统亲自主持召开的最高级国家安全会议，由国家安全事务助理主持召开的部长级国家安全会议，以及由国家安全事务副助理主持召开的副部长级国家安全会议，各层级会议的成员身份相对固定。分级会议在一定程度上反映了国家安全危机预警的不同级别。临时会议主要与突发事件有关。在危机发生后，总统亲自召集相关安全部门负责人召开"危机决策特别小组"会议，其会议成员身份不固定。危机决策特别小组具有层次高、专业性强、反应快、覆盖面广、保密性强的特点，可以有效协调各相关部门工作，指挥各政府部门迅速展开调查和救援，提高了政府快速应变的能力，最大限度降低了危机带来的损失。从会议级别来看，危机决策特别小组与最高级的国家安全会议都由总统亲自召开，但危机发生后，危机决策特别小组则代替日常最高级会议成为危机处理的临时最高机构，并享有危机处理的最高决策权和对相关部门的领导权，全权负责危机处理和领导各部门展开工作。从会议成员来看，不同于总统主持召开的最高级国家安全会议，危机决策特别小组成员级别稍低，但其具有明显的跨部门、跨级别的特点。从决策效力来看，安全危机的突发性与安全决策的时效性赋予危机决策特别小组相当大的权力，加之小组成员部门专业性较强，从而大幅提升了其国家安全决策的效力，各小组成员部门执行力也大幅提高。

在联动执行层面，国家安全危机预警实行中央集权、部门分权协作、情报统筹的运作机制。在总统与国家安全委员会的统一领导和有效协调下，各安全部门负责具体的执法工作。情报系统负责情报搜集，并反馈给各执法机构。安全情报贯穿国家安全危机预警的始末，各情报机构实行分块协作，防止职能重叠，如国家安全局主要负责信号情报，国防情报局主要负责军方的对外情报和反情报等。执法机构是指由司法部长指定为执法机构的联邦政府的任何部门或机构。因安全领域的不同，国家安全分为应急安全、反恐安全、军事安全和战略安全四大领域，各安全部门作为次一

[①] 朱建新、王晓东：《各国国家安全机构比较研究》，时事出版社2009年版，第7—8页。

级的管理机构，在总统和国家安全委员会的领导下展开工作，既独立负责各部门所属领域内的安全事务，也在国家安全委员会的领导协调下展开合作（如图 6-1 所示）。各执法机构根据司法部长和国家情报总监协商后确立的方针，立即向国家情报总监汇报其在执法过程中获得的对外情报，国家情报总监将筛选整合后的情报交由总统和国家安全委员会讨论。

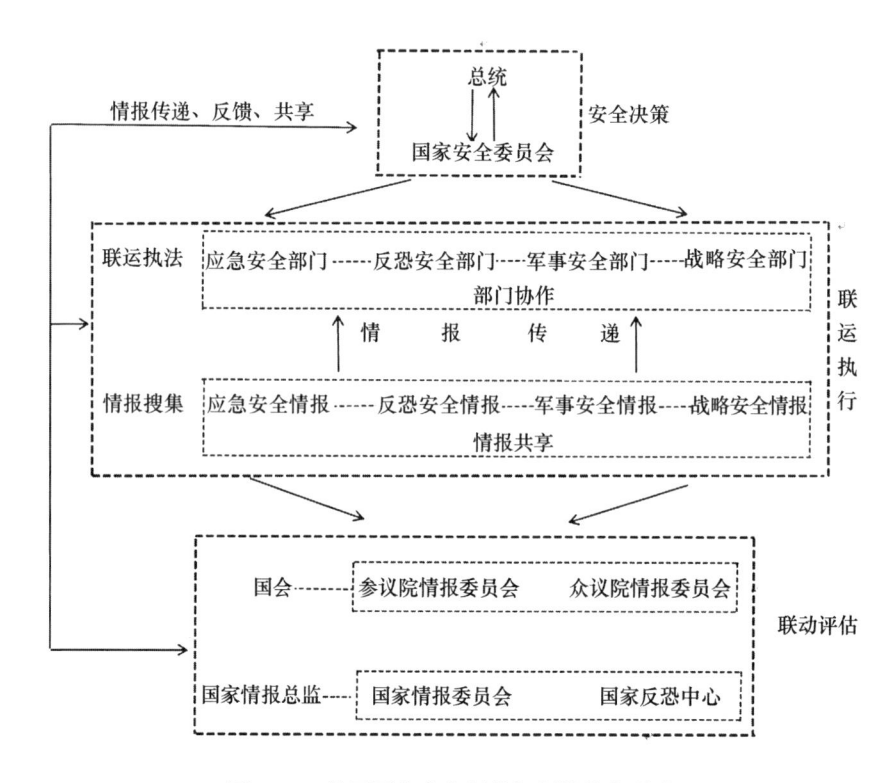

图 6-1 美国国家安全预警机制的纵向联动

资料来源：笔者自制。

在评估层面，对安全情报的评估主要表现为总统与国会的权力竞争，逐渐形成了情报界的专业评估和国会评估两个层面。在情报界的专业评估方面，国家情报委员会和国家反恐中心是国家情报总监办公室下属的两个主要评估机构，其中国家情报委员会专职生产《国家情报评估》，国家反恐中心负责反恐情报的搜集、评估和跨部门分享，同时也协调各反恐安全机构行动。① 国会是安全情报评估的重要机构，美国参众两院的情报特别委员会拥有对情报界的监督权、财政权、立法权和审查权，通过授权法和拨款法相结合的项目管理和资源分配方式，保证国家情报项目的授权活动和各类资金的拨付行为规范有序，以达到规范国家情报活动的目的。国会调查评估分为例行评估与临时评估两种，例行评估即国家情报总监应经常评估国家情报项目的完成情况，需每半年向国会汇报一次，并提交年度报告。② 临时评估主要是国会对临时调查委员会应对突发事件活动能力的评估。如"9·11"事件后，美国国会成立了"9·11"事件调查委员会对美国情报部门的情报工作展开调查评估，最终形成的报告，成为美国情报管理改革的蓝本。国会也有权对国家情报总监进行监督。国家情报总监虽然由总统提名，但需经参议院批准，也要出席国会的听证会。

总的来看，美国各安全部门在分块管理基础上，由国家安全委员会指导其分工协作，充分利用其下属的情报机构搜集所属领域的安全情报，与中央情报局所获取的安全情报实现情报共享，并上交给国家情报总监。作为总统和国家安全委员会的首席情报顾问，国家情报总监负责整合与协调美国情报界，并拥有对情报信息的审查权和对所有的情报信息的筛查权。国家安全委员会作为国家安全事务的最高决策机构，实行议而不决的运行机制，也即只享有讨论权，并不享有对国家安全事务的最终决定权。安全事务最终决定权专属于总统，并指导国家安全部门的具体工作。

二、情报与安全部门内部纵向联动

安全情报是"履行警察职能所需要的一种情报。安全情报工作就是保卫国家及人民免受犯罪分子的伤害"。③ 因而，安全情报是国家安全决策的

---

① George W. Bush, "Weekly Compilation of Presidential Documents," Vol. 41, Issue 29, July 25, 2005, pp. 1175 – 1176.
② Office of General Counsel, "Intelligence Community Legal Reference Book," Office of the Director of National Intelligence, Winter 2012, pp. 36 – 37.
③ ［美］谢尔曼·肯特著，刘微、肖皓元译：《战略情报：为美国世界政策服务》，金城出版社2012年版，第170页。

重要知识基础，安全危机预警的高效运作离不开情报系统的支撑。国家情报系统在国家安全委员会指导下工作，为国家安全提供至关重要的情报。

国家情报总监负责指导和协调所有情报机构的情报活动，并直接对总统和国家安全委员会负责，是总统和国家安全委员会的法定情报顾问。目前，美国情报系统采用"16+1"的模式，即由国家情报总监协调、中央情报局独立运作、7个政府情报机构和8个军事情报机构负责具体实施。总的来看，当前美国情报机构主要有国家级情报部门、各政府机构下属情报部门和军事情报部门三种类型。[①]

国土安全部是负责美国国土安全的主导机构，在成立之初就整合了来自国防部、财政部和司法部等8个联邦部门的22个机构的职责，是自1947年组建国防部以来最大规模的政府改组，[②] 涉及军事、情报、信息、移民等不同领域。具体来看，国土安全部下属的应急管理局负责灾后重建工作，并协调州和地方政府应急管理机构的应急工作，其下属的情报机构也具有情报搜集和分析的职能。为协调政府有关安全部门的情报活动，按照国家安全委员会的指示，经总统批准同意，国家情报总监有权对政府各部门涉及的国家安全情报进行核查，有权知悉政府各部门所拥有的涉及国家安全的情报。中央情报局和联邦调查局要将涉及国土安全的资料上交国土安全部进行分析研究。在联邦、州与地方政府的纵向协调方面，除应急管理局负责协调州与地方的应急工作外，在国土安全部部长办公室下设的州与地方政府协调处也负责协调州和地方政府的安全活动，通过强化联邦、州和地方政府之间的联系，促进和保障联邦、州和地方政府三方在实

[①] 从隶属关系来看，中央情报局是联邦政府的独立机构，国家安全局、国防情报局、国家侦察局和国家地理空间情报局由国防部直接管辖，四个军种情报机构分别为海军情报局、陆军情报局、海军陆战队情报局和空军情报监视侦察局，五大部级行政机构下属7个情报部门：能源部的情报与反情报办公室、国土安全部的情报与分析办公室和美国海岸警卫队情报局、司法部的联邦调查局和禁毒署国家安全情报办公室、国务院的情报与研究局以及财政部的情报与分析办公室。从业务倾向来看，众多情报机构中只有中央情报局和国防情报局以情报分析为主要业务，其中中央情报局主要负责海外情报工作及秘密颠覆活动，其他情报机构尽管也从事情报分析活动，但其更主要的业务是进行情报搜集。参见ODNI,"Members of the IC," http://www.odni.gov/index.php/what-we-do/members-of-the-ic.

[②] Wendy Haynes, "Seeing around Corners: Crafting the New Department of Homeland Security," Review of Policy Research, Vol. 21, Issue 3, May 2004, pp. 369–370.

际工作中的协作。[①]

警察机构是负责美国国内安全事务的主要行为体。警察机构分为联邦警察机构、州警察机构、市警察机构和县警察机构。联邦警察机构主要负责执行美国各项联邦法律和打击那些全国性的重大违法案件，但权力、权责较分散，主要部门有司法部下属的联邦调查局、移民规划局，财政部下属的海关总署、安全勤务局，以及国防部下属的国防调查署、海军部调查局等。州警察机构属于一种自治式警察系统，州警察局长大多由州长亲自任命，只对各自州的州长负责，不受联邦警察的领导和约束。市警察机构是美国警察机构中最庞大，也是最重要的组成部分，受城市行政机构的管辖。县警察机构依据各州的法律成立，规模较小，但数量较多，且县警察局长大多集刑事、司法、安全三方面职能于一身，拥有较大的自主权。联邦调查局是美国规模最大的警察机构，其总部设在华盛顿，在各大城市下设外勤办事处及从属于它们的地方分局，分局下再设办事处，负责执行总部分配的任务。2005年，联邦调查局成立了综合国家安全情报系统情报职能和司法部反恐情报职能的国家安全处，通过两大安全部门的协调合作，以加强彼此间安全情报与执法方面的交流与合作，并在法律执行方面向联邦、州、市和县警察机构提供帮助。

在情报部门的纵向管理上，除中央情报局以外，各情报部门在管理权上实行双重领导制，即各情报部门受到本行政部门和国家情报总监的双重领导。国家情报总监作为情报系统的主要负责人，负责协调情报界内的跨机构事务，但并不直接领导各情报机构，情报机构只是在情报业务上受国家情报总监的指导。在隶属关系上，各情报机构仍直接受到本行政部门领导人的领导，各情报机构自身也拥有较大的自主权（如图6-2所示）。此外，国家安全部门的主要领导人如国防部长、国土安全部部长同为国家情报总监办公室下属的联合情报界委员会成员。联合情报界委员会负责协助国家情报总监，并指导各成员的安全情报工作，从这个方面来说，国家情报总监与负责国土安全的主要部门不仅是合作关系，也存在指导关系。然

[①] 胡建奇：《美国反恐斗争中部门协作机制的制度保障》，《中国人民公安大学学报（社会科学版）》2008年第3期，第8—14页。

而，国家情报总监与各安全部门之间仍存在较大的合作张力。以国家情报总监与国防部长为例，一方面，国家情报总监虽统一管理情报界内的跨机构事务，但并不享有对各情报机构的领导权，这直接降低了其对安全情报机构的管理效力。另一方面，国家情报总监与国防部长分别享有对国家情报预算和国防情报预算的制定权。① 因此，人事管理与预算管理的双重分离决定了国家情报总监与国防部长难以实现真正的合作。在危机处理方面，情报信息的共享不仅仅局限于情报部门内部，也已经实现了情报部门与安全部门之间跨部门的情报共享。国家安全部门执行机构在危机处理之前和危机处理过程中不仅受到上级领导部门的指导和协调，情报部门实时的情报供给也是其危机处理的关键。

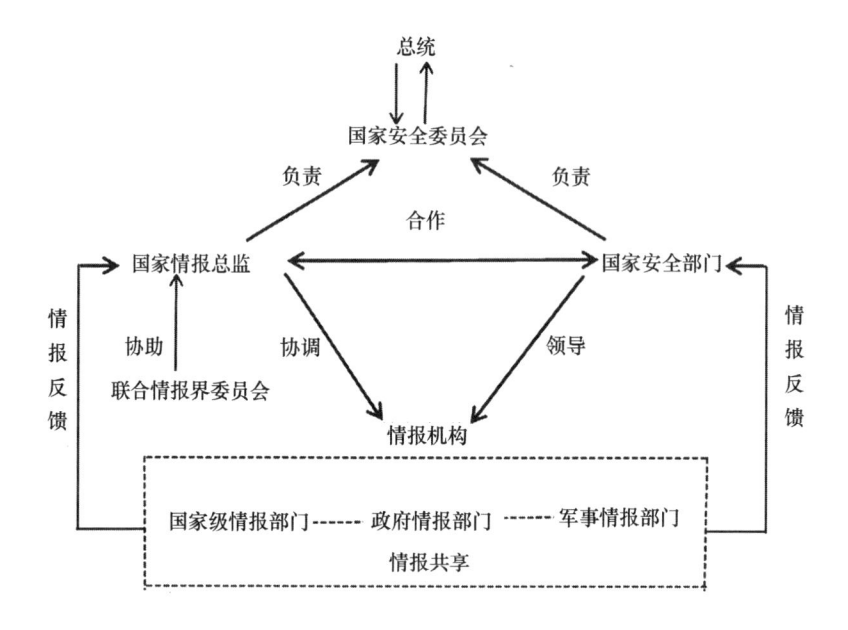

图 6-2　美国情报与安全部门的纵向联动

资料来源：笔者自制。

---

① ODNI, "U. S. Intelligence Community Budget," February 2018, https://www.dni.gov/index.php/what-we-do/ic-budget.

以情报部门与应急安全预警部门联动运作为例,当前,应急安全预警采用联邦政府领导、州和地方政府主导的三级预警响应模式。[①] 国土安全部下属的联邦应急管理局负责发布预警信号和制定应急预案,在平时和危机发生后负责协调和整合各类应急资源,对州政府和地方政府应急管理机构的应急预警措施进行指导并提出相关建议,确保各级政府之间应急预警的合作有效展开(如图6-3所示)。重要的是,危机发生后,联邦应急管理局可越过国土安全部直接向总统负责,并代表总统进行灾害救助。州与地方政府是危机处理的主体,当灾难发生后,州与地方政府首先展开自救。当灾难超出州和地方政府的处理能力时,地方政府向联邦政府申请救援,联邦政府才开始展开救援,但联邦应急管理局须及时向总统汇报危机事态的发展情况,以便灾难不超过联邦政府的可控范围。应急情报由联邦政府专属,来自中央情报局、国家安全局等情报部门的相关国家安全情报和信息经国土安全部下属的情报分析和基础设施保护司分析和评估后,制定预警政策并对其他的国家安全部门进行宏观指导。其他非政府部门的信息(如智库产生的情报)等也是国家安全情报的重要来源。

在州和地方政府层面,联邦政府与州及地方政府已经形成了一种动态的关系模式。[②] 州与地方政府虽是危机处理的主体,但联邦政府作为财政的拥有者和分配者享有决策权,从而通过财政影响州和地方政府,在地方政府事务中正在占据越来越突出的地位。作为联邦政府与地方政府之间纵向应急协作的重要渠道,州政府应急管理机构与联邦政府和地方政府相关部门建立协调机制,力图避免应急管理协作过程中出现的跨级协作问题。地方政府应急管理部门受到联邦和州两级应急管理机构的双重指导,其应急预警措施包括"自助"和"他助"两种方式。联邦政府与州及地方政府在预警情报的搜集、反馈与共享方面实行双向传递。一方面,州与地方政府是危机发生之后实时信息的第一获得者,它们将相关信息反馈给联邦政

[①] 刘胜湘、邹超:《美国情报与安全预警机制论析》,《国际关系研究》2017年第6期,第83—105页。

[②] [美]文森特·奥斯特罗姆等著,井敏、陈幽泓译:《美国地方政府》,北京大学出版社2004年版,第53页。

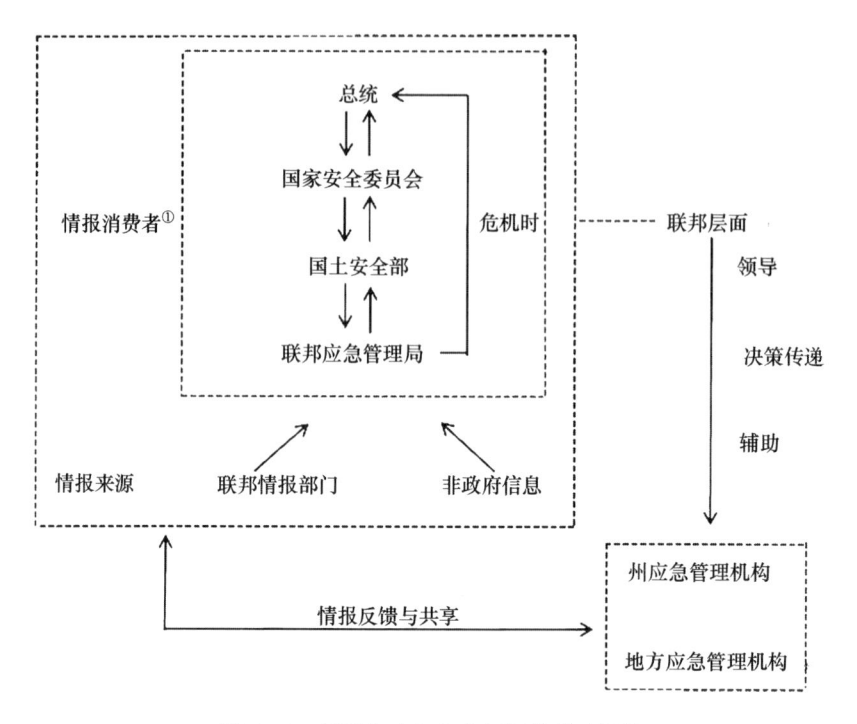

```
                            总统
                             ↓↑
                        国家安全委员会
情报消费者①              ↓↑            危机时      联邦层面
                         国土安全部
                             ↓↑
                        联邦应急管理局
                                                    领导
                                                    决策传递
                                                    辅助
情报来源    联邦情报部门    非政府信息

                                              州应急管理机构
         情报反馈与共享
                                              地方应急管理机构
```

图 6-3　情报与应急安全部门的联动运作

资料来源：笔者自制。

府，联邦应急管理局在整合处理并与各安全部门分享各类安全信息的同时，也通过联合信息中心向地方应急管理机构和社会公众发布信息，以使得安全信息实现横向和纵向双向传递。另一方面，联邦政府负有灾难前情报预警和灾难发生后指导救灾的双重责任。在情报预警方面，联邦政府依靠强大的预警系统进行全天候、全方位的信息搜集并做出危机预测，如2012年美国"桑迪"飓风到达美国本土前四天，国家飓风中心就公布了有关飓风的路径判断和危机预测。"桑迪"飓风登陆后，美国气象预警系统严密监控并实时更新气象图和灾害预警区，使民众能够在第一时间掌握相关信息并迅速做出反应。① 在危机发生后，在联邦政府危机预案的指导下，

---

① 刘铁民、王永明：《飓风"桑迪"应对的经验教训与启示》，《中国应急管理》2012年第12期，第11—14页。

州与地方政府在灾前应急准备基础上开展救灾工作。

第二节 美国国家安全危机预警横向联动机制

在分析了美国国家安全危机预警的纵向联动机制后，本节主要分析美国国家安全危机预警的横向联动机制，首先分析美国国家安全危机预警的整体横向联动情况。基于反恐安全在"9·11"事件后长期主导美国国家安全危机预警的发展，本节也试图以反恐部门的联动为例，分析美国国家安全危机预警的横向联动。

一、整体横向联动：安全危机预警部门之间的协调

美国国家安全危机预警的整体横向联动机制主要表现在各安全危机预警部门之间的协调，具体指美国应急安全危机预警部门、反恐安全危机预警部门、军事安全危机预警部门和战略安全危机预警部门，在国家安全委员会的领导下与相关机构及这些预警机构之间的横向联动。作为国家综合性安全机构，国家安全委员会统筹协调各安全危机预警部门，各预警部门在国家安全委员会领导和协调下分工协作，共享安全情报。

当前，主管美国应急安全危机预警的是1979年成立的联邦应急管理局，其成立的目的在于协调美国平时或战时进行紧急动员、民防、救灾等活动。作为一个协调机构，联邦应急管理局与国防部、劳工部、退伍军人事务部等机构协调进行人力动员准备；与运输部、商务部、能源部等机构协调进行运输动员准备工作；与财政部、进出口银行、预算局等机构协调进行财力动员准备工作；与卫生和公共福利部协调进行民防动员准备工作。为指导和协调联邦应急管理局的工作，国家安全委员会成立了由联邦应急管理局局长任主席的紧急准备和动员计划政策协调委员会，负责制定国家紧急事务政策，协调各部门在执行国家紧急事务政策时的行动。"9·

11"事件后,反恐安全成为美国国家安全的重心,负责应急安全的联邦应急管理局被纳入到国土安全部下属的紧急事态准备与应对司,工作重心开始向反恐领域转移。[1] 2005年美国政府应急管理机构在"卡特里娜"飓风中反应迟钝,造成大量的人员伤亡,美国政府被迫重新审视联邦应急管理局的职能和地位。2006年布什总统签订《后"卡特里娜"应急管理改革法》,改革法规定,在紧急状态下,联邦应急管理局可越过国土安全部直接对总统负责,联邦应急管理局在应急安全体制中的地位大幅上升。2016年,美国各政府机构在"桑迪"飓风前已经做好了应急准备,各应急部门联动运作表现出色,铁路、航空部门提前停运,州政府提前申请了联邦的援助并提前宣布进入紧急状态,国防部提前部署了大量国民警卫队和军用物资,国家后勤局也加倍储备燃料来满足应急发电所需等。[2] 充分的灾前准备和各级政府的协作,避免了出现类似"卡特里娜"飓风时的无政府现象,最大限度地降低了灾难损失。

"9·11"事件是美国新世纪的"珍珠港"事件,[3] 它彻底改变了美国人的国家安全观,也深刻影响了此后美国国家安全预警机制的发展。为保障美国国土安全,提高对恐怖主义的防范和打击能力,美国决定彻底改革那套为赢得冷战胜利而建立的国家安全危机预警体系,[4] 由此加快和加大了对国家安全体制改革的速度和力度,反恐安全危机预警机制逐渐成熟。这主要表现在新成立反恐安全部门与加强原情报部门反恐权限方面。一方面,美国接连成立了多个新的国土安全机构,以增强保卫国土安全的能力。2002年4月,美国成立北方司令部,负责对美国领土安全的立体型防卫。依据2002年《反情报促进法》,美国成立了国家反情报执行官办公室,其职能包括制定国家反情报战略和协调各安全部门的反情报工作。

---

[1] Thomas A. Birkland, "Disaster, Catastrophes and Policy Failure in the Homeland Security Era," Review of Policy Ressearch, Vol. 26, No. 4, July 2009, p. 426.
[2] 袁国栋:《政府公共危机管理比较研究——以卡特里娜和桑迪飓风为例》,《北京航空航天大学学报(社会科学版)》2013年第2期,第19—24页。
[3] 张长军:《美国情报失误研究》,军事科学出版社2006年版,第80页。
[4] "The 9·11 Commission Report: Final Report of the National Commission on Terrorist Attacks upon the United States," p. 383, https://www.9-11commission.gov/report/911Report.pdf.

2002年成立的负责美国本土安全的内阁部长级部门——国土安全部，主要任务是预防和减少恐怖分子在美国境内发动恐怖袭击。2004年成立国家反恐中心，主管政府反恐情报的汇总、研判和通报。2005年成立由国家情报总监直接领导的国家反扩散中心，负责指导各情报机构安全情报信息的搜集，并整理和研判经各情报部门上交的相关安全情报，供决策者参考。另一方面，美国重组安全情报系统，通过系统内部权力职能的再分配，提高安全情报系统应对危机的能力。政府强化了中央情报局的职能，在中央情报局原行动处的基础上成立了国家秘密行动局，负责协调和评估情报界的秘密行动。政府也对联邦调查局进行了"规模空前的改造"，确认其反恐的工作重心。[1] 通过成立新的安全部门和对原有安全部门的整合或重组，美国建立了由国家安全委员会统一领导，情报部门与国防部、司法部以及其他负责反恐安全部门分工协作、更加灵活高效的反恐预警体系。

军事安全部门是国家不可或缺的重要组成机构。高效的国家安全政策不仅是军事安全部门内部高度协作的产物，更需要军事安全部门与其他安全部门之间的通力合作。[2] 美国军事安全危机预警机制源于冷战时期为应对苏联核武器和远程轰炸机威胁而成立的北美防空司令部。美国国防部是负责军事安全危机预警的主要部门。美国国防体系下的军事安全危机预警系统包括针对远程轰炸机、巡航导弹的预警系统和针对远程、中程弹道导弹的预警系统，具体由国防部下属的六个地域性联合作战司令部和三个功能性联合作战司令部构成，[3] 各军种部队可在联合作战司令部的直接指挥下执行任务，不需要再通过各个军种部的同意。在各军事预警系统协调方面，国防预警委员会负责制定国防部预警任务，对来自敌国的威胁、政治

---

[1] 黄爱武：《战后美国国家安全法律制度研究》，法律出版社2011年版，第96—99页。

[2] Ferdinand Eberstadt, "Postwar Organization for National Security," In Karl F. Inderfurth and Loch K. Johnson, eds., "Fateful Decisions: Inside the National Security Council," New York: Oxford University Press, 2004, p. 18.

[3] 六个地域性联合作战司令部分别为：北方司令部、中央司令部、欧洲司令部、太平洋司令部、南方司令部和非洲司令部，三个功能性联合作战司令部分别为：特种作战司令部、战略司令部和运输司令部。参见刘胜湘等：《世界主要国家安全体制机制研究》，经济科学出版社2018年版，第72页。

和经济的不稳定,以及其他可能影响国家利益的挑战等问题做出识别和预警。① 美国以先进的科学技术为手段,通过区分不同预警对象,实行分层部署,相互取长补短。远程预警与近程预警互为补充,天基预警与陆基预警紧密配合,辅之陆基预警中不同探测距离的雷达系统和先进的空中预警系统,美国已经构建了全方位、全天候的陆海空天一体化军事安全预警系统。此外,依靠强大的数据信息平台,美国不断整合其在世界各地的军事预警系统,并通过集合国内外军事预警信息满足美军不断增长的联合作战和协同作战的预警需求。军事安全危机预警机制与应急安全危机预警机制也存在合作关系,如北方司令部长期参与政府飓风应对计划的制定,军队也参与灾难营救。军事安全预警与反恐安全预警也互相配合,除共享安全情报外,国防部在涉及大规模杀伤性武器时也可对地方执法机构提供军事援助。

战略安全预警在美国国家安全预警体系中处于最高层次,直接涉及美国霸权的存续,在保证美国基本的国家存在基础上,确保美国世界领导地位不动摇。美国战略安全危机预警因安全环境和安全理念等的变化也处于不断变化之中,但都以维护美国的世界领导地位为其长远目标,其战略核心是"重塑美国对世界的领导地位"。冷战期间,美国主要防范苏联战略核武器对其可能发动的核攻击,冷战后,预防大国崛起对其世界领导地位的威胁成为其战略安全预警的主要任务。当前,美国战略安全预警主要有弹道导弹和核爆炸预警、大国崛起预警两个方面。美国战略安全预警是一个综合性、动态性的预警系统,必须通过与其他预警系统的融合才能实现其战略预警需求。"接地气"的应急安全预警注重解决国内的突发性事件,为战略安全预警的有效实施创造稳定的国内环境。战略安全预警与军事安全预警也在不断加强彼此间协作,旨在避免重复预警和预警漏洞,并指导军事安全预警的实施。战略安全预警还不断加强与反恐安全预警之间的协作,通过共享预警情报,提高安全预警效率。国家情报总监下属的国家情报委员会是进行战略安全预警的重要机构,自 1996 年开始发布

---

① [美]杰弗瑞·理查尔森著,石莉译:《美国情报界》(下),金城出版社 2018 年版,第 634 页。

的《全球趋势报告》是其对全球战略安全形势进行分析和预测的重要文件。此外，美国历届政府发布的《国家安全战略》报告也反映了战略安全的变化，2017年的《国家安全战略》报告称"美国正面临着极端危险的世界"，[1] 中国与俄罗斯挑战了美国的权力、影响力和利益，侵蚀了美国的安全和繁荣。[2] 这次战略报告更加突出了传统安全和战略安全对美国挑战的内容。

建立健全安全预警机制的目的在于"防患于未然"，为应对可能的安全威胁提供充足的准备时间。不同于战略安全预警"战略"的长期性，应急安全预警、反恐安全预警、军事安全预警更注重其"战术"的及时性，从这个方面来讲，应急安全预警、反恐安全预警、军事安全预警与战略安全预警是局部性与全局性的区别。目前，在美国国家安全委员会的统一领导和协调下，美国应急安全预警、反恐安全预警、军事安全预警共享安全情报，在危机应对过程中分工协作，为战略安全预警提供了良好的内外环境，构成战略安全预警实施的重要基础与前提。战略安全预警反过来要求前三者必须做好自身的预警工作，并对各部门的预警工作提供指导与协调。

二、反恐跨部门协同

国土安全部、国防部、司法部和情报部门是美国负责反恐的主要部门。国土安全部设立的直接目的在于应对后"9·11"时代恐怖主义对美国本土的威胁，其工作重心在于统一反恐力量，协调联邦政府不同部门之间的反恐工作以提高反恐效率，并负责联邦政府与州、地方之间的合作。国土安全部部长自然而然地成为应对和处理各类突发性事件的首要责任人，主要职责包括指导各安全部门制定应急预案，协调各安全部门在危机

---

[1] "National Security Strategy Archive," National Security Strategy of the United States of America, Washington, D. C.: the White House, December 2017. p. 1, https://trumpwhitehouse.archives.gov/wp-content/uploads/2017/12/NSS-Final-12-18-2017-0905-2.pdf.

[2] 王秋怡：《特朗普政府〈美国国家安全战略〉报告评析》，《国际论坛》2018年第3期，第28—34页。

发生后加强跨部门协作，以提高各安全部门应对各类突发危机的能力。除负责与协调各级政府部门工作之外，国土安全部部长还重视协调私营部门和非政府组织在安全危机应对过程中的作用，通过提升政府部门与私营部门和非政府组织的关系，发挥私营部门和非政府组织在安全危机处理中的辅助与保障作用。

国土安全部的设立及对部门的整合第一次将反恐问题提高到总统层面，总统成为反恐的最高负责人。在中央层面，国土安全部一方面提高了各安全部门之间对反恐情报的协调配置能力，强调各安全部门在危机应对中的相互协作。另一方面，国土安全部的创设改变了此前军方不能参与国内危机管理的局面，注重发挥军方在反恐危机中的作用，同时加强了军队与警方之间的合作。危机发生后，国土安全部部长通过协调和配置联邦政府和地方政府的各种资源，加快危机发生后的重建与恢复。在地方层面，加利福尼亚率先成立了美国第一个打击恐怖主义的州级情报系统——加利福尼亚反恐信息中心，洛杉矶的区域反恐预警体制及其"行动情报准备"的预警模式被推广到全国范围内，这为其他地方政府提供实践经验的同时，也通过不断实践进而完善了这一预警模式的实际操作。

国土安全部与国防部、司法部和情报部门四者之间在职能分工上为合作关系，各自职能重点不同，并独立开展工作。情报部门负责反恐监控，中央情报局和联邦调查局须把涉及国土安全的情报上交国土安全部进行研究分析。隶属于国土安全部的情报与分析办公室和海岸警卫队情报局是美国情报界的重要成员，也拥有情报搜集的权力。国防部与中央情报局和联邦调查局也为合作关系，并共享中央情报局和联邦调查局的反恐情报，但国防部下属的情报机构与中央情报局和联邦调查局一样都要将反恐情报上交国家情报总监，并受国家情报总监的指导和协调。国土安全部与国防部是平等合作关系。相较于国防部的军事职能，国土安全部更倾向于国家安全威胁的非军事领域，国防部同样也须向国土安全部交送涉及国土安全的情报信息。当危机涉及大规模杀伤性武器时，国防部须提供军事援助，如直接派出军队参与危机处理以减少损失。除军队参与应对恐怖袭击外，美国警察部门也是危机处理的重要力量。

为防止滥用权力和出现权责不清现象，美国反恐机构分为反恐情报机构和反恐执法机构两大类，两方在各自的职责范围内独立运作，但情报机构为执法机构提供必要的情报支撑。反恐情报机构负责搜集和分析有价值的反恐情报，并对此进行评估，确定情报是否真实及其是否对美国构成威胁，由国家情报总监交由国家安全委员会讨论。反恐执法机构在联邦政府领导下负责具体的反恐事务。

情报是对抗恐怖分子的第一道防线。[①] "9·11"事件后，为防止恐怖分子再次对美国本土实施恐怖袭击，建立国土安全情报预警体系成为美国政府的重中之重。依据2004年《情报改革及美国预防范恐怖主义法》而设立的国家情报总监负责统一领导全国的安全情报系统，协调各情报机构之间的工作，以提高情报工作效率。2005年成立的国家安全处是美国反恐情报的重要力量，由原联邦调查局反恐处、反情报处和情报部合并而来，并接受联邦调查局局长和国家情报总监的双重领导，从而强化了反恐执法机构和反恐情报系统之间的合力。[②] 隶属于国家情报总监办公室的国家反恐中心统一处理各情报机构和情报渠道搜集的反恐情报，是政府反情报汇总、研判和通报的主管部门。在国外反恐情报方面，中央情报局负责在美国本土以外从事国外情报和反间谍工作，同时也展开秘密行动，中央情报局局长也可将相关情报提供给联邦调查局局长知悉，以利于情报的交流和共享。联邦调查局负责在国内从事反间谍和搜集外国的情报，如果在美国本土外执行反间谍任务，联邦调查局须同中央情报局协调进行。在国内反恐情报方面，国家反恐中心、国土安全部与司法部联邦调查局三方在反恐情报监控、反恐情报共享和行动领域密切配合，有力保障了美国本土安全。

在反恐情报共享方面，美国在加强各情报部门情报共享的同时，利用最新的科学技术不断更新情报搜集数据并提高情报分析能力，如美国将生物基因技术引入到反恐数据库建设之中，提高了反恐识别效率。联邦调查

[①] "The National Security Strategy of the United States of America," September 2002, p. 30, http://www.state.gov/documents/organization/63562.pdf.

[②] 黄爱武:《战后美国国家安全法律制度研究》，法律出版社2011年版，第98页。

局的"生物特征快速获取平台"通过收集和储存外国监狱中嫌疑犯的生物信息，使得联邦调查局人员能够快速搜索相关信息并与其他安全部门共享这一信息。美国移民局和国务院也建立了存有大量外籍入境者指纹信息的信息库，当其入境时移民局会通过数据库提取相关信息并进行比对，从而甄别并防止恐怖分子入境。在州级层面，佛罗里达州警方已经建立了"多州反恐情报交流库"，美国所有安全执法机构都可共享其反恐情报。[①] 美国也强化了中央情报局的职能，在中央情报局原行动部的基础上成立了国家秘密行动局，受中央情报局局长和国家情报总监的双重领导。此外，美国成立了公开情报来源中心，以加强中央情报局搜集情报的力度，扩大情报搜集的领域。

在反恐执法机构方面，美国反恐情报的执法机构主要是隶属于联邦调查局，它拥有国内安全保卫的职权和司法权。联邦调查局采用"最初部门负责制"的办事方式，即由最先发现或最先接触线索的部门自始至终负责该案件，以防止安全工作出现重叠甚至出现部门冲突。"9·11"事件后，美国改组了联邦调查局，将其由"被动反应型"改变为"主动行动型"的执法部门，防范恐怖分子对美国国土的攻击成为联邦调查局的首要任务。当危机发生后，联邦调查局代表联邦政府进行现场指挥，各分支机构在联邦调查局统一领导下与地方执法机构展开合作，并负责联邦、州和地方在危机应对时的协调一致。为促进中央情报局和联邦调查局在反间谍工作中的协调与合作，美国于1994年成立了国家反间谍政策委员会，负责全面规划和协调反间谍工作。

总的来看，当前美国已经形成了情报系统和执法系统相协调的反恐安全预警机制（如图6-4所示）。国家情报总监领导的各个情报机构主要负责反恐情报搜集工作，其下属的国家反恐中心是负责反恐情报搜集工作的专职机构，而联邦调查局则主要负责反恐的执法行动（也包括一部分情报搜集活动），情报搜集与执法机构分工协作，有效避免了情报重复和出现漏洞。安全情报经国家安全委员会讨论，并由总统做出安全决策以指导执

---

① 樊明明、肖欢、陶祥军：《美俄反恐预警机制的比较及启示》，《情报杂志》2014年第12期，第6—9页。

法机构工作，或各安全部门根据下属情报机构提供的反恐情报展开临时行动。

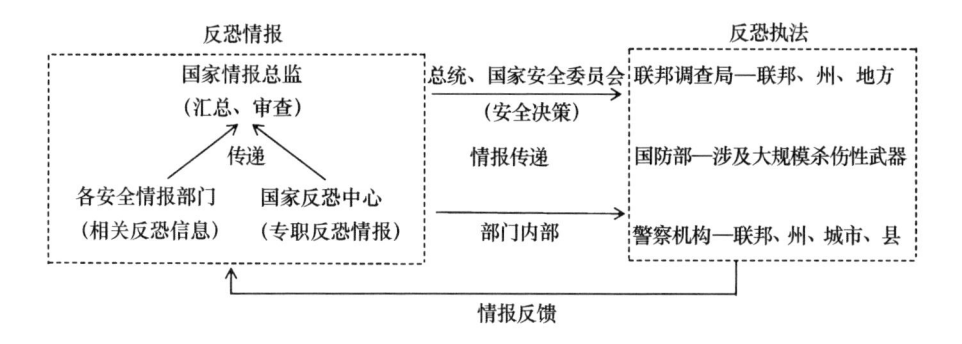

图6-4 美国反恐跨部门协同运作机制

资料来源：笔者自制。

此外，恐怖主义的跨国性和美国国家利益的全球性扩展了美国反恐情报搜集的范围和需求的广度，与海外国家尤其是同盟国加强反恐情报的交流和共享也成为反恐跨部门协调的重要部分。美国国家安全委员会下设的跨国威胁委员会负责协调并指导美国政府在防范跨国威胁方面的活动，总统国家安全事务助理任该委员会主席，国家情报总监、国防部长、司法部长、国务卿为该委员会的法定成员。

第三节　美国国家安全危机预警联动运作特征

安全环境与安全对象的变化，以及被危机证实的现有安全体制机制存在的问题，是促使美国国家安全危机预警联动机制不断改革的客观原因，对安全环境的认知及对安全威胁的界定催生的对安全体制机制改革的需求，要求国家安全危机预警机制朝着更加融合的方向发展。美国国家安全危机预警机制根据不断变化的安全环境，以维护美国国家安全需求为导向，不断对国家安全预警体制机制进行改革与重组。在维护国内外安全的基础上，以维护美国领导地位为战略目标的战略安全预警倒逼美国其他安全预警机制的改革，并实现了各安全预警机制的联动运作，提高了各安全预警部门应对复杂多变的安全威胁和国内外安全环境的能力。在国家安全委员会的统筹协调下，各预警部门联动运作经历了初期的"磨合期"，进入更加高效的"融合期"，各预警部门联动运作效果明显提升。高效灵活的国家安全危机预警体制机制强调跨部门联动运作，帮助美国各政府部门根据安全环境与安全形势的变化进行动态化的安全危机预警，最终提高了各安全部门应对国家安全危机的预警能力。从美国国家安全危机预警联动机制来看，主要有四个特点：

第一，总统是美国国家安全危机预警联动运作的施动者和关键方，其拥有的立法与行政权更是扩展了其在国家安全危机预警联动运作中的权威。

于总统而言，作为安全危机预警联动运作的施动者，一方面，安全威胁的突发性和复杂性对安全决策的时效性提出了更高的要求，这就要求总统必须均衡和整合国家所有力量，[①] 以在短时间内掌握最新信息，并做出决策，但总统个人无法做到且某一独立安全机构也无法做到信息的准确性和全面性。另一方面，复杂的组织体系会稀释安全权力。安全环境的复杂化和利益的多元化要求各安全部门职能愈加明晰并朝着专业化方向发展，单一安全机构获取信息的碎片化显然无法满足安全决策的需要，加之各安全部门之间存在的利益竞争也制约了安全决策的制定及其执行效力，总统不希望出现各安全部门竞争局面。因而，作为唯一享有对各安全职能部门直接权威的总统，总统必须强化其在安全联动中的权力，以期维护国家安全。

总统安全预警联动作用的增强表现为总统持续深化对国家安全预警联动的介入。一方面，总统通过改革和重组国家安全委员会直接变革现有国家安全预警体制机制，以期达到总统的安全预期。另一方面，在不改变现有安全体制的基础上，通过倚重或提高某一安全部门在国家安全预警机制

---

① Project on National Security Reform, "Tuning Ideas into Actions," Executive Summary, September 30, 2009, https://www.pnsr.org/wp-content/uploads/2011/11/pnsr_turning_ideas_into_action.pdf.

第六章　美国国家安全危机预警联动机制

中的地位达到间接介入的目的。直接介入主要表现为法律介入。法律介入表现为总统通过行政命令的方式改组国家安全体制机制，其中尤以国家安全委员会和情报机构为主。国家安全委员会成立的目的和宗旨就是为总统服务，每一任总统都有改变国家安全委员会制度的权力和自由，他们也确实这么做了。每一任新政府上台后，第一批行政命令甚至第一件事就是重组国家安全委员会。[1] 自 1947 年《国家安全法》颁布至 2017 年特朗普执政，美国针对国家安全委员会改组出台了 10 部安全法律，而通过行政命令和备忘录为主要形式的行政文件多达 37 件，[2] 平均每任总统就出台 3 个行政文件，艾森豪威尔总统在 1953 年至 1958 年的 5 年多时间内共发布了 8 个行政命令或重组计划，可见总统对国家安全体制的介入之深。情报机构改组方面，情报的最高价值在于能够转化为服务国家安全利益的决策依据，总统是决定情报转变成战略预警的关键因素，情报决策完全取决于总统本人的主观判断与选择。[3] 然而，情报生成本身就具有强烈的主观色彩，[4] 各情报部门为其本部门服务导致各部门"明争暗斗、自行其是"，[5] 总统对在情报被最终采纳之前的生成、分析和研判等流程的介入相对较少，各安全情报机构出于自身利益考量对搜集后的情报进行主观选择更具有部门倾向性，总统必须综合各方提供的安全情报并做出最终决策以满足国家安全需求，总统通常通过机构重组等方式彻底改变情报分析的格局和机制以提高情报收集和传递的时效。美国总统杜鲁门就因其对战略情报局的不满而将其解散，[6] 2004 年《情报改革及预防恐怖主义法案》更是确立了国家情报总监在美国情报机构联动运作的中枢地位。

---

[1] [美]戴维·罗特科普夫著，孙成昊、赵亦周译：《操纵世界的手：美国国家安全委员会内幕》，商务印书馆 2015 年版，第 15 页。

[2] 杨楠：《冷战时期美国国家安全委员会研究（1947—1987）》，浙江大学 2017 年博士学位论文，第 306—307 页。

[3] 纪真：《总统与情报：从罗斯福到小布什》，军事科学出版社 2008 年版，第 110 页。

[4] Cynthia M. Grabo, "Anticipating Surprise: Analysis for Strategic Warning," the Joint Military Intelligence College, Washington, DC. 2002, p. 43.

[5] Robert N. Rose, "Restructuring the US. Intelligence Community," Center for Cyber & Homeland Security, The George Washington University, 2017, p. 1.

[6] 刘强：《战略预警视野下的战略情报工作：边缘理论与历史实践的解析》，时事出版社 2014 年版，第 200 页。

间接介入是指通过倚重或提高某一安全部门在安全预警机制中的地位并扩展其安全权力以满足总统认为的国家安全需求,通常表现为某一安全部门在安全体制中地位的"被提高"和权力的"被扩展",其他安全部门"被边缘化",如某一安全部门负责人任职期限的长短是总统间接介入最直观的一种方式。各安全部门负责人数量方面,在1947年至2017年的70年里,美国共产生了30位国防部长、37位国务卿、22位国家安全事务助理(见表6-1),平均每位总统任免2.5位国防部长、3.1位国务卿和2位国家安全事务助理。总统可能频繁改变某一部门领导人以期达到总统认可的安全要求,也可能让某一人一直担任其领导人职务,如卡特总统在4年任期内共任免8位国务卿,但只有1位国防部长,里根时期第三任国防部长仅在位两个月。相比较于国家安全事务助理,12位总统先后共任命37位国务卿和30位国防部长,远多于国家安全事务助理的数量。① 某一安全机构的工作特征也是总统对其安全地位提高与否的表现,如特朗普对国家安全委员会正式机制的忽视导致国家安全委员会官员经常将特朗普的名字写在文件显眼的位置以吸引总统的重视。②

表6-1　美国各总统时期安全部门领导人数量（1947—2017年）

安全部门＼总统	杜鲁门	艾森豪威尔	肯尼迪	约翰逊	尼克松	福特	卡特	里根	老布什	克林顿	小布什	奥巴马
国防部长	4	3	1	2	4	2	1	3	1	3	2	4
国务卿	3	3	2	1	4	1	8	3	3	4	2	3
国家安全事务助理	—	5	1	2	1	2	1	6	1	2	2	3

注：各总统时期的各部门代理领导人也算在此列。

---

① 自2017年特朗普执政开始,特朗普政府先后任命4位国家安全事务助理,分别是弗林、麦克马斯特、博尔顿和奥布莱恩。
② Steve Holland and Jeff Mason, "Embroiled in Controversies, Trump Seeks Boost on Foreign Trip," Reuters, May 17, 2017, https://www.reuters.com/article/us-usa-trump-trip/embroiled-in-controversies-trump-seeks-boost-on-foreign-trip-idUSKCN18D0C7.

尼克松总统对基辛格的倚重是总统间接介入的典型。尼克松政府时期赋予国家安全事务助理更多的安全权力以期处理更多的安全问题,基辛格贯穿尼克松所有的任期并在福特总统任职前期继续担任国家安全事务助理一职,其安全权力超过国务卿和国防部长。为扶植基辛格,尼克松总统甚至选择让不熟悉外交事务的罗杰斯法官担任国务卿一职,进而造成强安全顾问—弱国务卿的外交决策模式。其他总统如艾森豪威尔和卡特时期倚重国务院在安全决策中的作用并削减国家安全委员会成员数量,里根政府时期国家安全委员会地位再次被削弱,老布什政府建立部长级、副部长级和助理部长级政策协调三个级别的协调委员会,这些都是时任总统通过对国家安全体制中某一安全部门的倚重来达到其认为的安全需求的直观表现。

此外,对其他部门领导人安全地位的提高和安全权力的扩展也是间接介入的方式之一,如约翰逊执政后期,通过副国务卿领导的资深跨部门小组将权力从国家安全委员会转移到了国务院,小布什政府时期提高了副总统在国家安全决策中的地位,时任副总统切尼不仅取代了国家安全事务助理本有的权力,而且拥有亲自主持国家安全委员会各种会议的权力,主导了小布什总统的安全政策过程。通过对某一安全部门的倚重,在满足总统要求的同时也达到"刺激"其他安全部门、防止某一安全部门权力过大和平衡各安全部门权力的目的,有利于各安全部门之间联动发展和总统统筹运作。当然,享有宪法优势、天然优势和制度优势并不意味着总统在外交和国防政策领域是唯一的角色,[1] 也受到国内政治因素如国会、利益集团、政党及新闻媒体等的影响,[2] 国会的影响尤为明显。被称为"政府的钱袋子"的国会时常与总统分享或竞争安全权力,甚至与总统分庭抗礼,[3] 并通过国会享有的预算拨款和动用"否决权"等制约总统安全权力的使用,

---

[1] 倪峰:《国会与冷战后的美国安全政策》,中国社会科学出版社2004年版,第19页。

[2] Phil Williams, "Crisis Management: Confrontation and Diplomacy in the Nuclear Age," London: Martın Robertson & Co. Ltd., 1976, p. 89, https://digital.library.unt.edu/ark:/67531/metadc93955/m1/1/high_res_d/RL30840_2011Dec28.pdf.

[3] George Rothewell Brown, "The Leadership of Congress, New York," Arno Press, 1974, pp. 37–38.

国会同意里根政府恢复 B‑1 轰炸机的生产而抵制星球大战计划①是国会扩大影响力的直观表现。

第二，国家安全委员会是美国国家安全危机预警联动运作的中枢，但其正式的安全决策模式常受到以小集团决策模式为代表的非正式决策模式的挑战，这在危机发生后更加明显。

国家安全委员会是协助总统制定安全政策和协调各安全预警部门的中枢机构。自 1947 年成立至今，为应对不断变化的安全环境，国家安全委员会在安全预警理念指导下，以跨部门整合与协作为改革方向，历经多次整合与重组，最终成为整合美国国内外安全情报和协调安全部门联动运作的安全预警中枢，已经拥有了能左右国家安全政策的"实质性力量"，② 与之相对应的是国务院在国家安全事务中的地位和作用被逐渐削弱。③ 然而，法律规定和历史制度远远没有总统和成员之间的互动重要。《1947 年国家安全法》对国家安全委员会职能的模糊性界定为总统权力的扩张提供了可能。如果总统决定国家安全委员会是安全决策方案的提供者，或是依靠其在方案实施之前检验方案的可行性，那么国家安全委员会往往就能发挥作用；如果总统仅仅是将国家安全委员会作为一个安全执行机构或是安全智囊团，或是在安全决策制定中更多的倚重于非正式决策模式，那么国家安全委员会的地位会大大降低。

美国总统决定了国家安全决策模式，即倾向于正式的国家安全委员会模式还是非正式的小集团决策模式。换句话说，国家安全委员会只是总统的工具。作为美国国家安全危机预警的中枢机构，任何一任总统都有改变国家安全委员会制度的自由，让国家安全委员会适应时代潮流的变化。同时，几乎任何一届总统时期都存在国家安全委员会体系之外的另一种决策体系：由总统亲信组成的非正式的小集团决策模式。在无法协调各安全部

---

① James M. Lindsay, "Congress and Nuclear Weapons," Baltimore: Johns Hopkins University Press, 1991, pp. 62–81.
② Carnes Lord, "NSC Reform for the Post‑Cold War Era," Orbis, Summer 2000, pp. 435–450.
③ 关于国务院在美国国家安全事务中原本的地位和作用被削弱的原因，参见北京太平洋国际战略研究所编著：《应对危机：美国国家安全决策机制》，时事出版社 2001 年版，第 101—103 页。

门利益或安全部门无法满足总统安全需要时，总统倾向于身边核心成员组成的小集团或通过重组安全机构的方式使其满足国家安全需要，这在危机发生后愈发明显。

总统对非正式安全决策模式的选择表明，安全决策模式无法满足安全决策需要或总统对正式决策模式不满。一方面，在国家安全委员会内部存在着"咨询—顾问"与"统筹—协调"两种运作模式，而内部运作模式同样受到来自总统安全预期和各安全部门利益竞争的双重压力。作为一个"后来者"，国家安全委员会同样面临着行政机构内部的压力：以国务院和国防部为代表的传统安全部门面临其安全权力不断被国家安全委员会侵蚀而导致双方矛盾甚至对立，各方的不信任和不合作在阻碍其安全合作的同时也间接导致"超级内阁"的形成，国家安全委员会权力的过于集中容易造成安全政策集中于少数人手中，[1] 而任何一部门权力过大都会导致其他部门的反弹，直接影响安全决策的制定和执行效力，[2] 国家安全事务助理—国务卿—国防部长之间的良性互动就显得尤为重要。从这方面讲，如若对国家安全委员会权力不加以限制而导致其权力过大，从而使其成为国家安全系统中的"利维坦"，这将会对美国国家安全体系造成极大的破坏。[3] 同时，安全危机的突发性和安全决策的时效性对高度制度化的国家安全委员会决策模式提出了挑战，相比较于非正式决策模式的灵活性，国家安全委员会决策模式本身就具有较大的滞后性，而国家安全委员会内部各安全部门之间的利益竞争在降低其联动运作效力的同时，更是延缓了安全决策的制定并降低了决策的效力，加之国家安全委员会这一集思广益的过程容易因追随或奉承总统的观点而导致团体迷思，引发"情报—分析—决策"链条脱节，直接导致本该发挥作用的安全机制产生错误的决策，这

---

[1] Andrew J. Bacevich, "Washington Rules: American's Path to Permanent War," New York: Metropolitan Books, 2010.

[2] Richard A. Best Jr., "The National Security Council: An Organizational Assessment," CRS Report, December 28, 2011, pp. 6 – 11, https://digital.library.unt.edu/ark:/67531/metadc93955/m1/1/high_res_d/RL30840_2011Dec28.pdf.

[3] Anna Kasten Nelson, "President Truman and The Evolution of the National Security Council," p. 360, https://www.jstor.org/stable/pdf/1903380.pdf.

显然无法满足总统解决危机的需要，甚至对危机预警来说是致命的。另一方面，国家安全委员会安全决策作用的加强会稀释总统的安全权力，总统"不希望在国务卿和自己之间，还存在着一个庞大的机构"，更倾向于国家安全委员会是一个协调机构而非决策机构。这就决定了总统不可能完全依赖国家安全委员会来制定和应对可能出现的任何问题，总统必须建立另一种可替代机制以提高危机决策的时效性并防止自己的安全权力被稀释。柏林危机使得美国总统不再拘泥于国家安全委员会这一正式会议，幕僚在政策制定过程中发挥了越来越重要的作用。1962年古巴导弹危机发生后，由17人组成的高层决策班子及时高效处理了危机，凸显了小集团决策模式在危机突发后的重要性。"9·11"事件发生后，布什总统倾向于由切尼、鲍威尔、拉姆斯菲尔德和特纳特等组成的核心圈子来制定决策。美国国家安全危机预警机制出现以国家安全委员会为主的正式决策机制和以小圈子为主的非正式决策机制并存的现象，国家安全委员会的安全中枢地位受到挑战，在危机发生后尤为明显。

第三，作为总统的"诚实的掮客"，国家安全事务助理的专业化作用逐渐凸显，其在国家安全危机预警机制中的跨部门协调作用愈加重要。

作为总统的"诚实的掮客"以及总统在国家安全委员会中的代表，国家安全事务助理的出现改变了以往由总统和国务卿主导的安全决策模式，形成了以总统—国家安全事务助理—国务卿的三角决策模式，总统处于主导和核心地位。美国国家安全事务助理扮演着国家安全信息整合管理者、向总统传递经安全委员会讨论后的安全信息的中介、安全决策参与者，以及安全联动的协调者四重角色，但国家安全事务助理是总统权力的延伸，其权力由总统赋予，这一特性决定了其在安全决策中的地位高低，其作用发挥直接受到总统的影响，也决定了其在安全危机预警联动中是总统的安全服务者而非决策者的身份。

对总统而言，国家安全事务助理个人出众的业务能力和较高个人魅力是总统得以倚重并扩大安全事务助理安全权力的重要原因，如果总统与安全事务助理在这方面能互补或是二者强强联合那就最好不过了。对国家安全事务助理而言，总统对其权力赋予的多少和对其安全地位倚重与否主要有两个考量：才智和经验。总统需要和信赖那些具有聪明才智，且熟悉安全事务的人来担任安全事务助理以强化总统权力，但仅聪明才智显然远远不够，经验和才智兼而有之才是胜任安全事务助理一职的理想条件。如基辛格在出任尼克松总统国家安全事务助理之前已经是一名重要的外交决策人物。基辛格不仅是一名资深学者和著名的国际安全专家，他曾是哈佛大学的著名教授，曾为外交关系协会撰写过大量的专题文章，同时他也是一名政坛老手，曾担任艾森豪威尔、肯尼迪和约翰逊政府顾问，甚至一度成为肯尼迪政府的核心幕僚。除此之外，他还是一名演说家，频繁在电视上出现，拥有很高的个人魅力，其不仅在国内甚至在国际上都拥有广泛的个人交际圈，这些优势使得基辛格成为美国历史上唯一一位身兼国务卿一职的国家安全事务助理，被称为"外交方面的美国总统"。赖斯曾出任小布什第一任期的国家安全事务助理和第二任期的国务卿，抛开赖斯的学术背景以及其在老布什政府时期积累的工作经验，赖斯的黑人身份能帮助小布什赢得更多黑人群体的支持。赖斯深得小布什的信任，不仅成为小布什政府诸多决策的核心人物，甚至被称为"小布什的第三只手，或小布什是她的第三只手"。①

然而，赋予拥有才智与经验并存的国家安全事务助理更大的安全权力无疑会分割总统的权力，总统必须将国家安全事务助理的权力限制在为总统服务的范围之内，总统对安全的认知和要求就是国家安全事务助理工作的方向。国家安全事务助理的首要作用在于服务总统，向总统提供"公平与平衡"的安全信息。② 正如斯考克罗夫特所言："国家安全事务助理有两种模式，一是支持总统，二是让机制运转起来，而成功的诀窍是必须两者兼顾。"③ 由此，无论哪一种模式，其决定者仍是总统而非国家安全事务助理本人，而让机制运转起来本身也是支持总统的一种方式。因此，协调各

---

① [德] 埃里希·沙克著，陈飞、钱舒平译：《赖斯：世界上最有权力的女人》，世界知识出版社 2005 年版，第 190—197 页。
② Jams. P. Heffner, "Decision - making in Obama White House," Presidential Studies Quarterly, Vol. 41, No. 2, June 2011, p. 44.
③ [美] 戴维·罗特科普夫著，孙成昊、赵亦周译：《操纵世界的手：美国国家安全委员会内幕》，商务印书馆 2015 年版，第 454 页。

安全部门以期实现良好的联动运作而非参与或直接决策成为国家安全事务助理的本职。必须要看到的是，正是得到了总统的支持，国家安全事务助理才能协调国家安全委员会那么多具有多年政治经验和位高权重的部门负责人。国家安全事务助理的职责旨在通过协调各安全部门的安全利益诉求以增强跨部门联动运作，最终服务于总统安全诉求。协调首要表现在平衡各安全部门的权力关系方面，这直接决定了联动运作的效力。国家安全事务助理不仅承担着平衡国家安全委员会各成员安全利益的重任，防止某一安全部门权势过大而出现"破坏性竞争"，帮助总统解决传统部门如国务院与国防部之间的分歧,[①] 而且必须平衡自身与各成员尤其是国务院与国防部等传统安全部门的利益，愿意并积极同各安全部门负责人合作，防止自身权力过大而导致出现一家独大的权力格局，或者被边缘化。在这一过程中，国家安全事务助理需要发挥其才智和经验两大优势，并将其安全知识和业务能力转换成协调能力，帮助总统协调各安全部门之间更加复杂的安全利益竞争，通过调节各安全部门之间的利益矛盾，推动各安全部门之间更紧密的联动运作来提高联动效力。

第四，从纵向管理来看，联邦权力的持续膨胀，以及州与地方权力的进一步下降导致安全权力的上移并愈加集中，为联邦政府加强权力和推动决策实施创造了条件。

以总统、国家安全事务助理、国务卿和国家安全委员会等为代表的联邦政府作为国家安全危机预警联动机制的顶层设计者，其安全权力的大小决定了其安全决策发挥作用的力度和限度，也塑造与州和地方政府三者的权力合作关系，这在危机发生后尤为重要。

美国是世界上第一个采用联邦制的国家，联邦制的顺利有效运行离不开联邦、州和地方三者之间的联动运作，处理三者之间错综复杂的权力和利益关系就显得尤为重要。联邦政府虽与各州和地方政府在宪法和权力归属上是平等关系，但由于联邦政府在国家政治生活中占据统治地位，它一

---

① Richard A. Best Jr., "The National Security Council: An Organizational Assessment," p. 24, https://digital.library.unt.edu/ark:/67531/metadc93955/m1/1/high_res_d/RL30840_2011Dec28.pdf.

直在侵蚀和限制着州和地方政府权力的行使，出现了联邦权力不断增强、州和地方政府的权力逐步削弱的过程。20世纪30年代的经济大危机和两次世界大战特别是冷战时期美苏对峙对联邦政府加强中央集权提出更高的要求，危机尤其是战争的发生使得联邦政府的权力集中越来越具有现实性和紧迫性。此后，虽然联邦政府由于权力的膨胀，导致官僚主义盛行和行政效率低下等问题，历届总统也许诺将联邦政府侵蚀州的权力归还给州，如里根曾在就职演说中承诺："本人希望限制联邦政府的规模和影响……我们都需要被提醒：不是联邦政府创立了各州，而是各州创立了联邦政府。"[①] 但随着经济全球化的日益深入和国际市场竞争的日趋激烈，联邦政府在对外事务方面还会有进一步的增强。[②]

"9·11"事件的发生为美国联邦政府再次侵蚀州权力提供了契机。2002年《国土安全法》直接剥夺了各州控制公共卫生安全法律方面的权力。《国土安全信息共享法》规定联邦部门与州和地方政府之间安全情报的共享。[③] 2007年的《国防授权法案》更是剥夺了州对国民警卫队的控制权，授权联邦政府在自然灾害、传染疾病或其他严重公共紧急状态时期可以越过州长直接调动国民警卫队。一方面，联邦对州和地方原有权力的剥夺打破了联邦与州和地方政府互动的阻碍，形成了联邦政府与州和地方信息和决策的双向互动传递模式，确保了危机信息和决策信息传递畅通，提高了联邦政府的安全危机应对能力。另一方面，通过加强联邦权力，联邦政府不仅将州和地方政府纳入到了由联邦政府主导的安全体系中，改变了联邦政府与州和地方政府"各自为政"的割裂局面，而且扩大了联邦政府在突发危机发生后整合州和地方政府力量的权力，提高了联邦政府获取危机信息的能力和决策实施的时效性。

[①] 王荣康、杨宇冠：《美国历届总统就职演说集》，中国政法大学出版社1994年版，第331页。
[②] 刘杰：《当代美国政治》，社会科学文献出版社2011年版，第56页。
[③] Stephen Dycus, Arthur L. Berney, William C. Banks, Peter Raven-Hansen, "National Security Law," Aspen Publishers, Inc., 2007, p. 355.

本章小结

经过 70 多年的发展，美国国家安全危机预警机制已经发展成为包括应急安全预警、反恐安全预警、军事安全预警和战略安全预警的综合性、动态性的安全危机预警机制，并在安全环境和安全理念的变化以及国家战略需求的推动下不断整合与重组，逐渐摆脱了成立初期各自为政的孤立状态，实现了各预警机制之间的联动运行。总统是国家安全危机预警联动运作的需求方和施动者，其在国家安全危机预警联动中的关键地位，以及对各安全预警部门的绝对权威是各安全预警部门得以联动运作的关键，也是美国国家安全战略制定和贯彻的关键要素。美国国家安全战略的连续性保证了其安全预警联动运作的持续性，即使其中安全部门之间利益出现裂痕，但无任何一个安全部门敢将自身部门利益同国家安全利益挂钩。以总统、国家安全事务助理、国务卿和国防部长等为代表的各重要安全部门负责人，是美国国家安全危机预警联动运作的顶层设计者，而包括这些重要的安全部门负责人在内的国家安全委员会自然而然成为美国国家安全危机预警联动运作的中枢机构，各安全预警部门在国家安全委员会的统一协调之下分工协作，但其安全联动效力的发挥不仅受到自身内生性矛盾的影响，而且也受到总统个人因素的影响。国家安全事务助理是总统权力的延伸，也是美国总统在国家安全委员会中的代表和管理者，其权力来源于总统这一特性决定了其服务于总统的本质。情报共享是美国国家安全危机预警联动运作的基础。美国国家安全预警体制机制以安全预警情报为基础，通过情报机构的广泛搜集、跨部门分享和传递以及国家情报总监的筛选，最终成为国家安全委员会和总统制定安全政策的主要依据，并贯穿国家安全预警的始末。

各安全危机预警部门的联动运作也需要法律规定以明晰各安全部门的权限和职责，安全危机预警体系的制度化虽使各安全部门"有法可依"

"有章可循"，但其一产生就具有滞后性。安全环境和安全重心的变化以及由此导致的总统对安全体制的重组带来了权力在各安全预警部门分布的动态性，各安全预警部门之间安全权力此消彼长的客观存在和由此带来的安全机制改革的滞后性与由危机突发导致的对安全预警时效性的需求相冲突，总统必须加强各安全预警部门之间的联动，在保障国家安全决策制定和实施的高效性以降低安全威胁带来危害的同时，确保国家安全预警机制改革的顺利实施，以尽可能降低因各安全部门在联动运作中的掣肘而导致的低效。

相比较于成立已有70多年的美国国家安全委员会，成立于2013年的中国中央国家安全委员会可谓"初出茅庐"，从这方面来讲美国国家安全危机预警机制确有中国值得借鉴和学习之处，尤其是在国家安全委员会统筹协调各安全预警部门以加强联动运作方面更是值得中国借鉴和学习。然而美国国家安全委员会诞生于美苏冷战时期，一成立就带有明显的"对抗基因"，加之中美双方在政治制度、历史文化和地缘环境等方面存在较大差异，于中国而言，学习和借鉴美国国家安全危机预警机制就要对其"择优而用"，结合中国自身的国情，最终发展出一套具有中国特色的、符合中国和平发展需求的、高效的国家安全危机预警机制。

第七章
美国国家安全预警体制机制的演变、改革与发展

美国国家安全预警体制机制的演变经历了从分散机制到整体联动机制的转变过程，其中国家安全预警整体联动机制的演变主要包括国家安全预警的横向联动机制和国家安全预警的纵向联动机制两个方面。其国家安全预警机制的改革与发展主要表现在应急预警机制、反恐预警机制、军事预警机制和战略预警机制的改革与发展，以及美国国家安全预警整体联动机制的新变化。

第一节 美国国家安全预警体制机制的演变

美国国家安全预警体制机制的演变经历了从分散机制到整体联动机制的转变过程，从分散的应急预警机制到整体的应急预警机制，从分散的反恐预警机制到整体的反恐预警机制，再到国家安全预警整体联动机制。美国国家安全预警整体联动机制的演变主要包括国家安全预警的横向联动机制和国家安全预警的纵向联动机制两个方面。

一、从分散应急预警机制到整体应急预警机制

美国国家安全预警体制由应急安全体制、反恐预警机制等分散的安全体制发展演变而来，通过梳理美国应急预警机制的演变历程，我们可以将

其分为五个发展阶段：

第一个阶段，20世纪50年代以前以应对自然灾害为主的时期。美国通过的首个灾害立法——1803年的国会法案，可被视为应急预警机制的开端，此后美国针对自然灾害颁布了许多法律法规，如1850年《沼泽地和淹没区法》、1934年《洪水控制法》等，这些法规以应急预警工作和应对自然灾害为主。从1803年到1950年，美国对各州及地方发生的洪水、龙卷风、地震和火灾实施了100多次的救助，政府介入这些救助和重建工作很少，主要是由各种慈善组织、宗教组织及红十字会、救世军等各种政府体系以外的社会力量承担。[①] 在应对自然灾害的过程中，美国于1933年成立了直属总统管理的国家应急管理委员会，1939年国家应急管理委员会更名为应急管理办公室，一直持续到20世纪50年代。总体来看，这一时期美国应急管理机制的特点主要有：一是相对分散，全国缺乏统一的综合协调机构，导致各联邦机构之间相互协调存在困难；二是非制度化，此时未制定重要的应对方案，整个联邦应急管理的运作制度化和程序性不强；三是管理对象主要侧重于自然灾害，对技术事故、突发公共卫生事件等其他方面的突发事件涉及不多。[②] 在这一时期，由于还没有形成统一的应急管理法律法规，许多灾害立法之间不可避免地存在着职能交叉等问题，造成了应急预警资源的浪费，因此，这一时期可被视为美国应急预警机制的探索阶段。

第二个阶段，20世纪50—60年代以民防为主时期。美苏冷战开始后，民防成为美国应急安全预警体系的重点，1950年联邦政府通过了《联邦民防法》，创立了全美范围内的民防机构——联邦民防局，这是美国应急安全管理组织机构的雏形。1949年苏联成功试爆原子弹后，美国政府又将民防计划的重点转为保护民众免受核攻击。20世纪50年代，随着冷战的加剧以及敌对双方都拥有打击对方的实力，美国几乎所有城镇都建立了民防机构，每个社区都草拟了相应的应急计划。[③] 总体来看，这一时期美国应

[①] 钟开斌：《中外政府应急管理比较》，国家行政学院出版社2012年版，第17页。
[②] 钟开斌：《中外政府应急管理比较》，国家行政学院出版社2012年版，第17页。
[③] 洪凯主编：《应急管理体制跨国比较》，暨南大学出版社2012年版，第6页。

急安全预警工作以应对来自苏联的核威胁为主,标志着美国应急安全预警机制初步形成。这一时期其自然灾害预警在很大程度上遭受了忽视,来自苏联的核攻击和战争威胁是美国应急安全预警的重点。造成的后果是面对20世纪50年代中期频繁的自然灾害袭击时,美国的应对举措非常滞后和被动,由此造成了很大的损失,直接推动了肯尼迪政府应急安全理念的转变。

第三阶段,20世纪60—70年代末以救灾为主时期。美国在20世纪50年代频繁遭遇飓风、地震等大规模自然灾害的袭击,而以民防为重点的应急安全预警机制没能很好地予以应对。因此,20世纪60年代肯尼迪政府上台后迅速调整应急安全观念,再次将自然灾害纳入美国应急安全预警工作的重要内容。1961年,肯尼迪政府成立了专门应对自然灾害的应急规划办公室(1968年改称应急准备办公室),民防职责交由国防部民防办公室(1971年更名为防务民事准备局)行使,各州及地区获得的拨款一半用于民防,一半用于应急。为应对20世纪60—70年代的严重自然灾害,美国颁布了多部法律,如1968年通过的《国家洪灾保险法》、1973年的《洪水灾害防御法》、1974年的《灾害救助和紧急援助法》和《联邦火灾预防与控制法》、1976年的《紧急状态管理法》等。[1] 纵观这一时期不难发现,第一,重大自然灾害的频发是美国应急安全预警工作重心转变的直接推动因素,如1962年发生的"卡拉"飓风、1965年发生的"贝特西"飓风、1969年发生的"卡米雷"飓风和1972年发生的"阿格尼斯"飓风,以及1964年发生的阿拉斯加地震和1971年发生在南加利福尼亚的圣佛南多地震。[2] 第二,美国的应急安全预警工作分布在众多联邦部门,各部门间职能重叠、职责不清、关系混乱的现象非常明显,彼此间利益分割不明,政出多门的现象严重影响了美国应急安全预警工作的效率。第三,这一时期,美国实行的是将自然灾害威胁和军事安全威胁分开进行管理的分离模式,这种分离管理模式导致美国20世纪60—70年代应急安全体系支离破碎的状况,从而导致安全应急体制的效率低下,极大影响了应急安全预警

---

[1] 洪凯主编:《应急管理体制跨国比较》,暨南大学出版社2012年版,第6—7页。
[2] 洪凯主编:《应急管理体制跨国比较》,暨南大学出版社2012年版,第6页。

工作的有效运转，对应急安全预警机制进行改革的呼声越发明显。

第四阶段，20世纪70年代末至2001年，联邦应急管理局综合协调、分级管理时期。针对应急安全体系分离管理模式的弊端，卡特总统执政后于1979年正式成立了联邦应急管理局。联邦应急管理局整合了"包括国家消防管理局、联邦保险局、联邦广播系统、防务民事准备局、联邦灾害援助局、联邦准备局在内的六个部门。它还被赋予了许多新的应急准备与减缓职能，如监督地震风险减除计划，协调大坝安全，协助社区制订严重气象灾害的准备计划，协调自然与核灾害预警系统，协调旨在减轻恐怖袭击后果的准备与规划等"。① 整合后联邦应急管理局立刻着手对民防和自然灾害安全应急体制机制进行融合，并提出了全新的"一体化应急管理"理念，其包含两层含义：其一是"全风险"，即应急对象由单灾种向多灾种转变，也就是说，联邦应急管理局将各个下属机构协调起来以应对不同类型的灾害；其二是"全过程"，即应急过程包含预防、准备、响应与恢复四个阶段。② 联邦应急管理局的目标一方面是建立一个有效的安全应急管理系统，对所有可以利用的资源进行高效利用；另一方面是以联邦政府机构的身份承担起安全应急的全部责任，并且把救灾工作与应急准备以及应急响应紧密联系起来。③ 虽然联邦应急管理局在成立后面临着各种挑战，但它的成立标志着美国综合性应急安全危机预警机制的形成。随后美国又不断对联邦应急管理局进行调整和改革，以更好地适应美国应急安全预警工作。

第五阶段，2001年至今，重反恐、轻救灾时期。2001年"9·11"事件的发生对美国应急安全理念产生了重大冲击，美国国家安全危机预警的重心开始由自然灾害转向反恐。2002年11月，美国制定了《国土安全法》，2003年国土安全部正式成立，联邦应急管理局和其他22个政府部门被纳入其中。国土安全部将反恐作为首要职责，不可避免地忽视了对自然

---

① 王宏伟：《美国应急管理的发展与演变》，《国外社会科学》2007年第2期，第57页。
② 刘胜湘等：《世界主要国家安全体制机制研究》，经济科学出版社2018年版，第92页。
③ 汪波、樊冰：《美国安全应急体制的改革与启示》，《国际安全研究》2013年第3期，第146页。

灾害和技术灾难的预防和预警工作，美国应急预警工作已完全背离了全风险应急管理的原则，最终造成了被称为"天灾版的9·11"的"卡特里娜"飓风灾难的发生。小布什政府吸取"卡特里娜"飓风事件的教训，于2006年10月4日颁布了《后"卡特里娜"应急管理改革法》，开始有意识地转变重反恐、轻救灾的做法，赋予联邦应急管理局以新的职责，增强国土安全部针对各种安全风险的预防预警工作。但是由于当时恐怖主义始终是美国的头号安全威胁，因此美国应急安全预警以反恐为核心的做法在本质上没有发生改变，但是美国应急安全与反恐安全预警机制联动的发展趋势已经非常明显。

二、从分散反恐预警机制到整体反恐预警机制

虽然恐怖主义在美国很早就已经出现，但在"9·11"事件发生前，恐怖主义从来没有被美国政府视为首要安全威胁，反恐也从未成为美国安全部门的首要任务。反恐分散在国务院、司法部、中央情报局、联邦调查局、联邦航空局、联邦应急管理局等部门中，这些部门之间缺乏有效的沟通与协作，仅对自身职责范围内的反恐事务负责。在所有这些机构中，美国情报界担负着反恐安全预警的主要任务。中央情报局负有领导和协调反恐情报工作的责任，为了预防、制止和挫败世界各地的恐怖活动，1986年2月，中央情报局成立了反恐中心，以统一行动处和情报处的行动。此外，美国反恐预警工作还分散在政府各职能部门的情报工作机构及军事情报系统中。如司法部中的联邦调查局在1993年成立了反恐处，与中央情报局的反恐中心互补，1995年被指定为国内反恐的领导机构和国际反恐怖活动的主要支持机构，并获得了可以进行电话窃听和电子监视的权力。1999年设立了单独的反恐处和反间谍处；移民局联合反恐特别小组是州和基层参与反恐执法工作的重要武器，1997年移民局增设了一个国家安全小组，职责是处理预警情报、跟踪调查恐怖分子案件以备将来采取移民执法行动并与司法部其他部门合作；财政部下属的与反恐预警相关的部门包括联邦经济情报局、海关总署、烟酒和武器局；国务院情报研究局负责出版和分发与

反恐有关的资料,并建立了一个包括签证情报、司法情报和监视名单情报的实时数据库。① 军事情报系统也是美国反恐预警的重要负责部门,如国防情报局设有反情报处、反恐威胁处等为国防部长办公室和参谋长联席会议提供反情报和反恐支援,开展反情报和恐怖主义威胁的研究,协调军事部门的反情报工作;国家安全局负责拦截和分析外国通信、编码破译,以及编制密码以保护政府情报安全,主要反恐预警手段有通过监听搜集外国情报和通过"流量分析"研究恐怖组织结构等。此外,陆军、海军、空军以及海军陆战队情报部门也负有反恐情报搜集、分析、通报的责任。② 虽然美国有着以上众多与反恐预警相关的部门,但是由于美国政府对恐怖主义的威胁认知不足、各反恐预警部门各自为政缺乏必要的交流与合作、反恐情报搜集能力不足、反恐情报传递路径不畅和反恐情报共享不力等缺陷,使得这种分散的反恐预警机制没能有效预测到"9·11"事件的发生。

"9·11"事件发生后,美国政府痛定思痛进行了深刻反思,认为全国性反恐预警机制的缺失是美国遭受此次恐怖袭击的重要原因。2002年国会参众两院公布了针对"9·11"事件的首份调查报告认为:情报界缺乏有效的对内情报能力,对内、对外情报的界限分割太严重;情报机构间无法信息共享,情报机构间存在明显的地盘争夺、竞争抢功与文化差异等问题;白宫对情报的等级次序划分错误,过分重视军事情报,而对战略情报重视不足;情报界的情报分析能力不强;情报界缺乏一个全面的反恐战略;对人力情报的重视程度不足。③ 针对以上调查结果,美国政府不断强化反恐立法,成立了以反恐为重要任务之一的国土安全部,改革反恐情报机构,并设立国家情报总监一职统领并协调整个反恐预警工作。为推进反恐预警工作的有效运行,美国政府建立了全国性的反恐预警系统。2002年3月12日,小布什签署美国总统第3号令,正式授权建立全国性的统一反恐预警系统——国土安全部警报系统。国土安全部警报系统的目标是在美国本土面临恐怖主义威胁时向联邦、州、地方政府以及美国公民发出警

---

① 戴艳梅:《国际反恐实务》,中国言实出版社2015年版,第9—11页。
② 戴艳梅:《国际反恐实务》,中国言实出版社2015年版,第11—12页。
③ 高庆德:《美国情报组织揭秘》,时事出版社2016年版,第40页。

报,以便其采取相应的应对举措。国土安全部警报系统采用红、橙、黄、蓝、绿 5 种颜色代表恐袭威胁由高到低的五级制反恐预警机制,每一种颜色都代表相应的恐怖威胁等级,对应相应的预警响应措施。

三、美国国家安全预警联动机制的形成与演变

以"9·11"事件为界,可以将美国安全预警联动机制分为冷战结束以前、冷战结束至"9·11"事件、"9·11"事件至今三个阶段。

(一)冷战结束以前

1933 年成立的直属总统管理的国家应急委员会标志着美国国家安全危机预警机制的开始,国家应急委员会起初主要以应对自然灾害和承担民防任务为主。二战爆发后,为确保战时生产的安全,罗斯福总统将国家应急委员会更名为应急管理办公室并赋予其更多职能。1941 年设置民防办公室,下辖 44 个州、1000 个地区的国防理事会。[1] 此时,美国国家安全预警平时以预防自然灾害为主,战时以军事安全预警为主,美国国家安全预警联动机制初见雏形。

冷战开始后,美国国家安全预警联动机制获得进一步发展。整个冷战时期,美国面临的主要安全威胁来自苏联,特别是来自苏联核武器和战略导弹的威胁。1947 年杜鲁门总统吸取二战中陆军、海军各自为政,各情报系统分离的惨痛教训,成立了处理国家安全问题的最高机构——国家安全委员会,它也是美国国家安全危机预警的最高决策机构,同时也是美国第一个综合性国家安全事务协调机构,国家安全委员会以军事预警和战略预警为主要内容,同时也涉及应急预警、反恐预警,是美国国家安全预警纵向联动机制的决策中枢。苏联成功试爆原子弹后,美国创立了全美范围内的民防机构——联邦民防局以保护民众免受来自苏联的核攻击,民防机构在美国几乎所有的城镇都建立了起来。军事预警与战略预警之间没有严格

---

[1] 王宏伟:《美国应急管理的发展与演变》,《国外社会科学》2007 年第 2 期,第 55 页。

的区分,像导弹预警、核武器预警,我们很难说它到底属于军事预警还是战略预警的范畴。在整个冷战时期,美国面临的最大战略威胁就是来自苏联的军事威胁,军事预警机制与战略预警机制间的联动性和交叉性非常明显。为保持对苏联的军事优势以有效应对来自苏联的核威胁和战略导弹威胁,美国进一步强化军事预警机制与战略预警机制间的联动。其表现主要有战后初期美国战略防空预警体系的建立、20世纪60年代美国陆基反导预警体系的建设、20世纪70—80年代美国天地联合反导预警体系的形成。

1979年成立的联邦应急管理局标志着美国综合性应急安全危机预警体制的形成,其管理的内容非常广泛,包括飓风、地震等自然灾害,协调旨在减轻恐怖袭击后果的准备与规划,还包括突发性公共安全事件以及战争等,这是美国历史上第一次真正实现应急预警机制、反恐预警机制与军事预警机制的联动。

(二) 冷战结束至"9·11"事件

冷战结束后,来自苏联的核威胁不复存在,美国国家安全预警联动机制随着安全威胁的变化再次进行调整。1989年和1992年美国遭遇严重飓风袭击,联邦应急管理局由于没能有效应对而饱受诟病,甚至有人主张取消该部门。1993年,刚刚当选为美国总统的克林顿任命维特执掌联邦应急管理局。维特领导联邦应急管理局进行了大规模改革,使联邦应急管理局处理灾害和灾后重建的效率大为提升,强调对灾害进行预防和减缓,采取集中办公的方式为难民服务。此外,维特还将联邦应急管理局在冷战期间用于战争防御的资源转移到灾害的防御和重建工作中。[①] 改革后的联邦应急管理局应急安全预警的能力大为提升,重新赢得了公众的信任。"联邦应急管理局在此期间还向全国发出倡议,推行一个以社区为基础的全新灾害减缓计划,即'影响工程:建设抵御灾害的社区'。它要求建立包括各利益相关者在内的伙伴关系,识别并减少风险。商业部门首次被融入伙伴关系的范畴之内,体现了全民参与的思想。这个工程的目的是:把风险及

---

① 洪凯主编:《应急管理体制跨国比较》,暨南大学出版社2012年版,第9—10页。

风险规避决策纳入到社区日常决策之中，促进社区经济的可持续发展，保护自然资源，确保公民的生活质量。"① 从克林顿政府的一系列改革不难看出，应急安全危机预警特别是针对自然灾害的预警成为这一时期美国国家安全预警联动机制的重要内容。

为应对冷战结束后国家安全政策议题与国际经济政策议题日益融合的趋势，克林顿政府设立了国家经济委员会，这标志着美国的国家安全体制从原来仅关注外交与安全议题转向重视包括国际经济政策在内的更广泛的议题领域。② 克林顿政府高度重视经济安全，经济安全被置于美国全球战略的核心位置，专门设立总统经济政策助理一职来维护美国的经济利益，在涉及国际经济问题时，他需要参加国家安全委员会会议，③ 经济安全成为美国国家安全预警的核心。与此同时，克林顿政府也高度重视军事安全、信息安全和社会安全的预警工作。

后冷战时期美国国家安全预警的内容更加广泛，这与美国国家安全威胁的变化及新的战略安全目标紧密相关，苏联这个最大的安全威胁不复存在，但美国面临的安全威胁更加的多元化、复杂化。为了促进美国经济的繁荣、保障美国的生存与安全进而维护美国的世界霸主地位，美国政府对国家安全预警联动机制进行了改革，安全预警涵盖自然灾害、公共安全、军事安全、信息安全、经济安全和社会安全等议题。

（三）"9·11"事件至今

"9·11"事件后，恐怖主义成为美国面临的头号安全威胁，美国对国家安全预警联动机制进行了重大调整，形成了以反恐预警机制为核心的国家安全预警联动机制。美国于2001年成立了与国家安全委员会平行的国土安全委员会，主要就国土安全和反恐政策向总统提供建议，国土安全委员会主要负责应急预警和反恐预警方面的职责，旨在保护美国国土的安全，

---

① 王宏伟：《美国应急管理的发展与演变》，《国外社会科学》2007年第2期，第58页。
② 刘建华：《美国国家安全体制改革：历程、动力与特征》，《美国研究》2015年第2期，第77页。
③ 北京太平洋国际战略研究所编著：《应对危机：美国国家安全决策机制》，时事出版社2001年版，第89页。

也是美国国家安全预警纵向联动机制的决策中枢之一。2002年国土安全部的成立是继国家安全委员会后美国对国家安全体制的最重大改革，对美国国家安全预警联动机制的影响深远。国土安全部主要有四个方面的职责："一是加强空中和陆路交通的安全，防止恐怖分子进入美国境内；二是提高美国应对和处理紧急情况的能力；三是预防美国遭受生化和核恐怖袭击；四是保卫美国关键的基础设施，汇总和分析来自联邦调查局、中央情报局等部门的情报。"[1] 为解决"9·11"事件暴露的美国情报机构各自为政、资源分散、缺乏交流与协调的深层次弊端，2004年12月17日，美国通过了《情报改革及预防恐怖主义法》，决定设立国家情报总监来统领整个情报界。国家情报总监直接对总统负责，是总统的首席情报顾问和美国情报机构的总管，其主要权力包括：制定情报搜集目标和指导原则，保证情报及时和有效处理、分析与分发；决定和设立情报搜集要求和优先目标，处理和指导整个情报机构的情报搜集任务，解决在情报搜集中的部门冲突；决定和设立情报分析和产品的优先目标等。[2] 此外，国家情报总监还获得了预算权和人事权。由于拥有了法律赋予的各项权力，国家情报总监的职责范围变得更加广泛，对情报系统有了真正的领导权。国家情报总监的设置打破了各情报机构间的隔阂与壁垒，增强了美国情报的搜集能力和共享能力，同时使情报系统内部的传递路径更加顺畅，强化了美国的整体情报实力。由国家情报总监领导的国家情报总监办公室是美国情报界最高的协调和管理机构，对提升美国的整体情报能力发挥了重要作用。国家情报总监办公室自成立后经过了几次组织变革，在修正美国情报体制不足的同时，努力筹划情报界的建设，建立了更加均衡的组织权力结构，组建了更加专业的员工队伍，明确了组织的发展目标，构建了日益创新的技术体系。[3] 国家情报总监办公室自成立之日起就一直致力于实现情报界的融合和一体化建设，虽然由于情报界官僚制的存在使得实现这一目标遭遇了

---

[1] 钟开斌：《中外政府应急管理比较》，国家行政学院出版社2012年版，第48页。
[2] 戴艳梅：《国际反恐实务》，中国言实出版社2015年版，第31—32页。
[3] 朱亚捷、申华：《美国国家情报总监办公室组织变革的成效与困境分析》，《情报杂志》2020年第4期，第14页。

很多阻力，但美国情报界的工作效率相比于国家情报总监办公室成立前还是有了很大提升。由于情报是安全预警的基础，因此国家情报总监和国家情报总监办公室的设立对提高美国国家安全预警联动机制的效率意义重大。

2005年8月"卡特里娜"飓风事件充分暴露了美国以反恐为中心的安全危机预警机制存在的缺陷。这次严重的自然灾害事件使美国政府意识到，在反恐的同时也必须重视诸如重大自然灾害、突发性公共危机事件的预警工作。小布什政府于2006年10月4日颁布了《后"卡特里娜"应急管理改革法》，开始有意识地转变重反恐轻救灾的做法，赋予联邦应急管理局以新的职责，增强国土安全部针对各种风险的预防预警工作。由于这一时期恐怖主义始终是美国的头号安全威胁，因此，美国应急安全预警以反恐为核心的做法在本质上没有发生改变。

此外，小布什政府执政时期，美国反恐预警机制与军事预警机制间的联动非常明显。反恐预警机制与军事预警机制的联动主要表现在11个军事类情报部门均设有专门的反恐情报机构，有效实现了军事情报与反恐情报的有机结合，为反恐预警机制与军事预警机制的联动奠定了基础。此外，美国经常以反恐的名义发动对外战争，这时反恐预警和军事预警基本上可以划等号了。

"9·11"事件后，小布什政府时期美国安全预警联动机制一直以反恐为核心。奥巴马政府执政后，反恐不再是压倒一切的安全任务，诸如网络安全、大规模杀伤性武器扩散、边界安全等开始受到重视，美国对国家安全预警联动机制进行了一些调整和改革，其关键是国土安全委员会和国土安全部的成立。国土安全委员会与国家安全委员会一起成为美国国家安全危机预警联动体制的核心和关键。特朗普执政后，美国国家安全预警联动机制发生了重大变化，这一变化是基于特朗普政府对美国国家安全威胁认知的转变。在2017年底至2018年初，特朗普政府相继发布《国家安全战略》报告、《国防战略》报告和《核态势评估》报告三份重要战略文件，标志着美国的国家安全战略重心开始由反恐重回大国竞争。特朗普政府积极调整和改革美国国家安全预警联动机制：开始增加军费开支、重建美军,美军开始新一轮转型;持续并更新美国三位一体核战略,增强核战略预警能力;成立太空司令部,强化太空安全战略预警;加强导弹防御系统建设和导弹战略预警。

(四) 美国国家安全危机预警联动机制的结构与流程

通过对历史梳理可以看到,美国国家安全预警联动机制是指美国国家安全预警机制形成了以总统为核心,以国家安全委员会和国土安全委员会为决策中枢,以情报体制为基础,各部门协同合作的管理组织结构,并在纵向上建立起联邦、州和地方三级政府构成的分工明确又相互配合的组织体系。在国家安全预警联动机制的发展演变过程中,国家安全委员会和国土安全委员会的成立具有十分重要的意义。

1947年成立的国家安全委员会是美国国家安全危机预警的最高决策机构,同时也是美国第一个综合性国家安全事务协调机构。国家安全委员会以军事预警和战略预警为主要内容,同时也涉及到特别重大应急预警,是美国国家安全预警纵向联动机制的决策中枢。从决策系统的角度看,国家安全委员会包含信息系统、咨询系统、决策系统、执行系统和反馈系统五个子系统,内设机构是完整的。其中信息子系统和咨询子系统相当发达,为国家安全预警提供了重要保障。从结构—功能的角度看,"国家安全委员会采取分级会议的形式就国家安全的重大问题形成决策,具体分为:由总统亲自主持召开的最高级国家安全会议,由国家安全事务助理主持召开的部长级国家安全会议,以及由国家安全事务副助理主持召开的副部长级国家安全会议。一旦危机发生,则根据危机的性质和事态的发展,再成立规模比较小的危机决策特别小组,选定相关的部门官员作为其成员,在总统的直接主持下指挥危机管理行动"。[1] 分级会议的形式反映了美国应对国家安全危机预警的不同级别,在一定程度上可以最大限度地提高安全预警的效率。危机决策特别小组的成立,保证了美国应对突发性事件的预警和决策。从美国国家安全委员会70余年的历史看,国际格局的结构变化、美

---

[1] 朱建新、王晓东:《各国国家安全机构比较研究》,时事出版社2009年版,第7页。

国面临的国家安全挑战和决策体系内部的权力变化决定了其发展方向，而总统如何定位和使用国家安全委员会则将最终确立这一机制的架构与效率。[①] 不同历史时期，国家安全委员会不同的架构与运作效率直接影响了美国国家安全预警联动机制的运作。特朗普执政后，受其执政风格的影响，国家安全委员会的运作机制并不稳定，核心成员频繁更换打乱了国家安全委员会运行的连贯性，安全决策更加倚重少数亲信组成的小圈子集团冲击了国家安全委员会的常规模式，这些变化使得特朗普执政时期美国国家安全预警联动机制的运作效率有所弱化。拜登执政后，不断强化国家安全委员会在国家安全事务中的主导地位，其运作机制更加稳定和连贯。究其原因主要在于，与特朗普及安全决策团队成员多为政治"素人"缺乏政治和外交经验相比，拜登本人及其安全决策团队成员则在安全或外交领域具有长期的经验和知识，因此在处理安全事务时更加成熟和稳定，也更加会按照规则行事。如国家安全顾问沙利文曾在奥巴马总统期间任职于政策规划办公室，2016年曾作为希拉里竞选总统的高级政策顾问。为更好实现美国国家安全战略，拜登政府也调整国家安全委员会的结构。比如在强调加强美国科学和技术基础的同时，将网络安全视为"重中之重"和"当务之急"，在美国历史上首次在国家安全委员会中设置了负责国家网络和新兴技术的国家安全副顾问。[②] 国家安全委员会结构的进一步完善使得拜登执政时期美国国家安全预警联动机制的运作效率不断增强。

在"9·11"事件后，美国于2001年成立了平行于国家安全委员会的国土安全委员会，主要就国土安全和反恐政策向总统提供建议，国土安全委员会主要负责应急预警和反恐预警方面的职责，旨在保护美国国土安全，和国家安全委员会一起共同构成美国国家安全预警纵向联动机制的决策中枢。

通过以上分析我们可以看出，美国国家安全预警机制的演变是从单一

---

① 孙成昊：《特朗普执政后美国国家安全委员会的变化》，《现代国际关系》2019年第11期，第34页。

② 刘国柱：《拜登政府国家安全战略的基本方针与发展方向》，《当代世界》2021年第5期，第51页。

分散的安全预警机制发展到整体的安全预警机制，进而再到国家安全危机预警的整体联动机制。美国国家安全预警机制的演变随着安全威胁和环境的改变而不断调整，同时又反映了决策者对主要安全威胁的认知，这一认知反过来又有效促进了美国国家安全预警机制的变革。

第二节　美国应急安全预警机制的改革与发展

"9·11"事件前，美国应急安全预警机制经历了以应对自然灾害为主到综合协调、分级管理时期的演变，"9·11"事件发生后，美国应急安全预警机制围绕反恐进行了相应地调整和改革。特朗普上台执政后，针对生物威胁和自然灾害对美国国家安全威胁日益加大的现状，采取多种措施加强应急安全预警响应机制的建设。美国应急安全预警机制的发展遵从改善风险管理、增强预防意识和激励信息共享三项原则。加强对生物威胁和流行疾病的预警工作，发布《国家防备报告》，强化应急安全预警机制建设。美国政府的应急安全预警机制改革取得了明显成效。

一、"9·11"事件后美国应急安全预警机制的发展

"9·11"事件前，美国应急安全预警机制经历了20世纪50年代以前以应对自然灾害为主的时期、20世纪50年代至60年代以民防为主的时期、20世纪60年代至70年代末以救灾为主的时期，以及20世纪70年代末至2001年的综合协调、分级管理时期四个阶段的演变。这一演变过程是由美国主要应急安全威胁的变化以及由此催生的美国应急安全理念的变化共同推动的。"9·11"事件的发生使美国面临的主要安全威胁发生了重大变化，反恐成为美国首要安全任务，这对美国应急安全理念产生了重大冲击，美国对应急预警机制也进行了相应地调整和改革。

"9·11"事件发生后，恐怖主义成为美国头号安全威胁，这使美国联

邦应急管理局遭受重大考验，关注的重点开始由自然灾害转向恐怖主义。美国政府意识到联邦应急管理局显然无法全面应对恐怖主义威胁，因此在2003年成立了内阁级别的国土安全部，联邦应急管理局被合并到国土安全部中，成为其下属部门。国土安全部的组建对美国联邦应急管理局综合性应急管理体系运行产生了巨大影响，美国抛弃了联邦应急管理局"一体化应急管理"的理念，联邦应急管理局的职能和机构被拆分，应急准备等职能划入其他部门，不能实行全过程的综合应急管理；"全灾种"的理念被抛弃，大约75%的精力和资源用于反恐，联邦应急管理局自然灾害应急的经费和资源被大幅削减。[①] 此后，美国将反恐作为应急预警工作的重中之重，忽视了对自然灾害的预防预警工作，从而导致了2005年"卡特里娜"飓风灾难的发生。

美国学界、政界及普通民众都对"卡特里娜"飓风灾难进行了深刻反思，认为导致这一灾难的主要原因是美国政府抛弃了全风险的应急安全危机预警理念，过度重视反恐轻视自然灾害预防导致的。为了使应急预警重回全风险应急预警的正确轨道，小布什政府颁布了《后"卡特里娜"应急管理改革法》，启动了对联邦应急管理局的重大变革："把国土安全部分散的各种风险和威胁的预防、准备、防范、响应及恢复职能合并到联邦应急管理局，明确联邦应急管理局在紧急状态下可以提升为内阁级部门，其长官直接对总统负责，并支持联邦应急管理局维持10个区域办公室，强化联邦应急管理局权威和协调能力；扩充联邦应急管理局机构、人员和经费，重组后下设17个处室，配备2600名全职人员，每年经费预算超过80亿美元。"[②] 联邦应急管理局开始转变重反恐轻救灾的做法，增强针对各种风险的预防预警工作。

---

① 刘铁民：《美国FEMA近40年变革历程和10年四个战略规划探究》（上），《劳动保护》2019年第10期，第52页。
② 刘铁民：《美国FEMA近40年变革历程和10年四个战略规划探究》（上），《劳动保护》2019年第10期，第53页。

二、美国改革应急安全预警机制的背景与原因

近些年,一些重大传染性疾病对美国的威胁日益严重,生物威胁对美国国家安全的影响进一步加大。2014年从西非国家几内亚开始的埃博拉病毒开始在世界蔓延,很快构成了对美国的国家安全威胁。随后在南美洲爆发的寨卡病毒快速扩散至美国本土,构成了对美国安全的更大威胁。2020年在全世界暴发的新型冠状病毒对包括美国在内的各国产生了致命性影响,美国已经成为确诊人数和死亡人数最多的国家。美国《国家生物防御战略》明确指出:"无论是自然发生的、偶然发生或是故意造成的生物威胁,都是美国面临的重要应急安全风险。疾病的暴发可能对美国造成灾难性的伤害,导致大规模的死亡、患病和残疾,并且还可能造成心理创伤以及经济和社会混乱;来自某一国家的自然或偶然的暴发以及蓄意的攻击,很快就会蔓延到许多其他国家,可能产生深远的国际影响;生物科技的进步为更好更快的治疗方案、经济发展、更清洁的环境和更高的生活质量带来了希望,但同时也带来了新的安全风险。"[①] 总结起来看,生物安全对美国的威胁主要是剥夺美国公民的生命,造成严重的财产损失,削弱美国的经济,并导致民众对政府机构失去信心。同时这些重大传染疾病的暴发揭露了美国对疾病暴发和公共卫生防御能力较弱和滞后的现实,如何加强生物系统的风险监测,更加迅速地应对和阻止这些生物安全威胁,是美国政府改革应急预警机制的重要考量。

自然灾害威胁对美国应急安全预警机制的改革提出新的要求。地震、洪水、飓风、海啸、火山喷发、野火等自然灾害对美国的安全威胁仍然较大,特别是由于气候变化导致的自然灾害发生频率和严重程度显著提升。2017年美国遭遇有史以来最严重自然灾害,"哈维""艾尔玛"和"玛丽亚"三次强飓风相继袭击美国。2017年10月,加利福尼亚州发生了有史以来破坏性最大的火灾。2017年美国共有16起造成损失超10亿美元的自

---

① "2018 National Biodefense Strategy," p. 1, https://fas.org/irp/threat/cbw/biodef-strat.pdf.

然灾害，美国东西两大海洋和近年国际气候变化导致的极端天气事件造成美国经济损失高达3060亿美元，打破了2005年因"卡特里娜"飓风造成的2150亿美元损失的记录，创历史新高。① 如何对这些自然灾害进行及时的预防预警，从而减少自然灾害带来的人员伤亡和财产损失，是美国政府应急预警机制改革的重要任务。

特朗普政府采取多种措施加强应急安全预警响应机制的建设，以应对美国人民在发生自然灾害或家园受到袭击时的需要，并结合政府职能、关键基础设施以及经济和政治制度建立一种备灾和抗灾的意识。② 拜登执政后，新冠疫情对美国的影响正在持续增大，确诊人数不断增加，这给美国民众的生命健康构成严重威胁。新冠疫情大流行的影响远超出生命健康领域，还对美国的政治、经济和安全领域构成威胁。此外，拜登政府还面临着如何修复由于特朗普政府宣布退出世界卫生组织而降低的美国国际声誉及重塑在全球卫生治理领域的领导地位。这些因素都使得拜登政府要进一步改革美国应急安全预警机制。

三、美国改革应急安全预警机制的三项原则

应急安全预警机制的发展须遵从改善风险管理、增强预防意识和激励信息共享三项原则。2017年特朗普政府发布的《国家安全战略》报告，对应急预警机制改革和发展须遵从的三项原则进行了详细阐述：一是改善风险管理。美国将提高评估对美国人造成最大风险的威胁和危险的能力，并将根据最高风险优先提供资源。③ 二是增强预防意识。本届政府将采取步骤建立预防意识，告知和授权社区和个人以获得技能并采取必要的准备行

---

① 《美2017年因气象灾害损失3060亿创历史记录》，搜狐网，2018年1月9日，https://www.sohu.com/a/215535472_115376。

② "National Security Strategy of the United States of America," p. 7, https://www.whitehouse.gov/wp-content/uploads/2017/12/NSS-Final-12-18-2017-0905.pdf.

③ "National Security Strategy of the United States of America," p. 14, https://www.whitehouse.gov/wp-content/uploads/2017/12/NSS-Final-12-18-2017-0905.pdf.

动，以期更灵活地抵御美国所面临的威胁和危害。① 三是激励信息共享。为了加强私营部门和各级政府部门之间的协调，提高防灾抗灾能力，美国就保护敏感信息做出了更强有力的承诺，让所有合作伙伴积极识别和共享漏洞并协同工作以减少漏洞。② 这三项基本原则将指导美国应急安全预警机制改革与发展，并确保应急预警机制的有效运作。

四、加强对生物威胁和流行疾病的预警工作

生物威胁和流行疾病是美国当前面临的重要应急安全威胁，特朗普政府采取了三项优先行动加强对生物威胁和流行疾病的预警工作。一是从源头检测并遏制生物威胁：美国将与其他国家合作，及早发现和减轻疫情，防止疾病的传播。为预防传染病的大暴发，美国鼓励其他国家投资基础医疗保健系统，加强人类和动物交叉领域的全球卫生安全，并与合作伙伴一起，确保处理危险病原体的实验室具备安全和安保措施。二是支持生物医学创新。美国政府将通过加强生物医学产业基础的知识产权体系，保护和支持生物医学创新的发展。三是改善应急响应。在国内，美国将加强应急响应和统一协调机制，迅速查明疫情，实施公共卫生防控措施以限制疾病传播，并提供包括挽救生命在内的紧急医疗救助。③ 特朗普于2018年9月18日签署了《国家安全总统备忘录》，推出了旨在系统应对生物威胁的《国家生物防御战略》。该防御战略将美国面对的生物威胁范畴进一步扩大，包括自然发生的、人为制造的和偶然性的生物威胁三类。美国政府认识到，美国面临的生物安全威胁多元而持久，科学和技术的进步对预防生物安全威胁意义重大。依据《国家生物防御战略》成立了由美国卫生及公共服务部负责的生物防御指导委员会，负责协调联邦生物防御活动。由美

---

① "National Security Strategy of the United States of America," p.14, https://www.whitehouse.gov/wp-content/uploads/2017/12/NSS-Final-12-18-2017-0905.pdf.
② "National Security Strategy of the United States of America," p.14, https://www.whitehouse.gov/wp-content/uploads/2017/12/NSS-Final-12-18-2017-0905.pdf.
③ "National Security Strategy of the United States of America," p.9, https://www.whitehouse.gov/wp-content/uploads/2017/12/NSS-Final-12-18-2017-0905.pdf.

国总统领导，总统行政办公室国家安全委员会协调，卫生与公众服务部部长负责日常协调和执行，该机制将持续评估国家生物防御战略的目标和目标实现的有效性。《国家生物防御战略》有五个目标："强化风险意识，以便在生物防御单位中宣传决策；确保生物安全防御单位能力，以防范生物安全事件；确保生物安全防御单位，为减少生物安全事件做好准备；迅速响应，以限制生物安全事件的影响；促进恢复，以消除生物安全事故发生后对社会、经济和环境的不利影响。"[①]《国家生物防御战略》出台后，美国应对生物威胁和流行疾病的预防预警工作效率明显得到提升。

拜登政府执政后进一步加强了对新冠疫情的预警工作。第一，颁布行政命令。为缓解新冠疫情对美国经济的冲击，行政部门与立法部门合作，"为工人、家庭、小企业和社区提供持续救济，进行意义深远的投资，在基础设施、制造业、技术和护理领域创造数百万个新的高薪就业机会"。[②] 第二，重新加入世界卫生组织。拜登就任美国总统后即签署文件重新加入世界卫生组织的文件，承认世界卫生组织在新冠疫情预警预防工作中的重要地位。2021年1月21日，"美国传染病专家安东尼·福奇以拜登政府首席医学顾问的身份宣布，美国计划参加世界卫生组织的'新冠疫苗保障机制'，支持'获取新冠病毒工具加速计划'，推动世界各地新冠疫苗分配和研发的多边努力"。[③] 美国并不满足世界卫生组织的现状，希望能在世界卫生组织中发挥领导作用，以此来深化全球公共卫生危机的改革。《临时国家安全战略方针》指出美国要努力恢复在世界卫生组织的领导地位，并提升全世界的应对能力，以便及时发现并迅速遏制流行疾病和生物威胁。[④] 第三，重视发挥情报界的独特优势。2021年7月27日，拜登上台后首访国家情报总监办公室，与前任特朗普将美国情报机构视为"纳粹"的严厉

---

① "2018 National Biodefense Strategy," pp. 5 – 7, https：//fas. org/irp/threat/cbw/biodef – strat. pdf.
② 刘国柱：《拜登政府国家安全战略的基本方针与发展方向》，《当代世界》2021年第5期，第51页。
③ 刘国柱：《拜登政府国家安全战略的基本方针与发展方向》，《当代世界》2021年第5期，第53页。
④ The White House, "Interim National Security Strategic Guidance," March 2021, https：// www. whitehouse. gov/wp – content/uploads/2021/03/NSC – 1v2. pdf.

批评不同，拜登意欲恢复与情报机构的正常关系，承诺不将情报工作政治化，同时要求情报部门要在病毒溯源和疫情防控方面发挥更大作用，从而有效应对持续威胁的公共卫生和经济危机。①

五、发布《国家防备报告》

发布《国家防备报告》，强化应急预警机制建设。自 2012 年起，国土安全部开始发布一年一度的《国家防备报告》。该报告把建设应对对国家安全有最大风险的威胁和危害的核心能力，作为国家应急准备的重中之重。《国家防备报告》的主要内容是：首先，"将上一年美国应急准备能力建设取得的重要成就进行总结；然后，分别从通用核心能力以及预防核心能力、保护核心能力、灾害减除核心能力、应急响应核心能力、灾后恢复核心能力等几个方面对当年国家应急准备目标中提出的 31 项核心能力的建设、维持以及达成的程度进行概括与总结"。② 特朗普政府执政后，在 2017 年、2018 年、2019 年和 2020 年分别发布了四份《国家防备报告》。2017 年《国家防备报告》全面总结了国家在预防、保护、缓解、响应和恢复这五个方面取得的进展，确定了适用于整个任务领域的横向调查结果，以及每个任务领域的主要调查结果。该报告为各级政府、私营和非营利部门以及公众提供了关于准备工作的实际见解，以支持关于项目优先次序、资源分配和社区行动的决策。基于对各级政府、私营部门和非营利部门的定性和定量数据的分析，《国家防备报告》提供了 30 项主要调查结果，强调了五个任务领域的成功与挑战，有助于国家安全的预防、保护、缓解、响应和恢复。③ 2018 年《国家防备报告》篇幅较 2017 年大幅减少，但其中一

---

① "Biden addresses intelligence community for first time as President," CNN, Jul 27, 2021, https：//www.cbs58.com/news/biden - to - address - intelligence - community - for - first - time - as - president.

② 吴晓涛、申琛、吴丽萍：《美国突发事件应急准备体系发展战略演变研究》，《河南理工大学学报（社会科学版）》2015 年第 3 期，第 309 页。

③ The Department of Homeland Security, "2017 National Preparedness Report," https：//www.fema.gov/media - library - data/1504579176894 - b152bab1e18d821779d3c9ae5c2235c8/2017NationalPreparednessReportExecutiveSummary.pdf.

个突出的亮点就是着重强调了挑战和不足,报告指出了美国应急准备工作在运作协调、基础设施系统、住房、经济复苏和网络安全五大核心领域面临的具体挑战和不足,并就如何针对这五大核心领域的预防预警工作进行了部署。[1] 2019 年《国家防备报告》篇幅与 2018 年相当,但论述重点与 2018 年的报告有所不同,再次全面总结了美国政府在预防、保护、缓解、响应和恢复这五个方面取得的成绩。[2] 2020 年《国家防备报告》相较于 2019 年的报告篇幅有所减少,主要从三个方面论述国家应急准备工作的情况:一是风险,主要包括:什么是风险、国家如何管控风险、国家威胁和风险、灾难性风险、系统性风险、新出现的风险;二是能力,主要包括:风险与能力之间的关系、国家风险和能力评估简介、社区能力、社区应急准备投入情况;三是应急管理中的主要考量,包括层级影响、公私伙伴关系、脆弱群体、住房。[3] 拜登政府执政后,2021 年的《国家防备报告》,这份报告篇幅是 2020 年的两倍之多,凸显了美国应急安全风险的严峻性和复杂性。报告明确指出,2020 年以来席卷全球的新冠病毒大流行是美国面临的主要应急安全风险,美国应急管理部门应该继续制定灵活的政策以应对复杂的应急安全环境。截至 2021 年 12 月,全球已经有 527.5 万人死于新冠疫情,其中包括 79.1 万美国人,新冠疫情已经成为 2020 年美国第三大死亡原因。[4] 2021 年《国家防备报告》主要由三个部分组成:一是风险,包括如何理解灾难性风险、同时发生的严重事件、稳态不平等导致灾后结果不平等、精简和高效的系统维持有限的快速部署能力、关键基础设施、服务和供应链、了解系统性风险、信息环境与网络安全、新冠疫情的出现、新出现的风险类型、了解新出现的风险;二是能力,包括介绍、局

---

[1] The Department of Homeland Security, " 2018 National Preparedness Report," https://www.fema.gov/media-library-data/1537797234445-a0050f0d8822a81c6b6422bc4883bdec/2018NPRRprtExSumv508.pdf.

[2] The Department of Homeland Security, " 2019 National Preparedness Report," https://www.hsdl.org/? abstract&did=831969.

[3] The Department of Homeland Security, " 2020 National Preparedness Report," https://www.hsdl.org/? abstract&did=848274.

[4] "The Department of Homeland Security," 2021 National Preparedness Report, https://www.hsdl.org/? abstract&did=862169.

部能力趋势、与新冠疫情相关的审查能力、筛查行动、后勤与供应链管理、公共卫生和医疗系统能力、信息传递、主体恢复/储存、经济复苏、下一步的工作；三是管理机会，包括制定防灾投资战略，应对稳态不平等、脆弱性和动态风险环境，加强国家防灾系统内的进程并更好地连接国家防灾系统的各个领域。①

基于安全环境不断修订的《国家防备报告》对应急管理机构的职责和权限、应急预警的决策和实施过程做出了具体的规定，有效保证了应急安全预警机制的运作。

六、对美国政府应急安全预警机制改革评估

特朗普政府的应急安全预警机制改革取得了一定成效。美国应对生物安全威胁的预防预警能力所有提升。为系统应对美国生物安全威胁，特朗普政府于2018年9月颁布了美国首个《国家生物防御战略》，为增强生物风险防御意识、提高防风险能力、做好生物防御准备工作、建立迅速响应机制提供了重要指导。同时特朗普政府进一步致力于推动美国防御生物安全威胁的半官方半民间性质的智库——生物防御蓝带研究小组的研究工作。生物防御蓝带研究小组通过发布研究报告加强生物安全的预警预防工作。2017年10月，生物防御蓝带研究小组发布报告《保护动物和农业》，实现农业部与联邦调查局之间的协调和信息共享，加强疫情的快速监测和诊断；2018年2月，该小组发布《生物防御的预算改革》报告，明确了生物防御战略指导活动的优先次序以及对这些活动的资金分配；2018年10月，该研究小组发布《坚守生物防御第一线》报告，厘清了联邦政府与各地方政府在生物防御中的纵向关系。②《国家生物防御战略》以及生物防御蓝带研究小组发布的研究报告使美国构建起了一个较为完整的生物安全防

---

① "The Department of Homeland Security," 2021 National Preparedness Report, https://www.hsdl.org/? abstract&did = 862169.
② 徐振伟：《构建安全之网：美国生物国防计划评析》，《太平洋学报》2019年第8期，第21—22页。

御体系，加强了生物安全威胁的监测和预防预警工作，在有效应对生物安全威胁方面发挥了重要作用。

全社会参与成为美国应急安全预警的核心理念，推动了美国政府应急安全预警机制的有效运作。防灾减灾人人有责，动员每一个公民参与到应急预警行动中是美国应急管理部门改革的重要内容。联邦应急管理局在改革过程中，特别强调全社会参与理念，在"9·11"事件和"卡特里娜"飓风事件后，这一理念得到了进一步强化，突出了全社会参与应急安全预警的理念。"《2018—2022年FEMA战略规划》提出，要动员全社会建立备灾文化，为灾难性的事件做好准备。"[①] 全社会参与应急安全预警机制建设还体现在灾害预防文化的建立和防范意识的提升上，应急预案的制定有助于灾害预防文化的形成和公民防范意识的提升，个人、家庭和邻里成为应急预警的第一响应者。美国将应急预案分为战略预案、行动预案和战术预案三种类型，分别适用于不同的层级框架。应急预案的制定有效提升了美国应急预警机制的运作效率。

第三节　美国反恐安全预警机制的改革与发展

特朗普执政后，努力兑现自己的反恐承诺，采取了一系列措施改革美国反恐预警机制，主要包括加强反恐情报搜集和分析、加强与盟友的情报合作与共享、加强边界与海关的预防管控、强化反恐预防执法机制，以及修正全国恐怖主义威胁警报系统发布机制等五个方面。

一、加强反恐情报搜集和分析

美国反恐预警机制的有效运行离不开强有力的情报机制的支撑。特朗

---

① 刘铁民：《美国FEMA近40年变革历程和10年四个战略规划探究》（上），《劳动保护》2019年第10期，第49页。

普政府采取了一系列举措，完善美国反恐情报的搜集和分析工作。

一是认定恐怖主义威胁的来源。恐怖主义威胁来源的认定明确了反恐情报搜集工作的方向和重点。2018年《国家反恐战略》报告将美国现阶段面临的恐怖主义威胁划分为以下五种类型：第一种是以"伊斯兰国"和"基地"组织为代表的国际恐怖主义组织；第二种是尼日利亚的"博科圣地"、巴基斯坦的塔利班和"虔诚军"等地区性恐怖主义组织；第三种是支持恐怖主义的国家，主要指伊朗；第四种是全球范围内以暴力为活动方式的革命主义、民族主义和分离主义运动；第五种是包括种族极端主义在内的美国境内其他极端主义等。这五类恐怖主义威胁是美国反恐情报工作的重点。

二是通过生物基因技术等高科技手段识别涉恐风险、搜集反恐情报。特朗普执政后高度重视美国国土安全部、司法部和国防部管理运营的三大生物数据库的开发和使用，以便其在反恐预警中发挥更大的作用。其中，国土安全部正使用"国土高级识别技术"的升级系统替代"自动生物识别"系统，司法部下属的联邦调查局运营着第二大数据库——"下一代识别"系统，国防部管理着第三大系统——"自动生物识别"系统。[①] 生物识别技术被广泛应用于美国的反恐预警工作，联邦执法部门每天访问生物数据库，并从海内外恐怖威胁活动中获取数据。

三是重视互联网在反恐情报搜集工作中的作用。通过互联网过滤的方式将互联网信息中的涉恐内容筛选出来，然后传递给美国反恐情报部门。2018年1月19日，特朗普签署《外国情报监视法第702条修改再授权法》，延续美国国家安全局的互联网监控计划，同意授权美国国家安全局监听外籍人士以及收集与之相关的情报，使情报机构收集关于国际恐怖分子、武器扩散者及其他重要外国情报人员的情报信息。[②] 该法案进一步扩大了美国国家安全局搜集和获取反恐情报的范围。

四是提升联邦政府在反恐情报搜集工作中的协调性和统一性。《临时

---

① 陶乐：《反恐利器：生物识别技术》，《现代世界警察》2018年第11期，第90页。
② 倪俊：《特朗普签署法案授权NSA监控项目，继续监听外籍人士收集情报》，《信息安全与通信保密》2018年第2期，第9页。

国家安全战略方针》指出要提升联邦政府的协调性和统一性,充分利用一切条件,与州、地方、部落、私营部门和其他国家展开合作。解决美国普遍存在的暴力极端主义,最重要的是拥有强大的执法和情报能力,多方合作,并实现情报共享。①

二、加强与盟友的情报合作与共享

加强与盟友间的反恐情报合作与共享,是特朗普政府反恐预警机制的重要内容。2017年美国《国家安全战略》报告特别强调加强与合作伙伴间的情报共享机制,以阻止恐怖主义行为的发生。② 在分地区进行安全重点解释时,特朗普政府认为印太、欧洲、中东、中亚、南亚、非洲是美国遭受海外恐怖袭击的重点区域,应加强与这些区域内盟友间的情报合作与共享,并且根据地区国家面临的不同反恐特点开展有针对性的防恐行动,重点搜集有关"基地"组织、"伊斯兰国"及其附属机构以及其他极端恐怖组织的情报动向,及时发现恐怖活动的线索,制定相关的反恐预警方案,将暴恐活动扼杀在萌芽之中或尽最大可能减少已发生恐怖活动的损失。③

由于美国未来一个时期反恐安全战略的重心仍将集中于中东地区,重点打击"伊斯兰国"残余势力和附属机构及处理叙利亚相关问题,与盟国的反恐情报合作依然是其反恐情报战略的重心。2017年,美国强化了双边和多边反恐情报合作机制,加强了情报信息共享,提升了前线国家的防恐和反恐能力,有效切断了恐怖分子的资金链,打击恐怖主义意识形态和招

---

① The White House, "Interim National Security Strategic Guidance," March 2021, https://www.whitehouse.gov/wp-content/uploads/2021/03/NSC-1v2.pdf.

② The White House, "National Security Strategy of the United States of America," December 2017, p.11, https://www.whitehouse.gov/wp-content/uploads/2017/12/NSS-Final-12-18-2017-0905.pdf.

③ The White House, "National Security Strategy of the United States of America," December 2017, pp.46-52, https://www.whitehouse.gov/wp-content/uploads/2017/12/NSS-Final-12-18-2017-0905.pdf.

募新成员,减少了"伊斯兰国"恐怖分子回流作战的机率。① 美国已经与 69 个国家签署了恐怖分子及嫌犯情报共享协议,并"通过'恐怖分子隔绝项目'将'个人身份安全比较和评估系统'推广至 24 个国家、215 个入境口岸,提升了美国伙伴国阻止恐怖分子通过机场和其他口岸入境的能力"。② 反恐情报共享机制切实保障了美国全球反恐预警机制的运行,使得美国与盟国的情报部门可以在全球及时监视恐怖主义动态、进行恐怖威胁评估、发布反恐警报并拟制相应的预案。

三、加强边界与海关的预防管控

特朗普以颁布行政命令、法律法规的方式加强美国的边界与海关预防管控,以便将恐怖分子拒于美国边界之外。2017 年 1 月 25 日,特朗普执政伊始就签署《边境安全和移民执法改进》行政命令,要求美国移民执法部门立即在美国南部边界建立隔离墙,派驻足够的人员进行监视,阻止非法移民、毒品和贩卖人口、恐怖主义行为等,拘留涉嫌违反联邦或州法律的非法移民并提起诉讼。③ 预防恐怖分子入境是其重中之重。2017 年 2 月 21 日,美国国土安全部发布了关于边境安全和遣返非法移民的大量新规,加强了边境执法人员的权力,可以不经法庭审理立即遣返非法移民。④ 在特朗普的呼吁下,美国于 2017 年 6 月 29 日通过了严惩非法移民的《凯特法案》和《禁止庇护犯罪分子法案》。2017 年美国《国家安全战略》报告对加强边界预防管控提出了更具体的要求:在边境和内地执行新的移民法律,发展强大的边界态势感知能力,建立坚固的围墙和栅栏,增强空中监

---

① Nathan A. Sales, "Counterterrorism Diplomacy – Ten Highlights of 2017," January 2, 2018, https://blogs.state.gov/stories/2018/01/02/en/counterterrorism – diplomacy – ten – highlights – 2017.
② 贾春阳:《特朗普政府反恐政策初探》,《现代国际关系》2018 年第 4 期,第 14 页。
③ Executive Order, "Border Security and Immigration Enforcement Improvements," January 25, 2017, https://www.whitehouse.gov/presidential – actions/executive – order – border – security – immigration – enforcement – improvements/.
④ 成璐:《美国 800 万非法移民面临"拘留遣返"》,《解放日报》2017 年 2 月 23 日第 8 版。

视和雷达预警信号建设，把非法移民阻挡在美国边界之外。①

2018 年 1 月 25 日，白宫网站正式发布《白宫关于移民改革和边境安全的框架》，2018 年 2 月建立了由国土安全部牵头组建的全国审查中心，该中心将充分整合联邦政府各部门及机构掌握的情报信息，完善入境审查程序，协助一线执法人员更加全面地掌握反恐情报信息，② 以更好地识别恐怖分子，确保移民不会威胁美国国内安全。加强边界预防管控，必须强化边境移民执法。2018 年 4 月 6 日，特朗普签署备忘录，取消目前对非法移民"抓了就放"的做法，加强移民执法力度，强化边界管控，责令国土安全部、国防部、司法部等政府部门采取强力措施。③

四、强化反恐预防执法机制

特朗普执政后，采取了一系列举措加强反恐预防执法机制。

第一，通过发布旅行禁令试图将恐怖分子拒之于美国国门之外。2017 年 1 月 27 日，特朗普签署了《阻止外国恐怖分子进入美国的国家保护命令》，又称"穆斯林禁令"，其主要内容包括对叙利亚等七个恐怖主义重要来源国公民入境美国的限制，暂停难民接收。随后，特朗普在 2017 年 3 月 6 日和 10 月 18 日又相继发布两版旅行禁令。

第二，加强了对重点领域和场所的预防恐怖主义执法力度。航空领域是美国重要安全隐患场所，④ 针对恐怖分子近些年使用无人机系统和化学制剂，以商业航空和航空货物为目标的现状，特朗普政府颁布命令强化航

---

① The White House, "National Security Strategy of the United States of America," December 2017, p. 10, https：//www. whitehouse. gov/wp – content/uploads/2017/12/NSS – Final – 12 – 18 – 2017 – 0905. pdf.

② 《特朗普下令建立全国审查中心 严防危险分子入境》，中国新闻网，2018 年 2 月 7 日，http：//www. chinanews. com/gj/2018/02 – 07/8443318. shtml。

③ Statement & Releases, "What You Need To Know About President Donald J. Trump's Efforts To End Catch And Release", April 9, 2018, https：//trumpwhitehouse. archives. gov/briefings – statements/need – know – president – donald – j – trumps – efforts – end – catch – release/.

④ Charlotte Cuthbertson, "Homegrown Terror a Top Threat to US, Say Agency Chiefs," October 12, 2017, http：//intelligentsystemsmonitoring. com/community/security – community/homegrown – terror – a – top – threat – to – us – say – agency – chiefs/.

空安全。美国国土安全部致力于确保航空安全，破坏有组织跨国犯罪，提高邮政和货物运送安全。特朗普上台后一直收紧海关政策。2017年10月26日出台新规，对所有飞往美国的航班进行更加严格和复杂的安检，以防止恐怖分子通过海关潜入美国。

特朗普政府防恐执法的另一重点领域是网络平台。美国面临的每一项国家安全威胁都可以看到网络的身影。针对恐怖分子越来越多地借助于网络平台和高科技手段发动恐怖袭击。2017年6月，在美国政府支持下，"一些高科技公司共同建立了'全球互联网反恐论坛'，共同分享技术，打击恐怖主义网络宣传"。[1]

第三，采取行动摧毁恐怖分子的庇护所和藏匿地，通过加强社会互信防止社区激进化，构筑一道抵御恐怖主义思想传播的安全屏障。同时采取有效措施打乱恐怖组织的财政、物资和人员供应链，切断恐怖组织的融资渠道，降低它们的信息传递及招募可能人员的能力来打击"圣战"分子。2018年版《国家反恐战略》报告进一步强调从金融、物资和后勤支持上加强反恐预警机制建设，并做好四大优先事项：增强侦察能力并阻断恐怖分子的自由流动；打击当前及未来恐怖分子的各种融资方式；阻止恐怖组织发展和获取任何攻击的能力；揭露并打击支持恐怖主义的国家。[2]

五、修正警报公告发布机制，动员全社会参与反恐

2017年5月15日、2017年11月9日、2018年5月9日、2018年9月14日、2019年1月18日、2019年7月18日和2020年1月18日，特朗普政府七次发布全国恐怖主义威胁警报系统公告。在这七次公告中，美国政府都把本土恐怖分子作为反恐预警的主要对象。公告认为，美国正面临着自"9·11"事件以来最严重的恐怖威胁环境，因此，特朗普政府加大了

---

[1] 熊长论编译：《希望与恐惧：美国反恐的内忧外患》，《社会科学报》2018年1月4日第7版。

[2] The White House, "National Strategy for Counterterrorism of the United States of America," October 2018, pp. 15–16, https://www.whitehouse.gov/wp-content/uploads/2018/10/NSCT.pdf.

反恐预警的力度。国土安全部和联邦调查局继续为州、地方、部落及领土合作伙伴提供与当前威胁环境相关的指导。国土安全部也与私营部门紧密合作，提供恐怖活动风险评估，为业主和经营者协调安全措施。国土安全部与联邦调查局和其他情报合作伙伴紧密合作，检测和打击恐怖嫌疑犯，加强筛查和审查措施，以识别可疑旅客和货物，打击暴力激进化和恐怖分子在本社区的招募，监测滋长的威胁，并与外国合作伙伴进行联络。[1] 公告继续鼓励美国民众向当地执法机构报告可疑活动。全国恐怖主义威胁警报系统公告根据美国本土面临的恐怖威胁环境的变化而不断调整，人们的反恐意识因此提高，有利于形成社会参与的反恐预警机制。

拜登政府也分别于2021年1月27日、2021年5月14日、2021年8月13日、2021年11月10日和2022年2月7日五次发布全国恐怖主义威胁警报系统公告。公告认为，在"9·11"事件发生20周年之际，美国国土继续面临着多样化及具有挑战性的威胁境况，这些威胁包含由国内恐怖分子构成的威胁、基于不满情绪而发起暴力活动的个人和团体所构成的威胁，以及那些受到外国恐怖分子和其他具有恶意的外国势力的启发或激励的个人所构成的威胁。[2] 针对这些认定的威胁，拜登政府加强了反恐预警的力度。国土安全部和联邦调查局继续为州、地方、部落及领土合作伙伴提供与当前威胁环境相关的指导，特别是国土安全部向领土合作伙伴提供了大量反恐情报信息；合作伙伴协助国土安全部在社交媒体和其他网络平台上识别和应对虚假信息、阴谋论的散布；国土安全部将应对国内暴力极端分子置于首要地位，并在全国范围内推行国土安全拨款计划和预防恐怖主义拨款计划；国土安全部继续加强与伙伴间的合作，来识别和阻止任何形式的恐怖主义和有针对性的暴力活动。[3] 公告认为，2022年美国仍然处

---

[1] "National Terrorism Advisory System Bulletin," September 14, 2018, https：//www.dhs.gov/sites/ default/files/ntas/alerts/18_0914_NTAS – Bulletin. pdf.

[2] "DHS Issues New National Terrorism Advisory System (NTAS) Bulletin," August 13, 2021, https：//www. dhs. gov/news/2021/08/13/dhs – issues – new – national – terrorism – advisory – system – ntas – bulletin.

[3] "DHS Issues National Terrorism Advisory System (NTAS) Bulletin," November 10, 2021, https：//www. dhs. gov/news/2021/11/10/dhs – issues – national – terrorism – advisory – system – ntas – bulletin.

于被多个因素推动而加剧的威胁环境之中，面临的反恐环境依然复杂严峻、不可预测。国土安全部情报分析办公室建立了一个新的国内恐怖主义特别分支，提供可靠的、及时的必要情报，来对抗相关威胁。国土安全部扩展了其对于线上活动的评估，作为其评估和预防暴力行为工作的一部分，并同时确保保护隐私、公民权利和自由；加强与公共和私营部门合作伙伴（包括美国关键基础设施所有者和运营商）的合作，以更好地保护我们的网络和重要基础设施免受攻击，并通过网络安全和基础设施安全局提高国家的网络安全。①

第四节　美国军事安全预警机制的改革与发展

特朗普政府上台后非常重视军事力量的发展，构建以"重建美军"为核心的扩张性军事布局，增加国防预算、全面扩充军队规模。美国政府积极利用第四次科技革命的成果进行新军事革命，这对美国军事安全预警机制的改革与发展产生了重要影响。美国新军事革命的主要内容包括五个方面：重新重视发展核力量，加速推进核力量的现代化；加紧研发新型反导系统，试图抵消对手的战略进攻能力；争相研发高超音速武器，以求打破战略平衡；不断巩固网络作战能力，积极实践网络战理念；大力推动人工智能的军事应用。② 特朗普政府投入巨资发展军备，有力地推动了军事预警机制的改革和发展，将极大提高军事安全预警的运作效率。

一、美国政府对军事安全威胁认知的转变

从特朗普政府开始，美国对军事安全威胁的认知发生重大转变，认为

---

① "Summary of Terrorism Threat to the U. S. Homeland," February 7, 2022, https：//www. dhs. gov/ntas/advisory/national - terrorism - advisory - system - bulletin - february - 07 - 2022.
② 冯玉军、陈宇：《大国竞逐新军事革命与国际安全体系未来》，《现代国际关系》2018 年第 12 期，第 12—14 页。

导弹、核武器和大规模杀伤性武器对美国的军事威胁日益增大,美国军事力量虽然仍是世界上最强大的,但随着竞争对手不断加强军事力量的建设和武器的更新,"美国的军事优势正在不断缩小。现在许多国家可以部署一大批先进的导弹,包括可以到达美国本土的导弹,对技术的获取使原本弱小的国家变得强大和敢为。"[①] 来自敌对国家和非国家行为体的核武器、化学武器、放射性武器和生物武器的威胁不断增加,比如"伊斯兰国"等恐怖组织使用了化学武器,如果美国不采取措施加强对这些国家和组织使用化学武器等的预警而任由其发展,其产生的后果将不堪设想。对此,特朗普政府采取了四项优先行动:一是加强导弹防御:美国正在部署分层导弹防御系统,以保卫美国本土免受导弹袭击,该系统可以在导弹发射之前解除其威胁。二是检测并破坏大规模杀伤性武器:要加强检测在美国边界和领土范围内的核子、化学、放射性和生物制剂,更好地整合情报、执法和应急管理行动,确保前线工作人员掌握信息的能力,以应对来自国家和非国家行为者的大规模杀伤性武器的威胁。三是加强反扩散措施:确保、消除和防止大规模杀伤性武器及相关材料、运载系统、技术和知识的传播,以减少它们可能落入敌对行为者之手的可能,并要求国家和非国家行为体对大规模杀伤性武器的使用负责。四是锁定使用大规模杀伤性武器的恐怖分子:采取有效举措指导针对恐怖主义大规模杀伤性武器专家、金融家、行政人员和鼓吹者的反恐行动,与盟友和合作伙伴一道侦查和打击恐怖阴谋。[②]

美国政府认为,20世纪90年代以来,美国表现出极大的战略自满情绪,认为自己的军事优势是不可撼动的。在国家安全威胁不断增加时,美国不但没有扩充军事规模,反而将军队规模急剧缩小到20世纪40年代以来的最低水平。联合部队没有发展重要的能力,而是进入了长达近10年的"采购假期",在此期间购置新的武器系统受到严格限制。美国年度联邦预

---

① "National Security Strategy of the United States of America," p. 3, https://www.whitehouse.gov/wp-content/uploads/2017/12/NSS-Final-12-18-2017-0905.pdf.

② "National Security Strategy of the United States of America," p. 7, https://www.whitehouse.gov/wp-content/uploads/2017/12/NSS-Final-12-18-2017-0905.pdf.

算程序进一步削弱了在威胁不断增加之时美国的军事主导地位,技术的革新和进步并没有弥补军事规模的削弱。[1] 所有这些使美国的军事预警能力大大降低,为此,美国要以实力为出发点,确保美国的军事力量在世界上处于无人能敌的地位,并将军事力量与盟友和美国全部权力机构充分整合,进而提升军事预警能力,这对美国军事预警机制的改革与发展提出了新的要求。

二、增强对长期战略竞争对手的军事预警

美国政府认为,为了支持国家安全战略,保卫国土安全,与大国的长期战略竞争是国防部的主要优先事项,同时,国防部将继续努力遏制和打击所谓"流氓政权",挫败对美国的恐怖主义威胁。2018年美国《国防战略》报告摘要认为国防部的防御目标主要包括11项:"保卫家园免遭袭击;在全球和重点地区保持联合部队的军事优势;阻止对手侵略美国的切身利益;使美国部门间同行能够推进美国的影响力和利益;维持印太、欧洲、中东和西半球有利的区域力量平衡;捍卫盟友免受军事侵略,扶持合作伙伴反对胁迫,以及公平分担共同防务责任;分解、防范或阻止国家对手和非国家行为体获取、扩散或使用大规模杀伤性武器;防止恐怖分子策划或支持针对美国本土和公民、盟友和海外合作伙伴的外部行动;确保公共领域保持开放和自由;在改变部门思维、文化和管理体系的同时,不断提供具有可承压和迅疾性的行为反应;建立"无与伦比"的21世纪国家安全创新基地,有效支持部门运作。[2] 为了实现以上军事防御目标,特朗普政府认为必须加强对长期战略竞争对手的军事预警工作。

拜登政府上台后,继续加强对长期战略竞争对手的军事预警。2021年3月3日,拜登政府发布了关于美国国家安全战略的指导性文件《临时国

---

[1] "National Security Strategy of the United States of America," p.27, https://www.whitehouse.gov/wp-content/uploads/2017/12/NSS-Final-12-18-2017-0905.pdf.

[2] U.S. Department of Defense, "Summary of the 2018 National Defense Strategy of the United States of America," January 19, 2018, https://www.defense.gov/Portals/1/Documents/pubs/2018-National-Defense-Strategy-Summary.pdf.

家安全战略方针》。这虽然只是一份过渡性文件,但基本指明了拜登政府国家安全战略的发展方向和指导方针。《临时国家安全战略方针》指出,世界力量格局的不断变化对美国带来新的威胁。美国军事机构、情报机构、国土安全部门及其他执法部门应通力合作,加强对来自主要军事战略竞争对手的安全预警预测工作,将军事对手对美国的安全威胁降至最低,从而维护美国的国家安全。

三、加强军事战略准备

美国政府认为,防止战争最有效的方法是赢得战争,强大的军事力量是美国赢得战争优势的重要前提,同时也为军事安全危机预警奠定了物质基础。为此美国必须做好以下几点:

第一,坚持备战优先。美国军事力量需要通过积极备战来加强军事安全预警工作,从而遏止冲突。在日常行动中,联合部队将持续赢得:遏制印太、欧洲和中东三个主要地区的侵略;降低恐怖主义和大规模杀伤性武器威胁;捍卫美国的利益,使之免受低于武装冲突的挑战。

第二,实现关键能力的现代化,包括核力量,太空和网络空间作战领域,指挥、控制、通信、计算机和情报、监视和侦察及导弹防御,在有争议的环境中实施致命打击,前沿力量机动和态势恢复,先进的自主系统,以及灵活和便捷的后勤系统。

第三,发展创新性作战概念。必须预见新技术对战场的影响,严格界定未来冲突中可预期的军事问题,培育实验与风险评估文化。必须预见竞争者和对手将如何运用新理念和技术,同时发展运作理念,强化美国竞争优势及杀伤性的作战观念。

第四,采取杀伤性、机敏、弹性的力量态势及部署方式。全球战略环境要求增加战略灵活性和行动自由,机动部队将更加灵活地利用现有力量主动塑造战略环境,同时保持应对突发事件的准备,并确保长期备战状态。此外,联合部队部署和使用以实现其竞争和战时任务的方式是全球运营模式。

第五，培养军事人才。招募、培养和保留高素质的军队和民间力量是增强军事预警、赢得战争的关键，美国政府通过提供专业军事教育、加强人才管理、增强文职人员专业知识等方式培养军事人才，为军事安全危机预警工作提供智力支撑。① 此外，美国政府还积极推进美国武器装备的现代化。改进现有的美国武器装备系统，寻求新的武器装备，为军队创造明显的优势，消除创新的官僚障碍，使用更廉价、更省时的现成解决方案。各部门和机构必须与工业界合作，试验、建立并迅速部署新型武器装备，并且一旦新技术上线，这些武器装备可以轻松升级。② 军事力量的发展与武器装备的现代化为军事安全预警提供了重要物质基础。

四、推进国防管理机制改革

第一，提高效能。针对国防部目前的流程不能更好地满足整合和调整战斗方式的需求，同时为了改变国防部以牺牲作战人员及时提供决策和能力为代价的现状，美国国防部将优先考虑实现速度、持续改装和高频率模块升级，以摆脱过时的管理行为和结构。

第二，组织创新。调整国防部组织结构，支持联合部队。2018年2月，美国国防部正式设立独立的"首席管理官"，"作为五角大楼的三号人物，推进人力资源、供应链与后勤、资产与设施、财务、采办与采购、卫生保健六大领域的管理模式转型。该职位的设立旨在提升国防部部门的工作效率和人力成本效益，裁减冗余重叠机构，加强成本控制"。③ 此外，还进行了军队编制改革，建立陆军未来司令部，重启第二舰队，设立太空司令部。

第三，一个地域性联合作战司令部的调整和两个功能性联合作战司令

---

① U. S. Department of Defense, "Summary of the 2018 National Defense Strategy of the United States of America," January 19, 2018, https://www.defense.gov/Portals/1/Documents/pubs/2018 - National - Defense - Strategy - Summary.pdf.

② "National Security Strategy of the United States of America," p. 29, https://www.whitehouse.gov/wp - content/uploads/2017/12/NSS - Final - 12 - 18 - 2017 - 0905.pdf.

③ 李岩：《美国新一轮军事转型评析》，《现代国际关系》2019年第7期，第14页。

部的新建。美军联合作战司令部主要分为包括非洲司令部、中央司令部、欧洲司令部、北方司令部、太平洋司令部和南方司令部在内的六个地域型司令部，以及包括特种作战司令部、战略司令部和运输司令部在内的3个功能型司令部。2018年美国《国防战略》发布不久，特朗普政府便启动了对美军部分联合作战司令部的调整与改革。为了更好地推行"印太战略"，美国将太平洋司令部更名为印度洋—太平洋司令部，以深化与印太盟友的关系，凸显印太地区在美国对外战略中的重要地位。为了强化网络空间在国家安全态势中的中心地位，指挥和协调相关网络空间作战计划，2018年5月4日，美国网络司令部正式从战略司令部下属的次级联合司令部升级为联合作战司令部，这是美国协同、联动作战的里程碑式的变革，人工智能技术已成为美国的军事安全预警和作战指挥中心。为了整合各军种的太空军力，强化威慑力和太空作战选项，2018年12月18日，美国又设立了联合作战司令部级别的太空司令部。

第四，推动预算纪律和责任性，提升偿付能力。"继续实施对所有业务全面审计的计划，改进财务流程、系统和工具，以便了解、管理和改善成本"；[1] 提高采购物资和服务的效率；继续努力降低总部人员的管理费用和规模；削减重复机构和体系设置；努力减少多域财产和基础设施。

第五，精简从能力研发到部署的过程。国防部将重新调整激励和报告结构以提高交付速度，在需求流程中实现设计权衡，扩大作战人员和情报分析在整个并购过程中的作用；在定义需求及商业现货系统之前应进行原型设计和实验；平台电子设备和软件应该为常规替换而设计，而不是静态配置十年之久。

第六，利用及保护国家安全创新基础。国防部在国会的支持下，将为国防工业提供足够的可预见性，为其在关键技能、基础设施和研发方面的长期投资提供信息；将继续简化流程，使新进入者和小型供应商能够提供尖端技术；将培养国际伙伴关系，以利用和保护合作伙伴在军事能力方面

---

[1] 于霞、刘岱：《2018年美国〈国防战略〉解读》，《军民两用技术与产品》2018年第21期，第54页。

的投资。① 通过以上改革,美国优化了国防管理机制和体系,大大增强了国防部的效能和经济可承受性,从而增强了军事安全危机预警的效果。

拜登执政后,更加强调谨慎使用武力,维持美军战备与装备优势。第一,强调与安全环境相匹配的强大军队仍然是维护美国全球利益的决定性优势,在必要的时候美国将毫不犹豫地选择使用武力捍卫国家利益,确保武装力量能够有效威慑敌人以保卫其人民、利益和盟友,并击败威胁。第二,强调使用军事力量是最后的手段,而不是第一手段,只有在以下三种情况下可以使用武力:目标和任务明确并可实现,武力与资源相匹配并作为综合战略的一部分,符合美国的价值观和法律,并且得到美国人民的知情和同意。第三,美国在开展军事行动时应尽可能与盟友一起行动,以提高效力、合法性和责任分担。第四,在国防预算中设置明确的优先事项,继续提高全部服役人员及其家属的待遇,维持美军战备状态,确保美国武装部队仍然是世界上训练有素、装备精良的部队。第五,面对他国日益强大的战略挑战,武装部队将适当评估部队的结构、能力和规模,并与国会合作,调整装备建设投入,从老式平台和系统转移到面向未来的尖端技术和先进能力上。②

五、加强军事联盟并吸引新的合作伙伴

无论在和平时期还是在战争时期,互惠互利的伙伴关系对美国军事预警发挥了重要作用,特别是"9·11"事件以来,盟友和合作伙伴对美国主导的每一次军事介入均做出了不同程度的贡献。特朗普政府认为,美国应继续强化与军事盟友间的关系,以为美国的军事安全危机预警做出更大的贡献。为实现富有能力的联盟和伙伴关系网络,美国将重点关注三个方面的内容:坚持互相尊重、共同责任、优先事项和义务;扩大区域协商机

---

① U. S. Department of Defense, "Summary of the 2018 National Defense Strategy of the United States of America," January 19, 2018, https：//www.defense.gov/Portals/1/Documents/pubs/2018 - National - Defense - Strategy - Summary.pdf.

② The White House, "Interim National Security Strategic Guidance," March 2021, https：// www.whitehouse.gov/wp - content/uploads/2021/03/NSC - 1v2.pdf.

制和协作规划；深化互操作性，加快盟军与美军的能力集成。以美国的基础联盟为支撑，优先加强联盟和长期安全伙伴关系：拓展印度－太平洋联盟和伙伴关系；强化北约联盟；在中东地区建设持久联盟；保持西半球的优势；支持应对非洲地区重大恐怖主义威胁的合作关系。① 美国加强与盟友之间持久联盟和长期安全伙伴关系的重要途径之一就是加强与盟友之间的情报共享与合作，通过军事情报的共享与合作实现军事安全危机预警，从而有效应对针对美国的军事安全威胁。

拜登执政后，美国更加倚重盟友在军事安全危机预警中的作用。重振并革新美国全球盟友关系，将盟友关系定位为美国"最大的战略资产"，强化与盟友的情报界分析与预警能力，以应对当前和未来的共同安全威胁和挑战。②"在军事上，巩固并扩张美国在印太地区的盟友体系，充分利用美日、美韩双边同盟，升级美日印澳'四边机制'、激活'五眼联盟'的情报分享功能，以打造围堵大国的包围圈"。③ 2021年9月15日，宣称为确保印太地区的和平与稳定，美国、英国、澳大利亚三国建立名为"AUKUS"的三边安全伙伴关系，美、英承诺要为澳大利亚提供一支核动力潜艇舰队，澳大利亚将成为世界上第七个拥有核动力潜艇的国家。④ 该伙伴关系的建立是美国遏制大国在印太地区影响力的重要标志。

---

① U. S. Department of Defense, "Summary of the 2018 National Defense Strategy of the United States of America," January 19, 2018, https：//www. defense. gov/Portals/1/Documents/pubs/2018 – National – Defense – Strategy – Summary. pdf.

② The White House, "Interim National Security Strategic Guidance," March 2021, https：//www. whitehouse. gov/wp – content/uploads/2021/03/NSC – 1v2. pdf.

③ 朱锋、倪桂桦：《拜登政府对华战略竞争的态势与困境》，《亚太安全与海洋研究》2022年第1期，第6页。

④ The White House, "Remarks by President Biden, Prime Minister Morrison of Australia, and Prime Minister Johnson of the United Kingdom Announcing the Creation of AUKUS," September 15, 2021, https：//www. whitehouse. gov/briefing – room/speeches – remarks/2021/09/15/remarks – by – president – biden – prime – minister – morrison – of – australia – and – prime – minister – johnson – of – the – united – kingdom – announcing – the – creation – of – aukus/.

第五节　美国战略安全预警机制的改革与发展

战略安全预警是对美国核心国家利益、国家安全和全球领导地位构成挑战和威胁的态势发出的预先警告。冷战前，美国的战略安全预警主要针对苏联的核战略预警，冷战后美国的战略安全预警主要针对的是大国崛起预警。特朗普执政后，美国战略预警机制的改革与发展是基于特朗普政府对美国战略安全威胁认知的变化。2017年美国《国家安全战略》报告明确将大国视为美国最大的战略安全威胁，认为"大国挑战美国的实力、影响力和国家利益，企图侵蚀美国的安全和繁荣。大国试图通过削弱经济自由和公平、扩展军队以及控制信息和数据来压制社会和扩大他们影响力"。[1] 这标志着自"9·11"事件以来恐怖主义作为美国最大安全威胁的定位发生了明显变化，来自大国竞争和挑战成为美国认定的最大战略安全威胁。美国政府开始反思和评估其过去20多年执行的与竞争对手接触以及将其纳入国际机构和全球贸易，并使他们成为良性的参与者和可信赖的合作伙伴这一政策的正确与否，得出的结论认为，与战略竞争者的接触政策基本上是错误的。[2] 基于这一战略安全威胁认知的转变，从特朗普政府开始，美国主要通过强化战略情报的搜集与分析、核战略预警、太空战略安全预警、战略导弹预警等方式展开。

一、美国政府高度重视战略情报的搜集与分析工作

战略情报是美国最高层级的安全情报，指美国情报机构通过各种手段

---

[1] "National Security Strategy of the United States of America," p. 2, https://www.whitehouse.gov/wp-content/uploads/2017/12/NSS-Final-12-18-2017-0905.pdf.

[2] "National Security Strategy of the United States of America," p. 25, https://www.whitehouse.gov/wp-content/uploads/2017/12/NSS-Final-12-18-2017-0905.pdf.

和途径获取的供决策者实施全局筹划并在战略层次上指导国家未来发展、为制定国家安全战略提供支持的信息。美国战略情报具有全局性、稳定性、长期性和前瞻性的特征,以美国国家安全战略为基石,主要围绕维系美国的全球领导地位、遏制现有或潜在的战略对手、维护美国的绝对安全和持久繁荣等而展开。① 特朗普执政后,美国面临的主要战略安全威胁由恐怖主义转为大国竞争威胁,美国的战略情报主要围绕遏制大国战略竞争对手,维系全球领导地位展开。这一时期美国战略情报搜集和分析的重点主要有两个方面:一是加强对主要地缘战略竞争对手的监测。美国识别和应对地缘政治和地区变化要求美国情报部门收集、分析、识别和处理信息。在这个信息主导的时代,情报部门必须不断地搜集战略情报以预测地缘政治的变化,并搜集短期情报以便美国能够应对对手的行动和挑衅。要了解和预见外国领导人的外交政策和意图,防止战术和行动上的意外,并确保美国的行动在部署之前不会受到损害,这都需要战略情报的支撑。② 二是积极落实"美国优先"战略,加强战略经济情报的搜集与分析。美国政府为防止盗窃敏感信息和专有信息以及维护产业供应链的完整性,不断加强对战略竞争对手经济政策所涉美国优先事项的了解,并提高发现和挫败它们进行经济间谍活动的能力。③

拜登执政后,美国继续加强战略经济情报的搜集与分析。在高新技术产业和尖端制造业领域,美国开始对华进行全面遏制,高科技领域成为中美之间大国竞争的主要场域。《2021 年度威胁评估》报告诬陷中国"通过军民融合政策和《国家情报法》收集情报,要求所有中国实体与军事、情报和安全部门共享技术和信息"。④ 2021 年 6 月,拜登总统以"应对中国军工企业威胁"为由签署行政命令,将华为公司、中芯国际等 59 家中国企

---

① 刘胜湘等:《世界主要国家安全体制机制研究》,经济科学出版社 2018 年版,第 25 页。
② "National Security Strategy of the United States of America," p. 32, https://www.whitehouse.gov/wp-content/uploads/2017/12/NSS-Final-12-18-2017-0905.pdf.
③ "National Security Strategy of the United States of America," p. 32, https://www.whitehouse.gov/wp-content/uploads/2017/12/NSS-Final-12-18-2017-0905.pdf.
④ Office of the Director of National Intelligence, "Annual Threat Assessment of the US Intelligence Community," April 9, 2021, https://www.whitehouse.gov/wp-content/uploads/2021/03/NSC-1v2.pdf.

业列入投资"黑名单","禁止美国人购买或出售被制裁公司的任何公开交易证券"。① 2021年6月8日,美国参议院通过了针对性极强的旨在扩大对产业和科技的投资以应对中国挑战的《2021年美国创新和竞争法案》。

二、核战略预警

核战略预警是指为应对针对美国的核威胁,确保美国突出的核能力和维持在核领域的优势地位所进行的预防预警工作。美国核战略预警调整和改革的主要背景在于其在核领域的优势地位相对下降,且来自潜在对手的核威胁日益增加。核武器在美国国家安全战略中,特别是在核武器基础上形成的核威慑对防止军事冲突发挥了重要作用。但是冷战结束之后,美国减少了对核企业的投资,降低了核武器在国家战略中的作用。号称美国战略"核三角"的战略轰炸机、海基导弹和陆基导弹的某些部分已经有30多年的历史,而且大部分核基础设施可以追溯到二战时期。然而,与此同时,拥有核武器的对手扩大了其武库和运载系统的距离。美国"核三角"和海外部署战区核能力的威慑能力下降,维持美国的核武库和基础设施需要的投资不足。② 美国政府认为,自2010年《核态势评估》报告发布以来,美国面临的核安全状况发生了明显恶化。美国核政策和战略的优先考虑是威慑潜在敌人不发动任何规模的核袭击。《2021年度威胁评估》报告指出,在可预见的未来俄罗斯仍将是美国最大和能力最强的大规模杀伤性武器对手,俄罗斯正在提升其核能力使之现代化,保持与北约国家潜在冲突中的核威慑,正努力构建一套大型、多样化、现代化的能够发射核弹头或常规弹头的远程打击系统,这些系统提供了威慑对手、控制潜在敌对状态升级,以及在其边境附近对抗美国及其盟国军队的选择。③

---

① 李恒阳:《拜登政府对华科技竞争战略探析》,《美国研究》2021年第5期,第89页。
② "National Security Strategy of the United States of America," p. 30, https://www.whitehouse.gov/wp-content/uploads/2017/12/NSS-Final-12-18-2017-0905.pdf.
③ Office of the Director of National Intelligence, "Annual Threat Assessment of the US Intelligence Community," April 9, 2021, https://www.whitehouse.gov/wp-content/uploads/2021/03/NSC-1v2.pdf.

一是持续并更新美国三位一体核战略，增强核战略预警能力。美国三位一体的核战略能力主要由三部分组成：装备有潜射弹道导弹的潜艇；陆基洲际弹道导弹；载有重力炸弹和空射巡航导弹的战略轰炸机。① 二是积极推进核武器的指挥、控制与通信的现代化，增强核威慑预警能力，其中包括"加强对付网络威胁的防护、加强对付太空威胁的防护、强化对战术预警和攻击评估的整合、改良指挥部和通信联络、推进决策支持技术、整合规划与运营，以及改良对整个核武器的指挥、控制与通信系统的管理。② 三是维持美国的核武器结构，实现美国核力量和基础设施现代化。美国将维持符合国家当前需求并应对意外风险的核力量结构，而不是与其他大国的核武库相匹配，但是必须维持一个可以威慑对手、保证盟友和伙伴安全并在威慑失败时可以实现美国目标的储备。采取措施推进核企业现代化，以确保美国拥有维持一个有效且安全的"核三角"，并能对未来的国家安全威胁做出回应所必需的科学、工程和制造能力。维持和培养开发、制造和部署核武器所需的高技能劳动力以应对现代化和维护需要投资老化的指挥和控制系统。③ 美国正在开展或准备开展的核武器现代化项目主要有：海基战略核武器现代化项目、陆基洲际弹道导弹现代化项目、空基战略核力量现代化项目、核弹头延寿与开发新型核弹头项目、核武器指挥与控制系统的现代化项目。④ 核武器结构的维持和核力量及基础设施的现代化为美国的核安全危机预警奠定了基础。

---

① Office of the Secretary of Defense, "Nuclear Posture Review," February 2018, pp. IX – X, https：// media. defense. gov/2018/Feb/02/2001872886/ – 1/ – 1/1/2018 – NUCLEAR – POSTURE – REVIEW – FINAL – REPORT. pdf.

② Office of the Secretary of Defense, "Nuclear Posture Review," February 2018, p. XIII, https：// media. defense. gov/2018/Feb/02/2001872886/ – 1/ – 1/1/2018 – NUCLEAR – POSTURE – REVIEW – FINAL – REPORT. pdf.

③ "National Security Strategy of the United States of America," p. 30, https：//www. whitehouse. gov/wp – content/uploads/2017/12/NSS – Final – 12 – 18 – 2017 – 0905. pdf.

④ 崔建树：《特朗普政府重整核军备动因研究》，《国际安全研究》2019 年第 2 期，第 138—139 页。

三、成立太空司令部　强化太空安全战略预警

太空安全战略预警是指为保证美国太空领导地位、维持美国的太空霸权而进行的预防预警工作。美国强化太空安全战略预警有着深刻的背景。美国政府认为，太空的多极化和民主化会削弱美国的太空领导地位、挑战美国的太空霸权、威胁美国的太空安全利益。2017年美国《国家安全战略》报告明确指出：美国对太空的依赖性加深，通信和金融网络、军事和情报系统、天气监测、导航等都有太空领域的组件。众多国家不受限制地进入太空并在太空中自由行动是对美国太空安全利益的挑战和威胁，"太空民主化"对美国军事行动和在冲突中致胜的能力都有影响，对美国太空架构的重要组成部分的任何有害干扰或攻击，都直接影响到美国的重要利益。[1] 2019年1月公布的美国《国家情报战略》报告进一步强调了"太空民主化"对美国构成重大挑战，太空已不再是专属美国的领域。[2] 在这份报告中，美国着重强调了中国和俄罗斯对美国太空霸权的挑战，指出中、俄将继续采用全方位反卫星武器手段来降低美国军事效力和整体安全，中、俄在太空领域的强劲发展正在逐步损害美国制定太空规则的权力。[3] 美国国家情报总监办公室发布的《2021年度威胁评估》报告预测，作为超越华盛顿太空能力的努力之一，中国将在2022—2024年间建成空间站。同时，俄罗斯仍将是美国最主要的太空竞争者，它将把重点放在诸如通信、定位、导航和授时等太空服务以及情报、监视、侦察——融入其武器和指

---

[1] "National Security Strategy of the United States of America," p. 31, https://www.whitehouse.gov/wp-content/uploads/2017/12/NSS-Final-12-18-2017-0905.pdf.

[2] Office of the Director of National Intelligence, "The National Intelligence Strategy of the United States of America," January 2019, p. 4, https://www.dni.gov/files/ODNI/documents/National_Intelligence_Strategy_2019.pdf.

[3] Office of the Director of National Intelligence, "The National Intelligence Strategy of the United States of America," January 2019, p. 4, https://www.dni.gov/files/ODNI/documents/National_Intelligence_Strategy_2019.pdf.

挥控制系统等方面。① 此外，随着进入太空门槛的降低，太空不仅是极少数超级大国运作的领域，现在有越来越多的国家和群体参与到太空领域中，这降低了美国的总体国家安全。

特朗普政府开始将太空提升为优先领域，以增强美国在太空中的竞争力，为此美国政府发布《国家太空战略》报告，为太空安全预警提供指导。2018年3月，特朗普签署了美国第一份《国家太空战略》报告，指出国家太空战略将维护美国在太空的核心利益——确保美国不受限制地进入太空领域，增强美国的安全，促进经济的繁荣和科学知识的进步。设法阻止、反击并击败对美国及其盟友在太空领域的威胁，加强美国的太空领导地位。②《国家太空战略》报告明确指出美国的太空战略将建立在四个支柱之上：一是建立一个有弹性的太空架构，加快太空架构的转型，增强太空的复原力、防御能力和恢复重建受损能力；二是强化太空威慑与作战能力，美国将加强与盟友的合作，以阻止潜在对手将冲突扩大到太空，并在威慑失败的情况下，反击对手为敌对目的而使用的威胁；三是增强太空基础能力、结构与进程，通过改进空间态势感知、情报和获取流程来确保高效的空间作战行动；四是创造有利的国内外环境，美国将简化监管框架、政策和程序，以更好地利用和支持美国的太空商业产业，寻求双边和多边参与，以实现人类探索，促进责任分担和协调合作以应对太空威胁。③

为了加强太空预警能力，2019年8月29日，特朗普在白宫宣布成立太空司令部，表示"太空在美国国家安全和国防中处于中心地位"，要确保美国"在太空的统治地位永不受质疑和威胁"。新成立的太空司令部

---

① Office of the Director of National Intelligence, "Annual Threat Assessment of the US Intelligence Community," April 9, 2021, https://www.whitehouse.gov/wp-content/uploads/2021/03/NSC-1v2.pdf.

② "President Donald J. Trump is Unveiling an America First National Space Strategy," March 23, 2018, https://aerospace.csis.org/wp-content/uploads/2018/09/Trump-National-Space-Strategy.pdf.

③ "President Donald J. Trump is Unveiling an America First National Space Strategy," March 23, 2018, https://aerospace.csis.org/wp-content/uploads/2018/09/Trump-National-Space-Strategy.pdf.

"对强化太空威慑与作战能力,从而实现美国太空领导地位具有重要意义"。① 太空司令部的成立,极大刺激了美国太空军事力量的投入,大大增强了美国的太空预警能力。

四、加强导弹防御系统建设和导弹战略预警

导弹战略预警是美国战略预警的重要内容,加强导弹防御系统建设和导弹战略预警是基于美国对导弹威胁认知的变化。2019年1月17日,特朗普政府发布新版《导弹防御评估》报告,这也是继奥巴马政府2010年发布的《弹道导弹防御评估》报告以来美国第二份《导弹防御评估》报告,该报告一发表就引起了学界、军界的广泛关注。从报告文本的名称上我们就可以清晰看到,新版《导弹防御评估》报告删除了奥巴马政府时期的"弹道"两字,认为威胁对象由弹道导弹扩展为所有导弹威胁。之所以出现明显改变,主要是基于美国政府对导弹威胁认知的转变,特朗普政府认为,"美国本土与海外军队、盟国和盟友受到的(核)导弹威胁明显上升,潜在对手的导弹防御和反卫星能力的进步,威胁到美国天基资产和导弹防御,美国及其盟国和盟友受到了导弹扩散的威胁"。②

基于对导弹威胁的认知和评估,特朗普政府制定了导弹防御计划,构成了导弹预警体系的主要内容:第一,美国国土防御。为增强美国本土防御,主要的措施就是升级现有陆基中段防御能力,改进该系统的陆基拦截弹,使用更先进的助推器;从2023年开始将部署陆基拦截弹数量从44枚增加到64枚,加强现有导弹防御传感器的性能,部署新的传感器以获得更强的识别能力;提高北美防空司令部对巡航导弹的防御能力。第二,部署地区与跨地区导弹防御,把构建全球性导弹防御网络以抵御潜在对手对美国海外驻军、盟国和伙伴的导弹威胁作为重要一环。美国应实施主动导弹防御和攻击行动相结合,充分利用各种能力进行总体联合战役。第三,积

---

① 王宇:《美国太空司令部正式成立》,《中国国防报》2019年9月4日第4版。
② 何奇松:《特朗普政府〈导弹防御评估〉评析》,《国际论坛》2019年第4期,第47—48页。

极部署地区主动防御系统。继续推动和部署末段高空区域防御系统、海基"宙斯盾"导弹防御系统、陆基"宙斯盾"导弹防御系统、"爱国者－3"先进能力导弹系统。第四，积极应对区域主动防御巡航导弹威胁。美国继续在地区性主动导弹防御能力的开发、部署和现代化方面取得重大进展。美国国防部目前使用一些地区性主动防御系统来抵御潜在敌人发动的地区性导弹攻击，这些系统包括可以进入危机地区或冲突地区的机动传感器和拦截弹，如果这些机动传感器和拦截弹可以与盟友和伙伴的资产进行互操作，则可以支持联合防御行动。第五，为新兴的导弹进攻威胁和不确定因素做好准备。改进和调整现有导弹防御系统，包括改进标准－3，提升现有能力，研发下一代地基拦截器；重新部署机动导弹防御系统，在危机之时，国防部能够调动"爱国者"或者"萨德"系统、"宙斯盾"导弹防御系统、F－35反导系统；发展新的导弹防御系统，包括筹划建设第三处陆基中段防御系统，利用离子束或激光等定向能武器摧毁敌国助推段的导弹，部署天基传感器、天基拦截器，建立天基防御层。第六，导弹防御进攻行动。"美国国防部加强投资于攻击行动所需的能力，如改进的攻击预警情报，情报、侦察与监视能力，定期敏感目标瞄准能力，以及海陆、空、基远程精确打击能力。"[1] 除了以上措施外，新版《导弹防御评估》报告还要求增强与盟友和伙伴在导弹预警与防御方面的合作，重点强调要强化在印太地区、欧洲和北约、中东—海湾合作理事会、中东—以色列、南亚，以及北美地区与盟友及伙伴在导弹预警方面的合作，建立强有力的导弹防御体系，从而维护美国在世界各地的安全和利益。

---

[1] Office of the Secretary of Defense, "Missile Defense Review 2019," p. 60, https：//media.defense.gov/2019/Jan/17/2002080666/－1/－1/1/2019－MISSILE－DEFENSE－REVIEW.pdf。还可参见何奇松：《特朗普政府〈导弹防御评估〉评析》，《国际论坛》2019年第4期，第49—51页；熊瑛、齐艳丽：《美国2019年〈导弹防御评估报告〉分析》，《飞航导弹》2019年第4期，第30—31页；张业亮：《特朗普政府导弹防御战略和政策——基于美国2019年版〈导弹防御评估〉报告的分析》，《美国研究》2019年第6期，第41页。

第六节　美国国家安全预警整体联动机制的新发展

特朗普上台执政后，美国国家安全预警整体联动机制正在发生深刻的改变。随着对主要安全威胁认知的转变，美国国家安全预警整体联动机制开始由重视反恐预警转向针对主要战略竞争对手的战略预警，大国战略竞争取代反恐成为美国首要安全任务，其对美国国家安全预警整体联动机制的影响将是旷日持久的，需要我们进行长期的跟踪观察。安全环境及战略情报的变化推动着美国国家安全预警整体联动机制向新的方向不断发展。

一、美国安全环境的新挑战

2019年版《国家情报战略》报告认为，美国面临的战略环境发生了很大改变，美国面临一个更加复杂和不确定的世界。二战后形成的国际秩序和西方世界的主导地位遭到削弱，报告明确指出美国面临俄罗斯、中国、朝鲜和伊朗这些战略对手的威胁，这四个国家也是美国情报界重点关注的目标。中国不断推进军事现代化，在太平洋地区追求经济和领土优势，但报告同时认为美国和中国还可以在很多共同关心的问题，如朝核问题上开展合作；俄罗斯一直努力增强影响力和权威，这可能与美国在多个地区的目标和优先事项发生冲突；朝鲜继续追求核武器和弹道导弹技术；伊朗尽管在2015年承诺致力于和平利用核能，然而其仍继续追求更先进的导弹和军事能力，继续支持恐怖组织、武装分子和其他反美势力，威胁着美国的利益。美国认为，这些战略竞争对手在传统、非传统、混合和不对称的军事、经济和政治领域全方位构成对美国的战略威胁和挑战。美国在国内也面临着严峻的安全威胁，主要包括太空威胁问题、网络威胁问题、新兴技术带来的威胁、暴力极端主义威胁、移民与城市化问题等。①

通过仔细解读并与之前小布什政府和奥巴马政府发布的《国家情报战略》报告比较不难看出，2019年版《国家情报战略》报告由对反恐等非传统安全威胁的重视转为"强调重视传统的大国地缘政治竞争及其相关情报活动。即使是在新领域的安全威胁中，如人工智能等新兴科技领域，其所着重强调的也是如俄罗斯等传统大国对其所造成的潜在和现实威胁，要求美国情报机构将相关大国的活动作为工作重点"。② 2021年《临时国家安全战略方针》再次将中、俄视为美国在全球范围内最大的战略竞争对手和主要安全威胁。国内外安全环境和安全威胁认知的这一深刻变化，对美国情报机构提出了新的要求，同时促使美国对国家安全预警机制作出调整以适应这一变化。

二、美国对战略情报认知的转变

美国战略情报是其认识战略环境以支持其国家安全政策的产物。这项工作包括识别和评估国家和非国家行为体的能力、活动和意图，以确定美国国家安全利益的风险和机会。战略情报包括吸收政治、外交、经济和安全各种各样的信息，以加深对美国具有持久重要性问题的理解。战略情报还提供对趋势和发展的深入评估，以识别和警告与这些问题相关的变化，这些变化将影响未来的战略环境。为实现这些安全预警目标，美国情报机构着手做到以下三点：第一，开发和维护获取和评估数据的能力，以加深对全球政治、外交、军事、经济、安全和情报环境的深刻理解；第二，建立和维护对美国具有持久战略重要性问题的专门知识，并评估与这些问题有关的趋势和发展，以确定可能影响美国国家安全利益的变化，并确定战略风险和机会；第三，提供有关战略环境的深入评估、背景和专业知识，

---

① Office of the Director of National Intelligence, "The National Intelligence Strategy of the United States of America 2019," pp. 4 - 5, https：//www.dni.gov/files/ODNI/documents/National_Intelligence_Strategy_2019.pdf.

② 赵旭红：《2019〈美国国家情报战略〉评述》，《情报杂志》2019年第4期，第3页。

包括关键国家和非国家实体的能力、活动和意图,以及其如何影响美国国家安全政策和战略发展。① 总之,战略情报就是通过分析国家安全环境,并对战略风险和机遇及未来的发展趋势进行评估,从而为决策层提供有关国家安全的战略情报。除战略情报外,2019年版美国《国家情报战略》报告为情报界规定的其他六项任务目标是:预警情报、当前行动情报、网络威胁情报、反恐情报、防扩散情报和反情报。

为了实现以上情报战略目标,2019年版美国《国家情报战略》报告提出了情报界需要承担的七项组织机构建设目标:一是统一的任务管理;二是统一的工作管理;三是人才队伍建设;四是科学技术创新;五是情报共享与信息安全;六是情报合作机制;七是实现情报透明。②

三、推动美国国家安全预警整体联动机制变化的举措

一是追求情报的一体化与情报共享。情报一体化是美国情报战略的核心内容和情报机构开展工作的重点。2005年、2009年及2014年发布的《国家情报战略》报告均不同程度地强调情报一体化的重要性。早在2008年7月,美国就出台了《2015构想全球网络化、一体化情报企业》,旨在通过政策、个人和技术行动,整合国外的、军事的、国内的情报能力,为决策者、军人、国土安全办公室以及执法部门提供决策优势,试图将美国情报机构打造为以用户驱动型、任务导向性的一体化、网络化情报企业。③ 2009年美国《国家情报战略》报告提出要针对优先任务,"成立相应的管理队伍,允许信息和人员在内部自由流动,融合多个情报门类,使分散在各机构的搜集和分析资源可以摆脱组织边界的限制,迅速聚集到优先任务

---

① Office of the Director of National Intelligence, "The National Intelligence Strategy of the United States of America 2019," p. 9, https://www.dni.gov/files/ODNI/documents/National_Intelligence_Strategy_2019.pdf.
② 赖金辉:《构建一体融合的情报界——2019年版〈美国国家情报战略〉解读》,《情报杂志》2019年第12期,第50页。
③ "Vision 2015: A Globally Network and Integrated Intelligence Enterprise," July 2008, p. 15, http://www.odni.gov/files/documents/Newsroom/Reports%20and%20Pubs/Vision_2015.pdf.

上来，从而使情报界作为一个整体展开工作，推进情报的一体化与情报共享"。① 2014 年美国《国家情报战略》报告聚焦情报业界的一体化建设，提出了优化资源管理，发挥决策优势的两项业界目标：一是任务管理一体化，情报界要"优化搜集、分析、反情报的能力和活动，实现情报界力量的整合"；二是业界管理一体化，《国家情报战略》报告指出，"发展、实施并管理情报界主导的方法以提高情报界的一体化和交互能力的建设"。②

2019 年版美国《国家情报战略》报告在战略实施部分重点强调了情报一体化的内容。情报一体化工作的加强与美国面临的战略环境的改变息息相关，美国面临的战略环境急剧变化，其受到的来自国内外威胁与挑战日趋多样且相互关联。在国际方面，"俄罗斯、中国、朝鲜、伊朗等'敌手国家'利用各种手段破坏以美国为首的西方世界的自由民主秩序"③，西方国家面临的难民问题、经济不景气问题等逐渐影响了西方国家间稳固的政治联盟关系。在国内方面，2019 年版美国《国家情报战略》报告认为，"美国应对新技术挑战和非传统安全威胁的压力骤增，具体包括极端暴力与跨国犯罪组织攻击问题、移民与城市化问题、情报失密泄密问题、太空威胁问题和网络威胁问题等"。④ 安全威胁来源的多样化、复杂性必然对情报共享和一体化提出更高要求，因此也推动了美国国家安全预警整体联动机制的改革和完善。日益增强的情报一体化使美国情报界能够更好地优化情报收集和分析活动，可以更有效地管理情报资源，从而在成功地开展军事、外交、人道主义救援和其他相关行动中提供了至关重要的情报支持。情报一体化建设成果成功的例子包括对伊朗核进程的监测、对马航 MH–17 坠毁事件的调查、对朝鲜核武器发展的监测以及对西非埃博拉病毒爆发

---

① 钟思礼：《〈2009 年美国国家情报战略〉报告解读》，《国际资料信息》2009 年第 12 期，第 33 页。
② 单东：《美国 2014 年版〈国家情报战略〉评析》，《情报探索》2015 年第 12 期，第 129 页。
③ 赖金辉：《构建一体融合的情报界——2019 年版〈美国国家情报战略〉解读》，《情报杂志》2019 年第 12 期，第 49 页。
④ 赖金辉：《构建一体融合的情报界——2019 年版〈美国国家情报战略〉解读》，《情报杂志》2019 年第 12 期，第 49 页。

的反应。① 情报一体化建设还要求增强情报信息共享，建立并整合州、市、乡镇等各层级的情报信息共享网络资源，同时增强美国与其他国家之间的情报信息共享，增强安全预警工作的成效。

二是重视科技创新在情报工作中的应用。将科技创新引入情报工作，可以最大限度地提高情报工作效率，增强安全预警工作的有效性和准确性。2005 年和 2009 年发布的美国《国家情报战略》报告都高度重视科技创新在情报工作中的意义，2014 年版美国《国家情报战略》报告首次将创新列为美国情报组织建设的七项任务目标之一，认为发现和部署新的科学发现和技术，培养创新思维，改善技术和流程是保证美国情报战略任务目标实现的优势所在。② 2019 年版美国《国家情报战略》报告更加重视科技创新在情报界的应用，认为情报界应该做好以下几点工作：组织、利用、保护和实施有突破性的研究以创造更加灵活和革命性的情报界能力；培育整个企业的创新氛围使其能够迅速、有力地适应新的挑战和机遇；探索新的技术和其他资源的操作应用，以提高技术创新并实现情报任务目标优势；不断开发和采用最前沿的科技水平，以提高情报界能力和业务水平。③ 为推动科技创新应用，美国情报界主要做了以下几方面的努力：第一，在美国国家情报总监办公室设立了国家情报副总监和国家情报副总监帮办两个职务作为情报科技创新领导机构。第二，开展如"情报界高级研究项目""全球联合情报通信系统"和"情报百科全书"等重大情报科研项目研究。第三，提高情报人员创新能力。④ 科技创新在情报界的广泛应用极大增强了美国国家安全预警工作的效率和准确性。第四，科技创新的核心

---

① Office of the Director of National Intelligence, "The National Intelligence Strategy of the United States of America 2019," p. 26, https：//www.dni.gov/files/ODNI/documents/National_Intelligence_Strategy_2019.pdf.

② "The National Intelligence Strategy of the United States of America," September 2014, p. 14, http：//www.odni.gov/files/documents/2014_NIS_Publication.pdf.

③ Office of the Director of National Intelligence, "The National Intelligence Strategy of the United States of America 2019," p. 21, https：//www.dni.gov/files/ODNI/documents/National_Intelligence_Strategy_2019.pdf.

④ 赖金辉：《构建一体融合的情报界——2019 年版〈美国国家情报战略〉解读》，《情报杂志》2019 年第 12 期，第 51 页。

是人工智能在情报界中的应用。2019年版美国《国家情报战略》报告强调要"应对人工智能、自动化和高性能计算机等新技术带来的情报威胁和挑战，这些新技术创造了经济效益，但也可能给其他国家的军队和间谍服务带来比美国更多的优势。在网络威胁方面，人工智能、自动化和高性能计算等新兴技术正在提高计算能力，这些进步也为我们的对手提供了更新更强的军事和情报能力"。美国特别担忧"中、俄在人工智能领域可能建立的伙伴关系对其构成的潜在和现实威胁，要求美国情报机关将相关大国的活动作为工作重点"。[①] 将人工智能、自动化等新兴技术引入情报工作中后，可以最大限度提高情报工作的运作效率，进而增强美国国家安全预警整体联动机制运作的有效性和准确性。

三是更加广泛地吸收公众参与到国家安全预警工作中来。公众是美国国家安全预警系统有效运作的重要组成部分，特朗普政府上台后更加重视公众在安全预警工作中的地位，这突出体现在情报的透明原则上。情报的透明性就是要让公众认识、理解和强化对情报活动的认知，从而最广泛地参与并支持美国情报界的活动。2019年版美国《国家情报战略》报告将情报透明原则提升为情报界任务目标之一的高度。为了增强情报透明性，该报告认为美国情报界应该做好以下四个方面的工作：第一，提供适当的情报透明度；第二，在法律制度框架下积极主动地确保公众可获得情报信息；第三，保护情报信息来源，确保情报界忠实履行责任义务；第四，整合情报界法律、法规、政策、制度等。[②]

情报的透明性原则提高了公众对情报界及相关活动的认知，从而为情报界开展情报活动营造良好的社会环境，有利于充分调动公众广泛参与到美国国家安全危机预警工作中来，同时可以加强公众对美国情报界活动的监督，最大限度避免情报失误及美国情报共享中安全问题的发生，大大提高了美国国家安全预警整体联动机制运作的效率。

---

① 赵旭红：《2019〈美国国家情报战略〉评述》，《情报杂志》2019年第4期，第2—3页。
② Office of the Director of National Intelligence, "The National Intelligence Strategy of the United States of America 2019," p. 25, https://www.dni.gov/files/ODNI/documents/National_Intelligence_Strategy_2019.pdf；赖金辉：《构建一体融合的情报界——2019年版〈美国国家情报战略〉解读》，《情报杂志》2019年第12期，第5页。

第八章
美国国家安全预警体制机制的特征

本章主要就美国国家安全预警体制机制的特征进行讨论。先集中探讨美国国家安全预警体制机制的总体特征，即具有高度规范化和制度化、独立分散和整体协调并存、技术先进性和人才创新等特征。然后分别从不同的安全领域出发，依次介绍美国应急预警机制、反恐预警机制、军事预警机制和战略预警机制四个机制的具体特征。美国国家安全预警体制机制的特征不仅反映出其改革发展的进程，还体现了美国国家安全理念和国际环境的变化。

第一节　美国国家安全预警体制机制的总体特征

美国现代安全预警情报体制源自《1947年国家安全法》的颁布，以中央情报局的成立为标志，美国国家安全预警体制经过冷战时期和冷战后的逐步改革走向成熟和完善。冷战时期至"9·11"事件之前的美国国家安全预警体制已显露体制化的特征，形成总统直接控制和指挥、以中央情报局为龙头的国家安全预警情报系统。但情报体制杂乱臃肿、情报机构林立、情报部门权限滥用等问题也不断出现，"9·11"事件彻底暴露了美国预警情报体制机制的重大缺陷，但也为机制改革带来契机。经过联邦政府数十年广泛而彻底的改革，美国国家安全预警体制机制呈现出高度规范化和制度化的特征，形成独立分散和整体协调并存的格局，兼具技术先进性的特色。

一、国家安全预警体制高度规范化和制度化

美国国家安全预警体制机制的首要特征是高度规范化和制度化，主要体现在三个方面：预警体制设立和运作具备相应的法律依据；预警体制机制功能完善；预警决策制定的过程已程序化。

（一）体制设立和运作具备法律依据

1947年，根据《国家安全法》美国中央情报局成立，这是美国情报预警体制初步依法运作的标志。1949年美国国防部成立军队安全局，1952年杜鲁门下令成立美国国家安全局，自此军事部门和政府部门的情报预警机构出现分离。20世纪40年代末到60年代末，美国情报体系逐步得到扩展，但伴随出现的还有情报机构的权力膨胀。为了遏制当时情报机构的不法活动并规范各情报机构的行为，1976年5月和1977年7月，根据参议院第400号决议案和众议院第658号决议案，美国参众两院分别成立隶属于自身的常设情报特别委员会，用以监督美国情报界。1978年美国国会情报特别委员会颁布了首部《情报授权法》，该法案给予委员会对情报机构的资金决定权。[①] 自此美国情报预警体制的监督机制也基本成型，美国国家安全预警体制真正走上制度化的轨道。

虽然美国国家安全预警体制的制度化肇始于1947年，但"9·11"事件却从另一意义上推动了美国情报预警体制的大改革。"9·11"事件中美国情报上的重大失误使得人们对美国情报体系的可靠性产生广泛质疑，综合性和整体性的改革提议亟待提出。根据"9·11"事件调查报告的建议，中央情报局局长的领导和协调职权将由国家情报总监取代，由国家情报总

---

① 刘磊、邵煜：《从组织结构到职责权限——美国国会情报委员会的运作方式》，《西北大学学报（哲学社会科学版）》2019年第5期，第137页。

监管理国家情报计划,监督和协调各情报机构。① 在详细审议国家情报总监的权力和职权之后,2004 年 12 月 7 日,美国众议院以 336 票支持 75 票反对、12 月 8 日参议院以 89 票支持 2 票反对通过 2004 年《情报改革及预防恐怖主义法》。② 除了国会的立法支持外,总统的行政法令也是美国国家安全预警体制规范化和制度化的重要依据。2001 年 10 月 8 日,"小布什总统签署 13228 号行政命令,要求成立国土安全办公室与国土安全委员会,并在白宫成立国土安全办公室。2002 年 11 月 15 日,小布什总统正式签署《国土安全法》设立国土安全部,并将其纳入情报预警体系"。③ 小布什总统还签署通过了《美国爱国者法案》《航空和交通安全法》《加强边境安全和签证入境改革法》等相关法案以应对反恐预警的需求。2010 年,奥巴马总统签署了《网络安全法》,并据此成立网络司令部。2015 年,美国通过了《美国自由法案》,对负责具体对外情报工作的部门的能力做出改革和扩展。2017 年,特朗普总统签署《边境安全和移民执法改进》的行政指令,同年美国国会通过《互联网隐私法》,加强情报部门对互联网信息的筛选。④ 美国国家安全预警体制机制的规范化和制度化建设首先是通过立法的方式进行的,这样的立法单位既可能是国会也可能是总统。国会法案和总统行政指令明确规定了情报部门的职责,以立法形式确立的国家安全预警体制具备高度规范化和制度化,权责明确公开透明,无论是机构还是个人都有了行动的法律依据。

(二) 安全预警体制机制功能完善

美国国家安全预警体制机制已形成十分强大的情报力量,共由美国国家情报总监办公室加 16 个情报机构有机组成,即"16 + 1"模式,也被称

---

① [美]"9·11"独立调查委员会著,史禹等译,《9/11 委员会报告》,世界知识出版社 2005 年版,第 563 页。
② 钱立伟、张继业:《美国情报机构改革现状综述》,《国际资料信息》2005 年第 6 期,第 12 页。
③ 刘文祥、张琦:《后"9·11"时期美国情报政策改革及其启示》,《武汉交通职业学院学报》2016 年第 2 期,第 31 页。
④ 李超、周瑛、魏星:《基于暗网的反恐情报分析研究》,《情报杂志》2018 年第 6 期,第 9 页。

为"美国情报界",这是安全预警体制机制运作的主体。从机构设置上可以看出,美国国家安全预警体制大致分为政府和军队两个情报体系,军事情报体系涉及海陆空三军和核武、国土安全等相关领域,而政府情报体系既有负责总体协调的情报总监办公室,又有专门对外的中央情报局,还有社会安全类的联邦调查局与缉毒局,外交方面的情报研究局,经济方面的恐怖主义及金融情报办公室。此外不得不提及的是,美国国家安全预警官方体制之外还有智库机构作为情报来源补充,作为理论与实践相连接的桥梁,智库以精准全面的研判能力和广泛的社会影响力,成为美国国家安全预警机制中不可或缺的部分。[1] 由此可见,美国预警情报体系分类明确,涉及面广,囊括了应急、反恐、军事、战略、反情报等多个层面的情报内容,功能齐全,体现出美国国家安全预警体制建设的高度规范化及制度化。

(三)预警决策体制的基本流程

美国国家安全预警体制高度规范化和制度化的另一体现是预警体制的决策流程已程序化。国家安全预警的传递机制跟被称为"政策山"的国家安全委员会运行程序极其相似,二者都遵循"自下而上"和"自上而下"的规律和流程。[2] 在整个流程中,国家情报总监协助总统管理整个国家安全预警体系,帮助准备和形成可以让总统在大范围内选择的政策建议,是决策流程中最为重要的上呈下达单位。

第一,情报的获取。一线情报工作人员和设备是国家安全预警情报的主要来源,不过在此之前情报界会根据决策层的需要制定相应的情报搜集计划,然后根据计划搜集原始数据,包括但不限于地理空间情报、人力情报、测量情报、信号情报等,并初步判断情报内容的重要程度和紧急程度,然后报送给相应的情报机构进行二次处理形成备忘录、简报或评估报

---

[1] 张家年、马费成:《美国国家安全情报体系结构及运作的研究》,《情报理论与实践》2015年第7期,第7—9页。

[2] 徐思宁:《美俄(苏)国家安全体制比较》,中共党史出版社2011年版,第98—99页。

告。① 第二，情报传递是实现将情报转化为国家安全预警决策的关键环节，获取后的原始情报实际上需要经过专业情报人员加工将其转化为成型的、精细化的情报产品，并且通过加密且安全的网络或纸质媒介将情报产品传递给相对应的接收部门，最后到国家情报总监、总统及其幕僚团队手中。高效且成体系的情报传递机制是保持国家安全预警决策的核心环节。第三，"自上而下"的情报反馈是预警体制程序化的另一重要体现。决策层在根据情报产生决策后会对情报产品的作用进行评估与反馈，国家情报总监办公室会将总体评估反馈给下级情报部门，决策层的持续反馈会有效改善情报界的工作流程，这样上下统合的情报传递路径是高度规范化和制度化的重要体现。

二、国家安全预警体制独立分散和整体协调并存

美国国家安全预警体制机制的第二个特征是独立分散和整体协调并存的运行理念，主要体现在两个方面：在机构设置上是主体分散和一体化并存，在情报战略上具有一体融合与联合共享并存的特征。

（一）机构设置主体分散和一体化并存

美国国家安全预警体制的机构设置主体分散，情报机构广泛分布在各个国家级部门中，各司其职。国家情报总监办公室、中央情报局、国防情报局、国家安全局、国家侦察局和国家地理空间情报局等机构的所有任务都是与情报有关的，被视作纯情报单位。而其他的政府和军队情报单位，其"承担的工作和任务部分属于非情报业务，这些部门中与情报有相关业务的单位被视作情报组成单位，且同样能够获得'国家情报计划'的拨款。以联邦调查局为例，其部门中只有负责反恐和反情报职能的部门才属于国家安全预警系统，而其他负责一般意义刑事司法任务的部分则不属于

---

① 樊冰：《美国国家安全情报传递机制论析》，《国际安全研究》2019 年第 2 期，第 121 页。

国家安全预警体制内的机构"。① 可以看出，情报机构主体类型大致分为纯情报机构和情报组成单位，前者作为独立的情报单位，是安全预警机制运作的核心主力，而后者则散布在政府和军队主要部门属下，承担着双重职能，在各自的工作领域发挥着国家安全危机预警的作用，两者共同构成美国国家安全预警体制规模庞大、成员众多的结构系统。虽然情报部门的网络体系构成复杂，但却能在整体协调的基础上被整合实现国家安全预警体制机构的一体化。国家安全预警体制机构一体化的首位管理部门是国家安全委员会，这是"美国国家安全事务的最高机构，为情报系统提供宏观指导，国家安全委员会的组成人员是总统、副总统、国务卿和国防部长，由总统担任主席。国家安全委员会通过发布情报指令对情报系统进行协调统筹，确定各情报单位的主要职责与信息搜集的范围"。② 美国国家安全预警体制机构一体化的第二层是国家情报总监办公室，自 2004 年《情报改革及预防恐怖主义法》通过以后，国家情报总监办公室开始取代中央情报局成为情报系统管理事务的主要部门，在美国国家安全预警体制中处于最为核心和关键的地位。国家情报总监办公室有权接触所有的国家情报，负责向总统及其他用户提供及时、客观的全源性情报；有权编制和执行"国家情报计划"年度预算并监督指导计划执行；有权进行人事和部门调动；负责为情报系统制定目标重点，负责情报分析资源的分配和协调，管理和指导情报的搜集、分析、生产和分发。③ 正是国家情报总监办公室的设立使得中央情报局摆脱体系管理的繁杂，独立的中心协调机构使得情报部门一体化成为可能。除上述两个管理层以外，还有专门负责情报系统管理的常规机构，如国家反恐中心、国家情报委员会等。总体来说，美国国家安全预警体制在机构设置上既独立分散，又整体统一。

---

① 王谦、梁陶：《美国情报体制及存在的问题》，《国际资料信息》2008 年第 3 期，第 21 页。
② 刘宗和、高金虎主编：《外国情报体制研究》，军事科学出版社 2003 年版，第 38 页。
③ Congressional Research Service, "Director of National Intelligence: Statutory Authorities," RS22112, April 11, 2005, https://digital.library.unt.edu/ark:/67531/metacrs6269/m1/1/.

(二) 情报战略一体融合和联合共享并存

美国情报战略始终强调一体化目标，从 2005 年至今美国《国家情报战略》报告已经出台四版，每 4－5 年发布一版以协调整合情报界力量，指导情报界的未来发展。从美国《国家情报战略》报告演变的趋势来看，"不论是战略目标的提出还是情报战略的实际实施，一体融合都是其中的核心内容。2005 年首版美国《国家情报战略》报告就将'整合'写进了副标题"。[1] 2009 年版美国《国家情报战略》报告中，将"一体化"列为了情报界发展愿景的首要要求，"情报界必须成为一体化的团队，使整体的力量大于各个部分之和"。[2] 2014 年版美国《国家情报战略》报告在前言中提出"我们要以一体化的业界不断发展"。[3] 2019 年版美国《国家情报战略》报告四大优先事项之首就是整合，"我们必须整合，需要精确统一和集中我们的资源，收集针对最难目标和最紧迫威胁的信息"。[4] 基于此要求，"美国相继建立国家反恐中心、国家反扩散中心、公开来源中心、联合情报行动中心等国家级情报中心。这些战略安全部门和情报任务指向都使得美国'情报分界、条块分割'的现象得到缓解，使各个情报机构更加集中于一体。"[5] 此外，情报战略的一体化进程还反映在美国情报总监办公室内各个部门和各个情报界成员颁布的战略报告中。国家反情报与安全中心发布的美国《国家反情报战略》报告，是在美国《国家情报战略》报告指导下进行反情报工作运用和发展的重要战略文件。2020 年 1 月 7 日，特朗普总统签署美国《2020—2022 年国家反情报战略》，该文件指明将扩

---

[1] "The National Intelligence Strategy of the United States of America," October 2005, https：// www. dni. gov/files/documents/CHCO/nis. pdf.

[2] "The National Intelligence Strategy of the United States of America 2009," https：// www. dni. gov/files/documents/Newsroom/Reports%20and%20Pubs/2009_NIS. pdf.

[3] "The National Intelligence Strategy of the United States of America 2014," https：// www. dni. gov/files/documents/2014_NIS_Publication. pdf.

[4] "The National Intelligence Strategy of the United States of America 2019," https：// www. odni. gov/files/ODNI/documents/National_Intelligence_Strategy_2019. pdf.

[5] 单东：《〈美国国家情报战略〉演变的基本逻辑分析》，《情报杂志》2016 年第 2 期，第 22 页。

大与联邦部门和机构间关键基础设施的信息交流，与各州、地方、部落和地区政府合作，以及私营部门合作伙伴和盟友的合作，以保护国家的关键基础设施。[1] 中央情报局、国家安全局和国防情报局也会发布各自的战略报告，如《中央情报局2015》《国家安全局/中央安全署战略》《国防情报战略》等，这些战略报告大都从各自的角度出发论述情报一体化的重要性。[2] 美国国家情报总监办公室所发布的《美国情报界信息共享战略》和《情报界政策备忘录》为创建情报信息共享文化和共享技术框架提供了指导原则；司法部建立了执法信息共享计划，为执法界在非保密级别进行信息共享创建了一个信息共享环境；美国联邦调查局的《信息共享国家战略》和连续发布的《信息共享报告》为反恐情报共享提供指导依据。[3] 可见，联合与共享已经深度融入到了美国国家情报工作之中，已成为美国国家情报战略的灵魂核心。

除了强调一体化以外，美国国家安全预警情报战略还强调联合与共享，这也是贯穿整个美国国家安全预警体制工作的原则，首版美国《国家情报战略》报告在前言中提出的六个关注重点中，联合共享就是其中之一。美国情报界"联合共享"原则主要包括：

一是弥合国家情报与军事情报的裂痕，加强彼此的协作。新军事革命的深入展开使得"美国情报界在支援军事行动方面存在的弱点暴露了出来，以机械化战争为重点的情报支援框架已经无法满足当代信息化战争的需求，指挥官的情报需求被美国内部长期的国家情报与军事情报的争端所掩盖"。[4] 美国情报界借此建立了联合跨界办公室，通过国家情报总监办公室和国防部两个部门信息官的合作，促进国防部与情报界信息系统的一体化建设，增进信息共享。两者还建立了"联合许可采购战略"，在源头采

---

[1] "National Counter intelligence Strategy of the United States of America 2020–2022," https://www.dni.gov/files/NCSC/documents/features/20200205-National_CI_Strategy_2020_2022.pdf.
[2] 单东：《美国国家战略情报体系解析》，《情报杂志》2016年第3期，第8—9页。
[3] 白海将、田华伟、李俊蕙：《美国联邦调查局反恐情报共享机制分析及启示》，《情报杂志》2015年第4期，第43—49页。
[4] 任国军：《情报改革六十年》，《军事情报研究》2008年第1期，第68—80页。

购上进行共享合作,使非军事情报界与军事情报界趋于融合。①

二是联合共享原则要求在机制和文化层面进行贯通。"9·11"事件的调查报告指出,情报机构维持需要知情的信息保护理念,而不推荐需要共享的心理一体化理念,这种依据需要知情来进行共享的思路已不合时宜。②因此,时任美国情报界首席信息官麦康奈尔在其任期内签署发布《美国情报界信息共享战略》与《美国情报界信息共享的战略意图2011—2015》。两部战略文件旨在加快整个情报界信息共享进程,并明确指出信息共享必须由"知情需求"的情报思维向"有责任提供"的思维转变,"使情报搜集人员成为数据的提供者而非拥有者"。③ 此后,美国情报界将此原则设定为情报工作人员的操作标准,鼓励各情报机构设定具体标准进行绩效考核。

三是提升联邦政府层面、州级、地方政府相互之间的信息共享能力。为了构建贯通上下的集体化情报作业机制,美国国土安全部与司法部发起并创建了美国情报融合中心。情报融合中心是三层树状的网络结构,顶层是联邦级情报机构,中层是州级政府机构,底层是地方各级与私营机构。严格意义上来说,情报融合中心是情报预警机制的中间环节,通过增强情报界资源交换的能力,间接提高美国国家安全预警的能力。美国情报界通过在各州及主要城市成立情报融合中心的方式推动全国性情报融合网络的建设,并通过信息共享环境把地方获取的情报信息有效传递至联邦政府和其他融合中心,借此实现不同层级、不同类别的情报融合中心之间的双向或多向的互联互通。④

---

① Office of the Director of National Intelligence, "ODNI and DoDCIO's Embrace Information Sharing Between Interagency Computer Network," September 4, 2015, http://www.dni.gov/press_releases/20080513_releases.pdf.
② [美]"9·11"调查委员会著,赵秉志、王志祥、王文华等译:《"9·11"委员会报告——美国遭受恐怖袭击国家委员会最终报告》,中国人民公安大学出版社2004年版,第427—428页。
③ 曲宁宁、车春霞:《浅析反恐新形势下美国情报机构的"文化变革"》,《外国军事学术》2007年第10期,第55—56页。
④ 张家年:《情报融合中心:美国情报共享实践及启示》,《图书情报工作》2015年第13期,第88—89页。

三、国家安全预警体制注重技术先进性和人才创新

美国国家安全预警体制机制的第三特征是技术先进性和人才创新模式，主要体现在崇尚科技的发展原则和人才创新队伍建设上。

科技至上是美国国家安全预警体制的重要特征。美国从制度、科研项目和人员创新方面始终保持国家安全危机预警体制的先进性。2005年版美国《国家情报战略》报告明确提出，要"运用突破性的科学与研究成果，使我们在不断涌现的威胁中保持和拓展情报优势的战略目标"。[1] 2009年版美国《国家情报战略》报告也以业界目标的形式提出"增强科学技术和研究发展"，以提高情报界的产出、效率和灵活性。[2] 2014年版美国《国家情报战略》报告则将科技运用和研究发展放置在"创新"的战略目标下，通过发现和有效利用科学新发现和新技术，培养创新思维从而提高实现战略优势的能力。[3] 2019年版美国《国家情报战略》报告则以美国情报的四大优先事项的形式，将技术创新如人工智能等和人才资源的科学实用视为情报界"创新"的变化前景。[4] 可以说运用先进科技、推动技术研发始终是美国情报界的战略目标之一，这种科技至上的思维习惯已经成为美国情报界改革的惯用模式，具体的表现为：

第一，建设有利于科技运用与发展的制度安排。美国情报界合并了负责采购和科技事务的两大部门，原先负责采购的国家情报副总监被更名为负责未来能力的国家情报副总监，正式将采购和革新两大事务合并在同一

---

[1] "The National Intelligence Strategy of the United States of America," October 2005, https://www.dni.gov/files/documents/CHCO/nis.pdf.

[2] "The National Intelligence Strategy of the United States of America 2009," p.15, https://www.dni.gov/files/documents/Newsroom/Reports%20and%20Pubs/2009_NIS.pdf.

[3] "The National Intelligence Strategy of the United States of America 2014," p.14, https://www.dni.gov/files/documents/2014_NIS_Publication.pdf.

[4] "The National Intelligence Strategy of the United States of America 2014," p.21, https://www.dni.gov/files/documents/2014_NIS_Publication.pdf.

个部门下，以便即时进行情报界内部的技术革新。① 此外，国家情报总监办公室还成立了情报高级研究计划局，下设"即时分析""预测情报""数据搜集""计算机网络"四个专门的办公室，在专业科学家和研究人员的领导下推动科研成果转化，为情报界用户提供服务，将科技增长直接推进到应用领域。②

第二，投资有潜力的科研项目。情报高级研究计划局的创立和启用，使得美国情报界有了专门负责拓展技术优势的中间机构。情报高级研究计划局本身不承担任何情报任务，也不负责具体的科研项目。它重点关注并投资业界内有潜力的科研项目，发现各个机构遗漏的、具有重大价值和回报的高风险项目，以期获得相对于假想敌的压倒性技术优势。③ 情报界尤其是国防情报局将投入更多的资源用于建设安全高效的情报系统，如全球联合情报通信系统的研发、保障和更新。全球联合情报通信系统主要用于提供绝密级、机密级、敏感隔绝性质的信息数据和交互视频电话，为情报工作提供安全的信息传递平台。2020年，国防情报局还开始建设下一代情报大数据系统"机器辅助分析快速数据库系统"，该系统运用云计算、人工智能和机器学习等先进技术，使目前许多由人工完成的工作实现自动化和智能化，大幅提高分析人员筛选数据库的速度。④

第三，加强情报工作人员的创新意识和能力。美国情报界首席人力资本官颁布了《美国情报界人力资本五年战略规划》，对情报界人力资源建设进行了长期规划，着力打造具有共享和创新精神的情报人才。⑤ 同时配套颁布了《103号情报界指令：情报训练项目》，使得情报界能够通过联合

---

① Office of the Director of National Intelligence, "An Overview of the U. S. Intelligence Community for the 111th Congress," p. 2, https：//www. hsdl. org/? abstract&did = 231870.

② Intelligence Advanced Research Projects Activity, "About IARPA," https：//www. iarpa. gov/index. php/about – iarpa.

③ Office of the Director of National Intelligence. "Organization, IARPA," https：//www. dni. gov/index. php/nctc – who – we – are/organization/199 – about/organization/intelligence – advanced – research – projects – activity.

④ 潘雪：《2019上半年美军网络空间发展情况简述》，《安全内参》，https：//www. secrss. com/articles/14588。

⑤ Office of the Director of National Intelligence, "The U. S. Intelligence Community's Five Year Strategic Human Capital Plan," p. 8, https：//fas. org/irp/dni/humancapital. pdf.

式培养、统一标准加强情报人员的能力培训，使其适应熟悉各类高新技术。① 2019 年版的美国《国家情报战略》报告在"影响情报界表现的因素"主题下，特别指出多元化的人员团队对情报界任务实现的必要性。文件还指出"情报界联合职责计划"对于增进情报人员多方位思考能力和多层次共享联合的重要性。②

上述美国国家安全预警体制机制的总体特征反映出其世界领先、制度和法律完善和技术超前的现状，以及其唯一超级大国的战略地位，但任何国家的国家安全预警体制机制都无法一概而论，针对非传统安全、传统安全和战略安全三个层面的国家安全预警体制机制也存在部分差异，认真审视不同安全领域和系统下的美国国家安全预警安全体制机制，更有助于充分全面地了解其具体特征。

第二节 美国应急安全预警机制的特征

美国应急安全预警机制最初是冷战时期在应对以核战争为代表的传统安全威胁过程中形成的，在意识到以自然灾害为代表的民生安全威胁的严重性后，美国应急安全预警机制开始出现变化，机制针对的对象从军事安全威胁扩散到自然灾害威胁，并最终在面对以恐怖主义为代表的非传统安全威胁中逐渐完善和成熟。③ 总体而言，美国应急安全预警机制的改革与发展主要受到安全理念、安全环境、应急安全管理立法这三个变量的影响。认知变化是应急安全预警体制发展的理念要素，安全环境变化是推动应急安全预警体制发展的外部动力，认知变化和安全环境变化促进了应急

---

① Office of the Director of National Intelligence, "Intelligence Community Directive Number 103: Intelligence Enterprise Exercise Program," https://www.hsdl.org/?abstract&did=14948.

② "The National Intelligence Strategy of the United States of America 2019," p. 26, https://www.odni.gov/files/ODNI/documents/National_Intelligence_Strategy_2019.pdf.

③ 汪波、樊冰：《美国安全应急体制的改革与启示》，《国际安全研究》2013 年第 3 期，第 141—142 页。

安全管理立法和应急安全预警体制改革。在改革和发展的过程中，美国应急安全预警机制呈现以下几点特征：机制发展落后于安全环境变化、机制发展经历从分散到整合的过程、机制发展以立法形式得到确认。

一、应急安全预警机制的发展落后于安全环境变化

初创阶段：20世纪30年代美国经济大萧条，为妥善处理经济危机带来的严重危害，1933年国家应急管理委员会成立，1939年该机构更名为"应急管理办公室"，最初应急安全机构是政府应对经济危机的举措。20世纪40年代至50年代初，伴随第二次世界大战的结束，美国和苏联因国家利益和意识形态的不同爆发对抗，迅速将国际环境推向冷战。1941年美国成立民防办公室，与应急管理办公室联合办公。1947年美国建立国家安全资源委员会，该部门承担国家和平时期对国内资源予以动员的目标职能，美苏对抗的国际形势初步改变了美国的国家应急安全机制。1949年苏联成功爆炸了首颗原子弹，核战争威胁成为当时美国面临的最严重安全威胁，为了应对苏联可能的核打击，1949年美国政府建立联邦民防局彻底取代应急管理办公室，1951年联邦民防局成为联邦政府独立机构，开始承担国家安全资源委员会的职责。1958年联邦民防局与国防部下属的国防动员办公室合并为民防与国防动员办公室。在这一阶段，美国应急机构的发展出于和苏联争霸的需要，在冷战对抗的大环境下着重于全面备战。这一时期的美国应急预警机制处于初创阶段，主要目的在于服务国家军事安全，以应对全面战争威胁。而应急机构本身的功能没有得到肯定和发挥，当然这也成为下一阶段进行变革的方向。

融合阶段：20世纪50年代中期开始，美国境内频繁出现大规模的自然灾害。1954年"黑泽尔"飓风肆虐了维吉尼亚州和北卡罗来纳州；1955年"戴安娜"飓风席卷了美国大西洋中部和东北部的好几个州；1956年蒙大拿州又经历了震级达到里氏7.3级的"赫布根湖地震"，当时包括加利福尼亚在内的很多州，都遭遇了严重的地震危害；1957年6月"奥德丽"飓风重创了路易斯安那州和北得克萨斯州，造成390人死亡；1960年"唐

娜"飓风袭击了佛罗里达西海岸。1961 年"卡拉"飓风又席卷了得克萨斯州。[①] 频发的自然灾害带来巨大损失，美国应急安全机制开始关注应对自然灾害威胁。1961 年美国政府成立应急准备办公室，专门负责处理自然灾害。1972 年国防民事准备局取代原先的"民防与国防动员办公室"，负责防御核打击的任务。应急机构的发展标志着安全理念的转变，美国意识到自然灾害处理的重要性。

20 世纪 70 年代，美国负责应急管理事务的机构分散于不同的国家部门中，如商务部承担天气预警和火灾预防，财政部负责进口调查，核管理委员会负责发电厂，住房和城市发展部负责洪灾防范与灾后救济。[②] 分离管理的模式使得美国应急安全体系支离破碎、效率低下。1979 年卡特政府正式成立联邦应急管理局，作为内阁级别部门，联邦应急管理局统辖国家消防管理局（原属商务部）、联邦保险局、联邦灾害援助局（原属住房和城市发展部）、联邦广播系统（原属总统办公室）、国防民事准备局（原属国防部）等多个部门。联邦应急管理局成立后提出了全新的一体化应急管理理念，在此思想的指导下，美国应急安全机制就民防和自然灾害事务进行融合，并正式提出"全风险"和"全过程"理念，[③] 真正意义上摆脱了应急安全机制只能善后的尴尬，大大提升应急安全预警与预防功能。在这一阶段，应急机构的功能和建制都得到较大程度的发展，但随后到来的恐怖主义袭击事件却再次提醒美国政府必须持续关注应急事件的突发性和应急预警的长期性。

反恐与回归阶段：2001 年"9·11"事件震惊了整个美国，也彻底打破了美国应急机制的传统安全理念，美国政府明确认识到，面对冷战后国际恐怖主义兴起的现实，反恐优先替代了大国政治的现实。在应急安全工作上，反恐成为压倒一切与最紧迫的国家安全任务。防范恐怖主义威胁成为美国应急安全预警体制机制改革的核心内容。在全面反恐之下，美国应

[①] 谢天琳、任志林：《美国应急管理机构的变迁与发展》，《城市与减灾》2020 年第 5 期，第 56—61 页。

[②] George D. Haddow, Jane A. Bullock and Damon P. Coppola, "Introduction to Emergency Management (Fourth Edition)," Oxford: Butterworth–Heinemann, 2011, p. 5.

[③] 熊贵彬：《美国灾害救助体制探析》，《湖北社会科学》2010 年第 1 期，第 59 页。

急预警体制发生巨变，① 变化涉及进行机制内部横向与纵向两个层面的整合，加强军队与民事部门的联合行动，优化事件管理的各个过程，发展更为集中、统一和综合性的安全应急管理体系，以消除恐怖主义活动对美国国家安全的威胁。② 2002 年 11 月，美国宣布成立内阁级行政机构国土安全部，从组织结构来说，国土安全部包括四个主要部门：边防与运输安全部门主要负责边防管理，防止恐怖分子和爆炸物入境危害美国本土安全；应急整备与响应部门负责协调州及地方政府并维持其密切合作关系，为突发紧急事件做整备与响应；化学、生化、辐射和核策略部门负责集合美国顶尖的科学家，发展检测生物、化学、辐射及核武器的技术，以防范恐怖分子利用化学、生化、辐射及核武器实施恐怖攻击，并发展有效治疗药物；情报分析与基础建设保护部门负责设立情报与威胁分析单位，负责中央情报局、联邦调查局等单位搜集情报研判与分析，并制定法律以强化信息和基础建设。③ 这一时期，美国应急安全预警机制发展的方向着重于反恐，建立了全面且复杂的预警安全体系，从架构上走向成熟但安全理念却走向误区。2005 年 8 月 29 日，"卡特里娜"飓风袭击美国，政府的救援人员和物资迟迟不能到位，部分城市社会秩序崩溃，一场天灾演变为一场"人祸"。"卡特里娜"飓风的袭击再次提醒美国政府，自然灾害与人为灾害没有孰轻孰重，新时期下美国的应急安全体系需要充分考虑到复杂的非传统安全问题。此后在小布什和奥巴马前后两届政府的努力下，通过立法与机构改革，联邦应急管理局在未脱离国土安全部的基础上重新得到职能上的加强，有效应对了 2009 年后的多次较大规模的自然灾害，美国应急预警机制的发展重心有所回归。2012 年 10 月 27 日至 11 月 8 日，飓风"桑迪"横扫美国东海岸，美国 10 个州相继发布紧急状态，其中纽约市的公共交通系统、机场、中小学乃至纽约证券交易所都采取关闭措施以应对来袭的飓

---

① 邱美荣：《后"9·11"时期美国的危机管理研究——以反恐为例》，《外交评论》2007 年第 6 期，第 35 页。
② James L. Schoff, "Crisis Management in Japan & the United States: Creating Opportunities for Cooperation amid Dramatic Change," Virginia: Brassey's Inc., 2004, pp. 99-100.
③ 汪波、樊冰：《美国安全应急体制的改革与启示》，《国际安全研究》2013 年第 3 期，第 150 页。

风。在本次重大灾害应对上，联邦政府、州政府和地方政府以及各级应急管理机构一道为恢复电力、公共交通和关键基础设施而全天候工作，国土安全部的突击增援部队在全面回应受灾者需求上发挥重要作用。[①] 2017年8月至9月连续飓风"哈维""艾玛""玛丽亚"广泛影响美国的南部领土及周边岛屿，尤其是波多黎各和美属维尔京群岛。这次自然灾害造成了巨额的损失，也使得2017年成为美国遭受天气和气候灾害代价最高的一年。特朗普政府的应急措施也遭受到来自民主党派最广泛的批评，这场灾害的恢复工作也成为美国历史上规模最大的一次人道主义重建工作。[②] 而根据美国国家海洋和大气管理局最新发布的年度报告显示，2021年美国发生的20起自然灾害造成688人丧生，经济损失超过1450亿美元。这份报告还指出，2021年发生的自然灾害包括8起极端天气、2起洪水、4起热带气旋、3起龙卷风、1起干旱和热浪、1起冬季暴风雪和1起野火。[③] 拜登政府的1.7万亿美元《重建更好未来法案》也由于参议院的搁置而不确定性大为增加，在这份法案中包含了5550亿美元用于应对气候变化。[④] 可以看出，虽然现阶段美国政府开始回归对自然灾害应急预警和处理的重视，但由于极端天气频繁性和破坏力的增加以及美国国内政治格局撕裂态势的发展，使得拜登政府的实际应对呈现出"承诺多，兑现少"的尴尬状态。

仔细观察历次改革变化，美国应急安全预警机制始终滞后于安全环境的变化。从核战争威胁到自然灾害与民防并重的时期，美国应急预警机制改革经历了30多年的调整方才初步具备比较系统的安全危机预警能力。而从反恐预警到忽视自然灾害造成损失重大，21世纪的美国应急安全预警机制并没有完全发挥出理想中全面预警、整体防控的功能。重大安全事件的

---

① FEMA, "Historic Disasters Hurricane Sandy," https://www.fema.gov/zh-hans/disaster/historic.

② FEMA, "Historic Disasters Hurricanes Irma, Maria and Harvey," https://www.fema.gov/zh-hans/disaster/historic.

③ National Oceanic and Atmospheric Administration, "FY22 Blue Book," https://www.dhs.gov/sites/default/files/publications/15_1026_NSI_National-Strategy-Information-Sharing-Safeguarding.pdf.

④ H. R. 5376 - Build Back Better Act, "117th Congress (2021-2022)," https://www.congress.gov/117/crpt/hrpt130/CRPT-117hrpt130-pt2.pdf.

损失始终是机制改革的诱因，应急预警机制从理念到实践都滞后于现实安全环境的变化，"被动应对"仍然大于"主动预判"，对突发的安全威胁缺乏预见，这是其他国家在建设安全预警机制时必须吸取的经验教训。

二、应急安全预警机制发展经历从分散到整合的过程

美国应急安全预警机制诞生之初是为了应对战争事务，针对的始终是军事安全威胁，尤其是核威胁。它承担着战时动员、民防部署等任务。直至20世纪50年代中期，频发的大规模自然灾害推动了美国应急安全体制的重大改革。1961年应急准备办公室的成立，标志着美国应急安全意识开始转向关注自然灾害的应急处理，自然灾害应急处理的重要性开始提升，但这也初步埋下了将自然灾害威胁和军事安全威胁相分离的种子。1979年联邦应急管理局成立，美国政府开始对民防和自然灾害应急事务的处理进行融合。在成立之初，联邦应急管理局虽然形式统一但各部门各自为政，并没有实现真正的融合。在经历多次灾害的考验，以及1988年《斯塔福德法案》的出台和1993年詹姆斯·威特出任联邦应急管理局局长，美国应急安全预警机制终于成为名副其实的整合性的应急安全应对机构。为了适应安全威胁环境的变化，威特局长也将联邦应急管理局的工作重点由应对军事安全正式转向了自然灾害。

2001年"9·11"事件震惊整个美国，美国应急安全预警机制也相应地发生了改变，旨在加强军队与民事部门的联动性，优化危机事件的处理过程，发展更为集中、综合和统一的应急安全预警机制，消除恐怖主义对美国的威胁。[1] 2002年11月国土安全部成立，它整合了来自财政部、国防部、司法部、交通部、能源部等8个联邦部门下22个机构的职责，联邦应急管理局也被纳入国土安全部。美国应急安全预警机制将工作重点转向反恐，而联邦应急管理局的权限和影响也遭到大幅削弱，自然灾害威胁让位给恐怖主义威胁。不过在反恐的大背景下，突发的自然灾害对布什政府的

---

[1] James J. Schoff, Crisis Management in Japan & the United States, "Creating Opportunities for Co-operation amid Dramatic Change," Virginia: Brassey's Inc, 2004, pp. 99 – 100.

声誉造成致命打击。2005年"卡特里娜"飓风来袭，美国应急安全预警和灾后援助双位缺失，天灾演变成人祸。而与此对应，对外反恐使得军费激增，美国国内的基础防御设施因资金短缺而得不到有效更新，致力于防止自然灾害的联邦应急管理局却因得不到重视而被降级，"卡特里娜"飓风的袭击将这些问题暴露无疑。

经过深刻反思，美国政府于2006年2月17日发表《联邦政府对"卡特里娜"飓风的响应：经验与教训》调查报告，报告设立两个具体目标：其一是要建立一种充满活力的全新的应急安全理念；其二是规划建立一个综合性的全国应急安全体制。此后不久，小布什总统签署《后"卡特里娜"应急管理改革法》，重新确立了联邦应急管理局的地位，并要求其承担起应急安全预警机制改革的两大目标。2009年奥巴马总统上台后继续应急预警机制的改革进程，虽然联邦应急管理局仍留在国土安全部内并未再独立出来，但管理局更换了领导，拥有丰富应急实践经验的克莱格·福格特上任。他将"灾难反应"和"灾后恢复"的两个职能部门整合，统一化运作，并且积极协调联邦之外的各级应急管理机构之间的关系。同时，联邦应急管理局颁布了新的《国家响应框架》，以及后来的国家灾后重建机制对其进行补充，白宫也建立白宫工作组针对应急灾后恢复。在应对2012年"桑迪"飓风时，福格特团队在对飓风的预警监控和预警信息发布、灾后重建等各方面表现良好，此后多次自然灾害考验也应对有力。美国应急安全预警机制的工作重心得以回归，政府处理危机的能力得到加强，自此美国应急安全预警机制真正意义上完成职能整合。从开始的军事、民事应急预警分离到如今的应急风险全面防控，在吸取对某一方面应急危害过度重视而忽视另一方面应急危害的教训之后，美国政府不断提升应急安全预警体制机制全面高效的职能，经历了从分化到整合的变革性发展。

三、应急安全预警机制的发展以立法形式得到确认

在美国应急安全预警机制的改革与发展过程中，应急安全管理立法并不必然先于或者后于应急预警机制的发展，但相关应急法案的确立却为应

急预警机制发展提供了重要保障，每一次的发展都会以立法的形式得到确认，法案本身在彰显改革理念的同时，也为机制发展奠定了法律基础。

历史上美国政府最早的应急行动发生于1803年，新罕布什尔州特大火灾救灾行动，灾害发生后国会通过"临时立法"向受灾地区政府提供经济援助，这项立法也成为后来灾害发生后援助行动的援引，[1] 即使是临时立法也为应急行动提供了可供参考的先例。1947年，《1947年国家安全法》制定，其中与应急预警机制相关的内容是国防动员，应急机制从临时转向正式，法案还要求建立国家安全资源委员会，负责战争时期对民用人力、物力资源等生产、调动和协调事宜，着眼战时应急工作。[2] 1950年，《联邦民防法》颁布，该法案要求在美国建立覆盖全国范围的民防体系，以应对核战争对美国本土的威胁，奠定了全国应急安全体制机制的初步框架。1950年，《灾害救助法》通过，规定联邦政府在灾害救助中应承担法定职责，在救助过程中提供长期支持，修复重要公共设施，促进应急机构发展，帮助制定应对灾害的计划等。该法案的颁布意味着美国应急安全理念出现重大变化，防范范围从军事威胁扩大到自然灾害威胁，真正意义上的应急安全预警机制发展由此开始，应急安全预警机制初现雏形。

20世纪50年代起到70年代末，美国遭遇频繁的自然灾害侵袭。为有效应对灾害挑战，1979年联邦应急管理局诞生。但由于缺乏组织性立法，难以获得国会的拨款支持，联邦应急管理局在应对灾害时举措无力，饱受争议。1988年国会通过《斯塔福德法案》，该法是在1950年《灾害救助法》三次修订（1970年、1974年、1988年）的基础上通过的，《斯塔福德法案》明确界定了联邦政府在救灾减灾工作时的具体细则，并对重大灾害和突发事件的认定作了明确的规定。[3] 《斯塔福德法案》的最终出台为美国应急安全预警机制的发展提供了充实的法律保障，在此后多次自然灾害

---

[1] George D. Haddow, Jane A. Bullock and Damon P. Coppola, "Introduction to Emergency Management, Fourth Edition," Butterworth – heinemann 2010, p. 2.

[2] "National Security Act of 1947: Sec. 107," http://www.intelligence.senate.gov//ns-act1947.pdf.

[3] 邓仕仑：《美国应急管理体系及其启示》，《国家行政学院学报》2008年第3期，第102页。

应对中，联邦应急管理局表现出色，局长也被提升为内阁成员，应急机构体系在政府部门中的地位得到提升。由此可见，立法为机制发展背书的重要性。

"9·11"事件发生之后，2002年11月25日《2002年国土安全法》通过，并据此成立新的内阁级应急安全机构，即国土安全部，主要职责包括预防美国境内的恐怖袭击；减少美国面对恐怖主义的脆弱性；一旦在美国境内发生恐怖袭击，将损害减小到最小，并帮助从袭击中恢复等。[1] 其中，法案第507条规定也对被纳入国土安全部的联邦应急管理局做了说明，继承并肯定了《斯塔福德法案》内包含的所有部门职责和权限。[2] 自此美国应急预警机制的发展依照法案规划，正式走向成熟与完善。不过成熟与完善并不意味着预警机制一成不变，机制改革依旧在持续进行。2006年《后"卡特里娜"应急管理改革法》通过，该法案在吸取"卡特里娜"飓风救灾经验与教训的基础上，为美国应急安全预警机制的再次改革提供了法律基础，联邦应急管理局的地位重新得到确认，因反恐而发生偏转的应急安全预警机制重拾本职任务。[3] 2008年以后，国土安全部废除了《国家响应计划》，代之以《国家响应框架》，之前的《国家响应计划》无法胜任全国的目标，预案本身也无法构成真正意义的行动方案，而框架则明确了应对突发事件时，各级政府、非政府组织、私人部门和公民各方的责任。[4] 2011年，时任总统奥巴马发布"第8号总统政策令，"以全国性准备为主题，"提升备灾核心能力为目标，同时建立"国家防备体系"。借由这一系统，美国初步完成'由守转攻'的转型，即从一味地被动处置、重

---

[1] "Homeland Security Act of 2002：SEC. 101，" http：//www.gpo.gov/fdsys/pkg/PLAW-107publ296/pdf/PLAW-107publ296.pdf.

[2] "Homeland Security Act of 2002：SEC. 507，" http：//www.gpo.gov/fdsys/pkg/PLAW-107publ296/pdf/PLAW-107publ296.pdf.

[3] 刘铁民、王永明：《飓风"桑迪"应对的经验教训与启示》，《中国应急管理》2012年第12期，第12页。

[4] 夏保成：《美国应急管理的顶层设计及对我国的启示》，《安全》2021年第8期，第1—9页。

建到主动防范风险。"① 2013 年《"桑迪"重建改革法》通过，作为对《斯塔福德法案》的修正，《"桑迪"重建改革法》补足了应急预警机制鼓励地方政府和私营机构、个人等层面参与管理的立法缺失，改革了联邦应急预警机构的权力责任和管理模式。② 2021 年 12 月，美国联邦应急管理局就当前的国内国际环境制定未来四年的施政纲领，即《2022—2026 年美国联邦应急管理局战略计划》。该计划明确了下一阶段美国联邦应急管理局的努力目标，针对剧烈的气候变化强调风险知情决策的重要性，向全社会提供更加有效的信息。在应对不属于《斯塔福德法案》界定范围的重大突发事件时，要在更大范围内做好计划准备，总结在应对新冠疫情大流行的响应行动中所涌现的经验教训。③ 这一计划是《2018—2022 年美国联邦应急管理局战略计划》的继承和延续。总体来说，这些法案的颁布和实施为美国建立完善的应急预警机制提供了坚实的法律基础，及时修正法律法案的不足更能有效发挥应急预警机制的作用和职能。

第三节　美国反恐安全预警机制的特征

反恐安全预警从本质上属于应急预警的一部分，但"9·11"事件使美国意识到恐怖主义对美国国家安全巨大的实质性威胁，同时也暴露了当时美国反恐预警情报系统和国家安全预警机制存在致命漏洞。小布什政府对国家情报安全系统和预警机制进行了前所未有的大变革，这次变革也使得反恐从应急安全预警机制中彻底分离出来，并在不断的国家安全预警体制机制建设和投入中，成为独立于应急预警安全机制之外的反恐预警机

---

① 陆灿、李勇男：《美国应急管理情报工作溯源与发展》，《情报杂志》2021 年第 12 期，第 14—22 页。
② "Sandy Recovery Improvement Act of 2013," http://www.fema.gov/sandy-recovery-improvement-act-2013.
③ 游志斌、蓝琳琳：《满足应急需求的战略目标与规划——〈2022—2026 年美国联邦应急管理署战略计划〉评析》，《中国应急管理》2022 年第 3 期，第 66—69 页。

制，防范恐怖主义成为美国国家安全预警工作中必不可少的且独立存在的一环。与此同时，恐怖主义在全球范围内的肆虐也加速了美国与其他各国之间在反恐方面的合作，通过情报交流和信息共享增强反恐预警机制的反应速度和工作效率。因此，美国反恐预警机制具备"先发制人"、破除"情报壁垒"以及重视国际反恐情报交流等特征。

一、美国反恐预警机制具备"先发制人"特征

"先发制人"特征最重要的体现在于主动出击，搜集有关恐怖主义的情报。美国反恐怖信息主要分为内部来源和外部来源。"内部来源"，即来自执法和情报机关内部；外部来源，即来自执法和情报机关之外的其他组织和个人，主要是以社会服务职能为主的政府部门或公营机构（如社会保障部门、图书馆等）、公司、个人等。但这些情报信息的搜集仍然属于被动环节，只是由于《美国爱国者法案》和2004年《情报改革及预防恐怖主义法》的颁布，使得以往因个人隐私权利而无法获得信息现在可以侦测了，执法部门和情报部门拥有了相对主动的侦查权。

另一更为明显的"先发制人"手段是利用人力手段。"由于利用人力手段获得的信息具有技术手段不可替代的优势，因此，'9·11'事件之后，美国加大了利用人力手段收集恐怖主义信息的力度。美国中央情报局、联邦调查局等机构在'9·11'事件之后招募了大量的外国裔美国人。这些新招募的外国裔美国人一般能使用英语之外的第二语言工作。美国情报机构在对这些人进行培训之后，或者把他们派遣到美国以外一些热点地区收集情报信息，或者让他们留在国内从事监听、翻译、解密等工作。"① 除了自身培训情报工作人员外，联邦调查局投入巨额资金在全球特别是在宗教团体密集地区培植大批"线人"。这些"线人"要与恐怖分子宗教信仰相同，并精通恐怖分子母语。人员类型五花八门，从酒吧老板到餐厅侍者，从夜总会舞女到汽车旅馆经营者，所有可能被恐怖分子利用为聚集地

---

① 梅建明等：《美国反恐怖预警机制研究》，《中国人民公安大学学报（社会科学版）》2009年第1期，第5页。

点的公共场所都有联邦调查局的信息提供者。"线人"要有较高的素质，善于与恐怖分子打成一片，能在最短的时间内摸清恐怖网络的筋骨，找出网络的关节所在以及恐怖组织头目。这些信息汇总到情报部门，成为分析恐怖组织结构的重要信息。①

除了扩大权限和扩充人力之外，美国还进一步加大对高技术情报搜集手段的研究与运用：一是改进情报工作理念，美国在中央情报局内部设立国家秘密行动署，"加强对反恐人力情报搜集的管理与支持，提出以'速度''协同''出其不意'三种理念来加强技术情报搜集能力，通过'快速技术转换倡议'和'情报高级研究计划行动'等项目推动创新技术在反恐情报搜集中的应用"；② 二是重视对入境外国人的数据采集及相关数据库的构建，生物基因技术被迅速用于情报搜集。联邦调查局的生物特征快速获取平台"能快捷地获取外国监狱中嫌疑犯的生物特征，帮助使用者收集和储存指纹信息，并从联邦指纹库中进行实时电子搜索。美国移民局和国务院对外籍入境者发放签证时，对其指纹信息进行采集汇总成库，其入境时再次提取该信息并与数据库进行比对，确保已知的恐怖分子不能入境"。③ 不断扩大的生物特征数据库将有助于提前掌握恐怖主义分子的个人信息，以达到"防范于未然"的目的。

二、美国反恐预警机制努力破除"情报壁垒"现象

"情报壁垒"阻滞了重要情报的交流。边防情报与军事情报、国家安全情报、海关情报、刑事侦查情报等本身存在有很强的交叉性，反恐情报部门在法律法规的支持下主动积极地与相关情报部门定期进行情报交流，确立稳定长效的情报交流机制，在有限的情报资源条件下提高所获情报的

---

① 左吴：《"9·11"事件后美国反恐情报信息体系的重建》，《江苏警官学院学报》2006年第2期，第133页。
② 樊明明、肖欢、陶祥军：《美俄反恐预警机制的比较及启示》，《情报杂志》2014年第12期，第8页。
③ 樊明明、肖欢、陶祥军：《美俄反恐预警机制的比较及启示》，《情报杂志》2014年第12期，第8页。

利用率。

一方面，健全情报交流机制，打破情报部门内部的壁垒，通过整合各类情报机构关于恐怖威胁的信息，提高反恐情报工作的有效性。2010年始至今，持续的情报共享机制进一步加强：设立首席信息官，负责反恐信息共享机制的建立和统一标准的制定；建立"信息共享环境""信息融合中心""国土安全信息网络""国家反恐中心在线""执法在线""恐怖分子身份数据处理环境"等系统，① 上述信息情报共享系统为美国国内反恐情报部门提供了充分交流情报的平台。设于国家情报总监办公室之下的反恐情报中心拥有查询国内外恐怖主义信息的权限，这样的独特地位使得它能够不受任何压力和敏感因素收集情报，也由此奠定了反恐情报中心在其他政府部门中"调解师"的地位，反恐情报中心相应地建立起"快速分析支援与远程反应"项目，"加强情报界的协作，实现联邦、各州与地方层面各部门、机构之间的反恐信息交流"。②

另一方面，加强反恐社会动员，打破情报工作外部的壁垒。国土安全部认为，"在保卫国家方面，最好的安全策略是发动并依靠美国公众的力量，并将其视为关键合作者"。③ 2009年国土安全部在全国范围内发起了"若看到，要举报"运动，"鼓励民众及时将恐怖分子的可疑恐怖苗头行为报告给情报部门，以最大范围收集恐怖情报信息。2015年6月洛杉矶警察局推出了'我看护'的全民反恐活动，帮助公众识别和举报恐怖分子可疑现象，被誉为'21世纪的邻里守望系统'"。④ 2016年美国联邦调查局开始启动社区外展计划，即联邦调查局社区专员与社区广泛合作，形成长期情报"供应链"："将各类型突发事件、可疑人员、帮派、青少年犯罪的情报

---

① National Counterterrorism Center, "Products & Resources," https://www.dni.gov/index.php/nctc-how-we-work/joint-ct-assessment-team/jcat-products-resources.
② The National Counterterrorism Center, "Mission History Organization," https://www.dni.gov/index.php/nctc-who-we-are/history.
③ 董泽宇：《美国反恐预警体系建设的经验与教训》，《情报杂志》2016年第3期，第14页。
④ 董泽宇：《美国反恐预警体系建设的经验与教训》，《情报杂志》2016年第3期，第14页。

汇总处理，在前期部门间情报共享机制和规定的基础上与应急部门实现互通。"①

三、美国反恐预警机制重视国际反恐情报交流与合作

除了加强自身反恐预警的能力，美国反恐预警机制还积极寻求同其他国家的情报交流与合作。在联合国层面："9·11"事件后，在美国的提议下，2001年9月联合国安理会一致通过决议："所有成员国有义务拒绝资助、支持和窝藏恐怖主义分子，采取措施打击恐怖分子，把资助恐怖主义列为非法行为，以及冻结恐怖组织的财产资助。决议案也要求所有成员国合作，放弃对恐怖主义组织的支持，并及时交换恐怖组织和恐怖分子的活动资料。"② 在其他国际组织层面，2001年10月，"西方七国集团财政部长和中央银行行长在华盛顿举行会议，制定了《打击资助恐怖主义活动的行动计划》，呼吁所有国家尽快建立有效的反洗钱金融情报机构及恐怖分子资产追查中心，七国还表示将推动各国金融情报机构之间的合作，以最快的速度最有效地实现信息共享"。③ 另外，美国还与世界各地区的主要国家都建立了反恐情报合作，情报合作的对象不仅限于英国、法国、澳大利亚、加拿大等传统安全盟友，而且在当时还突破限制和中国、俄罗斯达成合作，建立全面的反恐国际情报交流合作机制，以有效地在全球范围内开展反恐斗争。2002年，"由法国国外安全总局领导牵头、美国中央情报局出资、美英法德澳（澳大利亚）加（加拿大）等国参加组建的反恐'联合基地'在巴黎成立。该'联合基地'制定了'情报共享+联合行动'的机制，要求成员国不仅要第一时间与其他成员国共享反恐线索，还要负责对本国境内的重要恐怖分子进行跟踪监视，使彼此之间能够和外国情报

---

① 陆灿、李勇男：《美国应急管理情报工作溯源与发展》，《情报杂志》2021年第12期，第14—22页。

② 联合国：《反恐怖主义委员会：各国报告》，https：//www.un.org/chinese/aboutun/prinorgs/sc/committees/1373/reports.html。

③ 《七国集团制定〈打击资助恐怖主义活动的行动计划〉》，人民网，2001年10月7日，http：//www.people.com.cn/GB/guoji/209/6389/6392/20011007/575818.html。

官员协力追踪和抓捕恐怖活动嫌疑犯，摧毁或打入他们的网络"。① 2004年7月，"美国、英国和澳大利亚决定建立全球情报运作机制来对付'基地'组织。这一机制将使三国情报部门能够不间断地在全球所有时区评估威胁、发布警告，然后不间断地传递最新评估结果"。② 值得一提的是，美国当时还同后来被视作是战略竞争对手的中国和俄罗斯建立了反恐预警交流机制。2004年4月，"美国联邦调查局在北京的办事处正式挂牌运作，双方在相互信任的基础上加强反恐情报领域的交流合作。2004年12月，美国与俄罗斯在莫斯科签署反恐合作备忘录，双方决定交换情报，联合应付恐怖主义威胁。恐怖主义威胁不仅局限于一个国家或地区，各国在反恐方面都有共同利益"。③ 因此，反恐情报合作在美国的推动下成为国际情报合作的重点。

第四节　美国军事安全预警机制的特征

军事安全预警是为了在战争爆发之前或军事冲突发生之前，获取对手或敌方一切有价值的公开或秘密信息为军事决策提供信息支撑的行动。④ 一般按照不同类型的军兵种（陆军、海军、空军和海军陆战队）对军事情报和军事预警进行分类。美国负责军事预警工作的情报机构多是由国防部领导，国防部的军事情报机构主要包括陆军情报局、海军情报局、空军情报监视侦察局、海军陆战队情报局、国家安全局、国防情报局、国家地理空间情报局、国家侦察局等，此外美国军事情报来源还包括各联合战区司令部下属的情报办公室。作为当今世界第一的军事强国，美国始终谋求以

---

① 文娟：《美国国际情报合作工作探析》，《国际研究参考》2017年第9期，第20—21页。
② 戴艳梅：《美国反恐情报工作改革及其启示》，《武警学院学报》2006年第6期，第32页。
③ 《俄美签署反恐合作备忘录》，《哈尔滨日报》2004年12月8日。
④ 刘强：《战略预警视野下的战略情报工作：边缘理论与历史实践的解析》，时事出版社2014年版，第38页。

绝对的科技优势和情报优势构筑保障本土和全球范围利益的军事预警机制。美国军事情报机构具有自身独有的特征：美国军事预警机制独立于政府情报系统之外；其军事预警机制高效、全面，在全球范围内具备强大的辐射力；且具备雄踞全球的军事技术先进性。

一、美国军事安全预警机制独立于政府情报系统之外

军队和政府的司职不同，军队负责保卫国家主权和独立，政府负责维系国家机构运作。因其职责不同，军队和政府下属的情报体系也各有分工。军队体系的情报部门是美国军事安全危机预警机制的主力。总体上看，美国情报界的管理模式呈分散型，国家安全情报体系与军事情报体系均承担情报的搜集与分析工作，虽各有侧重，但业务上的部分重合有可能会造成情报资源的浪费。为了避免军事情报界和政府情报界的斗争，也为了避免相互干扰到彼此的预警工作，美国军事预警机制需要独立于政府情报体系之外。

美国军事预警机制独立于政府情报体系之外的目的，除了职责范畴区分之外，还在于保持军事预警机制职能的客观性和独立性。情报系统的核心职能是为了给决策者、有关部门与作战部队等情报用户提供及时、准确、全面的情报。根据情报系统服务的客户群体，情报会自然划分为军队情报、政府情报以及交叉情报，保持不同类别情报工作机制的独立就是为了保持情报的客观性。[1] 严格区分军事预警系统和政府情报系统的目的是为了保持情报部门的独立性和情报的客观真实性，防止情报系统内部之间的作伪。

二、美国军事安全预警机制高效、全面且覆盖全球

美国军事基地广泛分布于全球各地，领先世界的研发技术再加上预防

---

[1] 王谦、梁陶:《美国情报体制及存在的问题》，《国际资料信息》2008 年第 3 期，第 25 页。

性的安全理念，使得美国军事安全预警情报系统具备全方位、立体式和全球性的特征。

以预警载具划分，美国形成了包括天基卫星预警、空中预警机、路基预警和海上各类预警系统构成的全球性战略预警体系。具体来说：天基卫星预警系统已具备除两极以外的全球预警监视能力，现役天基预警系统主要由国防支援计划系统、天基红外预警系统、空间跟踪与监视系统等高低轨结合的卫星系统组成；① 以空军预警机和海军预警机为主体构成的空中预警系统已具备战略与战区级别的远程预警能力，能控制指挥各类飞机协同作战，成为协调三军的空中指挥所；由地面和舰载多种预警雷达系统构成的陆、海基预警系统主要作用于发现数千米外的空中目标和对外层空间的多个目标的监测。②

以预警距离空间划分，美国军事预警系统由远程预警系统、空中预警系统、联合监视预警系统和弹道导弹预警防御系统四部分组成。具体来说：远程预警系统，包括超视距后向散射雷达系统和北方预警系统，主要用于防御从北极方向来袭的战略轰炸机、地高空巡航导弹及其他远距离空中目标；空中预警系统主要由美国空军序列 E-3A "哨兵"预警机和海军序列 E-2C "鹰眼"舰载预警机及空陆军合作序列 E-8A "联合星"机载预警雷达组成，以在役的空军预警机、舰载预警机、机载和地面预警雷达为平台为美国本土、西欧、沙特、韩国等美国盟友、航母战斗群等目标提供预警和指挥双向功能；③ 联合监视预警系统，全称"联合监视与目标攻击雷达系统"，是美国空军和陆军联合研制，作为空地一体化作战枢纽的机载地面监视系统，主要由载机、机载设备和地面站系统组成，用于全天候监视地面目标情况、控制空地联合作战；④ 弹道导弹预警防御系统，主要由弹道导弹早期预警系统、潜射导弹预警系统和跟踪引导雷达系统构

---

① 张保庆：《美国天基预警系统发展分析》，《军事文摘》2016 年第 17 期，第 50 页。
② 刘凤增等：《美国战略预警体系发展探析》，《飞航导弹》2019 年第 3 期，第 65—68 页。
③ 彭默馨、吴暇、黄振兴：《美国战略预警能力及发展新趋势》，《外军信息战》2012 年第 3 期，第 14—15 页。
④ 阳曙光、张林、王东祁：《国外机载地面监视系统的现状及发展趋势》，《飞航导弹》2006 年第 12 期，第 13—14 页。

成，为美国本土和部分盟友提供远程预警能力，为拦截式武器提供连续追踪、精确识别、拦截引导和拦截效果评估的功能。

三、美国军事安全预警机制具备技术先进性

美国军事技术的先进性是维持美国全球领导地位的重要保障，其军事预警体制机制的技术先进性则主要体现在两个层面上：一是保持自身技术上的先进性；二是警惕对手技术上的先进性。两者相辅相成，以自身先进技术压制对手是美国技术先进性的直观体现。

美国国会研究服务部于2018年11月8日发布《全球研究与发展概况及对国防部的影响》报告，该报告称过去近20年来，国防部研发合同支出占国防合同总支出的比例逐步降低，从2000年的15%降至2018年的8%。从全球范围看，美国研发投入占全球总投入的比例从1960年的69%降至2016年的28%，其中美国国防部研发投入占全球研发投入的比例从1960年的36%降至2016年的3.7%。而细查美国研发投入，政府研发经费占比从1960年的65%降至2016年的24%，企业研发经费占比从1960年的33%升至2016年的67%。[1] 为了重塑美国在全球军事技术竞争前沿的优势地位，美国国防部在2019财年向国会申请911亿美元研发预算，比2018财年国防研发拨款883亿美元增加3.2个百分点。美国众议院拨款委员会在制定国防支出法案时同样表达了技术优势丧失的焦虑，提出为研发账户增至912亿美元，该法案已于2019年6月28日通过众议院的投票表决。而美国参议院拨款委员会通过了该预算提案并再为研发预算增加40亿美元，使之达到951亿美元。[2] 美国政府对军事研发经费占比上的重视反映了美国对军事预警体制机制技术先进性的关注，美国清楚地了解竞争对手在努力拉近与自己的差距。为了维持技术优势，美国政府必须增加国防

---

[1] Congressional Research Service, "The Global Research and Development Landscape and Implications for the Department of Defense," pp. 4 – 7, https：//fas.org/sgp/crs/natsec/R45403.pdf.

[2] "FY2019 Defense Appropriations Act, Report 115 – 290," p. 6, https：//www.appropriations.senate.gov/imo/media/doc/FY2019%20Defense%20Appropriations%20Act,%20Report%20115 – 290.pdf.

研发费用。

2018年美国国防部《国防战略》报告摘要提出了具体的技术突破方向：第一，积极备战太空。国防部发布的首份《国家太空战略》渲染太空战场论调，宣布组建太空司令部，试图在火箭多次发射、快速发射、载重能力等多个科研技术领域取得重大进展，实现雷达成像卫星、静止轨道卫星和军事通信卫星系统组网运行；第二，加强天基导弹防御网络建设，以及提升海陆空三军武器装备技术；第三，提升网络战和电子战能力，加速人工智能技术与军事应用的结合。[①] 当然这些领域的技术突破并不仅仅是为了提升美国军事预警能力，而是为了全面加强美国高端军事技术能力的建设，而军事预警技术的提升是题中应有之义。

美国军事安全预警机制的先进性还表现在对对手的技术警惕和压制。美国针对全球对手国家提出了"技术突袭"和"技术预警"两个概念。前者是指利用独有的技术成果或压倒性的技术优势突袭对手，后者是指对潜在对手可能会形成的"技术突袭"发出警报。美国军事预警机构为了更好地实现对"可能会削弱美国军事技术优势的技术尽早做出预警"，主动与包括国家研究委员会、国会研究服务部、军工企业、学术界等展开多方面合作。[②] 美军为抢占军事竞争制高点，更加强调将技术预警思维向技术创新的路线图上倾斜。美国军方旨在通过第三次"对冲战略"应对潜在对手所造成的威胁，从而"改变游戏规则和未来战局"，"使美军在未来几十年内与主要对手展开的新一轮军事竞争中保持绝对优势"。"为确保第三次'对冲战略'中的技术预警思维真正落地，美国国防部起草了技术路线图，希望吸引私营部门和学术界为武器项目和投资计划注入新思想，激励技术创新。可以说，正是这一系列技术创新和预警机制的设立，使得美国确保

[①] U. S. Department of Defense, "Summary of the 2018 National Defense Strategy of the United States of America," January 19, 2018, https：//www.defense.gov/Portals/1/Documents/pubs/2018 - National - Defense - Strategy - Summary. pdf.

[②] 秦博鳌：《中国国防科技信息中心专家解析 "技术突袭"与"技术预警"——美国列出可能威胁其军事优势的技术领域》，《现代军事》2006年第2期，第13页。

了军事技术的领先地位,这些机制也构成了其军事科技预警的重要骨架。"[1]

第五节 美国战略安全预警机制的特征

国家安全战略是立足于全国范围的、总体的、全局的整体规划,关乎一国的存亡兴衰。战略安全预警则专注于国家安全大局与长期的未来发展趋势,是国家战略中兼具整体性和前瞻性的部分,是国家安全战略制定的基础。美国战略安全预警机制的主要职责是协助制定国家战略与政策、监测国际环境、确认并定义战略目标、协助执行战略计划、防范对手的战略欺骗与突袭、评估战略行动的成效等。[2] 国家安全战略预警机制主要围绕如何维系美国的全球霸权地位、遏制或消灭战略对手、维护美国在全球的利益和安全而展开,其战略预警机构主要的任务是评估现状、预测未来,掌握有可能威胁到美国及其盟友的战略意图。因此,美国战略预警机制具有战略安全威胁认知的确定性、重点关注对手的动态性和战略准备的预防性三个特征。

一、战略安全威胁认知的确定性

美国战略安全预警机制具有战略安全威胁认知的确定性。《国家安全战略》报告是美国对外宣告自身战略安全预警政策基本文本,也是外部对美国战略安全预警政策认知的重要窗口,该报告旨在阐明美国国家战略安全理念,对战略安全预警政策制定提供指导方针,为各部门制定具体计划

---

[1] 贾珍珍、石海明:《科技预见:美军抢占军事竞争制高点的秘诀》,《解放军报》2017 年 4 月 6 日,第 11 版。

[2] Department of Defense, "Joint Intelligence Joint Publication 2 – 0," October 22, 2013, p. 1 – 3, https://fas.org/irp/doddir/dod/jp2_0.pdf.

提供重要参考。① 纵观历届政府发布的《国家安全战略》报告，其对战略安全环境的判断是美国进行战略安全预警的基本前提。而战略安全威胁则是美国判断国际安全局势和战略安全环境的主要参考，不论报告中对安全威胁和威胁对象的关注方向和具体描述如何变化，战略安全威胁认知始终存在于《国家安全战略》报告中，这体现出美国战略安全预警机制所具有的"战略安全威胁认知确定性"的特征，即美国战略安全预警机制首先认定存在战略安全威胁，然后根据安全威胁认知的倾向和侧重来确定安全威胁来源。

美国战略安全预警机制具有战略安全威胁认知确定性的原因主要在于两点：

其一，满足国家安全利益需求是安全预警机制存在战略安全威胁认知确定性的重要驱动力。国家安全是一个国家生存所必须首先考虑的利益，任何国家都将安全视作是本国国家利益的首位。从逻辑上来说，如果国家安全利益不存在，也就没有安全威胁，也更不存在国家对环境和威胁的战略认知，应对威胁的战略预警也就没有得以运作的对象和基础。② 因此，对国家安全利益的界定是影响美国战略安全威胁认知确定性的重要因素。由于美国在当今世界全球领导者的实际地位，美国国家安全利益的范围遍及全球，而美国国家安全利益所在的地方，正是美国所认定的安全威胁之所在，威胁与利益保持着高度的一致性。美国对国家安全利益的渴求直接决定着美国战略安全预警机制对安全威胁的战略认知，战略认知所关注的对象，也就是美国所面对的直接或潜在的战略安全威胁。

其二，战略安全思维传统是美国存在战略安全威胁认知确定性的思想根源。战略安全思维是指主体对关系全局的、长远的根本性问题进行分析、预见和谋划，由此形成思想、规划和决策的思维活动。美国战略安全思维起源于独立战争时期，诞生在军事斗争的实践活动中，其哲学根基是

---

① Richard B. Doyle, "The U. S. National Security Strategy: Policy, Process, Problems," Public Administration Review, Vol. 67, No. 4, 2007, p. 626.

② 邢悦、陆晨：《对冷战后〈美国国家安全战略报告〉的文本分析》，《国际论坛》2019 年第 5 期，第 13 页。

第八章　美国国家安全预警体制机制的特征

西方理性主义与二元对立思维，具备很强的对立性和竞争性。① 因此，美国战略安全思维传统天然带有强烈的危机感，过分关注安全威胁，并将威胁所在视作是国家利益所在，积极寻找存在着的敌人以塑造自我认同。② 这样的战略思维传统使得美国国家安全预警机制需要确立具体的战略安全威胁对象作为决策承载。从现实情况来看，即使是在全球合作反恐怖主义的时期，美国政府仍然在寻找具体国家或组织作为安全威胁来源，并以此作为当时战略安全预警机制运作的根基。由此可反映出美国战略安全预警机制存在战略安全威胁认知确定性的特征。

二、重点关注对象的动态性

美国战略安全预警机制重点关注对象具有动态性特征。以美国《国家安全战略》报告为重要的观察文本，选取美国政府对中国这一特定对象的定位为观察样本，可以发现：美国对中国的定位是由小布什时期的"利益相关者"到奥巴马时期的"合作伙伴"，再到特朗普时期的"战略竞争者"这样发生变化的。美国战略安全预警机制的重点关注对象是呈现动态变化的，即关注对象在预警工作中的重要程度是随着战略安全威胁认知的变化而动态变化的。

美国战略安全预警机制重点关注对象呈现动态性的主要原因，在于被关注对象的威胁可能性评估在不断变化。威胁可能性评估包含两个层面：一是威胁判断，是指防范主体对是否存在潜在的威胁、面临哪些潜在威胁以及对潜在威胁的危险程度的认识；二是威胁趋势预测，是指在威胁判断的基础上，密切跟踪潜在或现实威胁行为体的发展动向，对未来威胁态势尤其是即将到来的威胁动作做出预判。③ 美国战略安全预警机制所具备的战略安全威胁认知确定性使得美国的威胁判断集中关注于具体的目标对

---

① 聂宏：《美国情报战略体系解析》，《情报杂志》2018年第10期，第42页。
② 赵景芳：《美国战略思维与霸权战略选择》，《太平洋学报》2011年第7期，第29—30页。
③ 汪明敏：《反恐预警情报分析的本质探析》，《江苏警官学院学报》2016年第1期，第72—74页。

象，而这些被重点关注的对象，其威胁趋势随着安全威胁认知而发生变化，因此使得美国战略安全预警机制重点关注对象呈现动态性变化特征。

威胁判断与威胁趋势预测是分析美国战略安全预警机制关注对象动态性的前提和基础，美国《国家安全战略》报告中对重点关注对象的描述直接反映出美国战略安全威胁认知的倾向和偏好。冷战结束前美国战略安全预警机制重点防范苏联的核武器，苏联所拥有的核武库是美国存在的战略安全威胁，美国战略安全预警机制的工作重心一直放在监测和分析苏联领导层的战争意图上。而在苏联解体以后，美国实际上仍保持着对核武器及其他大规模杀伤性武器的关注，这主要在于弹道导弹与核武器的威胁巨大，而一旦这样的武器被与美国敌对的国家或个人所掌握，或者掌握有这样战略武器的国家对美国持有敌意，美国仍将面临极大的战略安全威胁。从这点出发，美国战略安全预警机制所重点关注的对象实际持续定位在有战略攻击能力且有敌对意图的国家身上，即威胁可能性评估所确定的威胁对象。"9·11"事件之前美国战略安全预警机制关注大规模杀伤性武器扩散和潜在崛起国家，而重点关注对象则是有核国家、非法有核国家和匿核国家。"9·11"事件带给美国的恐怖主义敏感症，使得其战略安全预警机制的重点关注对象发生明显偏移，开始着重关注非国家行为体对于美国领导地位和美国国家安全的损害。直到特朗普政府时期及至今，美国战略预警重点关注对象才正式且集中地投注于崛起大国，而"流氓国家""恐怖主义"在威胁可能性评估的序列中排在第二和第三。美国对崛起大国的重点关注主要源自它对所重点关注对象的威胁可能性评估变化，当某一国家的实力增长引发地区甚至国际体系的结构性变化时，即使该国家没有挑战美国霸主地位的意图，也会引发美国持续的警惕和不安。可以看出，在不同阶段美国战略安全预警的重点关注对象的威胁可能性评估发生了变化，由于"9·11"事件而被暂时搁置的崛起大国的威胁可能性被特朗普政府重新明确地摆在首位，而且将其放置在战略竞争对手这样平等的位置上，[1]鲜明地体现出美国战略安全预警机制重点关注对象的动态性特征。

---

[1] 邓凯帆、叶圣萱、刘胜湘：《特朗普政府战略安全威胁评估与预警机制论析》，《社会主义研究》2019年第1期，第142—143页。

三、战略准备的预防性特征

美国战略预警机制具有战略准备的预防性特征。苏联解体后,美国需要重新思考自身所面对的战略安全威胁,在重大生存威胁不会长期存在的情境下,如何防止新的此类威胁产生、防止地区级安全威胁演变升级为重大威胁成为美国领导人和国家安全部门持续思考的问题,预防性防御战略成为其选择。① 战略安全预防性准备是针对确定存在的、在时间和空间上同时久远的安全威胁所做的一种反应,预防性战略针对的对象是在未来可能会对自身构成重大安全威胁的目标,威胁可能性评估所依赖的证据极有可能是模糊的,但美国的传统战略思维使其倾向于采取扩展而非缩减的方式,采取前瞻性的主动行动以实现战略安全预警的目标。② 美国战略安全预警的目标是为了确保其能够对世界范围内任何有能力挑战其战略地位的潜在威胁做出迅速、有效的回应。为了将潜在的战略安全威胁控制在不完全爆发的程度,也为了持续维系自身所享有的超群权力地位,作为现存国际体系的领导者和最大受益者的美国愿意动用一切手段去维持现状、防止剧烈变化。③ 这样的战略意愿和现实情况使得美国的战略准备逐步呈现预防性特征,先于目标采取措施瓦解或削弱其安全威胁,是一种"防患于未然"的战略安全预警准备。

美国战略安全预警机制具有战略准备的预防性的主要原因在于:国际实力结构的变化与美国战略地位的相对衰落。随着国家实力的相对变化和美国自身实力的消长,美国战略安全预警机制的关注重点也在进行着相应的调整。以中国为例,正如美国《国家安全战略》报告中所描述的,中国在东亚地区的全面崛起和国家实力的大幅提升,对美国的亚太主导地位造

---

① [美]艾什顿·卡特、[美]威廉姆·佩里著,胡利平、杨韵琴译:《预防性防御:一项美国新安全战略》,上海人民出版社2000年版,第11—14页。

② 罗峰:《美国预防性战争的逻辑——基于伊拉克战争的考察》,《世界政治与经济》2010年第9期,第56—58页。

③ 刘胜湘、邹超:《从霸权稳定论看美国的亚太再平衡战略——兼论中国的应对之策》,《东北亚论坛》2015年第5期,第73页。

成严重挑战，即使中国一再表示善意并愿意双方共同努力共建合作共赢的"新型大国关系"，但美国始终坚持加强在亚太和印太地区的战略部署，其根本原因一方面在于中国崛起所带来的全球和地区结构性挑战；另一方面还在于美国当下所处的全球性超级大国战略地位的相对衰落。为了尽可能延续自身的优势地位，也为了抑制全球和地区战略安全威胁的进一步演化，预警机制的战略准备需要提前于威胁发生实际效果之时，从而达到消除或抑制威胁发展的目的。

从2008年开始至今，美国政府在觉察到大国崛起的趋势时即展开预防性工作，并由此制定战略措施防范大国崛起势必会带来的战略安全威胁，但这种威胁可能性并不具备必然发生的性质，美国战略安全预警机制在对待大国崛起一事上充分展现了其战略安全威胁认知的确定性，以及在确认威胁后战略准备的预防性特征。

第九章
美国国家安全预警机制评估

美国拥有世界上最庞杂且高效的国家安全预警机制，拥有强大的情报系统，强大的国家安全预警联动机制，完善、合理、有效的应急安全预警机制，成熟的反恐预警系统，领先世界的军事预警机制，以及与时俱进的战略安全预警机制。

第一节 美国强大的情报系统

强大的情报系统是美国国家安全预警机制有效运行的前提和保障，美国情报系统的强大主要体现在以下几个方面：庞大的情报网络体系、情报搜集能力、情报分析能力、情报传递能力，以及不断提升情报协调能力和日益增强的情报共享机制。

一、美国的情报网络

美国拥有众多的情报机构和部门，庞大的情报网络体系是美国国家安全预警机制有效运行的基础。美国情报网络的构建采取了"16＋1"的模式，即由美国政府下辖的16个情报机构和1个国家情报总监办公室组成，涉及美国国防部、国土安全部、国务院、中央情报局和国家情报总监办公室等部门。① 按其隶属关系和职责分工可进一步将美国的情报网络分为四个层次：一是国会立法建立、总统直接领导的国家情报局、中央情报局；二是国防部管理的情报机构，如国防情报局、国家安全局等；三是由国务院和各行政部门管理的情报机构，如国务院情报与研究局、财政部情报分析处；四是军事情报部门，如陆军情报局、海军情报局、空军情报局等。② 在美国情报机构的发展史上，"9·11"事件是一个重要的转折点。美国情报系统的致命性漏洞和反恐预警机制的不完善被认为是"9·11"事件发生的主要原因之一。基于此，"9·11"事件后美国对情报系统进行了大刀阔斧的改革。2001年10月通过的《美国爱国者法案》极大地扩展了美国情报机构的反恐权限，2002年新成立的国土安全部对反恐和国防情报部门进行了整合，增强了各机构对反恐情报的协调配置能力。2004年12月又通过了影响深远的2004年《情报改革及预防恐怖主义法》，成立了国家情报总监办公室，负责领导、监管和协调美国的16个情报部门。这次改革不仅扩大了情报部门搜集和获取情报的权限，而且强化了各情报部门之间的情报共享与合作。通过一系列的改革，美国建立起了庞大且运行高效的情报网络系统，为美国国家安全预警机制的运作奠定了良好的情报基础。

"情报是维护国家安全的重要手段，是一国安全事务的重要组成部分。"③ "它不仅包括传统的人力情报，还包括通过各种先进的情报侦察装备获取的技术情报。"④ 情报工作贯穿于美国的国家发展史，为美国的崛起和迅速发展做出了重要贡献。按照不同的标准可以将情报分为多种类型，我们将涉及美国国家安全的情报称之为安全情报，美国国家安全情报主要包括应急情报、反恐情报、军事情报和战略情报四种类型。安全情报是实现美国国家安全的基础和保障，有效的安全情报是美国国家安全预警成功

---

① 刘胜湘等：《世界主要国家安全体制机制研究》，经济科学出版社2018年版，第4页。
② 朱建新、王晓东：《各国国家安全机构比较研究》，时事出版社2009年版，第157页。
③ Ben Lombardi, "Balkan Intrigue: German Intelligence and Kosovo," International Journal of Intelligence and Counter Intelligence, Vol. 22, Issue 3, 2009, p. 470.
④ Loch K. Johnson & Annette Freyberg, "Ambivalent bedfellows: German – American intelligence relations, 1969 – 1991," International Journal of Intelligence and Counter Intelligence, Vol. 10, Issue 2, 1997, p. 166.

的基础和保证,安全预警机制的有效运行离不开强有力的安全情报体制机制的支撑。安全情报搜集、分析与传递的有效性在很大程度上决定了美国国家安全预警机制的成败。

二、强大的情报搜集能力

美国通过各种人力和技术手段搜集安全情报,形成了遍布全球的安全情报搜集网,获取了海量的安全情报信息。这首先得益于美国拥有种类繁多、机构庞大的情报机构。美国16个情报机构都涉及安全情报的搜集工作,它们之间分工明确又相互配合,从本土和海外搜集了大量的安全情报信息,这是世界上其他国家难以匹敌的。在搜集安全情报的过程中,美国特别重视先进技术的应用,这大大提高了情报搜集的效率。每一次科学技术的进步,都被美国应用到情报搜集工作之中。如美国将以"锁眼"系列为代表的光学成像侦察卫星、以"长曲棍球"为代表的雷达成像照相侦察卫星、以"大酒瓶"为代表的电子侦察卫星、U-2高空侦察机、"全球鹰"无人侦察机、"鹰眼"与"哨兵"预警机和E-8联合监视目标攻击雷达系统等先进技术手段全部应用到安全情报的搜集工作中,可以迅速、全面地获取其所需要的大量安全情报信息。在2022年2月发生的俄乌冲突前,美国领先的情报搜集和分析技术在预测冲突爆发中发挥了重要作用,这也是拜登政府为什么能较为准确地预测俄罗斯将进攻乌克兰的原因。

美国安全情报的搜集手段主要有四种:人力情报搜集、图像情报搜集、信号情报搜集、测量与特征情报搜集。[①] 在具体的情报搜集手段选择上,美国不同的情报机构侧重使用以上一种或几种搜集手段,如人力情报搜集主要由中央情报局和国防情报局负责,图像情报搜集主要由国家侦察局、国家地理空间情报局和国家空军情报监视侦察局负责,测量与特征情报搜集主要由国防情报局和三军的情报机构负责。为了更好地搜集情报,美国的情报机构还不断调整自己的人员结构和内部装置。为协调搜集情报

---

① 刘胜湘等:《世界主要国家安全体制机制研究》,经济科学出版社2018年版,第13—14页。

事宜并确保国家情报战略重点,美国政府在国家情报总监之下设立了情报搜集主管。美国的情报机构高度重视公开来源的情报搜集活动,国家情报总监办公室在 2005 年 11 月宣布成立"开源中心",负责搜集和分析公开来源情报,公开来源情报逐渐成为美国情报的"首要来源",[①] 这显示美国具有强大的情报分析能力。

此外,美国还通过出台法律、法规的方式,扩大情报机构的搜集权限。2001 年 10 月出台的《美国爱国者法案》赋予美国情报和执法机构极大的情报侦查权力,情报人员可以通过窃听、监听、监视等方式搜集情报。2002 年 5 月,小布什总统签署了监控恐怖分子及与移民有关的法案《加强边境安全和签证入境改革法》,该法律强化了情报机构与移民局、国防部在搜集情报方面的合作,并要求建立完整的出入境数据系统,允许移民局使用生物身份认证工具,要求护照和签证必须附加更多的高新技术,以增强其防伪功能。[②] 通过这种方式,情报机构加强了对入境美国恐怖分子嫌疑人的甄别,反恐情报搜集能力得到了极大增强。

拜登政府执政后,美国高度重视对科技情报的搜集。以美国对华为科技竞争情报搜集为例,美国政府目前对华为的技术封锁主要依赖"美中经济与安全评估委员会和商务部工业与安全局技术评估办公室两个重要部门提供情报,一方面确保对华为等科技企业的技术管制精准有力,另一方面确保随时更新,严防政策漏洞。竭力将'瓦森纳安排'与'五眼联盟'打造成为遏制华为的核心堡垒",[③] 建立了针对华为等中国高科技企业的"全联盟"遏制政策。对华为科技情报的搜集为美国政府在全球科技领域内制造"中国威胁论"、遏制中国高新技术企业发展、削弱中国科技影响力、护持美国全球科技霸权奠定了基础。

情报搜集是情报活动的第一步,美国强大的情报搜集能力为安全预警机制的运行奠定了基础。

---

① 刘胜湘等:《世界主要国家安全体制机制研究》,经济科学出版社 2018 年版,第 14 页。
② 戴艳梅:《国际反恐实务》,中国言实出版社 2015 年版,第 28 页。
③ 戚凯、朱思思:《国家安全视域下的大国技术竞争——以美国对华为政策为例》,《外交评论》2021 年第 6 期,第 111—122 页。

三、强大的情报分析能力

对大量的情报信息进行分析，从而制造出高质量的情报产品，进而分发给决策者是整个情报运行过程的关键环节。美国情报机构每天都会获得海量的情报信息，但是这些情报信息未必都是对美国国家安全有用的信息，因此必须对这些原始的、粗糙的情报信息进行筛选和评估，甄别出有价值、有效的情报信息，进而分发给情报用户使用，这就是安全情报的分析工作。美国安全情报体制的情报分析主要有两种：一是技术分析，利用各种技术手段对搜集到的各种情报进行加工，如最简单的破译加密的信息；二是推测分析，主要指对数据库进行基础研究，用以推测出可能产生的有效情报。[1]

美国情报分析能力的强大首先体现为先进情报分析技术的使用。在过去，美国的情报分析工作主要依赖于情报分析人员对大量情报数据的阅读做出判断，这对情报人员的专业素养要求极高，并且情报人员的工作强度很大。当今美国情报分析运用了大量先进的情报分析技术，极大地提高了情报分析能力。这些技术包括数据筛选（首先发现最具价值的数据）、关联性分析（在已知问题和未知因素之间建立联系）、时间序列分析（发现时间趋势）、可视化分析法（使用新形式表现复杂数据），以及自动化的数据库集合（减少保存数据的必要）。最著名的新技术是数据挖掘技术和社交网络大数据分析技术。[2] 这些情报分析技术增强了美国情报分析的能力，特别是在分析恐怖主义集团活动和组织结构方面取得了明显成效，如美国在2003年就曾使用社交网络分析法来抓捕萨达姆。

美国情报分析能力的强大还体现为情报界各机构都有自己的基本情报分析单位，并生产出了数不胜数的情报分析产品。情报界的主要分析成品包括《情报界评估报告》（其内容是详细分析重要国家安全问题的逻辑脉

---

[1] 刘胜湘等：《世界主要国家安全体制机制研究》，经济科学出版社2018年版，第14—15页。

[2] ［美］杰弗瑞·理查尔森著，石莉译：《美国情报界》，金城出版社2018年版，第483页。

络）和《情报界备忘录》（评估当前阶段或每日事件的单页备忘录）。《情报界评估报告》自 1998 年起刊发，自 1995 年起，中央情报局与国防部情报局联合编制了跨部门情报研究成品《情报备忘录》。中央情报局编制的情报产品还有《情报报告》《红细胞特别备忘录》；国防部情报局编制的情报产品还有《国防部分析报告——恐怖主义系列》，国防部情报局所属各个中心也编制各自领域的研究报告：导弹和太空情报、医疗健康情报和地下设施；国务院情报与研究局的分析研究成果有三类：《趋势分析》《评估与研究》《政策评估》；美国能源部的情报成品有《能源部技术情报报告》；军事情报机构也编制本部门的研究报告，或者按照国防部情报局布置完成的内容编入国防部情报项目，如国土情报中心编制的《国土情报中心评估》，海军情报办公室也编制了很多情报成品，国家航空航天情报中心定期编制非保密性质的《弹道导弹和巡航导弹威胁报告》。[①] 此外，原子能联合情报委员会、美国药品管理局、联合司令部情报机构也编制了本部门的情报分析成品。这些情报产品会定期提交给总统等安全决策者，为他们制定相关政策提供决策依据和参考。根据 2020 年国家情报总监办公室发布的《2020—2022 年国家反情报战略》，美国情报界开始以供应链安全为抓手，评估竞争对手的战略意图及利用供应链的能力，从而为后续的国家行动提供决策支持和依据。[②] 对科技情报的分析也是美国情报界的重要工作内容。如拜登政府执政后，美国针对华为等科技产业展开了以产业链为重点的科技情报分析工作："一方面美国逐步梳理了信息科技产业链中本国所掌控的能力清单，以此确保对华为实现外科手术式的精准断供；另一方面，也在加强对本国产业链薄弱环节的调查研究，以期达到补差补全的目的，强化供应链弹性建设。"[③]

---

① ［美］杰弗瑞·理查尔森著，石莉译：《美国情报界》，金城出版社 2018 年版，第 499—503 页。
② 鲁传颖：《中美展开网络安全博弈的重点议题》，《中国信息安全》2021 年第 6 期，第 80 页。
③ The White House, "Executive Order on America's Supply Chains," February 24, 2021, https://www.whitehouse.gov/briefing-room/presidential-actions/2021/02/24/executive-order-on-americas-supply-chains/.

安全情报分析工作是安全情报搜集与安全情报传递之间的桥梁。为了增强安全情报的分析能力，美国扩大了情报机构的人员数量，并且加大了情报机构的财政预算，从人力和财力上保障安全情报的分析工作。

四、强大的情报传递能力

情报机构将搜集到的安全情报进行分析加工后，就要将安全情报产品分发给总统等情报用户，这就是安全情报的传递过程。安全情报传递过程的通畅与否，直接决定着决策者能否及时、准确做出安全危机预警决策。在这个过程中，打破不同情报机构间的壁垒，实现安全情报的交流、共享与整合显得尤为重要，以免决策者接收到碎片化或者重复性的安全情报产品。

美国安全情报的传递遵循情报搜集与处理、情报分发、情报决策与情报反馈的基本路径。安全情报的传递一般是遵从"自下而上"（从搜集到决策）再到"自上而下"（反馈/共享）的路径规律。[1] 负责情报搜集与处理、情报分发、情报决策和情报反馈的各情报和安全机构各司其职，并且加强合作与沟通，确保了在情报传递过程中可以实现有效对接，使包括总统、国家安全委员会、行政部门领导、高级军事指挥官、国会等在内的安全决策者和机构可以及时收到有价值的安全情报，也便于决策者将情报的政策实施效果反馈给下级情报部门。这确保了整个安全情报的传递路径是畅通的。美国应急情报、反恐情报、军事情报和战略情报的传递路径大同小异，基本都遵循以上环节，安全情报强大的传递能力是服务于安全预警的关键要素，确保了美国国家安全危机预警能够有效发挥作用。

但安全情报的传递过程并不总是顺畅的，特别是在战略安全情报的传递过程中存在传递不畅的问题，主要原因在于美国情报部门官僚主义气息浓厚，相关机构在情报的共享、传递等方面存在合作不足、对接不畅等问题，这些都直接和间接导致战略情报传递的迟滞甚至阻塞，严重影响和损

---

[1] 刘胜湘等：《世界主要国家安全体制机制研究》，经济科学出版社 2018 年版，第 26 页。

害了美国战略安全目标的有效实现。① 总之，安全情报传递路径的顺畅与否直接影响到美国安全危机预警机制的有效运行。

五、情报协调能力的提升

情报协调能力的高低对美国情报界能否有效运作起着重要作用。在2005年国家情报总监这一职位设立之前，负责协调美国情报界的是中央情报主任，该职位由中央情报局局长兼任。美国1947年通过的《国家安全法》赋予中央情报主任作为情报界首领的职能，指定"中央情报主任为总统和国家安全委员会的首席情报顾问，负责指导和协调美国整个情报界的工作"。这两项权力随着1949年《中央情报局法》的通过完全划归给国防部部长管辖。中央情报主任有限的权力限制了其协调整个情报界的能力。究其原因，是由于《1947年国家安全法》只规定了中央情报主任作为情报界首领的职能，却没有明确规定其相应的权力到底包括哪些。"由于冷战期间军备持续扩张，情报组织也不断发展，权力的天平越来越向国防部长倾斜，再加上缺少预算授权，中央情报主任根本无法像最初法案中所设想的那样充分行使职能。因此，前中央情报主任理查德·赫尔姆斯在1969年提到，尽管从理论上讲中央情报主任对情报界活动负有100%的责任，但他真正能控制的情报界资产还不到15%，而国防部和参联会则控制了85%。"② 不难看出，权力的有限性限制了中央情报主任充分行使协调整个情报界的能力。

美国各情报机构各自为政、协调能力不足是导致"9·11"事件发生的重要原因。2004年7月发布的关于"9·11"事件的调查报告认为："9·11"事件前，政府部门在事关恐怖主义问题上协调不足；中央情报主任的权力、能力不足以设定国家情报的优先次序、调动情报资源，也不能

---

① 邓凯帆、叶圣萱、刘胜湘：《特朗普政府战略安全威胁评估与预警机制论析》，《社会主义研究》2019年第1期，第146页。
② 高庆德：《美国情报组织揭秘》，时事出版社2016年版，第56页。

为整个情报界设定工作标准。① 该报告还提议设立国家情报总监一职统领整个情报界。2005年4月，小布什总统正式任命约翰·内格罗蓬特为美国第一任国家情报总监。"国家情报总监直接对总统负责，是总统的首席情报顾问和美国情报机构的总管。"② 国家情报总监的设立是美国情报机构的重大改革，改革后的国家情报总监对美国情报界拥有了实质性领导能力，解决了美国情报界长期存在的部门割据、界限分明、官僚斗争的局面，有助于美国情报界协调能力的提升，强化了美国的整体情报能力。同时，国家情报总监不再由中央情报局局长兼任，减轻了中央情报局局长的负担，使其可以专心管理中央情报局的日常事务。

国家情报总监取代中央情报主任标志着美国情报协调能力的不断提升，增强了美国国家安全预警机制运作效率。

六、情报共享机制

造成"9·11"事件发生的一个重要原因就是美国情报界内部各自为政，官僚作风严重，各情报机构之间无法实现情报信息的共享与合作。因此，在"9·11"事件后，美国对情报界改革的一个重点就是强化各情报机构间的信息共享，打破各情报部门各自为政、泾渭分明的状况。

2002年5月，小布什总统签署了监控恐怖分子及与移民有关的法案《加强边境安全和签证入境改革法》，强化情报共享：情报部门与移民局、国防部分享情报；国务院与移民局以电子情报方式共享对外国人签证的文件，以保证该文件可以由美国边境移民检查员使用；移民局的数据库和数据系统建立完整的"内部数据共享系统"，并成立检查团监督该系统。③ 2004年底，美国成立国家反恐中心，加强各情报机构之间在反恐问题上的情报共享。2007年12月小布什总统发布《信息共享国家战略——提高与恐怖主义有关的信息共享的成功与挑战》报告，2008年4月国家情报总监

---

① 高庆德：《美国情报组织揭秘》，时事出版社2016年版，第41页。
② 戴艳梅：《国际反恐实务》，中国言实出版社2015年版，第31—32页。
③ 戴艳梅：《国际反恐实务》，中国言实出版社2015年版，第28页。

办公室发布第一份情报共享战略报告——《美国情报界信息共享战略》。该报告的出台显示出美国安全机构高度重视情报信息共享在预防恐怖主义袭击中发挥的重要作用，将加速和提高情报信息共享作为情报界的优先考虑事项。[1] 奥巴马政府在 2010 年《国家安全战略》报告中继续强调加强情报信息共享，整合国家各层级的情报信息资源，建立州市乡镇多层级的情报信息共享资源网络。[2] 2012 年颁布《情报信息共享与安全战略》，明确提出信息共享和信息安全的重要性，要实现联邦政府、州政府、地方政府，以及个人团体之间的情报信息共享与合作。[3] 此外，美国国会及情报界通过了《美国爱国者法案》《大规模杀伤性武器委员会报告》《国家情报战略》《整合与协作的（五）百日计划》等，从信息共享的目标、措施、实施步骤等方面对美国情报界进行了新的规范，力求实现在情报界范围内可以最大限度地接触与利用所需信息的目的。[4]

除了加强国内情报信息共享外，美国还不断加强与盟友及其他各国之间的情报信息共享，这一点在反恐问题上体现得尤为明显，主要包括双边情报信息共享合作和多边情报信息共享合作。在双边层面，"9·11"事件后，美国不断加强与包括盟友在内的许多国家之间的情报合作，继续强化与英国、澳大利亚、加拿大和新西兰"五眼联盟"间的情报共享，加强与日本、以色列等传统盟友间的情报信息共享。此外，还同中国、俄罗斯、约旦、巴基斯坦、菲律宾、印度等国签署了双边反恐协议，加强反恐情报的交流合作，实现反恐情报的信息共享，以共同打击恐怖主义。在多边层面，美国积极支持联合国框架下的国际反恐情报合作，实现反恐情报的交流与共享。美国还在区域与功能性组织中进行反恐情报交流与共享，如通过功能性组织"国际民用航空组织"与"国际海事组织"、区域性组织

---

[1] "United States Intelligence Community Information Sharing Strategy," February 2008, http://www.odni.gov/files/documents/Newsroom/Reports%20and%20Pubs/IC_Information_Sharing_Strategy.pdf.

[2] "National Security Strategy," May 2010, p. 20, https://www.whitehouse.gov/sites/default/files/rss_viewer/national_security_strategy.pdf.

[3] The White House, National Strategy for Information Sharing and Safeguarding, December 2012, p. 7, https://www.obamawhitehouse.archives.gov/sites/default/files/docs/2012sharingstrategy_1.pdf.

[4] 高庆德：《美国情报组织揭秘》，时事出版社 2016 年版，第 43 页。

"美洲国家组织"和"亚太经济合作组织"的反恐小组进行反恐情报交流。① 美国政府于2005年开始发布的《国家情报战略》都对美国的国际情报合作进行了阐述,为美国与盟友间加强情报搜集与共享、采取联合情报行动奠定了基础。通过对美国《国家情报战略》内容的分析可知,美国国际情报合作的首要目标开始从反恐演变为应对战略竞争对手,针对中俄等地缘政治强国的情报合作不断得到强化。拜登执政后,努力发挥盟友"力量倍增器"的作用,推动"五眼联盟"国家间的情报共享,避免重复工作,支持拜登政府对中国意图和实力的长期关注,并为在中国内政等方面干涉和污蔑中国提供情报。② 除此以外,美国强大的情报系统还得益于政府投入到情报界的巨额预算,雄厚的财政预算为美国情报系统作用的发挥奠定了物质基础。2021年《临时国家安全战略方针》指出美国将继续增加对情报机构的投入,提升其分析和预警的能力,为美国战略决策提供可靠信息、判断时机,阻止威胁转化为危机。③

第二节 美国强大的国家安全预警联动机制

美国强大的预警联动机制主要表现在纵向和横向两个层面。在纵向上,以总统为核心,以国家安全委员会和国土安全委员会为决策中枢,以情报体制为基础,各安全部门协同合作的管理组织结构,建立起联邦、州和地方三级政府构成的分工明确又相互配合的组织体系,确保了美国国家安全预警纵向联动机制的高效运行。在横向上,美国国家安全预警联动机制的强大与高效主要体现在应急预警机制与反恐预警机制、反恐预警机制

---

① 戴艳梅:《美国反恐情报工作改革及其启示》,《武警学院学报》2006年第6期,第32页。
② 刘博怡:《拜登政府〈临时国家安全战略指南〉解读——基于话语分析的视角》,《情报杂志》2021年第9期,第16页。
③ The White House, "Interim National Security Strategic Guidance," March 2021, https://www.whitehouse.gov/wp-content/uploads/2021/03/NSC-1v2.pdf.

与军事预警机制、应急预警机制与军事预警机制、军事预警机制与战略预警机制之间的协调与联动。

一、美国强大的国家安全预警纵向联动机制

美国国家安全预警纵向联动机制是以总统为核心，以国家安全委员会和国土安全委员会为决策中枢，以情报体制为基础，各部门协同合作的管理组织结构，并在纵向上建立起联邦、州和地方三级政府构成的组织体系，这一组织体系涵盖了美国国家安全预警的各个方面，对发出准确的安全预警信号、做出正确的国家安全决策发挥着重要作用。

情报体制是美国国家安全预警纵向联动机制运作的基础，尤其是情报机构的共享与合作。"9·11"事件暴露了美国情报体制长期存在的各情报机构各自为政、资源分散、缺乏交流与协调的深层次弊端。针对这些弊端，美国政府对情报体制进行了大刀阔斧的改革。2004年《情报改革及预防恐怖主义恐法》的主要内容是：设立国家情报总监，取代中央情报局局长指导和管理整个情报界，并担任总统的主要情报顾问，扩大了其在人事、预算方面的权力；要求情报、执法和国土安全部门及时分享情报，并以"总统行政令"的形式要求设立"情报分享委员会"；调整国家反恐中心的结构，原属中央情报局的反恐中心升格，直属国家情报总监，中心主任改由总统任命，参议院批准。[1] 这次改革打破了各情报机构间的隔阂，实现了各情报机构间情报信息的共享与合作。为了提高情报对决策的支持力度和水平，美国于2005年出台了第一份《国家情报战略》报告，并从以下方面采取了措施：对情报界作为支持国家政策的"大系统中的子系统"的效力做出评估；建立一个严格的评估流程，对情报界的战略计划在何种程度上实现了国家目标、支持了相关任务做出判断；为各情报机构的战略计划注入"准备性"因素，以应对随时可能发生的危机和意外事故；为国家情报总监建构一个充满活力的指挥和控制体系。[2] 随后，美国政府

---

[1] 戴艳梅：《国际反恐实务》，中国言实出版社2015年版，第29页。
[2] 高庆德：《美国情报组织揭秘》，时事出版社2016年版，第43页。

出台了三版《国家情报战略》报告。2019年1月22日，国家情报总监丹尼尔·科茨公布的2019年版《国家情报战略》报告，指出美国情报界应该重点关注国家安全战略确定的优先目标和事项，以有效应对对手快速崛起带来的安全威胁，并重点做好四个方面的工作：加强情报活动的整合与协调，以使在执行任务时达到最佳效果和价值；支持情报界的创新以不断改进情报工作；更好地利用强大、独特和有价值的合作伙伴来支持实现国家安全目标；增强透明度，同时维护国家安全信息以赢得情报界客户和民众的信任和信心。[1] 2019年版美国《国家情报战略》报告强调要根据安全威胁的新变化进一步增强情报的共享与合作。

国家安全委员会和国土安全委员会是美国国家安全预警纵向联动机制的决策中枢。它们是安全情报的重要用户，同时负责为总统提供各种国家安全与国土安全的政策建议。国家安全委员会是1947年根据《国家安全法》而设立的，它是美国国家安全问题的最高决策和咨询机构。国家安全委员会的基本功能是，在通盘考虑有关国家安全的国内外和军事政策的情况下向总统提供咨询，以使军事力量和政府其他部门机构，能够在涉及国家安全的事务中更有效地合作。[2] 国家安全委员会作为美国国家安全问题的最高决策机构，对情报—决策机制有着重要的影响，其影响主要表现在三个方面：国家安全委员会是情报介入决策过程的平台，是沟通情报—决策关系的桥梁，是情报机构的实际领导者。[3]

国土安全委员会成立于2001年10月，是平行于国家安全委员会的国土安全系统，直接对总统负责，主要就国土安全和反恐政策向总统提供建议，在总统和其他部门之间起着沟通桥梁的作用。国土安全委员会的最主要组成单位是国土安全部，成立于2002年。为了方便两个安全决策中枢之间的政策协调，国家安全委员会和国土安全委员会建立了两个助理部长级

---

[1] Director of National Intelligence, "National intelligence strategy of the United States of America," 2019, https://www.dni.gov/files/ODNI/documents/National_Intelligence_Strategy_2019.pdf.

[2] 北京太平洋国际战略研究所编著：《应对危机：美国国家安全决策机制》，时事出版社2001年版，第116页。

[3] 高金虎：《美国战略情报与决策体制研究》，陕西师范大学出版社2004年版，第118—124页。

的政策协调委员会——国内准备小组和反恐安全小组，以便两个机构的高层能经常召开联席会议。国内准备小组是一个负责有关应急准备、响应和实践处置政策的跨部门协调机构，反恐安全小组是一个负责制定预防恐怖主义政策、进行反恐方面综合协调的跨部门机构。[①] 国家安全委员会和国土安全委员会在总统和情报界之间发挥着重要的桥梁作用，有效提高了美国国家安全危机预警系统的运作效率。

美国总统是安全情报最重要的用户和最主要接收者，处于安全情报传递系统的最顶端，同时也是安全问题的最高决策者。判断国家安全危机预警有效性的一个重要衡量指标就是看它在多大程度上影响了决策者特别是总统的决策。能否影响决策、采取行动、干预危机的发展是衡量危机预警有效性的重要标准。[②] 如果安全预警信号发出后，能够引起美国总统的重视并采取有效举措避免或减轻安全威胁带来的损害，那么这个安全预警基本是有效的；反过来，如果安全预警信号没能引起总统的警觉，那么这个安全预警基本是失败的。在美国国家安全决策的历史上，安全预警失败的例子数不胜数，比如在"9·11"事件发生前，小布什总统收到了大约40篇以《总统每日简报》形式呈报的本·拉登将对美国发动恐怖袭击的安全预警信息，但是这些安全预警信号由于各种原因并未引起布什总统的警觉和重视，因此成为造成"9·11"事件这一灾难的重要原因之一。

美国总统居于国家安全政策制定的核心位置，因此总统的个人偏好、价值观、领导风格和管理风格对国家安全预警机制的运作和改革起着决定性作用。总统根据适合自己的风格和需要组建国家安全委员会并任命其成员，使得国家安全委员会成为为总统量身定做的安全决策机构。纵观美国国家安全委员会的演变历程，在杜鲁门、约翰逊、福特、里根（初期）、小布什、克林顿和特朗普7位总统时期，国家安全委员会的作用显得不是很突出；而在艾森豪威尔、肯尼迪、尼克松、卡特、里根（中后期）和拜登5位总统时期，国家安全委员会的作用则非常突出。国家安全委员会地位和影响力上的这种不同，既与总统本人对国家安全委员会的认识和看法

---

① 钟开斌：《中外政府应急管理比较》，国家行政学院出版社2012年版，第48页。
② 许蔓舒：《国际危机预警》，时事出版社2008年版，第226页。

有关，与总统和国家安全顾问的私人关系有关，也与总统对其政治议程、总统的人事任命、组织决策程序以及对决策程序的介入程度有关。[①] 从这里不难看出，总统与国家安全委员会之间的关系与互动影响着美国国家安全预警联动机制的运作，总统在国家安全预警联动机制中居于核心地位，国家安全委员会是安全预警机制运作的中枢，是总统做出国家安全预警决策的主要协助者和咨询者，在国家安全委员会的领导下各安全部门分工协作、各司其职，负责具体的国家安全预警工作。

国家安全事务助理在美国安全预警联动机制中发挥着独特作用。国家安全事务助理职位由艾森豪威尔总统于1953年设立，自产生之日起其权力日益扩大，是美国总统在国家安全方面最重要的咨询人员和决策助手。国家安全事务助理这一角色在很大程度上是总统办事方式的直接产物，拥有的权力包括：国家安全委员会工作进程中的一个"诚实的掮客"；站在总统的角度提出建议；监督行政各部门为执行总统的国家安全政策而采取的行动，就这些行动是否与总统的政策相符，以及在一段时间后这些基本政策是否仍然能为美国的利益服务；在危机处理上发挥着特别的作用，这需要在总统的控制下，采取果断和协调的行动，并且常常需要以秘密方式进行；谋求新观点、新主张，以便从实质上扩大总统的国家安全目标；使总统能够了解那些影响总统政策和优先考虑事项的国际事态发展，以及国会和行政部门的动向。[②] 这些职位权力使国家安全事务助理拥有美国总统安全事务私人助理和国家安全委员会的管理者双重身份，这种身份使国家安全事务助理在安全预警机制运作中的影响也是双重的，当总统倚重国家安全委员会在安全决策中的作用时，国家安全事务助理在美国国家安全预警机制中的作用就会增强；反之，如果总统在安全决策时重视少数亲信组成的小圈子集团而不是正式的国家安全委员会组织时，国家安全事务助理在美国国家安全预警机制中发挥作用的空间也就可能会变小。

---

① 北京太平洋国际战略研究所编著：《应对危机：美国国家安全决策机制》，时事出版社2001年版，第97页。

② 北京太平洋国际战略研究所编著：《应对危机：美国国家安全决策机制》，时事出版社2001年版，第190—191页。

总统的价值观、领导风格和管理风格会直接影响国家安全事务助理在安全决策中权力的大小，进而影响国家安全事务助理在美国国家安全预警机制运作中的作用。总统与国家安全事务助理之间的决策模式可分为五类：一是强强联合型，其特点是国家安全事务助理往往来自学界，专业素养出众，善于为总统出谋划策，与总统密切配合，代表人物是尼克松和基辛格；二是互补型，其特点是国家安全事务助理往往来自官僚体系内部（含军方），能与国家安全委员会其他成员保持良好的关系。总统与国家安全事务助理刚柔相济，其代表人物是老布什与斯考克罗夫特；三是顾问主导型，总统更依赖国家安全事务助理的专业素养和能力，而国家安全事务助理对外交政策的影响力也更大，其代表人物是约翰逊与罗斯托，卡特与布热津斯基；四是第三方主导型，其特点是国务卿或者副总统主导了安全决策过程，其代表人物有小布什—赖斯—切尼、杜鲁门—索尔斯—艾奇逊、艾森豪威尔—卡特勒—杜勒斯等；五是总统缺失型，其特点是在极为特殊的历史条件下，总统自身陷入危机无暇顾及外交事务时，或者国家安全事务助理根本没有让总统知道国家安全委员会参与的秘密行动时，会出现总统不参与决策的情况。[1] 很显然，在不同的安全决策模式下，国家安全事务助理在国家安全预警联动机制中发挥作用的大小是不同的。总体上看，在冷战时期，由于安全事务在美国国家总体战略中所占比重较大，因此国家安全事务助理在这一时期美国国家安全预警机制中发挥的作用较大。冷战结束后，由于传统安全事务在美国国家总体战略中所占比重相对下降，因此国家安全事务助理在美国安全预警机制中的重要性有所下降，到了拜登时期，国家安全事务助理的作用因为传统安全事务的回归而有所加强。

二、美国强大而高效的国家安全预警横向联动机制

根据不同的安全类型，美国国家安全危机预警可分为应急安全危机预

---

[1] 陈征：《国家安全顾问在美国外交决策机制中的角色与作用》，北京外国语大学2015年博士学位论文，第89—98页。

警、反恐安全危机预警、军事安全危机预警和战略安全危机预警四类。所谓美国国家安全危机预警的横向联动机制就是指负责这些安全危机预警部门之间的协调与联动,具体分为美国应急预警机制与反恐预警机制、反恐预警机制与军事预警机制、应急预警机制与军事预警机制、军事预警机制与战略预警机制的联动与运行。

  应急预警机制与反恐预警机制的联动与高效。恐怖主义从本质上来说,与自然灾害、突发性公共危机等一样属于国家应急安全危机的一种。只是由于"9·11"事件发生后,反恐成为美国压倒一切的首要安全任务,考虑到它的极端重要性,因此我们将恐怖主义从应急安全危机中分离出来。但是"9·11"事件后,美国应急预警机制基本上是和反恐预警机制融合在一起共同运作的,只是在不同的时期侧重点有所不同而已。国土安全部主要就是针对应急安全危机和反恐安全危机而成立的,2004年3月重组后,美国国土安全部逐渐建立和完善了国家突发事件管理系统,并在原联邦政府应急救灾指挥中心等基础上成立了国土安全行动中心,主要负责国内突发事件预测预警、综合协调、形势通报、应急处置等工作,该中心是一个集执法、情报收集、智能分析、紧急应对以及接收信息于一体的常设性、全天候的跨部门组织,由跨部门的专业力量构成,拥有调度广泛资源的权力,保证将反恐和灾害关键信息提供给决策者。[①] 但我们不得不承认的是,在反恐作为压倒一切的情境下,反恐预警工作受到前所未有的重视,而除反恐以外的特别是针对自然灾害的应急预警工作被忽视。2005年8月"卡特里娜"飓风事件充分暴露了美国以反恐为中心的应急安全体制的弊端。这次事件给美国政府敲响了警钟,在反恐的同时也必须重视诸如重大自然灾害、公共危机事件的预警工作。美国政府在反恐预警机制建设上投入了巨大的人力物力,反恐是国家压倒一切的重任,这不可避免地影响整个国家安全应急体制运行的效果。目前,反恐仍然是美国最重要的应急安全任务之一,如何平衡反恐预警机制与其他应急安全预警机制之间的资源分配仍是美国政府重要的任务。

---

① 钟开斌:《中外政府应急管理比较》,国家行政学院出版社2012年版,第50页。

反恐预警机制与军事预警机制的联动。反恐预警机制与军事预警机制联动首先表现在 11 个军事类情报部门：国家安全局、国防情报局、国家侦察局、国家地理空间情报局、海军情报局、海军陆战队情报局、陆军参谋部二部、情报与反情报办公室、情报与分析办公室、海岸警卫队情报局，以及空军情报监视侦察局均设有专门的反恐情报机构，如国防情报局设有反恐怖主义威胁处等。这些军事类情报部门设置的反恐情报机构有效地将军事情报与反恐情报结合起来，为反恐预警机制与军事预警机制的联动奠定了基础。反恐预警与军事预警的联动还体现在反恐往往沦为发动军事战争的借口，反恐预警服务于军事预警。最典型的例子是 2003 年的伊拉克战争，伊拉克战争爆发前夕，美国情报部门受到来自白宫的压力，提供了关于伊拉克拥有核武器与大规模杀伤性生化武器的虚假情报，这为布什政府发动伊拉克战争提供了借口，并且得到了本国民众的普遍支持。2003 年 2 月伊拉克战争一触即发，布什政府选择将反恐预警系统——国土安全部警报系统预警级别从橙色降低到黄色，大多数美国民众认为此举是为了在伊拉克战争爆发后可以迅速提升恐袭预警级别。布什政府发动伊拉克战争在美国饱受诟病，批评者指责布什政府利用公众对恐怖主义的恐惧心理，掩盖发动伊拉克战争所犯的政治错误。在这里，反恐预警机制完全沦为了军事预警机制的附庸。反恐预警机制与军事预警机制联动的最新表现就是，2014 年美国以反恐为名开始军事打击"伊斯兰国"。在美国的领导和打击下，"伊斯兰国"有生力量在 2017 年底基本被消灭。反恐情报及反恐安全预警系统的高效运作为取得这场反恐军事行动的胜利发挥了重要作用。

应急预警机制与军事预警机制的联动与高效。20 世纪初，美国应急安全体制包括战时和非战时两个层面，战时以应战为主，非战时以救灾为主，这一时期应急预警工作基本上从属于军事预警工作，应急安全体制的建立是为应对军事安全威胁服务。冷战开始后，特别是苏联成功试爆第一颗原子弹后，美国就面临来自苏联的核威胁，美国的应急安全预警工作也主要围绕着如何避免来自苏联的核打击展开。20 世纪五六十年代美国频繁遭遇的自然灾害暴露出以应对军事威胁为主的应急安全体制的弊端。自然灾害的频发使得卡特政府 1979 年决定在原国防部动员局的基础上，成立平时或战时进行紧急动员、民防、救灾等活动的协调机构——联邦应急管理局，其职责包括了原联邦准备局（其前身是民防与国防动员局）、联邦救灾管理局、联邦保险管理局和国家火灾预防和控制局等部门的所有职责，初步实现了国防动员体制与国家救灾体制的融合。联邦应急管理局管理的内容非常广泛，既包括飓风、地震等自然灾害，也包括突发性公共安全事件以及战争等，这是美国历史上第一次实现真正的应急预警机制与军事预警机制的融合与联动。2002年联邦应急管理局被并入国土安全部，美国正式形成了应急预警机制与军事预警机制的联动。美国应急与军事预警联动机制主要由国土安全部警报系统等危机预警机制、以"e-FEMA"战略为主的信息资源共享机制，以及资源储备与调用机制等构成。[1] 这就从组织制度上保障了应急预警机制与军事预警机制的联动与效率。应急与军事预警联动也是通过联邦、州和地方政府三级预警体系构成，在保证联邦政府权威性的前提下，这有利于充分发挥州和地方政府在国家安全预警工作中的积极性。

军事安全预警机制与战略安全预警机制的联动与高效。战略安全预警基本上是从军事安全预警中分离出来的，最初战略预警主要是指军事安全预警，后来战略预警还包含了针对大国崛起预警。总之，军事预警机制与战略预警机制没有一个严格的界限，可以说是"你中有我，我中有你"。在整个冷战时期，美国主要面临来自苏联核武器和战略导弹的威胁，这种威胁随时都有可能转变为战争，1962年古巴导弹危机就差点演变成一场巨大的战争灾难。因此，这一时期军事安全预警和战略安全预警基本上是重合的，军事预警机制和战略预警机制的联动有效应对了来自苏联的安全威胁。军事预警机制和战略预警机制联动的表现主要有战后初期美国战略防空预警体系的建立、20世纪60年代美国陆基反导预警体系的建设、20世纪70—80年代美国天地联合反导预警体系的形成。冷战结束后，美国针对空间战略威胁的新认识，继续改进军事预警与战略预警联动机制的建设，建立了多维一体的战略预警体系，主要包括空间监视系统的建设与发展，即美国陆基"空间

---

[1] 苗野、苏鹏：《美国应急应战一体化建设的主要做法及启示》，《军事经济研究》2010年第5期，第30—31页。

监视网"和"天基空间监视系统"的发展,以及冷战后美国反导预警体系的发展,即建设"天基红外预警系统"以逐步取代"国防支援计划"卫星、升级更新弹道导弹预警雷达、部署海基弹道导弹预警系统。①

纵观军事预警与战略预警联动机制的发展不难发现,美国对安全威胁认知的演变不断推动军事预警与战略预警联动机制的发展,科学技术的进步为军事预警与战略预警联动机制的有效运行提供了技术支撑,并极大提高了这一联动机制运作的效率。

第三节 美国应急安全预警机制的效率与缺陷

美国应急安全预警机制的效率关乎应急安全危机决策的成效,主要表现在以下几个方面:完善的应急安全法律法规是应急预警机制发挥作用的基础;以各级政府为主导的三级预警响应模式增强了美国应急安全预警的能力;应急预案的建设有效促进了美国应急预警机制的运作;加强与盟友在应急安全预警方面的合作是实现应急预警机制有效运作的重要保障;全社会参与成为美国应急安全预警的核心理念。美国应急预警机制也存在一些缺陷,这些缺陷在一定程度上影响了美国应急预警机制的效率。

一、日益完善的应急安全法规

应急安全法律法规的制定是应急预警机制发挥作用的基础。美国应急管理体制的进步有赖于应急安全法律法规的保障,应急预警机制的进步同样得益于应急安全法律法规的完善和发展。美国关于应急管理的立法最早可追溯到1803年的国会立法,目前已经形成了以联邦法、联邦条例、行政命令、规程和标准为主体的法律体系,涉及的范围既包括防灾减灾和应急

---

① 孙江:《战后美国战略预警体系发展研究》,时事出版社2018年版,第111—150页。

处置等，也包括紧急状态宣布等。① 在联邦层面上，美国制定的与应急管理相关的重要法律主要包括《联邦民防法》《国家紧急状态法》《斯塔福德法案》《国土安全法》《后"卡特里娜"应急管理改革法》。《联邦民防法》是美国为应对苏联核威胁于 1950 年迅速通过的，是美国目前最重要的安全应急法律之一，《联邦民防法》要求美国政府建立一个全国范围的民防体系，并将一系列具体民防措施制度化。例如，《联邦民防法》规定防空演习必须纳入学校、政府机构和其他社团组织的常规活动中。② 1976 年通过的《国家紧急状态法》，是美国影响最大的应对突发事件的综合性法律。该法对紧急状态的宣布程序、实施过程、终止方式、紧急状态期限，以及紧急状态期间的权力做了详细的规定。③ 美国历史上多次因飓风等严重应急安全威胁而宣布进入国家紧急状态。在联邦应急管理局遭遇重重困难之际，美国国会 1988 年通过了《斯塔福德法案》，这部法律是根据 1950 年的《灾害救助法》修订而来，是美国迄今最全面、对救灾和防灾工作具有奠基作用的法律，为美国联邦政府在减灾、预防、灾后重建等方面的安全应急管理工作制定了指导细则。④ "9·11" 事件后，为应对恐怖主义威胁，美国于 2002 年 11 月通过了《国土安全法》并建立国土安全部。根据《国土安全法》，国土安全部的主要职责是：预防美国境内发生的恐怖袭击；减少美国对恐怖主义的脆弱性；一旦美国境内发生恐怖袭击，将损害减到最小，并从事恢复工作；履行划归国土安全部门的所有职责，包括承担处理自然与人为危机和紧急事态预案编制的所有责任；确保与国土安全部所属部门和保护国土不直接相关的功能不被削弱或忽略，除非通过国会特别明确的法令许可；保证美国全面的经济安全不因旨在保护国土安全的工作、行动和计划而被削弱；监控非法毒品交易与恐怖主义的联系。⑤ 国土安全部的成立标志着美国应急管理重心开始转向反恐，忽视了自然灾

---

① 钟开斌：《中外政府应急管理比较》，国家行政学院出版社 2012 年版，第 337 页。
② 刘胜湘等：《世界主要国家安全体制机制研究》，经济科学出版社 2018 年版，第 85 页。
③ 钟开斌：《中外政府应急管理比较》，国家行政学院出版社 2012 年版，第 341 页。
④ 汪波、樊冰：《美国安全应急体制的改革与启示》，《国际安全研究》2013 年第 3 期，第 147 页。
⑤ 王宏伟：《美国应急管理的发展与演变》，《国外社会科学》2007 年第 2 期，第 59 页。

害威胁，从而导致在面对2005年"卡特里娜"飓风时措手不及。美国在"卡特里娜"飓风过后不久就通过了《后"卡特里娜"应急管理改革法》，该法案重新确定了联邦应急管理局的地位，并要求联邦应急管理局承担起美国安全应急体制改革的两项基本目标。此外，在2013年飓风"桑迪"过后，美国国会通过了《"桑迪"重建改革法》，此法案作为对《斯塔福德法案》的修正，旨在改革联邦应急安全机构的权力责任及管理模式，设置各类项目机制来鼓励地方政府、基层社区、私营机构和个人共同参与到应急管理过程中去，并为此提供相关法律基础。[1] 以上就是国会通过的在联邦层面比较重要的几部法律，它为美国应急预警机制的有效运作奠定了基础。

除了联邦层面的综合性法律，美国还制定了针对特定类型应急安全威胁的法律法规。比如在防洪方面，先后制定了1850年《沼泽地和淹没区法》、1968年《国家洪水保险计划》、1973年《洪灾保护法》、1994年《国家洪水保险法》等1000多部法律法规；在预防地震灾害方面，先后通过了1977年《地震灾害减轻法》、1987年《联邦政府灾害性地震反应计划》、1990年《国家地震灾害减轻计划法》和《联邦政府新建筑物地震安全令》等；在管道安全方面，先后制定了1968年《天然气管道安全法》、1979年《危险液体管道法》、2002年《管道安全改进法》、2006年《管道检验、保护、执法和安全法》和2007年《管道安全强化法》等。[2] 此外，美国各州及地方政府也制定了许多应对应急安全威胁的地方性法律法规，如加利福尼亚州的《应急服务法》。

从联邦到地方、从综合性到特定灾种，美国构筑了体系庞大的应对应急安全威胁的法律法规，并随着安全威胁环境和安全理念的不断变化而不断完善，为美国应急安全体制的改革与发展、应急预警机制的有效运作提供了坚实的法律基础。

---

[1] 刘胜湘等：《世界主要国家安全体制机制研究》，经济科学出版社2018年版，第88页。
[2] 钟开斌：《中外政府应急管理比较》，国家行政学院出版社2012年版，第338—340页。

二、合理的三级响应预警模式

以各级政府为主导的三级响应预警模式增强了美国应急安全预警的能力。美国应急预警的领导体制比较完善，采用以各级政府为主导的三级预警响应模式，这既确保了联邦政府在应急安全管理中强有力的领导，也能够有效实现各级应急管理机构在应急预警响应方面的协调配合和无缝衔接。[①] 三级预警响应模式在联邦层面主要是指国土安全部及其下属的联邦应急管理局，在州层面主要是指州政府应急管理局，在地方层面是指地方政府应急管理中心。

国土安全部是美国最高应急预警管理机构，主要负责联邦层面的预警工作。国土安全部的主要职能由四大业务分部组成："第一，信息分析与基础设施保护分部，负责融合、分析来自其他机构的涉及国土安全威胁的情报和信息，充分发挥信息分析、预警和综合监控作用；第二，预防生化核袭击分部，负责领导联邦政府应对恐怖分子威胁的准备和反应工作，负责对付大规模杀伤性武器威胁和集团性恐怖主义行动；第三，边境与运输安全分部，负责监视美国与墨西哥、加拿大的边境线；第四，应急准备与反应分部，负责监视国内灾难准备训练，协调政府各部门的灾难反应。"[②] 国土安全部的这四大业务职能基本涵盖了应急预警管理的各个方面。联邦应急管理局成立于1979年，在2003年被并入国土安全部，是所有应急管理机构的领导者和协调者。其工作主要是改善国家的防备及加强各种类型应急反应的能力，主要职责是：通过应急准备、紧急事件预防、应急响应和灾后恢复等全过程应急管理，领导和支持国家应对各种灾难，保护各种设施，减少人员伤亡和财产损失。[③] 联邦应急管理局以全风险应急管理为理念，其职能涉及应急安全管理的全过程，其中预防与预警是其职能的重

---

① 刘胜湘、邹超：《美国情报与安全预警机制论析》，《国际关系研究》2017年第6期，第102页。
② 洪凯主编：《应急管理体制跨国比较》，暨南大学出版社2012年版，第12页。
③ 邓仕仑：《美国应急管理体系及其启示》，《国家行政学院学报》2008年第3期，第103页。

要组成部分，对有效防灾减灾发挥了重要作用。联邦应急管理局代表联邦政府领导、协调和整合包括州政府、地方政府在内的所有应急管理机构，确保各级政府之间高效率、无壁垒的应急预警合作。① 州政府应急管理局是州一级应急安全预警的主要机构，主要负责处理州一级应急安全事件，负责制定州一级的应急管理和减灾规划，监督和指导地方应急机构开展工作，组织动员国民卫队开展应急行动，重大灾害及时向联邦政府提出援助申请。② 州政府应急管理局承担着应急安全预警的主要工作，同时是联邦政府和地方政府预警工作协调和传递的纽带。这里需要注意的是，由于不同州的经济发展实力及面对的应急安全威胁程度不同，因此各州之间的应急预警机构建设及应急预警能力差别较大。综合实力较强、面对应急风险较多的州，往往应急预警机制建设更完善，其应急预警能力也更强。在地方层面，美国在州以下县、市也都设有地方政府应急管理中心负责应急预警工作。最典型的是芝加哥市的应急管理和通信办公室，该办公室通过公众安全通信系统协调和处理应急安全威胁，它主要由接警室（911中心）、311城市服务、新闻发布室、监控管理中心、协调处理中心、联合应急处理中心、决策室和应急管理办公室等部门组成。③ 应急管理和通信办公室保证了芝加哥市应急预警工作的有效开展，为其他各地方政府的应急预警工作提供了一个范本。在更低层次的社区，美国也设置了一系列社区应急反应小组来开展应急预警工作。

美国应急管理的三级响应预警模式遵循分级管理、属地为主的原则。这与美国联邦制的特点有关，不同的应急预警系统在联邦、州和地方政府三个层次上同时展开。在州和地方政府面临应急安全威胁时，州和地方政府是应急预警响应的第一责任人，只有当应急灾害超出州和地方政府的应对能力时，联邦政府才会予以支援。例如2005年"卡特里娜"飓风发生时，路易斯安那州和密西西比州作为受飓风影响最大的两个州率先启动了

---

① 刘胜湘、邹超：《美国情报与安全预警机制论析》，《国际关系研究》2017年第6期，第102页。

② 邓仕仑：《美国应急管理体系及其启示》，《国家行政学院学报》2008年第3期，第103页。

③ 洪凯主编：《应急管理体制跨国比较》，暨南大学出版社2012年版，第18页。

应急预警响应，但由于此次飓风巨大的威胁显然已超出这两个州的应对能力，两州州长不得不向联邦政府求助，因此小布什总统宣布联邦政府将承担起这次飓风灾害的预警及应对工作。这种分级管理、属地为主的预警原则在一定程度上充分保障了州和地方政府的行政权力，有效调动了州和地方政府参与应急预警工作的积极性，同时也可以使联邦政府迅速介入并加以应对，极大提升了应急预警机制运作的效率。事实证明，美国三级应急响应预警模式是比较合理的应急响应预警模式。

三、有效的应急预案建设

应急预案的建设有效促进了美国应急预警机制的运作。应急预案与危机监控、危机预警一起构成了美国应急安全危机的预警体制机制，一份好的应急预案可以有效避免应急安全灾难的发生或者将应急安全灾难带来的损失降到最低。从纵向来看，联邦、州、地方以及民间团体、企业、家庭等分别制定了有关的应急预案；从横向来看，美国的应急预案覆盖不同类型的突发事件和不同的部门，既有总体上的国家应急预案，也有具体针对特殊性质突发事件的应急预案。[1] 作为国家整体应对应急安全威胁的指导性文件，美国应急预案经历了从《联邦响应计划》到《国家响应计划》《国家响应框架》再到《国家防备报告》的发展演变进程。为协助州与地方政府应对超出其能力范围的重大灾难与突发事件，美国在1992年出台了最早的应急预案《联邦响应计划》。《联邦响应计划》对联邦政府应该如何实施《斯塔福德法案》进行了规定，这包括对27个联邦部门与机构（包括美国红十字会）的政策、计划、运行、响应及重建、责任等内容进行界定，从而指导它们的应急管理工作。其特点主要有三个方面：第一，遵从属地管理的原则。这就意味着应急管理主要以州和地方政府为主，只有超出其能力范围时，联邦政府才会予以协助；第二，《联邦响应计划》中多元协调所遵从的运行结构来自社区消防和救援所采用的《事故指挥系统》，

---

[1] 钟开斌：《中外政府应急管理比较》，国家行政学院出版社2012年版，第376—377页。

后者为应对各种类型的灾害为不同的部门提供了统一的技术标准；第三，《联邦响应计划》在运行的同时也要协助服务于存在着一些特殊灾害的联邦层级专项应对计划。① 2004年6月，美国国土安全部制定了《国家响应计划》。该计划强调综合性，全国统一应对所有重大危害；把反恐计划、应对核生化威胁计划、保护基础设施计划等内容纳入《国家响应计划》范畴，注重预防、准备、响应、复原等环节全过程的管理；规范了联邦向州、地方和部族政府提供应急支持的框架；阐明了使用直接的联邦授权的应急程序和机制，力图使国土安全部部长成为国内各类灾害管理的首席联邦官员。②

在"卡特里娜"飓风后，美国对《国家响应计划》进行了修订，并于2008年1月22日正式修订为《国家响应框架》。《国家响应框架》的主要特点包括：第一，以灵活性、可扩展性、适应性为主要特点，将国家需要协调的组织进行整合，指导国家作为一个整体来应对突发事件。第二，扩展"响应"内容，将其扩大到生命救助、财产与环境保护和满足基本生活需求等领域。第三，将突发事件应对主体的覆盖范围从联邦政府各部门、各级地方政府扩大到了非政府组织、民营企业，并明确它们的作用与责任。第四，给应急管理实践者以及各层级的操作者提供了用于第一响应与应急管理的操作性组织方式与工具，并给他们提供在线渠道等深度培训方式，试图不断汲取教训并改善《国家响应框架》内容。第五，核心部分提出了应对突发事件的五项基本原则，包括建立多元协作关系，分级响应，行动的灵活性、可扩展性和适应性，标准化的命令与行动，随时准备行动等。③ 自2012年起，国土安全部开始发布一年一度的《国家防备报告》，《国家防备报告》应当在国土安全部部长和其他行政部门与机构的协调，以及与州、地方、部落、区域、地方政府和私人部门、非营利组织、公众

---

① 闪淳昌、周玲、方曼：《美国应急管理机制建设的发展过程及对我国的启示》，《中国行政管理》2010年第8期，第103页。
② 游志斌、魏晓欣：《美国应急管理体系的特点及启示》，《中国应急管理》2011年第12期，第48页。
③ 闪淳昌、周玲、方曼：《美国应急管理机制建设的发展过程及对我国的启示》，《中国行政管理》2010年第8期，第104—105页。

的咨询下进行，经过国土安全与反恐助理向其提交。《国家防备报告》把建设应对国家安全有最大风险的威胁和危害的核心能力，作为国家应急准备的重中之重。特朗普政府执政后，在2017年、2018年、2019年和2020年分别发布了四份《国家防备报告》。拜登政府执政后，在2021年12月份发布了2021年《国家防备报告》，这份报告篇幅是2020年的两倍之多，凸显了美国应急安全风险的严峻性和复杂性。报告明确指出，2020年以来席卷全球的新冠疫情是美国面临的主要应急安全风险，美国应急管理部门应该继续制定灵活的政策以应对复杂的应急安全环境。2021年《国家防备报告》主要由风险、能力和管理机会三个部分组成。[①] 基于安全环境不断修订的《国家防备报告》对应急管理机构的职责和权限、应急预警的决策和实施过程做出了具体的规定，有效保证了美国应急安全预警机制的有效运行。

从《联邦响应计划》到《国家响应计划》《国家响应框架》再到《国家防备报告》的发展演变不难看出，美国应急预案的覆盖范围越来越广，从以州和地方政府为主、联邦政府协助，到覆盖从联邦政府到地方政府在内的各级政府机构，再扩大到除政府以外的非政府组织和私人企业等。覆盖范围的扩大，使得美国应急预案的内容变得更加广泛和全面，为有效促进应急安全预警提供了全面指导，推进了应急预警机制的有效运作。

四、加强与盟友在应急安全预警方面的合作

为有效应对世界范围内的应急安全威胁，拜登政府逐步修复在特朗普执政时期受损的与盟国间的关系，重塑美国在重要国际组织中的领导地位。2021年《临时国家安全战略方针》明确指出，美国将与国际社会一道，共同应对新冠疫情和其他有可能大流行的传染病对全球构成的持续威胁。美国将谋求在世界卫生组织中发挥领导作用，推进世界卫生组织的改革，同时强化联合国在应对流行疾病方面发挥更大作用。美国已动员各国

---

① "National Preparedness Report, December 2021," https://www.fema.gov/sites/default/files/documents/fema_2021-national-preparedness-report.pdf.

共同积极应对新冠疫情,已向新冠病毒疫苗实施计划提供 20 亿美元的捐款,并承诺在接下来几年内再提供 20 亿美元的援助。美国将与联合国、七国集团、二十国集团、欧盟和其他地区组织合作,通过《全球卫生安全议程》,并与国际金融机构合作,为急需的医疗物资和诊断、治疗和疫苗研发提供支持。美国将与其他国家一道,应对这一流行疾病所带来的严重挑战,包括债务危机、贫困加剧、粮食安全恶化和基于性别暴力的加剧。美国将重申和扩大面向所有国家的全球卫生和健康安全倡议,以减少未来生物灾难的风险,无论是自然发生的、意外发生的还是蓄意发生的。① 拜登政府将盟友重建置于国家安全的重要位置,强化包括情报搜集和情报共享在内的情报合作,以增强应急安全预警的有效性。

五、全社会参与成为美国应急安全预警的核心理念

美国的应急安全预警是一个面向社会、面向公众的开放型预警系统,除了政府机构外,包括非政府组织、私营部门、社区居民和志愿者群体等都被广泛动员参与到应急安全预警工作中来,全社会力量的广泛参与切实提高了美国应急安全预警机制运作的效率。防灾减灾人人有责,动员每一个公民参与到应急预警行动中是美国应急管理部门改革的重要内容。联邦应急管理局在改革过程中,特别强调全社会参与理念,在"9·11"事件和"卡特里娜"飓风事件后,这一理念得到了进一步强化。自 2008 年联邦应急管理局发布的每一份战略规划,都突出了全社会参与应急安全预警的理念。《2008—2013 年美国联邦应急管理局战略计划》强调,"要让人们广泛认识到个人和社区责任对国家整体准备工作的重要性,通过一种整合的方法,加强与联邦、州、地方、部落、领地、社区、家庭和个人的合作;《2018—2022 年美国应急管理局战略计划》提出,要动员全社会建立

---

① The White House, "Interim National Security Strategic Guidance," March 2021, https://www.whitehouse.gov/wp-content/uploads/2021/03/NSC-1v2.pdf.

准备文化，为灾难性的事件做好准备。"①《2022—2026年美国应急管理局战略计划》指出要做更多工作支持全社会综合应急管理队伍建设，加强社区应急管理的能力。在战略计划的制定过程中，美国联邦应急管理局与超过1000名工作人员和高级官员以及400多个外部伙伴进行了交流，从公众那里获取了大量信息，更加注重公众在应急管理过程中能够发挥的作用。美国联邦应急管理局还试图充分发挥私营和非营利部门的作用，努力实现企业、社会组织以及美国公众共同参与应急管理各项工作。②

此外，新的应急安全机构的设立也有助于提升美国应急预警机制运作的效率。比如新兴生物技术国家安全委员会的成立，可以审查新兴生物技术对国防部任务和活动的影响，并提出建议。

六、美国应急安全预警机制的缺陷

第一，美国应急安全预警机制中的府际关系问题。在美国的应急预警机制中，联邦、州和地方政府都有相应的职权划分，同时发挥着相应的作用。以各级政府为主导的三级预警响应模式增强了美国应急安全预警的能力，然而在实际运作过程中，府际关系职责划分不清的状况依然存在，这在一定程度上制约了美国应急安全预警机制的效率。美国国家突发事件管理系统根据应急事件的复杂性，如影响范围和严重程度等，将美国的应急安全事件分为五级：第一级为重大国家突发事件，第二级为重大跨州事件，第三级为重大区域事件，第四级为重大当地事件，第五级为日常突发事件，并规定第五级和第四级突发事件影响范围为市县，由县、市政府负责；第三级突发事件影响范围为州一级或者大城市，由州政府指挥协调处置；第二级和第一级突发事件影响范围为州一级或者国家层面，由州或联

---

① 刘铁民：《美国FEMA近40年变革历程和10年四个战略规划探究》（上），《劳动保护》2019年第10期第49页。
② 游志斌、蓝琳琳：《满足应急需求的战略目标与规划——〈2022—2026年美国联邦应急管理署战略计划〉评析》，《中国应急管理》2022年第3期，第68—69页。

邦政府协同处置。① 可以看到这一划分仍然是比较笼统的，尤其是在面临具体的、突发的应急安全风险时，到底由哪一级政府来行使应急预警职权仍然是不明确的。此外，由于美国实行联邦制的国家体制，州和地方政府享很大的自治权，使得国家突发事件管理系统在全国范围内推行的统一标准和原则未必能得到有效实施。

第二，以反恐为核心的应急预警机制影响了整个国家安全应急体制的效果。恐怖主义从本质上来说，与自然灾害、突发性公共危机等一样属于国家应急安全危机的一种。美国有一套从中央到地方完整的应急安全体制，在"9·11"事件发生后，反恐成为应急安全的核心内容。国土安全部的建立是美国21世纪最重大的政府部门改革，它标志着美国应急安全管理开始向以反恐为中心的综合应急管理体系转变。这种以反恐为核心的应急体系依然存在着大量弊端，因为与自然灾害、事故灾难相比，恐怖主义事件毕竟是一种非常发性危机，常备不懈是必要的，但是国土安全部作为庞大的常设机构，将反恐作为其压倒一切的首要职责，就容易忽略对自然灾害、技术灾难等其他灾害的预防和应对。② 2005年8月"卡特里娜"飓风事件充分暴露了美国以反恐为中心的应急安全体制的弊端。从飓风预警信号的发出到灾后救援存在的严重问题，给美国政府敲响了警钟，在反恐的同时也必须重视诸如重大自然灾害、公共危机事件的预警工作。美国政府在反恐预警机制建设上投入了巨大的人力物力，反恐是整个国家压倒一切的重任，这不可避免地影响整个国家安全应急体制运行的效果。目前，反恐仍然是美国最重要的应急安全任务之一，如何平衡反恐预警机制与其他应急安全预警机制之间的资源分配仍是美国政府重要的任务。

第三，大国竞争战略将影响美国应急安全预警的成效。特朗普执政后，美国对主要安全威胁的认知发生转变，美国安全重心开始由反恐转向大国战略竞争。2017年《国家安全战略》报告、2018年《国防战略》报告、2018年《核态势评估》报告、2018年《国家太空战略》报告、2019

---

① 贾群林、陈莉：《美国应急管理体制发展现状及特点》，《中国应急管理》2019年第8期，第64页。

② 李明：《美国突发事件与制度创新》，社会科学文献出版社2016年版，第264页。

年《国家情报战略》报告、2019年《导弹防御评估》报告、《2021年度威胁评估》报告、2021年《临时国家安全战略方针》等重要政府报告,都明确将大国视为美国最大的战略安全威胁。这意味着自"9·11"事件以来恐怖主义作为美国最大安全威胁的定位发生了明显变化,来自大国竞争和挑战成为美国认定的最大战略安全威胁。为有效应对大国战略安全威胁,美国情报工作和安全预警的重心发生转移,用于战略安全情报和大国战略安全预警的预算开支明显增多,而投入自然灾害、流行疾病等应急安全预警的物资和财力相对下降,这不可避免地影响到美国应急安全预警的成效。特别是当新冠疫情严重威胁到美国人民的生命健康安全时,如何平衡以新冠疫情等流行疾病为主的应急安全与大国战略竞争之间的财政投入,成为摆在美国政府面前的一道难题。

第四节 美国反恐安全预警机制的成功与不足

美国反恐安全预警机制运作的成败主要表现在以下几个方面:反恐战略是否能为反恐预警系统的运作指明方向;反恐情报机构的改革是否增强了反恐情报搜集、分析与共享的能力,从而有利于增强反恐预警机制运作的效率;中央和地方两套反恐预警系统能否协同运作、相互配合、相互补充,进而共同推进美国反恐预警机制的有效运行;反恐预警是否具有开放性,面向社会公众的开放型反恐预警能否提高反恐预警机制运作的效率。美国反恐安全预警机制在这些方面基本是成功的,但也存在一些问题,这限制了美国反恐预警机制运作的成效。

一、成功的反恐战略

美国反恐战略的制定为其反恐预警系统的运作指明了方向。在"9·11"事件发生前,美国并没有制定统一的国家反恐战略,究其原因是美国政府对恐怖主义的危害认知不足，没有将恐怖主义威胁放在美国国家安全威胁的首要位置。"9·11"事件发生前美国政府发布的《国家安全战略》报告对安全威胁的排序可见一斑：老布什政府1991年发布的《国家安全战略》报告将安全威胁分为两类：潜在苏联威胁和地区争端；克林顿政府1994年发布的《国家安全战略》报告将安全威胁分为三类：核武器扩散、地区不稳定和恐怖主义等跨国现象；1997年发布的报告认为美国面临的安全威胁有：大规模杀伤性武器、恐怖主义、国际犯罪、环境损害等；2001年发布的报告认为美国主要的安全威胁是核武器扩散及新型安全挑战。[1]不难看出，恐怖主义在"9·11"事件前从未被美国政府视为首要国家安全威胁。因此美国没有制定统一的反恐战略来指导反恐工作，特别是缺乏对反恐预防与预警方面的指导，美国国家安全预警工作的重心也未放在反恐工作上，即使有了恐怖主义分子袭击的情报，美国因为国家安全重心而疏忽了反恐情报，因此未能防止"9·11"恐怖袭击事件的发生。

"9·11"事件使美国政府意识到制定一份统一的国家反恐战略的重要性，其对反恐和反恐预警工作是非常必要的。基于这一认识，美国政府在2003年2月制定了美国历史上第一份《国家反恐战略》报告。这份报告对恐怖主义的性质和特点、恐怖主义组织的结构和危害、反恐的战略战术以及反恐的目标做了详细的论述。该反恐战略报告制定了美国反恐战略的4D模式，即击败、杜绝、减少和保卫，特别强调要采取预警和防御举措击败恐怖分子、恐怖活动支持国和跨国恐怖主义网络，高度重视情报与反恐预警工作在反恐中的作用。[2] 美国《国家反恐战略》报告具体规定了反恐情报工作的措施，重点包括进一步协调情报部门，加强情报及执法机构与各地方机构、国内与国外反恐情报的共享与交流；加强反恐战略情报的分析，以更好地指导反恐情报工作，调配情报资源；指出反恐情报工作应将技术与人力手段并重。[3] 2006年和2011年，小布什政府和奥巴马政府又分

---

[1] 邢悦、陆晨：《对冷后〈美国国家安全战略报告〉的文本分析》，《国际论坛》2019年第5期，第10页。

[2] The White House, "National Strategy for Combating Terrorism," February 2003, https://www.hsdl.org/?abstract&did=1038.

[3] 戴艳梅：《国际反恐实务》，中国言实出版社2015年版，第22页。

别出台了《国家反恐战略》报告。美国《国家反恐战略》报告的制定标志着美国确立了统一的反恐国家战略,使国家反恐行动法制化、规范化和系统化,为美国反恐预警体系的运行指点了方向。

"9·11"事件发生后,反恐成为美国国家安全工作的首要任务,在统一的国家反恐战略指导下,美国开始构建严密的反恐预警系统,切实保证了其反恐预警机制的有效运行。为了预防和打击恐怖主义,特朗普政府于2018年10月公布了长达34页的《国家反恐战略》报告,为美国未来的反恐行动设置了六个方面的目标:严重削弱恐怖分子对美国本土和海外核心利益发动袭击的能力;切断恐怖分子获取力量和支持的来源;减弱恐怖分子在美国本土实现激进化、招募和动员的能力;通过更严格的边境检查和执法措施来保护美国本土免受恐怖主义袭击;使恐怖分子无法获取或使用包括化学、生物、辐射、核武器在内的大规模杀伤性武器和其他先进武器;公共部门、私营企业和国际盟友在预防和打击恐怖主义方面将发挥更大作用。为了实现这些战略目标,2018年《国家反恐战略》报告提出了六项举措,其主要是涉及美国反恐预警机制的改革措施:一是追踪恐怖主义的源头;二是切断恐怖分子的金融、物质和后勤支持链,孤立恐怖分子;三是更新和整合美国反恐工具和相关机构,保护美国的本土安全;四是保护美国的关键基础设施,增强防范能力;五是打击恐怖组织的招募与激进化能力;六是增强国际合作伙伴的反恐能力。[1] 需要注意的是,虽然美国制定了统一的反恐战略,但美国无意继续担任全球反恐战争领导者的角色,反恐战略在美国国家安全战略中的地位具有很大的不确定性,这势必会影响美国反恐预警机制改革的方向。[2]

二、不断完善的反恐情报机构

反恐情报机构的改革增强了反恐情报搜集、分析与共享的能力,极大

---

[1] The White House, "National Strategy for Counterterrorism of the United States of America," October 2018, pp. 3 – 5, https：//www.whitehouse.gov/wp – content/uploads/2018/10/NSCT.pdf.
[2] 许超、刘胜湘:《特朗普政府反恐预警机制改革论析》,《国际安全研究》2019 年第 2 期,第 113 页。

增强了美国反恐预警机制运作的效率。情报是反恐预警的基础，高质量的情报产品是安全预警工作的灵魂，美国反恐预警机制的有效运行离不开强有力的情报机制的支撑。美国是世界上情报最发达的国家，涉及反恐的情报部门众多，但在"9·11"事件发生前，这些情报部门之间的共享和交流存在各种问题，这也是导致"9·11"事件发生的一个重要因素。2002年12月10日，参众两院情报委员会发布的"9·11"事件的首份调查报告指出了美国反恐情报的漏洞："情报界缺乏有效的对内情报能力，对内、外情报的界限分割太严重；情报机构间无法信息共享，情报机构间存在明显的地盘争夺、竞争抢功与文化差异等问题；白宫对情报的等级次序划分错误，过分重视军事情报，而对战略情报重视不足；情报界的情报分析能力不强；情报界缺乏一个全面的反恐战略；对人力情报的重视程度不足。"① 针对这些问题，美国政府对情报机构进行了大刀阔斧的改革。

2001年10月，美国在"9·11"事件发生后不久迅速通过了《美国爱国者法案》，该法案扩大了反恐情报的工作权限，同时赋予执法机构极大的情报侦察权力，打通了执法与情报机构之间的"墙"，实现了情报共享。② 2002年5月颁布的《加强边境安全与入境签证改革法》，要求美国的执法与情报机构、美国移民规划局和美国国务院在世界各地的领事馆有效共享关于恐怖主义的情报，其具体措施包括由移民规划局启动出入境的监控系统，以及对在美国学习的外国学生进行监控等。③ 随后美国在2002年11月颁布《国土安全法》，创建了国土安全部。新成立的国土安全部整合了包括海边与边境保护局、移民和规划局、情报与分析办公室在内的22个与国防和反恐情报相关的机构及项目，切实加强了各联邦机构之间对反恐情报的协调配置能力。④ 2004年《情报改革及预防恐怖主义法》决定设立国家情报总监一职以提升情报界的集权化程度从而加强统一管理，加强情报机构间的协调与合作，解决情报界长期存在的各自为政、资源分散和

---

① 高庆德：《美国情报组织揭秘》，时事出版社2016年版，第40页。
② 戴艳梅：《国际反恐实务》，中国言实出版社2015年版，第27页。
③ 梅建明：《反恐情报与危机管理》，群众出版社2007年版，第170页。
④ 刘胜湘等：《世界主要国家安全体制机制研究》，经济科学出版社2018年版，第24页。

协调不足等问题。① 同时根据该法案在恐怖主义威胁综合中心的基础上成立国家反恐中心，其主要任务是制定反恐战略、分析与整合一切有关反恐事务的情报，为反恐行动部门提供情报支持等。国家反恐中心下辖五大机构，其中最核心的是情报部和战略执行规划部。国家反恐中心不仅有综合分析情报的权力，也有联合调动中央情报局、联邦调查局和其他相关机构军事和执法力量的权力。② 此外，美国还对中央情报局进行了改组，集中在扩大人力情报来源、加强情报分析及情报合作；改革联邦调查局，确定以反恐为首要情报工作任务；2004年财政部成立反恐金融情报司，协调截断涉恐资金；国防部成立专门情报机构进行反恐情报搜集；部分情报工作市场化，吸纳私营企业和民间机构等参与到反恐情报搜集与分析工作中。③

随着全球反恐工作重心向去极端化方向的转变，奥巴马政府在2011年先后出台了《加强地方防范暴力极端主义能力战略》《提升地方伙伴能力，防范国内暴力极端主义》及《反激进化国家战略实施方案》三份文件，旨在加强联邦政府、社区、家庭与公民个体在反恐、去极端化事务上的合作。为推动反暴力极端主义工作，美国在2016年设立了全球接触中心和反暴力极端主义特别工作组两个机构。全球接触中心设立在美国国务院，由国务卿和负责公共外交事务的副国务卿领导，主要侧重在思想意识形态和公共外交领域推动反暴力极端主义的国际协调与合作，特别是数字网络领域的反暴力极端主义宣传工作。反暴力极端主义特别工作组作为跨部门协调机构，由国土安全部牵头负责，该部社区伙伴办公室主任（前白宫社区伙伴关系事务负责人）出任组长，工作人员主要来自国土安全部和司法部，负责统筹联邦政府资源，加强各部门协调研究分析暴力极端主义演变情况，支持、促进当地社区抵御暴力极端思想能力建设，支持、加强各州、地方警察反暴力极端主义工作，提高国内反暴力极端主义工作效率，防止被恐怖极端组织招募或受暴力极端思想影响而"自我激进"化的人在

---

① 高庆德：《美国情报组织揭秘》，时事出版社2016年版，第43页。
② 雷少华：《美国国家反恐体系的演进》，《美国研究》2016年第1期，第18页。
③ 戴艳梅：《国际反恐实务》，中国言实出版社2015年版，第33—38页。

美国本土发动恐怖袭击。① 特朗普执政后，采取了包括加强反恐情报搜集和分析、加强与盟友的情报合作与共享在内的一系列举措加强反恐预警机制建设。② 为有效应对国内日益严峻的暴力极端主义威胁，2021年《临时国家安全战略方针》明确提出要提升联邦政府的协调性和统一性，充分利用一切条件，与州、地方、部落、私营部门和其他国家展开合作，解决美国普遍存在的极端暴力主义，最重要的是拥有强大的执法和情报能力，多方合作，并实现情报共享。③ 通过以上分析可以看出，"9·11"事件后美国对反恐情报机构的改革增强了反恐情报搜集、分析与共享的能力，大大提升了反恐预警机制运作的效率。

三、中央和地方相互补充的反恐预警系统

中央和地方两套反恐预警系统协同运作，相互配合、相互补充，共同推进美国反恐预警机制的有效运行。在联邦层面，2002年3月12日，小布什总统签署美国总统第3号令，正式授权建立全国性的统一反恐预警系统——国土安全部警报系统，由首任国土安全部部长汤姆·里奇负责。国土安全部警报系统的目标是在美国本土面临恐怖主义威胁时向联邦、州、地方政府以及美国公民发出警报，以便其采取相应的应对举措。国土安全部警报系统接收来自美国联邦调查局、中央情报局、国家安全局、缉毒局、国防部、恐怖分子威胁综合中心和其他机构的恐怖主义情报和威胁信息，在情报分析和评估的基础上来确定恐怖威胁等级，并指导联邦、州和地方政府及私营部门、公众采取相应的防范举措。国土安全部警报系统是在"9·11"事件后美国为防范恐怖主义袭击建立的预警机制，在运行的9年时间内取得了显著效果。但随着时间的推移，国土安全部预警系统的弊

---

① 李恒：《美国反恐情报工作改革与新反恐措施检视》，《中国刑警学院学报》2021年第3期，第70—71页。

② 许超、刘胜湘：《特朗普政府反恐预警机制改革论析》，《国际安全研究》2019年第2期，第99页。

③ The White House, "Interim National Security Strategic Guidance," March 2021, https://www.whitehouse.gov/wp-content/uploads/2021/03/NSC-1v2.pdf.

端使其不能适应美国反恐的预警需要。

2011年1月,美国取消国土安全部警报系统,建立全国恐怖主义威胁警报系统。作为美国新的国家反恐预警体制,全国恐怖主义威胁警报系统摒弃了国土安全部警报系统的五级颜色预警体制,转而采用两级警报体制,即紧迫威胁警报,主要用于警告可信的、具体的、即将发生的恐怖威胁;升级威胁警报,主要用于警告可信的恐怖威胁。在获取有效的情报后,国土安全部部长将与其他联邦机构成员协商警报是否发出。全国恐怖主义威胁警报系统只会在获得可信的恐怖威胁时才会发出。每一次警报,该系统都会提供一个有关威胁、公众应该采取的措施、受恐袭影响地区或部门的信息、警报的有效期、有关部门应该采取的应对举措的简要概述。一旦确定,警报将通过媒体、电子邮件、脸书和推特等方式发布给州和地方政府。① 恐怖主义毕竟不是一个常态性的安全威胁,很多时候全国恐怖主义威胁警报系统并不能发出明确的警报级别,但向全社会和公众描述关于恐怖威胁的当前状况和总体趋势又是必要的。针对这一现状,2015年12月16日,美国国土安全部部长杰伊·约翰逊在华盛顿的记者会上宣布在美国全国恐怖主义威胁警报系统新增一个名叫"公告"的"中间级"预警级别,用于发布当前的恐怖威胁状况、发展趋势及民众需要采取的防护措施。② 这项改革修正了全国恐怖主义威胁警报系统只有在恐怖主义威胁紧急或升级时才会发出警报的弊端,以更加灵活的方式向民众发布预警信息。

国土安全部警报系统和全国恐怖主义威胁警报系统都是美国在联邦层面运行的反恐预警系统,美国政府部门主要是国土安全部和联邦调查局通过这两个系统负责全国范围内的反恐预警工作,对各州和地方政府发布恐怖主义威胁警报,并指导地方政府的反恐工作。由于联邦层面的反恐预警机制缺乏针对性,没有顾及地方利益,而地方警察和其他执法机构又不是联邦情报系统成员,地方执法机构官员难以及时获得全面、详细的反恐情

---

① Jessica Zuckerman,"National Terrorism Threat Level: Color-Coded System Not Missed," Issue Brief | No. 3743, September 26, 2012, p. 1-2.
② Kevin Johnson, Homeland Security Activates New Terror Warning Level, https://www.usatoday.com/story/news/2015/12/16/terror-warning-level-homeland-security-department-jeh-johnson/77385610/.

报，且地方政府官员难以获得联邦执法机构的充分信任，地方官员因此很难参与制定重大的反恐决策。[①] 正是由于这些原因，使得国家层面的反恐警报发送到各州和地方时，没有取得良好的反恐预警效果。因此，各州根据联邦政府的授权，建立了适合本地区特点的反恐预警机制，这里最著名的就是洛杉矶地区的反恐预警机制。

为了有效打击恐怖主义、保障公共安全，1996年洛杉矶市建立了独具特色的反恐预警机制。该模式的核心要素包括：提前制定应急计划；搜集研判情报信息；由各个相关部门派遣代表参与联合工作小组，保持与各部门联系的畅通；加强培训与演练，定期测试各项应急计划。[②] 洛杉矶反恐预警机制由以下几个部分组成：（1）指挥中心是命令系统；（2）指挥数据分析系统；（3）后果管理小组；（4）情报分析综合小组；（5）侦查协调小组；（6）流行病学类情报小组；（7）刑事情报支援小组。洛杉矶反恐预警机制高度重视情报的搜集、研判和分析工作，情报工作人员锁定恐怖组织和成员，搜集他们使用的武器（化学武器、常规武器、炸弹），以及他们在恐袭活动中采取的战术策略，如自杀式炸弹袭击等情报，此外还收集和提供关于重要基础设施和相关文化区的人口、地形、气候和历史方面的信息。该反恐预警机制在实际运作过程中取得了较好的效果，被美国政府在全国范围内加以推广。

地方政府的反恐预警机制一方面有效弥补了联邦政府国土安全部警报系统和全国恐怖主义威胁警报系统的不足，另一方面更好地配合了中央政府反恐预警系统的运作。中央和地方两套反恐预警机制共同促进美国反恐预警工作的开展。

四、开放型的反恐安全预警机制

面向社会公众的开放型反恐预警提高了反恐预警机制运作的效率。由

[①] 梅建明等：《美国反恐怖预警机制研究》，《中国人民公安大学学报（社会科学版）》2009年第1期，第3页。

[②] 梅建明等：《美国反恐怖预警机制研究》，《中国人民公安大学学报（社会科学版）》2009年第1期，第4页。

于恐怖主义的巨大危害性，反恐不仅是政府的事情，更关乎每一个公民的生命和财产权益。美国反恐预警机制是一个开放型的预警机制，突出表现在社区反恐上。美国很早就意识到社区在预防犯罪上的独特作用，在1972年创建了全国范围内的"邻里守望计划"，协助执法部门打击犯罪。"邻里守望计划"是指将社区内的部分居民集合起来形成公众组织，与相关执法部门配合，一起巡逻，监督保卫社区的安全。遇到可疑的情况后就可以及时报警，抓捕嫌疑人。在2001年"9·11"恐怖袭击事件发生后，加强和保护社区安全变得比以往任何时候都重要。"邻里守望计划"对这一挑战做出回应，扩大了传统的预防犯罪的功能，帮助邻里集中关注防灾、应急反应和恐怖主义三大领域。①"邻里守望计划"设置若干守望小组，守望小组定期召开会议，就他们的具体目标和任务进行磋商，动员社区成员参与到反恐行动中来，积极参与举报可疑行为，向执法机关提供有关恐怖主义的线索。

2007年美国司法部与国土安全部共同推出全国可疑行为报告计划，该制度全面概括了全国可疑行为报告系统中各机构、组织和个人所承担的角色、任务及责任，并对可疑行动报告体系的运行机制做了说明。② 2009年美国国土安全部在全国范围内发起了"若看到，要举报"运动，旨在提高公众对恐怖主义及相关犯罪迹象的意识，以及向州和地方执法部门报告可疑活动的线索，以最大限度地收集恐怖情报信息。美国国土安全部致力于加强与州、地方政府、私营部门及它们服务的社区之间的关系来增强国土安全。"若看到，要举报"运动的合作伙伴包括但不限于以下场所：州、市、县政府；机场和轨道交通；体育联赛和团队；大型体育赛事和娱乐场所；高校；商民交易会和汇演；私营企业；媒体经销商。③ 2010年7月美国国土安全部在全美范围内推出了一项名为"如果发现可疑行为就立即报

---

① "Neighborhood Watch Manual: USAonWatch – National Neighborhood Watch Program," https://www.bja.gov/publications/nsa_nw_manual.pdf.
② 黄亚茜：《美国社区反恐机制的构建与思考》，《广西警察学院学报》2017年第3期，第50页。
③ "An official Website of the U. S. Department of Homeland Security, If You See Something," Say Something, September 25, 2009, https://www.dhs.gov/see-something-say-something.

告"的全民安保运动，2015年6月又推出了"我看护"的全民反恐活动。由于恐怖分子的隐蔽性和较强的环境适应能力，使其很难被执法部门和人员发现，全民参与反恐活动在一定程度上弥补了这一不足。美国全国恐怖主义威胁警报系统是一个双向的预警机制。一方面，国土安全部通过定期召开新闻发布会和威胁公告等途径向民众发布有关恐怖警报信息，对民众预防恐怖主义威胁提供指导和建议；另一方面，该预警系统鼓励民众参与到全民反恐行动中来，一旦发现可疑的恐怖活动，立即报告给情报融合中心和联邦调查局总部在本地的办事处，如阿肯色州情报融合中心、洛杉矶联合区域情报中心等，然后由专门的情报和执法人员进行处理。2011年"基地"组织头目本·拉登被击毙后，美国面临的大规模恐怖袭击的可能性大大降低。由于本土极端暴力分子发动的"独狼式"恐袭防不胜防，美国面向公众的开放型反恐预警机制还在不断完善，以提高反恐预警机制运作的效率。

五、美国反恐安全预警机制存在的问题

为了提高反恐安全预警机制的效率，美国政府采取了一系列措施推进反恐预警机制的改革和完善，如制定了比较成功的反恐战略、不断完善反恐情报机构、加强中央和地方相互协同的反恐预警系统，以及推行开放型的反恐预警机制。美国反恐预警机制的改革和完善在预防和打击恐怖主义势力方面取得了明显成效。但是美国反恐预警机制也存在一些问题，主要体现在以下几个方面：

第一，反恐情报信息泛滥影响反恐预警机制运作的效率。众多的情报机构负责反恐任务不可避免造成情报资源的浪费，影响反恐预警的效果。美国情报界的管理模式呈分散型，国家安全情报体系、军事情报体系与国内公共安全情报体系均承担反恐情报的搜集与分析工作，虽各有侧重，但业务上的部分重合浪费了情报资源，分散了预警力量。[①] 除此之外，情报

---

① 樊明明、肖欢、陶祥军：《美俄反恐预警机制的比较及启示》，《情报杂志》2014年第12期，第9页。

信息泛滥影响了反恐情报的分析与研判。以"9·11"事件为分水岭，美国反恐情报系统经历了之前"情报信息匮乏"到"信息泛滥"的转折，反恐情报部门正逐渐淹没在情报信息的"海洋"之中，[①] 搜集的海量情报信息增加了分析、甄别与研判的难度，无疑增加了反恐预警的难度。2021年1月6日美国发生了"国会暴乱"事件，这是国会山遭遇的最严重一次恐怖袭击，是一次典型的反恐预警失误事件，因为在这次暴乱中，美国情报部门既没能针对势力日盛的本土暴力极端主义势力进行中长期的战略预警，也未能针对1月6日的暴乱（包括后面一系列暴力紧急突发事件）进行精准的战术预警。很多因素导致了此次反恐预警的失误，其中一个重要原因是分散的情报来源导致了情报共享的失败。调查显示，国会警察内部的情报和跨部门协调处已经掌握了有关1月6日国会大厦可能发生暴力事件的信息，但美国警察内部有三个负责情报相关活动的机构，分别是情报和跨部门协调处、威胁评估科和情报行动科，但这三个部门彼此独立，在情报搜集、上报和下发过程中缺乏有效的协调。[②]

第二，美国反恐预警机制损害了安全与自由之间的平衡。"9·11"事件发生后，美国政府针对情报搜集分析不足的问题，赋予情报机关和执法部门极大的情报侦查和搜集权限。2001年通过的《美国爱国者法案》极大地扩展了国家安全机构对普通公民使用侦听、监视、搜查等手段的权力，主要表现在国家安全机构有权对电话、电子邮件、通信、医疗、财务和其他种类的记录进行监控；赋予财政部长控制、管理金融方面的流通活动，特别是与外国人或政治组织相关的金融活动；强化警察和移民管理部门拘留、驱逐有恐怖主义嫌疑的外国人的权力等。[③]《美国爱国者法案》扩大了反恐情报的工作权限和情报搜集范围，对全方位的反恐预警工作提供了更多的情报支撑，有效配合了反恐工作的开展。

但是未经同意就可获取公民个人信息对公民的人身、言论自由造成了

---

① 戴艳梅：《国际反恐实务》，中国言实出版社2015年版，第49页。
② 郭珊、赵金萍：《美国"国会暴乱"事件情报预警失误成因及启示》，《情报杂志》2022年第4期，第4页。
③ 李明：《美国突发事件与制度创新》，社会科学文献出版社2016年版，第261页。

不同程度的损害,侵犯了公民的隐私权。这对于崇尚自由、将自由作为国家核心价值观的美国来说,无疑是一种巨大的冲击。《美国爱国者法案》饱受争议,在 2015 年 6 月被《美国自由法案》所代替。《美国自由法案》"虽允许政府继续对美国公民的通话数据与信息进行大规模收集,但在允许的同时制定了诸多严格限制。美国国家安全局需在半年时间内逐步将大规模通信数据与信息收集项目转交给电信公司。前述数据信息记录的内容将由电信公司所持有,并储存于电信公司的服务器之上,而非保存于政府服务器中。如此后需要对涉嫌恐怖主义的活动进行调查取证时,美国国家安全局首先必须获得许可或在紧急条件下,才可以向电信公司索要并调阅相关数据信息"。[①]《美国自由法案》只是一个折中的方案,只不过将对公民的通信监控由情报部门转移到电信公司,但美国政府还是可以随时获取相关资料。此外,美国在全国范围内推行的可疑行为报告计划,在监视和发现恐怖主义活动线索时也涉及侵犯公民个人隐私的问题,存在个人种族和民族主义歧视,尽管反恐部门所监视并用来判定是否有恐怖主义嫌疑的很多行为是合法的。

2013 年斯诺登曝光的"棱镜门"事件是美国情报界的大丑闻,对外国领导人的监视也引发了众怒。如何平衡安全与自由之间的关系将成为今后美国反恐预警机制建设的重要内容。

第五节 美国强大的军事安全预警系统及情报政治化

美国强大的军事安全预警系统主要体现在强大的军事实力和军事网络、领先世界的军事科技及强大的军事情报系统三个方面,然而其军事情报的政治化严重影响了美国军事预警机制的运行。

[①] 沈臻懿:《〈自由法案〉的自由与不自由》,《检察风云》2015 年第 15 期,第 55 页。

一、强大的军事实力和军事网络

美国的军事实力长期位居世界第一,强大的军事实力和遍布全球的军事网络无疑会提高军事预警机制的运行效率。美国在空中、陆地、海洋、太空与网络空间等每个领域都拥有无可争议的优势。2017年特朗普上台后,美国政府开始将国家安全战略重心由反恐转向大国竞争,美国也开始了军事战略应对的转型,加强军事实力以应对战略竞争是其转型的核心。为了保持美国在军事上的绝对优势,2017年美国《国家安全战略》报告指出美国要采取五个方面的优先行动:继续维持武器装备现代化,改进并升级现有系统,寻求新的武器装备;采用全新收购理念,利用在传统国防工业基础之外发展起来的创新技术,将合适的装备配备给美军;部署规模足够大、可持久作战的部队,增强部队力量,同时实现军队现代化和确保战备之需;保留一支能够保护美国国土安全同时维护美国利益的预备部队,加强战备状态需要重新关注培训、后勤和补给;维持在非常规战争中的竞争力,保留在空中、海上、陆地、太空和网络空间领域的全方位军事力量。[①] 美国2017年、2018年、2019、2020年和2021年通过的《国防授权法案》都明确提出要解决美军效率低下、决策迟缓等问题,从而维护美国在大国军事竞争中的绝对优势地位。由于军事力量平衡的变化,这种战略竞争可能会加剧。如今,这场竞争正在全球性流行疾病、自然灾害和颠覆性技术的引入中展开。这些威胁的联动性将推动美国如何调动资源并转变其国家力量工具,以应对这些复杂的安全挑战。[②]《2022财年国防授权法案》的通过是保持美国在军事上的绝对优势地位并有效应对所谓的"中俄军事安全威胁"的重要一步。此外,美国还不断调整在世界各地的军事同盟关系,扩大"印太联盟"和伙伴关系,加强跨大西洋北约联盟,巩固在

[①] "National Security Strategy of the United States of America," p. 29, https://www.whitehouse.gov/wp-content/uploads/2017/12/NSS-Final-12-18-2017-0905.pdf.

[②] Senate Armed Services Committee, "Fiscal Year 2022: National Defense Authorization Act," https://www.armed-services.senate.gov/imo/media/doc/FY22%20NDAA%20Executive%20Summary.pdf.

中东形成持久的联盟,并不断深化和升级双边军事关系。通过这些改造措施,美国的军事优势地位得到了进一步巩固和提升。

美国军事实力的强大还体现在美国的军事支出和国防预算遥遥领先于其他任何国家。2018年美国军费开支达到6490亿美元,占全球军事开支的36%,这一军事开支数字几乎等同接下来的8个国家军费开支的总和。[①] 特朗普执政以来,一改奥巴马政府兵力收缩、削减军费的做法,开始以重建美军为重点大幅增加国防预算。2017财年美国军费预算为6030亿美元,2018财年军费预算为6999亿美元,2019财年增加到7160亿美元,2020财年国防预算为7380亿美元,2017—2020年,美国年度国防预算增加额度达到1350亿美元,增幅超过22%,年均达5.5%。2020年2月10日,美国国防部推出2021财年国防预算申请,国防预算继续呈增长态势,总额为7405亿美元。[②] 2021年12月,美国国会通过了7779亿美元《国防授权法案》,为2022财年确定了国家的国防开支和优先事项。其中,立法授权为国防部提供7400亿美元,供能源部用以维护和升级核武器的费用为278亿美元,此外,还有《国防授权法案》管辖范围外的国防相关活动费用99亿美元。[③] 为应对乌克兰危机,拜登一再呼吁继续增加国防开支。在扩充军费的同时,美国也不断扩充美军规模。继2018财年扩军1.66万人,2019财年再增1.56万人,结束了美军自2009年之后规模不断缩减的局面。[④] 数额巨大的国防预算和日益扩充的美军人数为美国威慑和遏制对手奠定了坚实的物质基础,加强了更加强势的美国军事预警机制。

美军的新一轮转型和重塑大大提升了美国的军事实力。美军的转型有着深刻的背景,与特朗普政府将国家安全战略的重心由反恐转向大国竞争密切相关,美国因此进行新一轮的强军和扩军行动,也调整了在世界各地

[①] 徐峰、刘颖:《2018年世界军费开支1.8万亿美元达二十年来峰值》,《国防科技工业》2019年第6期,第48页。

[②] 吴敏文:《美2021财年国防预算申请透露美军建设新重点》,《中国青年报》2020年2月20日,第6版。

[③] Senate Armed Services Committee, "Fiscal Year 2022: National Defense Authorization Act," https://www.armed-services.senate.gov/imo/media/doc/FY22%20NDAA%20Executive%20Summary.pdf.

[④] 李岩:《美国新一轮军事转型评析》,《现代国际关系》2019年第7期,第14页。

的军事部署和行动,其军事实力也得到进一步提升。特朗普将始自拉姆斯菲尔德时期"基于能力"的建军思路调整为"基于威胁",使美国的军事预警建设路径发生了根本性转变。基于此,美国推进以大国为核心的军事战略布局,美国各军种相继制定了聚焦"核心挑战"的新战争理论和作战概念,包括陆军旨在提升"军种联合"和"多域融合"的"多域战"、海军旨在掌握制海权的"重返制海"和"分布式杀伤",以及各军种旨在应对大国竞争常态化的"灰色地带"理论、优化前沿存在威慑效果的"动态军力部署"等。① 这一军事路径使美军关注和预警对象聚焦到主要军事大国,并以此为核心带动美国军力优势的重塑和和军事预警机制的转型。拜登政府主要关注应对大国在印太地区的反介入/区域拒止能力,为此提出"多域战""分布式海上行动""强对抗环境下的濒海作战""远征前进基地作战"等新型作战概念,强调跨域协调和作战力量分布式配置。② 美军的重塑和转型增强了美国的军事实力,提高了美国军事预警机制的运作效率。

二、领先世界的军事科技

军事科技的进步为提高美国军事预警机制的效率提供了技术支撑。美国是世界上科技最发达的国家,每一次科技理论的发现和创新都被应用于军事领域,军事科技的进步为美国军事预警机制效率的提高发挥了重要作用。特别是情报侦察监视技术的快速发展,为美国军事预警体系的发展提供了支持与可能。美国目前的侦察卫星主要有三类:一是以"锁眼"系列为代表的光学成像侦察卫星,利用卫星上的可见光照相设备、红外照相设备、光学遥感设备,从卫星上对星下点周围的地区进行拍摄,获得地面景物的照片,"锁眼"系列卫星已经发展到最新的第六代"KH-12",是当代最先进的光学成像侦察卫星。自"KH-12"升空以来,它在海湾战争、

---

① 李岩:《美国新一轮军事转型评析》,《现代国际关系》2019年第7期,第13页。
② 罗艳琦:《从战略工具视角对美国发展军用无人机的分析》,《当代美国评论》2021年第4期,第66页。

波黑冲突、北约空袭南联盟、阿富汗"持久自由"行动和伊拉克战争中发挥了重要的侦察预警作用，为美国军事战略的胜利提供重要技术支撑。二是以"长曲棍球"为代表的雷达成像照相侦察卫星，它弥补了光学成像照相侦察卫星不能全天候进行侦察的不足，并有一定的穿透能力，[①] 分辨率较高，对全面观测战区和侦察全球性军事动态有重要意义。在1991年的海湾战争和波黑战争中，"长曲棍球"卫星用于跟踪伊拉克装甲部队行踪和监视塞族坦克，以及侦察评估美国巡航导弹对伊拉克的攻击效果发挥了很好作用。三是以"大酒瓶"为代表的，范围广、速度快、效率高的电子侦察卫星。"大酒瓶"等电子侦察卫星在海湾战争期间通过每天数小时的侦察，监听了大量的伊拉克无线电信号。除了侦察卫星外，美国还研制了一批侦察机来搜集军事情报，各类侦察机作为空中的情报侦察监视平台拥有侦察卫星无可比拟的优势。美国1955年研制成功的U-2高空侦察机可以在冲突的所有阶段为战区军事指挥官提供全天候、远距离的直接情报支援。在1991年"沙漠风暴"行动中，U-2飞机展示了其作为近实时情报平台的巨大价值，由于在通信和监视方面的进步和提供大量数据的能力的提高，U-2提供的情报使军事指挥官能够在精确的位置安放炸弹。同样，科索沃战争中，U-2飞机在确认目标、进行战争损失评估和搜集、传递数据方面发挥了重要作用。除了U-2侦察机外，美国开发研制的RQ-4A"全球鹰"无人侦察机是当今世界上最先进的无人侦察机，它最大的优点是能与现有的联合部署智能支援系统和全球指挥控制系统联结，图像能直接而实时地传送给指挥官使用，用于指示目标、预警快速攻击与再攻击、战斗评估。[②] 美国军用无人机在反恐战争中首次被投入实战应用，在亚太地区实现部署，在复杂环境下的侦察与监视功能得到开发。在海湾战争、阿富汗战争和伊拉克战争中，"全球鹰"无人侦察机提供了大量目标图像情报，对摧毁对方军事战略目标起到了重要作用。在推行"亚太再平衡"战略中，美国部署了大量RQ-4"全球鹰"、MQ-4C"人鱼海神"等以情

---

① 隋寄锋：《FBI与CIA一直在互相拆台 美国情报界两虎相争》，《国家人文历史》2012年第24期。

② 高庆德：《美国情报组织揭秘》，时事出版社2016年版，第304—322页。

报、监视和侦察性能突出的无人机执行海上侦察任务,旨在获取大量有价值的情报,实现了奥巴马政府对主要战略竞争对手的监视。特朗普执政以来,无人机在大国战略竞争背景下得到了进一步发展。2017年3月,美国在韩国部署攻击型无人机MQ－1C"灰鹰",2020年1月在关岛部署MQ－4C"人鱼海神"无人机,频繁在南海对中国展开侦察行动。① 此外,美国还向其亚太盟友及与中国南海存在领土主权争端的东盟相关国家出售情报收集、监视和侦察性能优越的无人机,遏制中国的军事意图不言自明。拜登政府继承了特朗普政府关于美国主要安全威胁来源于大国的战略认知,认为未来战争将是与拥有完善的早期预警和现代防空体系、电子干扰和反无人机能力的大国战略竞争对手进行的非常规战争。② 在2022年2月开始的俄乌冲突中,美国无人机技术为乌克兰提供了大量数据,这也是乌克兰军队能精准打击俄罗斯高级军官和军事装备的原因之一。

美国还研制开发了在海军航空母舰编队中担任空中预警和指挥任务以保护航空母舰战斗群,同时适用于执行陆基飞行任务的E-2"鹰眼"预警机。E-2"鹰眼"预警机在越南战争中执行的包括攻击引导、战斗机控制和地面监视及控制任务中表现出色。除了E-2"鹰眼"预警机外,美国波音公司根据美国空军"空中警戒和控制系统"计划研制了全天候远程空中预警机——E-3"哨兵"预警机。美国还研制成功了主要用于对付地面目标的联合监视与目标攻击雷达系统,简称"联合星"系统。"联合星"系统由机载系统和地面站系统两部分构成,"除对地面目标进行探测、定位、分类、跟踪和瞄准外,还可准确地判断其运动方向和速度,从而了解其作战行动的意图。E-8'联合星'系统克服了侦察卫星距离太远和无人机探测范围和探测时间有限的弊端,在海湾战争和伊拉克战争中取得了不俗的军事预警表现"。③

---

① 罗艳琦:《从战略工具视角对美国发展军用无人机的分析》,《当代美国评论》2021年第4期,第54—64页。
② David Vergun, "Great Power Competition Can Involve Conflict Below Threshold of War," U. S. Department of Defense, October 2, 2021, https：//www.defense.gov/News/News－Stories/Article/Article/2364137/great－power－competition－can－involve－conflict－below－threshold－of－war/.
③ 高庆德:《美国情报组织揭秘》,时事出版社2016年版,第324—336页。

通过以上分析可以看出，正是先进军事技术的不断更新与进步，使美国建立起功能强大的军事预警体系，在早期侦察、持续追踪和准确识别威胁目标上表现优异，极大提升了美国军事预警机制的运作效率。

三、强大的军事情报系统

强大的军事情报系统是美国军事预警机制运行的重要基础。强大的军事情报系统首先体现在美国军事情报机构众多。美国拥有世界上最强大的军事情报系统之一，隶属于国防部的情报系统就多达8个，分别是陆军情报局、海军情报局、空军情报监视侦察局、海军陆战队情报局、国家安全局、国防情报局、国家地理空间情报局、国家侦察局。国家情报中的大部分预算项目也与军事情报有关。除此之外，美军联合作战司令部下属的6个地域型司令部和5个功能型司令部也都主要涉及军事情报。不难看出，美国军事情报的来源是非常广泛的，由于美国的军事力量遍布世界各地，因此在世界上任何一个区域都可以看到美国情报机构的影子。这些遍布世界各地的情报机构每天源源不断地向美国国防部、军方和决策者输送情报信息，使美国军事预警机制得以有效运行。

强大的军事情报系统还体现在美国军事情报的搜集、分析与传递能力上。美国情报机构采取人力和技术、公开和隐蔽相结合的情报搜集手段，将大量有价值的情报信息输送给情报分析人员。特别是近些年，美国将最新的科学技术引入到情报搜集领域，大大提高了情报搜集能力。美军先后发起"快速技术转换倡议"和"情报高级研究项目行动"等，来推动情报界将创新的技术运用于情报搜集领域，开发更多性能优越的情报搜集平台。另外，通过不同类型的传感器数据链，美军实现了对各情报搜集平台的集成组网，平台内各传感器被转化成为网络上的一个节点，使其搜集到的信息能够与其他所有传感器搜集到的信息相融汇，实现了情报搜集系统一体化，大大提升了"全源"情报搜集能力。[1] "9·11"事件以来，美国

---

[1] 赵世兴：《美军情报转型的主要推动因素析论》，《情报杂志》2019年第8期，第25页。

对军事情报分析的地位有了新的认识和定位，采取了一系列举措促进了军事情报分析力量的发展：颁布战略性指导文件，从战略层面提升对情报分析的重视程度；优化国防情报组织指挥机制，提升全源情报分析能力；加大"全源"情报分析力量投入，增强人力资本；引入先进的企业管理方法技巧，提升情报分析能力；打造情报分析协作空间，推动横向交流沟通。① 在军事情报传递上，现代通信和信息技术的发展使得情报的传递路径更加顺畅和高效，大大提升了军事情报的传递能力。

美国还不断加强与盟友间的军事情报合作，实现对主要军事竞争对手的监视。美国政府认为，大国都部署了先进的作战能力，包括电子战、网络武器、远程导弹和先进的防空系统以及先进的情报、监视、侦察能力，还开发了高超音速、自主系统和人工智能等新技术在军事上的应用。② 为了取得对主要军事竞争对手的优势，美国积极调整其全球军事部署，其中一项重要内容就是加强与主要盟国间的合作。拜登政府巩固并扩张美国在印太地区的盟友体系，充分利用美日、美韩双边同盟，升级美日印澳"四边机制"、激活"五眼联盟"的情报分享功能，以打造围堵中国的包围圈。③ 除了强化与核心盟友间的军事情报合作外，美国也不断扩大合作圈，在世界各地建立各种伙伴关系，深化与印度的伙伴关系，并与新西兰以及新加坡、越南和东盟其他成员国展开合作，加强与太平洋岛国的伙伴关系，在印太地区制造了一个军事反华包围圈，遏制中国崛起的战略意图日趋明显。《2022 财年国防授权法案》拨款 71 亿美元资金用于扩展和修改"太平洋威慑倡议"，而欧洲威慑倡议的预算逐年减少。④ 这表明美国坚定地致力于维持其在印太地区的存在和影响力，这成为拜登政府"综合威

---

① 任国军、孙园园、申华：《"9·11"事件以来美国国防情报分析力量发展评析》，《情报杂志》2020 年第 5 期，第 2—3 页。
② 张业亮：《拜登政府对美国全球军事部署的调整趋向》，《世界知识》2021 年第 22 期，第 49 页。
③ 朱锋、倪桂桦：《拜登政府对华战略竞争的态势与困境》，《亚太安全与海洋研究》2022 年第 1 期，第 6 页。
④ Senate Armed Services Committee, "Fiscal Year 2022: National Defense Authorization Act," https://www.armed-services.senate.gov/imo/media/doc/FY22%20NDAA%20Executive%20Summary.pdf.

慑"计划中预算最多的一项,其中用于军事情报的预算占据了重要内容,监视、围堵、遏制中国的意图不言自明。

四、军事情报的政治化严重影响了军事安全预警机制的运行

美国高层决策者为了寻求战争的合法性,有时并不希望有客观的军事情报,而是希望得到为战争进行合法性辩护的虚假情报或错误情报,这在伊拉克战争上表现得尤为明显。对伊拉克发动战争并彻底改造伊拉克是小布什政府的既定战略目标,因此小布什总统需要情报部门提供确认伊拉克拥有大规模杀伤性武器或者能证明伊拉克与"基地"组织有联系的情报。为此,决策者对情报机构施加了巨大压力,要求发布明确的评估,认定伊拉克拥有生化武器,决策者鼓励研究人员夸大威胁,即使现有数据数量有限、内容模糊,而且并不可靠,他们也对高级情报官员施压,迫使其公布未解密档案中的结论,或者在公开场合露面夸大伊拉克日益增长的威胁以表明支持决策者的决策计划。① 事后证明伊拉克拥有大规模杀伤性武器实际上是情报机构为了迎合最高决策者而编造的虚假情报,军事情报严重政治化,沦为了为决策者发动战争进行辩护的工具。军事情报是为了佐证伊拉克战争的正确性,因而无法达到为政策献建议、为行动献计策的真正目标,对军事预警机制的运行起到了错误的导向。这也是美国为何将洗衣粉作为伊拉克拥有生化武器证据的原因所在。

除了伊拉克战争外,军事情报政治化的例子在美国历史上屡见不鲜。1964—1967 年美国情报机构对越南战争的评估也是军事情报政治化的例子。1963 年约翰逊升任美国总统后准备扩大越南战争,他信奉"多米诺骨牌"理论,认为如果不对越南进行干涉,会有更多的国家倒向共产主义,因此需要情报机构来证明其理论的合理性以及扩大越南战争的合法性。但是中央情报局在 1964 年和 1967 年做的两次情报评估得出的结论是:"多米诺骨牌"理论不成立,美国在亚洲的影响力并不取决于维护南越,认为当

---

① [美]约书亚·瑞夫纳著,张旸译:《锁定真相:美国国家安全与情报战略》,金城出版社 2016 年版,第 20 页。

时的国际形势更适合采取保守的外交政策，没有必要采取冒险行动来遏制他国，特别是缺乏明显战略价值的地区。1967年的评估再次质疑美国的越南战略，中央情报局研究人员认为军方严重低估了敌军的力量，认为敌军人数众多、机动灵活，远超出美国的预料之外，因此不适合继续扩大战争。这两次评估无疑给美国的越南战争泼了一盆冷水，引起了约翰逊政府的强烈不满，决策者对中央情报局极力施压，迫使他们在已经拟好的军事情报上签字，情报系统被迫接受军方的观点。除此之外，情报机构在1969年和1976年关于苏联战略武器库规模与目的的评估也是典型的军事情报政治化的例子。1969年，尼克松政府在苏联SS-9洲际弹道导弹作战能力，以及苏联发展抢先打击能力的意图等方面与情报机构发生了分歧；1976年，福特政府对右翼势力低头，允许鹰派公开质疑情报机构对苏联战略威胁的评估。在这两个案例中，决策者都对情报人员施压，要求其提供对政府决策更为有利的情报评估。①

通过以上分析我们可以看出，军事情报政治化的主要原因在于情报机构受到了来自政府决策者的施压，情报机构作为美国官僚政治的一部分屈服于决策者的压力，迎合决策者的军事行动进行虚假的情报分析与评估，进而发出虚假的军事安全预警信号，这对美国军事安全预警机制的运行产生了很大负面效果。只要情报机构与决策部门之间存在隶属关系，情报机构的生存、发展及其领导人的升迁由决策部门决定，军事情报政治化的问题就会一直存在。②

第六节 美国强大的战略安全预警机制及其阻碍因素

作为霸权国家，美国拥有世界上最强大战略安全预警机制，主要体现

---

① ［美］约书亚·瑞夫纳著，张旸译：《锁定真相：美国国家安全与情报战略》，金城出版社2016年版，第61、20页。

② 牛新春：《战略情报分析：方法与实践》，时事出版社2016年版，第165页。

在以下几个方面：不断更新的战略安全预警机构，全面的战略安全预警系统等。然而其运行也有不少阻碍因素，如战略安全情报与战略决策之间的关系、战略决策者的认知、战略情报体制自身的缺陷和三权分立体制等影响了美国战略安全预警机制的运作效率。

一、全面的战略安全预警系统

美国全面的战略安全预警系统从体制上保证了战略安全预警机制的效率。

第一，美国战略情报工作的重点开始转变。特朗普执政后，美国认为自身面临的主要安全威胁由恐怖主义转向大国竞争威胁，因此战略情报工作的重点开始围绕主要战略竞争对手展开。美国战略情报搜集和分析的重点主要有两个方面：一是加强对主要地缘战略竞争对手的监测。美国识别和应对地缘政治和地区变化要求美国情报部门收集、分析、识别和处理相关信息。在这个信息主导的时代，情报部门必须不断地搜集战略情报以预测地缘政治的变化，并搜集短期情报以便美国能够应对对手的行动和挑战。要了解和预见外国领导人的外交政策和意图，防止战术和行动上的意外，并确保美国的行动在部署之前不会受到损害，这都需要战略情报的支撑。[①] 拜登政府对美国战略安全威胁的认知与特朗普一致，继续将大国视为美国最主要的战略竞争对手和安全挑战，其战略情报的工作重点仍然围绕主要竞争对手的情报搜集和分析展开，为实现美国国家安全利益提供强有力的情报支撑。

第二，核战略预警。当前，美国核战略预警主要针对竞争对手的核态势。持续并更新三位一体核战略，增强核战略预警能力。三位一体的核战略主要由三部分组成：装备有潜射弹道导弹的潜艇；陆基洲际弹道导弹；载有重力炸弹和空射巡航导弹的战略轰炸机。维持美国的核武器结构，实现美国核力量和基础设施现代化。美国正在开展或准备开展的核武器现代

---

① "National Security Strategy of the United States of America," p. 32, https://www.whitehouse.gov/wp-content/uploads/2017/12/NSS-Final-12-18-2017-0905.pdf.

化项目主要有：海基战略核武器现代化项目、陆基洲际弹道导弹现代化项目、空基战略核力量现代化项目、核弹头延寿与开发新型核弹头项目、核武器指挥与控制系统的现代化项目。[1] 核武器结构的维持和核力量及基础设施的现代化为美国的核安全危机预警奠定了基础。2021年9月美国与英国、澳大利亚建立新的安全伙伴关系，其中最引人注目的一项内容就是美英两国将帮助澳大利亚开发建造核动力潜艇，这是美国在印太地区制衡中国的一个重要标志。

第三，强化太空安全战略预警。美国认为近些年中国和俄罗斯对美国太空霸权构成严重挑战，因此必须强化太空安全战略预警，以维持美国在太空领域的霸主地位。2018年3月，特朗普签署了美国第一份《国家太空战略》报告，将太空提升为优先领域，以增强美国在太空中的竞争力，为太空安全预警提供指导。为了加强太空预警能力，美国成立太空司令部。2019年8月29日，特朗普在白宫宣布成立美国太空司令部，表示"太空在美国国家安全和国防中处于中心地位"，要确保美国"在太空的统治地位永不受质疑和威胁"。[2] 纵观特朗普四年执政生涯，任内公布了《太空政策指令》《国家太空战略》等多份文件，重启国家太空委员会，推动交通部联邦航空管理局更新有关太空发射的监管规则，重组商务部太空商业办公室，建立太空军等，积极推动美国太空战略在经济、安全、商业、太空探索等方面的大幅转型，使其实战性、进攻性与复合性经略的特征不断凸显。[3] 拜登政府继承了特朗普政府任内公布的《太空政策指令》《国家太空战略》等太空政策及"阿尔忒弥斯项目"、太空军、国家太空委员会及其用户咨询小组等太空战略遗产。以至于白宫发言人珍·普萨基发出感慨说，太空领域是极少数拜登政府与其前任特朗普政府保持政策一致的领

---

[1] 崔建树：《特朗普政府重整核军备动因研究》，《国际安全研究》2019年第2期，第138—139页。
[2] 王宇：《美国太空司令部正式成立》，《中国国防报》2019年9月4日，第4版。
[3] 罗绍琴、张伟：《美国太空战略转型及其影响》，《美国研究》2021年第3期，第61页。

域。① 2021年6月，美国太空军正式发布了《地月空间入门》，提出了未来在地月空间进行作战行动的概念与构想。例如，《地月空间入门》将进行"地月空间高速公路巡逻系统"实验"作为国防部地月空间的第一个任务，提出要开发地月空间的监视、导航与通信技术。此外，太空军还与国家航空航天局签署协议，共同推进地月空间技术的研发，以支持对地月空间的态势感知；提升可持续地执行近地空间与地月空间任务的能力；制造、维修与装配地月空间航天器等"。② 这些举措拉开了美国企图控制地月空间的大幕，标志着美国谋求太空霸权已进入新阶段。

第四，网络安全预警。近些年，网络已经成为中美大国战略博弈的重点领域，网络情报成为美国安全情报工作的优先内容，网络安全预警也成为美国战略安全预警的重要组成部分。美国在2005年、2007年、2008年、2009年、2016年和2020年出台了六份《国家反情报战略》，都将增强网络空间的反情报能力视为其重要内容。2016年版《国家反情报战略》针对多起网络数据泄露事件，提出要通过加强政府、学术机构和私营部门之间的联系和信息共享来发现、阻止并破坏外国情报机构威胁，识别并对抗外国情报机构利用美国网络企图破坏、使用或偷窃包括个人身份信息在内的敏感信息的网络活动。提高对打击网络间谍活动的关注，美国政府的反情报组织要与安全部门、私营部门合作伙伴紧密结合，来抵御敌对的计算机网络操作。③

2020年版《国家反情报战略》要求美国政府必须采取更加一体化的网络反情报措施以防御涉及供应链、网络、技术手段和内线攻击的混合攻击方法，这将需要利用创新的技术进步；招聘、培养和保留网络、反情报和安全领域的技术专家；加强联邦、州和地方政府以及私营部门之间牢固的

---

① The White House, "Press Briefing by Press Secretary Jen Psaki," February 3, 2021, https://www.whitehouse.gov/briefing－room/press－briefings/2021/02/03/press－briefing－by－press－secretary－jen－psakifebruary－3－2021/.

② 何奇松：《谋取太空霸权：美国地月空间军事战略走向》，《当代世界》2022年第2期，第45页。

③ 李响、马海群：《美国〈国家反情报战略〉演进分析》，《情报杂志》2022年第5期，第6页。

伙伴关系。为了实现这一目标，美国政府将推进反情报、安全和网络社区的整合，以更好地发现、阻止和应对来自外国情报网络行为者的威胁；培养、培训和保留一批网络反情报和技术安全专家；增强网络反情报工具包。[1] 2021年《临时国家安全战略方针》也明确指出，美国要加强网络空间的实力、反应力和适应力，将提升网络安全为政府的首要任务，鼓励私营部门与各级政府合作，为全美建立一个安全可靠的网络环境，同时加大基础设施投入，招贤纳士，保卫国家免受恶意网络活动的侵害。[2]《2022财年国防授权法案》指出将从四个方面维护美国网络安全：一是加强国防部的网络安全态势；二是增强网络通信的权威和能力；三是加强联邦政府的网络安全态势，比如建立国家网络演习计划，建立与网络安全漏洞相关的竞赛等改善网络安全措施，实施"网络哨兵计划"，持续监控和检测某些关键基础设施实体的网络安全风险；四是应对网络威胁环境，包括评估对手攻击性网络态势，潜在冲突期间的攻击性网络行动计划，评估国防部保护美国免受勒索软件攻击的政策、能力，评估国防部应对信息和通信技术供应链风险等。[3]

  2015年美国成立由国家情报总监领导、协调各情报力量、提高美国防范网络攻击的网络威胁与情报整合中心。拜登政府利用这个中心对中俄网络议题采取全面打压的手段。尤其是针对中国，锁定中国军事部门、情报部门、国家核心部门的网络基础设施、工业控制系统、核心人员的个人设备等关键目标，阻止针对美国的恶意网络行动。从内容上看，美国对华网络情报斗争的焦点已从反制网络商业窃密转移到确保供应链安全。2021年2月，拜登签署《关于美国供应链的行政命令》，指出"美国情报界的工作重点将落在加强威胁识别，识别对美国经济和国家安全构成威胁的高风

---

[1] Office of the National Counterintelligence Executive Washington D. C. , "The National Counterintelligence Strategy of the United States of America 2020 – 2022," Feburary 5, 2020, p. 10, https：// www. dni. gov/files/NCSC/documents/features/20200205 – National_CI_Strategy_2020_2022. pdf.

[2] The White House, "Interim National Security Strategic Guidance," March 2021, https：// www. whitehouse. gov/wp – content/uploads/2021/03/NSC – 1v2. pdf.

[3] Senate Armed Services Committee, "Fiscal Year 2022: National Defense Authorization Act," https：//www. armed – services. senate. gov/imo/media/doc/FY22% 20NDAA% 20Executive% 20Summary. pdf.

险供应商、产品、软件和服务等方面,以加强对信息和通信技术领域的强制性审查"。①

二、战略安全情报与决策者的关系影响战略安全预警机制的效率

战略安全情报在传递给情报用户特别是主要决策者后,决策者是否采纳并依此做出战略决策是战略安全情报价值得以体现的重要衡量尺度。其中,战略安全情报与战略决策之间的关系必然会影响战略安全预警机制的运作。如果战略安全情报与战略决策之间的关系过于密切,那么战略安全情报就会沦为决策者进行战略决策的工具,可能会做出错误的战略安全危机预警,产生极大的危害:"其一,情报机构会丧失独立性和完整性。情报机构一旦和决策部门联系过密,情报人员就会发现自己常被当作可任意使用的后备精英,从事一些非情报性质的工作,决策部门会使情报人员花费大量的时间和精力从事一些当前急需解决的问题,而忽视对长远问题的研究。其二,情报机构会丧失客观性。当情报组织疲于理解行政当局的多变政策之时,其分析产品的客观性也就荡然无存了。"② 一旦情报机构屈服于政策,其独立性、完整性和客观性就会丧失,那么依据这些情报机构搜集的战略情报所做出的战略安全预警的正当性和准确性就会受到质疑。

当然,战略安全情报与战略决策者之间的关系过于疏远也会影响战略预警机制的效率。情报机构是战略决策的辅助者和服务者,其搜集、分析的情报必须要服务于决策者的战略决策。因此,战略情报机构应该急决策者之所急,想决策者之所想,只有这样才能保证搜集到决策者所需要的战略情报。反之,如果战略情报机构与决策者之间的关系过于疏远或者根本不了解决策者所真正需要的情报类型和重点,那么只会搜集到一堆与战略

---

① 鲁传颖:《中美展开网络安全博弈的重点议题》,《中国信息安全》2021 年第 6 期,第 79—80 页。

② [美] 谢尔曼·肯特著,刘微、肖皓元译:《战略情报:为美国世界政策服务》,金城出版社 2012 年版,第 194 页。

决策无关的情报，因此无法履行自己作为服务者的角色，无法有效完成任务，长此以往就无法赢得决策者的信任，从而丧失参与任务的热情。战略情报与战略决策关系疏远而产生无效情报的原因主要可分为两类：一是情报对决策不了解、决策不指导情报，导致情报机构生产出决策者不关注的无用情报；二是因为决策者对情报的不信任、不满意而不愿接受情报内容。① 如在"9·11"事件之前，美国情报机构已经多次告知总统关于恐怖袭击的情报。从解密档案中看，"9·11"事件前8个月内，小布什总统收到了大约40篇以《总统每日简报》形式呈报的有关"基地"组织成员将可能对美国发动恐怖袭击的报告，其中2001年8月6日的《总统每日简报》是一份明确判定"本·拉登决定在美国发动袭击"的情报成果，② 结果都被总统忽略。

　　从以上分析不难看出，战略情报与决策者之间的关系过密与过疏都存在一些问题。因此，要想提高美国战略安全预警机制的运作效率，就必须处理好战略安全情报与战略决策者之间的关系，在两者之间寻找到一个理想的平衡点。"唯一的方法就是折中，即保证情报机构拥有行政上和实质的独立性，并利用一切方法使情报用户和情报生产者相互熟悉对方，从而使情报机构得到专业指导，同时又能保证其产品的客观性。"③ 美国战略情报与战略决策关系的演变主要经历了以下几个时期：探索时期（1945—1952年），这一时期情报机构与决策人员对情报与决策的关系还不清楚，处于探索阶段；兴盛时期（1953—1960年），这一时期艾森豪威尔总统认识到情报机构是决策者不可缺少的助手，并按照自己的情报观念改造情报机构，使其成为决策程序中不可缺少的一个部分；④ 疏远时期（1961—1980年），肯尼迪和约翰逊总统对情报机构极不信任，决策者忽视情报的

---

① 牛新春：《战略情报分析：方法与实践》，时事出版社2016年版，第167页。
② 刘强：《战略预警视野下的战略情报工作：边缘理论与历史实践的解析》，时事出版社2014年版，第288—290页。
③ ［美］谢尔曼·肯特著，刘微、肖皓元译：《战略情报：为美国世界政策服务》，金城出版社2012年版，第195页；高金虎：《论战略情报与战略决策的关系——基于美国情报界的历史考察》，《情报杂志》2020年第11期，第4页。
④ 高金虎：《论战略情报与战略决策的关系——基于美国情报界的历史考察》，《情报杂志》2020年第11期，第2页。

重要性将一切权力集中于白宫；稳定时期（1981年至今），战略情报和战略决策之间达到了一个平衡点。① 然而事实上，战略情报和战略决策者之间的关系是不断变化的，两者的关系并不绝对确定。如在特朗普政府时期，总统对情报机构极度不信任，对情报漠不关心，他并不像其他总统一样，每天早上首先是阅读《总统每日简报》。正因为与情报界的关系不融洽，他2017年解职联邦调查局局长科米，2019年8月15日，国家情报总监科茨和副总监戈登辞职，2020年又解职国家情报系统督察长阿特金森等。② 2021年拜登上台后，对情报界比较信任，总统与情报机构之间的关系又开始变得融洽起来，拜登之所以能成功预测俄乌冲突，情报界功不可没。

另外，战略安全情报与战略决策者之间的关系还涉及的一个重要问题就是战略情报的传递问题。战略情报传递是战略情报与战略决策之间的桥梁，对战略决策的意义重大。但由于情报部门官僚化现象的普遍存在，使负责搜集美国战略情报的不同部门仍存在各自为政、相互推诿的现象。战略安全情报传递机制的不畅极大影响了美国战略安全预警机制运作的效率。尽管美国为解决这一问题设立了国家情报总监作为情报界的管理者、协调人，但16个情报机构之间的关系一直未变，仍是一种以分散、竞争为基础的协作机制，协作方式是委员会制度。③ 各情报机构之间的利益之争和战略情报传递不畅的问题依然存在。

三、决策者的认知影响战略安全预警机制的运行

决策者对情报的认知能力直接关系到其预警决策的结果。决策者对情报价值和作用的认知能力越深刻，就越是会对情报分析人员提供的情报加

---

① 高金虎：《美国战略情报与决策体制研究》，陕西师范大学出版社2004年版，第184—198页。
② 刘胜湘、张鹏、高瀚：《特朗普政府国家安全战略的不确定性论析》，《东北亚论坛》2020年第5期，第8页。
③ 牛新春：《战略情报分析：方法与实践》，时事出版社2016年版，第135页。

以重视，并将其作为安全预警决策的重要依据。① 影响决策者认知能力的因素有很多，既有主观因素又有客观因素，其中主要决策者的性格和独特经历对决策起着关键性作用。比如尼克松生性多疑，在担任总统时，他对包括中央情报局在内的任何行政机构都持有怀疑甚至鄙视态度，基于此也形成了一种思想：情报成果必须符合白宫的意志，服务于决策。只要情报机构按部就班地工作，至于决策指向，则完全取决于总统本人的主观判断与选择。② 总统的性格对情报认知的影响可见一斑，这种唯我所需的认知对总统做出战略预警决策起到重要作用。老布什总统高度重视情报工作，对情报价值和作用的认知能力在所有总统中是最深刻的，就与他曾担任过中央情报局局长的经历有关。此外，决策者的个性和先入为主的决策风格也会影响其对情报的倚重程度。先入为主的决策风格在约翰逊总统身上体现的最为明显，这种风格使与他观点一致的情报，他拿来作为证据引用，以说明自己的正确；而对那些与他观点不一致的情报，他就完全抛在一边，根本不让它发挥影响。③ 为了升级扩大对越南的战争，他不断对中央情报局施压，拼命地打压或忽略与他观点不一致的情报，以期得到与他观点一致的战略情报，在越南战争决策问题上上演了一幕幕的闹剧。特朗普行事风格独断专行，长期与情报界关系紧张，滥用职权对情报界带来了诸多损害，影响到情报界独立自主作用的发挥。比如在情报机构强烈反对的情况下，特朗普于2019年4月8日宣布美国将伊朗伊斯兰革命卫队列为恐怖组织，这是美国首次将一国的国家武装力量列为恐怖组织，此举将加大美国对伊朗"极限施压"的范围和力度。④ 情报界独立自主地位的受损不可避免地影响到其在战略安全预警中作用的发挥。

情报机构并不是决策者唯一的战略安全情报提供者，美国有线电视新闻网、英国广播公司等广播电台、互联网、社交平台、新闻媒介、智库甚

---

① 刘强：《战略预警视野下的战略情报工作：边缘理论与历史实践的解析》，时事出版社2014年版，第276页。
② 纪真：《总统与情报：从罗斯福到小布什》，军事科学出版社2008年版，第110页。
③ 高金虎：《美国战略情报与决策体制研究》，陕西师范大学出版社2004年版，第219页。
④ 《美国宣布将伊朗伊斯兰革命卫队列为恐怖组织》，人民网，2019年4月8日，http://world.people.com.cn/n1/2019/0408/c1002-31018576.html。

至私人渠道都可以向决策者提供战略安全情报。这就造成了决策者有时忽视了情报机构提供的有重要价值的战略情报。比如1990年海湾战争前，中央情报局和国防情报局拿出了清晰显示出伊拉克军队正在伊科边界地区集结的卫星照片，向老布什总统发出警告。但老布什却从埃及总统穆巴拉克、约旦国王侯赛因那里得到萨达姆曾信誓旦旦地向他们保证伊军的调动只是为了吓唬一下科威特的情报。[①] 老布什认为埃及总统和约旦国王的情报更为珍贵可靠，因此忽视了中央情报局和国防情报局的警告，事后证明这是极其错误的，海湾危机也被视为决策层忽略情报界警告的经典案例。

四、美国政治和政党制度制约了战略安全预警机制的运作效率

三权分立体制是美国政治制度的核心。在三权分立体制下，作为一个重要的权力分支，宪法赋予了国会在维护美国国家安全方面很多重要权力，如预算、监督、官员任命等。美国国会与国家安全委员会之间的关系会直接影响战略安全预警机制的运作。两者既有合作也有斗争，既有迁就也有对抗，既有默许也有分歧，当两者存在合作、迁就或者默许时，美国战略安全预警的运作比较顺畅；反之，当两者出现斗争、对抗或分歧时，美国战略安全预警机制的运行效率就会降低。国会通过行使监督权、调查权和预算权等来约束国家安全委员会和总统的权力。在历史上，美国国会已经多次通过行使调查权来制约国家安全委员会和总统的权力，如特朗普任总统时美国众议院通过调查特朗普的"通俄门"来制约总统，这无疑也会影响美国战略安全预警机制的运作效率。此外，国会还通过对战略情报的监督来分享总统的权力。美国参众两院分别成立了隶属于自己的情报特别委员会，负责监督美国战略情报的执行情况。国会还可以通过预算拨款和动用"否决权"来制约总统安全权力的使用。国会的监督可以及时发现情报机构存在的问题，推动情报机构的改革，提高了情报效能。但是在一些情况下，国会为了扩大自身在安全方面的权力，可能会存在滥用监督权

---

① 高金虎：《美国战略情报与决策体制研究》，陕西师范大学出版社2004年版，第202页。

的情况，这不可避免地造成了对安全预警决策的掣肘，降低了美国战略安全预警机制的运作效率。因此，三权分立的政治体制对美国战略安全预警机制运作效率的影响是双面的。

美国两党制对美国战略安全预警机制也有很大的制约权力。美国战略安全预警的主要决策者是总统，但总统的权力在一些时候还受到美国两党制的约束，主要体现在反对党在国会对总统行使情报权的监督。"9·11"事件发生后，围绕如何对此次恐怖主义事件展开调查，民主党频繁向小布什政府发难，包括参议院多数党领袖在内的民主党议员主张应该成立一个由对情报问题有一定研究的专家组成的独立特别委员会来调查政府对"9·11"情报的处理问题，而小布什及其共和党国会领导人强烈反对这一提议，认为特别委员会参与调查将不可避免地导致情报泄露。[①] 虽然最终以小布什及其共和党国会领导人获胜，美国成立了国会情报委员会对"9·11"事件展开调查，但是党派之争在随后的国会中期选举中确实对共和党造成了一些政治风险。党派之争也会削弱国会对情报界的监督功能，比如参议院情报委员会有关伊拉克战争情报问题的调查就陷入了党派之争，众议院情报委员会对此问题更是视而不见。两党制度还会影响总统的一些战略安全决策。比如在2007年，时任参议院外交委员会主席拜登就公开谴责小布什在伊朗核问题上故意误导美国民众，他还警告小布什不要未经国会批准就擅自对伊朗动武，否则他将向国会提起对小布什的弹劾。[②] 通过以上分析不难看出，美国两党制对战略安全预警机制也有很大的制约权力。

[①] 胡晓明：《围绕"9·11"事件的情报问题美国两党展开较量》，《瞭望新闻周刊》2022年第22期，第60页。

[②] 周兴亮：《美国情报与外交决策研究》，时事出版社2016年版，第152页。

参考文献

一、中文论文

李志东：《国家安全顾问在美国外交事务中的作用》，《解放军外国语学院学报》1998年第2期。

黄宏：《美国联邦政府灾害响应计划》，《全球科技经济瞭望》1999年第1期。

袁俊：《美国的国家战略预警系统》，《中国航天》2001年第11期。

夏立平：《美国国家安全委员会在美对外和对华政策中的作用》，《国际观察》2002年第2期。

金灿荣：《试析美国国会的监督功能》，《教学与研究》2003年第2期。

唐晓：《论美国国会的调查权》，《外交学院学报》2003年第3期。

高瞻：《"9·11"事件后美国情报系统的改革》，《国际资料信息》2003年第9期。

郭晓来：《美国危机管理系统的发展及启示》，《国家行政学院学报》2004年第1期。

钱立伟、张继业：《美国情报机构改革现状综述》，《国际资料信息》2005年第6期。

龚旭、郝强等：《解读美国战略预警系统》，《中国人民航空》2004年第7期。

韩骏：《美国战略预警系统现状与发展动向》，《外国军事学术》2005

年第 12 期。

左吴：《"9·11"事件后美国反恐情报信息体系的重建》，《江苏警官学院学报》2006 年第 2 期。

徐思宁：《世界主要国家安全体制效能比较》，《国防大学学报（战略问题研究）》2006 年第 6 期。

戴艳梅：《美国反恐情报工作改革及其启示》，《武警学院学报》2006 年第 6 期。

阳曙光、张林、王东祁：《国外机载地面监视系统的现状及发展趋势》，《飞航导弹》2006 年第 12 期。

汪明敏：《美国正式情报监督机制》，《国际资料信息》2006 年第 11 期。

王宏伟：《美国应急管理的发展与演变》，《国外社会科学》2007 年第 2 期。

曲宁宁、车春霞：《浅析反恐新形势下美国情报机构的"文化变革"》，《外国军事学术》2007 年第 10 期。

邱美荣：《后"9·11"时期美国的危机管理研究——以反恐为例》，《外交评论》2007 年第 6 期。

清华大学美国应急平台考察团：《美国应急平台及其支撑体系考察报告》，《中国应急管理》2008 年第 1 期。

邓仕仑：《美国应急管理体系及其启示》，《国家行政学院学报》2008 年第 3 期。

任国军：《情报改革六十年》，《军事情报研究》2008 年第 1 期。

王谦、梁陶：《美国情报体制及存在的问题》，《国际资料信息》2008 年第 3 期。

梅建明等：《美国反恐怖预警机制研究》，《中国人民公安大学学报（社会科学版）》2009 年第 1 期。

闫彬等：《美俄战略预警系统发展及启示》，《国防科技》2009 年第 3 期。

马振超：《俄美反恐预警的启示》，《国际关系学院学报》2009 年第

6 期。

熊贵彬：《美国灾害救助体制探析》，《湖北社会科学》2010 年第 1 期。

何强强、沈彦：《美国国家反恐中心简介》，《国际资料信息》2010 年第 2 期。

闫彬、严振华、王庆华、石永彬：《美俄战略预警系统发展及启示》，《国防科技》2009 年第 3 期。

马骏、李景伟：《美国国土安全委员会及其改革概览》，《国际资料信息》2010 年第 5 期。

苗野、苏鹏：《美国应急应战一体化建设的主要做法及启示》，《军事经济研究》2010 年第 5 期。

闪淳昌、周玲、方曼：《美国应急管理机制建设的发展过程及对我国的启示》，《中国行政管理》2010 年第 8 期。

罗峰：《美国预防性战争的逻辑——基于伊拉克战争的考察》，《世界政治与经济》2010 年第 9 期。

张沱生：《中国国际军事安全危机行为研究》，《世界经济与政治》2011 年第 4 期。

赵景芳：《美国战略思维与霸权战略选择》，《太平洋学报》2011 年第 7 期。

游志斌、魏晓欣：《美国应急管理体系的特点及启示》，《中国应急管理》2011 年第 12 期。

赵明昊：《迈向"战略克制"？——"9·11"事件以来美国国内有关大战略的论争》，《国际政治研究》2012 年第 3 期。

彭默馨、吴暇、黄振兴：《美国战略预警能力及发展新趋势》，《外军信息战》2012 年第 3 期。

李雪峰：《美国国家应急预案体系建构及其启示》，《中国应急管理》2012 年第 7 期。

陆灿、李勇男：《美国应急管理情报工作溯源与发展》，《情报杂志》2021 年第 12 期。

刘铁民、王永明：《飓风"桑迪"应对的经验教训与启示》，《中国应急管理》2012年第12期。

毛欣娟、杨虹娇：《"9·11"事件后美国国家安全体制变化及启示》，《中国人民公安大学学报（社会科学版）》2013年第1期。

袁国栋：《政府公共危机管理比较研究——以卡特里娜和桑迪飓风为例》，《北京航空航天大学学报（社会科学版）》2013年第2期。

汪波、樊冰：《美国安全应急体制的改革与启示》，《国际安全研究》2013年第3期。

季澄：《〈美国情报界全球威胁评估报告〉解读》，《国际研究参考》2013年第4期。

文宏、马丽娜：《美国备灾体系的构建及其对我国的启示》，《国外社会科学》2013年第5期。

刘磊：《美国国会情报监督立法沿革初探》，《甘肃政法学院学报》2013年第6期。

刘磊：《美国国会现代情报授权制度探析》，《人文杂志》2013年第6期。

汤镕昊：《从"棱镜门"事件看美国的情报监督机制》，《情报杂志》2013年第9期。

刘永涛：《国家安全指令：最为隐蔽的美国总统单边政策工具》，《世界经济与政治》2013年第11期。

孙成昊：《美国国家安全委员会的模式变迁及相关思考》，《现代国际关系》2014年第1期。

毕雁英：《美国国家安全委员会变迁探析》，《国际安全研究》2014年第5期。

樊明明、肖欢、陶祥军：《美俄反恐预警机制的比较及启示》，《情报杂志》2014年第12期。

薛亚梅、姜江明：《美、英、俄国家安全体制比较及启示》，《理论观察》2015年第1期。

刘建华：《美国国家安全体制改革：历程、动力与特征》，《美国研究》

2015 年第 2 期

吴玉良：《国外智库信息服务的分析及启示》，《情报杂志》2015 年第 2 期。

赵国军：《美国国会情报监督"失灵"：动因与前景》，《美国研究》2015 年第 3 期。

储昭根：《冷战后美国学者对安全应对的定义与评估》，《甘肃社会科学》2015 年第 3 期。

白海将、田华伟、李俊蕙：《美国联邦调查局反恐情报共享机制分析及启示》，《情报杂志》2015 年第 4 期。

刘胜湘、邬超：《从霸权稳定论看美国的亚太再平衡战略——兼论中国的应对之策》，《东北亚论坛》2015 年第 5 期。

周琪：《美国智库的组织结构及运作——以布鲁金斯学会为例》，《理论学习》2015 年第 6 期。

马德辉、黄紫斐：《〈美国国家情报战略〉的演进与国家情报工作的新变化、新特点与新趋势》，《情报杂志》2015 年第 6 期。

胡荟：《战后美国情报界关于战略情报与国家安全决策关系的争鸣》，《情报杂志》2015 年第 7 期。

张家年、马费成：《美国国家安全情报体系结构及运作的研究》，《情报理论与实践》2015 年第 7 期。

张家年、马费成：《我国国家安全情报体系构建及运作》，《情报理论与实践》2015 年第 8 期。

张家年：《情报融合中心：美国情报共享实践及启示》，《图书情报工作》2015 年第 13 期。

张政：《美国重构应急管理体系后加强突发事件信息工作的主要做法及特点》，《中国应急管理》2016 年第 1 期。

雷少华：《美国国家反恐体系的演进》，《美国研究》2016 年第 1 期。

汪明敏：《反恐预警情报分析的本质探析》，《江苏警官学院学报》2016 年第 1 期。

单东：《〈美国国家情报战略〉演变的基本逻辑分析》，《情报杂志》

2016 年第 2 期。

单东：《美国国家战略情报体系解析》，《情报杂志》2016 年第 3 期。

董泽宇：《美国反恐预警体系建设的经验与教训》，《情报杂志》2016 年第 3 期。

张秋波、闫妍：《美国情报监督立法及启示》，《情报杂志》2016 年第 4 期。

张保庆：《美国天基预警系统发展分析》，《军事文摘》2016 年第 17 期。

胡荟：《论美国国家情报法制管理的循环演进机制》，《情报杂志》2017 年第 4 期。

许嘉、王万：《美国情报界的监察长情报监督机制》，《美国研究》2017 年第 5 期。

孙成昊：《美国国家安全委员会的模式特点及决策困境：从奥巴马到特朗普》，《国际关系研究》2017 年第 5 期。

刘胜湘、邬超：《美国情报与安全预警机制论析》，《国际关系研究》2017 年第 6 期。

文娟：《美国国际情报合作工作探析》，《国际研究参考》2017 年第 9 期。

倪俊：《特朗普签署法案授权 NSA 监控项目，继续监听外籍人士收集情报》，《信息安全与通信保密》2018 年第 2 期。

左希迎：《威胁评估与美国大战略的转变》，《当代亚太》2018 年第 4 期。

贾春阳：《特朗普政府反恐政策初探》，《现代国际关系》2018 年第 4 期。

李栩：《美国国家安全委员会决策体制研究》，《美国研究》2018 年第 6 期。

李超、周瑛、魏星：《基于暗网的反恐情报分析研究》，《情报杂志》2018 年第 6 期。

聂宏：《美国情报战略体系解析》，《情报杂志》2018 年第 10 期。

杨华、吴立志、李思成：《美国国家应急管理体制探析》，《武警学院学报》2018 年第 10 期。

江焕辉、舒洪水：《美国反恐情报变革研究：应对新问题与新挑战》，《情报研究》2018 年第 11 期。

冯玉军、陈宇：《大国竞逐新军事革命与国际安全体系未来》，《现代国际关系》2018 年第 12 期。

邓凯帆、叶圣萱、刘胜湘：《特朗普政府战略安全威胁评估与预警机制论析》，《社会主义研究》2019 年第 1 期。

许超、刘胜湘：《特朗普政府反恐预警机制改革论析》，《国际安全研究》2019 年第 2 期。

崔建树：《特朗普政府重整核军备动因研究》，《国际安全研究》2019 年第 2 期。

樊冰：《美国国家安全情报传递机制论析》，《国际安全研究》2019 年第 2 期。

刘凤增等：《美国战略预警体系发展探析》，《飞航导弹》2019 年第 3 期。

周鹏：《国外技术创新中的情报运行机制研究综述》，《科研管理》2019 年第 4 期。

熊瑛、齐艳丽：《美国 2019 年〈导弹防御评估报告〉分析》，《飞航导弹》2019 年第 4 期。

赵旭红：《2019〈美国国家情报战略〉评述》，《情报杂志》2019 年第 4 期。

刘磊、邵煜：《从组织结构到职责权限——美国国会情报委员会的运作方式》，《西北大学学报（哲学社会科学版）》2019 年第 5 期。

张业亮：《特朗普政府导弹防御战略和政策——基于美国 2019 年版〈导弹防御评估〉报告的分析》，《美国研究》2019 年第 6 期。

李岩：《美国新一轮军事转型评析》，《现代国际关系》2019 年第 7 期。

江焕辉：《美国联邦调查局反恐情报共享机制分析及启示》，《情报杂志》2019 年第 8 期。

贾群林、陈莉：《美国应急管理体制发展现状及特点》，《中国应急管理》2019 年第 8 期。

赵世兴：《美军情报转型的主要推动因素析论》，《情报杂志》2019 年第 8 期。

赖金辉：《构建一体融合的情报界——2019 年版〈美国国家情报战略〉解读》，《情报杂志》2019 年第 12 期。

刘铁民：《美国 FEMA 近 40 年变革历程和 10 年四个战略规划探究》（上），《劳动保护》2019 年第 10 期。

刘铁民：《美国 FEMA 近 40 年变革历程和 10 年四个战略规划探究》（下），《劳动保护》2019 年第 11 期。

孙成昊：《特朗普执政后美国国家安全委员会的变化》，《现代国际关系》2019 年第 11 期。

任国军、孙园园、申华：《"9·11"事件以来美国国防情报分析力量发展评析》，《情报杂志》2020 年第 5 期。

朱亚捷、申华：《美国国家情报总监办公室组织变革的成效与困境分析》，《情报杂志》2020 年第 4 期。

谢天琳、任志林：《美国应急管理机构的变迁与发展》，《城市与减灾》2020 年第 5 期。

吴心伯：《论中美战略竞争》，《世界经济与政治》2020 年第 5 期。

胡荟：《美国国家情报法治的基本方法和路径》，《情报杂志》2021 年第 3 期。

胡荟、杨飞帆：《美国国家侦察办公室建设发展的主要特点与挑战》，《情报杂志》2021 年第 1 期。

罗绍琴、张伟：《美国太空战略转型及其影响》，《美国研究》2021 年第 3 期。

李恒：《美国反恐情报工作改革与新反恐措施检视》，《中国刑警学院学报》2021 年第 3 期。

刘国柱：《拜登政府国家安全战略的基本方针与发展方向》，《当代世界》2021 年第 5 期。

李恒阳：《拜登政府对华科技竞争战略探析》，《美国研究》2021 年第 5 期。

刘胜湘、陈飞羽：《大国竞争关系生成与传导机制论析——兼论美苏冷战与中美战略竞争的比较》，《当代亚太》2021 年第 5 期。

鲁传颖：《中美展开网络安全博弈的重点议题》，《中国信息安全》2021 年第 6 期。

戚凯、朱思思：《国家安全视域下的大国技术竞争——以美国对华为政策为例》，《外交评论》2021 年第 6 期。

郭珊、赵金萍：《美国"国会暴乱"事件情报预警失误成因及启示》，《情报杂志》2022 年第 4 期。

何奇松：《谋取太空霸权：美国地月空间军事战略走向》，《当代世界》2022 年第 2 期。

曾张旭阳、朱启超、曾力宁：《安全情报视角下美国人工智能维护国家安全的战略动向研究——基于 NSCAI 报告分析》，《情报杂志》2022 年第 2 期。

游志斌、蓝琳琳：《满足应急需求的战略目标与规划——〈2022—2026 年美国联邦应急管理署战略计划〉评析》，《中国应急管理》2022 年第 3 期。

李响、马海群：《美国〈国家反情报战略〉演进分析》，《情报杂志》2022 年第 5 期。

胡晓明：《围绕"9·11"事件的情报问题美国两党展开较量》，《瞭望新闻周刊》2022 年第 22 期。

二、中文著作

马金生：《军事欺骗》，军事科学出版社 1992 年版。

李道揆：《美国政府和美国政治》（上、下册），商务印书馆 1999 年版。

北京太平洋国际战略研究所编著：《应对危机：美国国家安全决策机制》，时事出版社 2001 年版。

张晓军编：《美国军事情报理论著作评介》第二辑，时事出版社 2001 年版。

中国现代国际关系研究所危机管理与对策研究中心编著：《国际危机管理概论》，时事出版社 2003 年版。

刘宗和、高金虎：《外国情报体制研究》，军事科学出版社 2003 年版。

高金虎：《美国战略情报与决策体制研究》，陕西师范大学出版社 2004 年版。

倪峰：《国会与冷战后的美国安全政策》，中国社会科学出版社 2004 年版。

李竹：《国家安全立法研究》，北京大学出版社 2006 年版。

张长军：《美国情报失误研究》，军事科学出版社 2006 年版。

熊志勇主编：《美国政治与外交决策》，北京大学出版社 2007 年版。

张晓军等：《美国军事情报理论研究》，军事科学出版社 2011 年版。

梅建明：《反恐情报与危机管理》，群众出版社 2007 年版。

纪真：《总统与情报：从罗斯福到小布什》，军事科学出版社 2008 年版。

许蔓舒：《国际危机预警》，时事出版社 2008 年。

朱建新、王晓东：《各国国家安全机构比较研究》，时事出版社 2009 年版。

李少军主编：《国际战略学》，中国社会科学出版社 2009 年版。

周建明：《美国国家安全战略的基本逻辑——遏制战略解析》，社会科学文献出版社 2009 年版。

冯海沧：《美国国际危机管理》，军事谊文出版社 2010 年版。

黄爱武：《战后美国国家安全法律制度研究》，法律出版社 2011 年版。

胡建奇：《美国反恐跨部门协同研究》，中国人民公安大学出版社 2011 年版。

徐思宁：《美俄（苏）国家安全体制比较》，中共党史出版社 2011

年版。

周琪主编：《美国外交决策过程》，中国社会科学出版社2011年版。

洪凯主编：《应急管理体制跨国比较》，暨南大学出版社2012年版。

钟开斌：《中外政府应急管理比较》，国家行政学院出版社2012年版。

亚诺编著：《中情局档案》，凤凰出版社2012年版。

汪明敏等：《美国情报监督机制研究》，光明日报出版社2013年版。

刘强：《战略预警视野下的战略情报工作：边缘理论与历史实践的解析》，时事出版社2014年版。

朱曾汶译：《美国宪法及其修正案》，商务印书馆2014年版。

刘胜湘等：《国家安全：理论、体制与战略》，中国社会科学出版社2015年版。

戴艳梅：《国际反恐实务》，中国言实出版社2015年版。

李明：《美国突发事件与制度创新》，社会科学文献出版社2016年版。

高庆德：《美国情报组织揭秘》，时事出版社2016年版。

牛新春：《战略情报分析：方法与实践》，时事出版社2016年版。

周兴亮：《美国情报与外交决策研究》，时事出版社2016年版。

胡荟：《美国国家情报法制管理研究》，时事出版社2017年版。

刘胜湘等：《世界主要国家安全体制机制研究》，经济科学出版社2018年版。

孙江：《战后美国战略预警体系发展研究》，时事出版社2018年版。

谢星海：《美国国家情报一体化改革研究》，时事出版社2019年版。

三、译著

［美］约翰·兰尼拉格著，潘世强、范道丰等译：《中央情报局》，中国社会科学出版社1990年版。

［美］杰里尔·A.罗赛蒂著，周启朋、傅耀祖等译：《美国对外政策的政治学》，世界知识出版社1997年版。

［美］艾什顿·卡特、威廉姆·佩里著，胡利平、杨韵琴译：《预防性

防御：一项美国新安全战略》，上海人民出版社2000年版。

［美］文森特·奥斯特罗姆等著，井敏、陈幽泓译：《美国地方政府》，北京大学出版社2004年版。

［美］"9·11"调查委员会著，赵秉志、王志祥、王文华等译：《"9·11"委员会报告——美国遭受恐怖袭击国家委员会最终报告》，中国人民公安大学出版社2004年版。

［美］谢尔曼·肯特著，刘微、肖皓元译：《战略情报：为美国世界政策服务》，金城出版社2012年版。

［美］戴维·罗特科普夫著，孙成昊、赵亦周译：《操纵世界的手：美国国家安全委员会内幕》，商务印书馆2015年版。

［美］约书亚·瑞夫纳著，张旸译：《锁定真相：美国国家安全与情报战略》，金城出版社2016年版。

［美］哈维·M. 萨波尔斯基、尤金·戈尔兹、凯特琳·塔尔梅奇著，任海燕等译：《美国安全政策溯源》，国防工业出版社2016年版。

［美］沃尔特·E. 弗克默尔著，汪威译：《美国政府》，上海社会科学院出版社2016年版。

［美］伯特·查普曼著，徐雪峰、叶红婷等译：《国家安全与情报政策研究：美国国家安全体系的起源、思维和架构》，金城出版社2017年版。

［美］白宫情报与通信技术审查小组著，毕思露、杨宁巍译：《美国国家安全局报告——剧变世界中的自由与安全》，金城出版社2017年版。

［美］杰弗瑞·理查尔森著，石莉译：《美国情报界》，金城出版社2018年版。

［美］埃里克·J. 达尔著，赵金萍译：《情报与突然袭击》，金城出版社2020年版。

［美］辛西娅·格拉博著，熊贵帆、宁洪波、姜磊译：《预警情报手册：国家安全威胁评估》，金城出版社2020年版。

［美］罗伯塔·沃尔斯泰特著，张魁译：《珍珠港：预警与决策》，金城出版社2020年版。

［以］伊弗雷姆·卡姆著，王静、朱里克译：《突然袭击：被袭国的视

角》，金城出版社 2020 年版。

［美］迈克尔·多伊尔著，吴迪、高连兴译：《先发制人：国际冲突的先制与预防》，金城出版社 2020 年版。

［美］冯稼时著，陈枫译：《减少不确定性：情报分析与国家安全》，金城出版社 2020 年版。

［美］洛克·约翰逊著，李岩译：《国家安全情报》，金城出版社 2020 年版。

［英］玛丽·卡尔多著，李岩译：《全球安全文化》，金城出版社 2019 年版。

［英］罗兰·丹罗伊特著，陈波、池志培译：《国际安全的当代议程》，社会科学文献出版社 2021 年版。

四、英文资料

National Security of Act 1947, https://www.dni.gov/index.php/ic-legal-reference-book/national-security-act-of-1947/.

Hilsman, Roger, "Intelligence and Policy-Making in Foreign Affairs," World Politics, Vol. 5, No. 1, October 1952.

Phil Williams, "Crisis Management: Confrontation and Diplomacy in the Nuclear Age," London: Martin Robertson&CO. Ltd., 1976.

Abraham Ben-Zvi, "Warning, Decision, and Action: A Response," International Studies Quarterly, Vol. 21, No. 3, September, 1977.

"United States Intelligence Activities," Federal Register, Vol. 40, No. 235, December 8, 1981.

Popkin R S, "The History and Politics of Disaster Management in the United States," In Andrew John Gooch and Amos Perlmutter, "Military Deception and Strategic Surprise," London: Frank Cass, 1982.

Richard R. Betts, "Surprise Attack: Lessons for Defense Planning,"

Brookings, 1982.

Ariel Levite, "Intelligence and Strategic Surprises," Columbia University Press, 1987.

Kirby ed. , "Nothing to Fear: Risks and Hazards in American Society," Tucson, AZ: University of Arizona Press, 1990.

Michael I. Handel, "Intelligence and Military Operations," London: Frank Cass, 1990.

Charles D. Ameringer, "U. S. Foreign Intelligence: The Secret Side of American History," Lexington Books, 1990.

Bruce D. Berkowitz and Allan E. Goodman, "Strategic Intelligence for American National Security Updated Edition," Princeton University Press, 1991.

John Prados, "Keepers of the Keys: A History of the National Security Council from Truman to Bush," New York: William Morrow, 1991.

Glenn P. Hastedt (ed), "Controlling Intelligence," Frank Cass&Co. Ltd. , 1991.

Angelo Codevilla, "Informing Statecraft Intelligence for a New Century," New York: Free Press, 1992.

Sam C. Sarkersian, John Mead Flanagin, Richard E. Friedman, "U. S. Domestic and National Security Agendas: Into the Twenty – First Century," Greenwood Press, 1994.

Wyman H. Packard, "A Century of U. S. Naval Intelligence," Washington, D. C. : Department of the Navy, Office of Naval Intelligence and Naval Historical Center, 1996.

Dennis Merrill, "Documentary History of the Truman Presidency," Maryland: University Publication of America, 1998.

John Patrick Finnegan, "Military Intelligence," Washington, D. C. : Center of Military History, United Stated Army, 1998.

Susanne Schmeidl and J. Craig Jenkins, "The Early Warning of Humanitarian Disasters: Problems in Building an Early Warning System," The International

Migration Review, Vol. 32, No. 2, Summer, 1998.

Carnes Lord, "NSC Reform for the Post – Cold War Era," Orbis, Summer 2000.

U. S. Department of State, "Patterns of Global Terrorism 1999," April 2000, https: //1997 –2001. state. gov/global/terrorism/1999report/patterns. pdf.

Federal Emergency Management Agency, "National Warning System Operations Manual," March 30, 2001, https: //web. archive. org/web/20150924051034/http: //www. fema. gov/pdf/library/1550_2. pdf.

Richard Falkenrath, "Analytic Models and Policy Prescription: Understanding Recent Innovation in U. S. Counterterrorism," Studies in Conflict and Terrorism, Vol. 24, No. 3, 2001.

Richard A. Best, Jr., "Intelligence to Counter Terrorism: Issues for Congress," February 21, 2002, https: //www. everycrsreport. com/files/20020221_RL31292_b2403c05a5b122902647c2d620a960bfc04bf3ca. pdf.

"The USA PATRIOT Act: A Legal Analysis," https: //irp. fas. org/crs/RL31377. pdf.

"John Ashcroft and FBI Director Robert Mueller on the FBI Re – organization," PBS NEWS HOUR, May 29, 2002, https: //www. pbs. org/newshour/show/john – ashcroft – and – fbi – director – robert – mueller – on – the – fbi – re-organization.

"Homeland Security Act of 2002 (SEC. 507)," http: //www. gpo. gov/fdsys/pkg/PLAW – 107publ296/pdf/PLAW – 107publ296. pdf.

Jack Davis, "Improving CIA Analytic Performance: Analysts and the Policymaking Progress," Occasional Papers, Vol. 26, 2002.

Peter Andreas, "Redrawing the Line: Borders and Security in the Twenty – First Century," International Security, Vol. 28 No. 2, Fall 2003.

Alfred Cumming and Todd Masse, FBI Intelligence Reform Since September 11, 2001: Issues and Options for Congress, Updated August 4, 2004.

"The 9/11 Commission Report," New York: Norton, 2004, http: //

www. foxnews. com/projects/pdf/911Report. pdf.

"Intelligence Reform and Terrorism Prevention Act," Dec. 17, 2004, https: //www. nctc. gov/docs/pl108_458. pdf.

U. S. Department of Homeland Security, "National Response Plan," December 2004, https: //www. hsdl. org/? view&did = 450766.

James L. Schoff, "Crisis Management in Japan & the United States: Creating Opportunities for Cooperation amid Dramatic Change," Virginia: Brassey's Inc. , 2004.

National Security Council, New York: Oxford. Press, 2004.

"Intelligence Reform and Terrorism Prevention Act of 2004," December 23, 2004, https: //www. cbo. gov/sites/default/files/108th - congress - 2003 - 2004/costestimate/s28450. pdf.

Richard A. Best, Jr. , "U. S. Intelligence and Policymaking: The Iraq Experience," Updated December 2, 2005, https: //sgp. fas. org/crs/intel/RS21696. pdf.

The Department of Defense, "The National Defense Strategy of The United States of America 2005. "

John P. Burke, "The Neutral/Honest Broker role in Foreign Policy Decision Making: A Reassessment," Presidential Studies Quarterly, Vol. 35, No. 2, 2005.

"The Post - Katrina Emergency Management Reform Act of 2006 (PKEMRA)," http: //www. gpo. gov/fdsys/pkg/PLAW - 109publ295/pdf/PLAW - 109publ295. pdf.

"Amendments to the Foreign Intelligence Surveillance Act (FISA)," July 19, 2006, https: //sgp. fas. org/crs/intel/m071906. pdf.

"Probable Cause, Reasonable Suspicion, and Reasonableness Standards in the Context of the Fourth Amendment and the Foreign Intelligence Surveillance Act," January 30, 2006, https: //sgp. fas. org/crs/intel/m013006. pdf.

Douglas Hart and Steven Simon, "Thinking Straight and Talking Straight:

Problems of Intelligence Analysis," Survival, Vol. 48, No. 1, 2006.

Department of Defense, "Quadrennial Defense Review Report," February 2006, https://www.defense.gov/Portals/1/features/defenseReviews/QDR/Report20060203.pdf.

Stephen Dycus, Arthur L. Berney, William C. Banks, Peter Raven – Hansen, "National Security Law Fourth Edition," Aspen Publishers, Inc., 2007.

Office of Director of National Intelligence, Office of General Counsel, "Intelligence Community Legal Reference Book," 2007.

Frank Thomas, Glennon Michael, Murphy Sean, "Foreign Relations and National Security Law (Ⅳ)," West Publishing Company, 2007.

Office of the Director of National Intelligence, "An Overview of the United States Intelligence Community," 2007.

Eugene R. Wittkopf, Christopher M. Jones, Jr. Charles W. Kegley, "American Foreign Policy: Pattern and Process, Seventh Edition," Cengage Learning, 2007.

Richard K. Betts, "Enemies of Intelligence: Knowledge and Power in American National Security," New York, NY: Columbia University Press, 2007.

Christopher Reddick, "Homeland Security Preparedness and Planning in U.S. City Governments: A Survey of City Managers," Journal of Contingencies and Crisis Management, Vol. 15, No. 3, 2007.

Administration of George W. Bush, "Executive Order 13407: Public Alert and Warning System," https://www.govinfo.gov/content/pkg/WCPD-2006-07-03/pdf/WCPD-2006-07-03-Pg1226.pdf.

Stephen Dycus, Arthur L. Berney, William C. Banks, Peter Raven – Hansen, "National Security Law," Aspen Publishers, Inc., 2007.

Richard B Doyle, "The U.S. National Security Strategy: Policy, Process, Problems," Public Administration Review, Vol. 67, No. 4, 2007.

Richards J. Heuer, Jr., "The Psychology of Intelligence Analysis," Reston, VA: Pherson Associates, 2007.

"Neighborhood Watch Manual: USAonWatch – National Neighborhood Watch Program," 2008, https://www.bja.gov/publications/nsa_nw_manual.pdf.

U. S. Department of Homeland Security, "National Response Plan," January 2008, https://www.hsdl.org/? view&did = 482656.

Department of Homeland Security History Office, "Brief Documentary History of the Department of Homeland Security: 2001 – 2008," History Associates INC., 2008.

United States Intelligence Community Information Sharing Strategy, February 2008, http://www.odni.gov/files/documents/Newsroom/Reports%20and%20Pubs/IC_Information_Sharing_Strategy.pdf.

ODNI, "United States Intelligence Community Information Sharing Strategy," February 2008, https://www.dni.gov/files/documents/Newsroom/Reports%20and%20Pubs/IC_Information_Sharing_Strategy.pdf.

"FEMA: Prepared. Responsive. Committed. (FEMA B – 653/July 2008)," http://www.fema.gov/pdf/about/brochure.pdf.

"Intelligence Advanced Research Projects Activity," May 2008, https://www.iarpa.gov/index.php/about – iarpa.

Richard F. Starr, "The U. S. Intelligence Community, Review of Policy Research," Vol. 20, Issue 4, 2008.

"Department of Defense Directive," Number 5105.21, March 18, 2008, https://fas.org/irp/doddir/dod/d5105_21.pdf.

Alan G. Whittaker, et al., "The National Security Policy Process: The National Security Council and Interagency System," November 24, 2008.

"Project on National Security Reform, Forging a New Shield, PNSR," 2008, https://www.govtrack.us/congress/bills/110/hr4986/text.

John P. Burke, "Honest Broker? The National Security Advisor and Presidential Decision Making," Austin: Texas A&M University Press, 2009.

Ivo Daalder and I. M. Destler, "In the Shadow of the Oval Office: Profiles of the National Security Advisers and the Presidents They Served – From JFK to George W. Bush," New York: Simon &Schuster, 2009.

Christopher J. Lamb et al., "National Security Reform and the Security Environment," in Patrick Cronin, ed., Global Strategic Assessment 2009.

"America's Security Role in a Changing World," Washington, D. C.: National Defense University Press, 2009.

"For the Project on National Security Reform's Proposals," see James Locher et al., Turning Ideas into Action, Washington, D. C., 2009.

Office of the Director of National Intelligence, "An Overview of the United States Intelligence Community," Washington, D. C.: ODNI, 2009.

"Department of Defense Directive," Number 5105. 60, July 29, 2009, https://fas.org/irp/doddir/dod/d5105_60.pdf.

Thomas A. Birkland, "Disaster, Catastrophes and Policy Failure in the Homeland Security Era," Review of Policy Research, Vol. 26, No. 4, 2009.

An official website of the U. S. Department of Homeland Security, "If You See Something, Say Something," September 25, 2009, https://www.dhs.gov/see–something–say–something.

Kevin A. O'Brien, "Managing National Security and Law Enforcement Intelligence in a Globalised World," Review of International Studies, Vol. 35, Issue 4, October 2009.

Mark M. Lowenthal, "The Policymaker – Intelligence Relationship," in Loch K. Johnson, ed., "The Oxford Handbook of National Security Intelligence," New York, NY: Oxford University Press, 2010.

"National Security Strategy," May 2010, https://www.whitehouse.gov/sites/default/files/rss_viewer/national_security_strategy.pdf.

Federal Emergency Management Agency, "Integrated Public Alert and Warning System (IPAWS) Stakeholder Engagement Plan," March 2010, https://www.fema.gov/pdf/emergency/ipaws/ipaws_stakeholder_engagement.pdf.

Andrew J. Bacevich, "Washington Rules: American's Path to Permanent War," New York: Metropolitan Books, 2010.

Kay King, "Congress and National Security," Special Report for Council on Foreign Relations, No. 58, November 2010.

Richard A. Best Jr., "Intelligence Reform After Five Years: The Role of the Director of National Intelligence (DNI)," Congressional Research Service, Vol. 6, 2010.

Christopher J. Lamb and Edward Marks, "Chief of Mission Authority as a Model for National Security Integration," Strategic Perspectives 2, Washington, D. C.: National Defense University Press, Dec. 2010.

Robert M. Clark, "The Technical Collection of Intelligence," CQ Press, 2011.

Richard J. Harknett, James A. Stever, "The Struggle to Reform Intelligence after 9/11," Public Administration Review, September/October 2011.

Thomas Fingar, "Reducing Uncertainty: Intelligence Analysis and National Security," Stanford University Press, 2011.

Catherine Dale, "National Security Professionals and Interagency Reform: Proposals, Recent Experience, and Issues for Congress," Washington, D. C.: Congressional Research Service, 2011, https://www.fas.org/sgp/crs/natsec/RL34565.pdf.

Richard J. Harknett and James A. Stever, "The Struggle to Reform Intelligence after 9/11," Public Administration Review, Vol. 71, No. 5, September/October 2011.

Jerel A. Rosati and James M. Scott, "The Politics of United States Foreign Policy," Wadsworth: Cengage Learning, 2011.

Jams. P. Heffner, "Decision-making in Obama White House," Presidential Studies Quarterly, Vol. 41, No. 2, June, 2011.

Paul J. Maliszewski, "Interdiction Models and Homeland Security Risks," Journal of Homeland Security and Emergency Management, Vol. 8, No. 1, 2011.

The Strategic National Risk Assessment in Support of PPD 8: A Comprehensive Risk – Based Approach toward a Secure and Resilient Nation 2011.

Amy B. Zegart, "The Domestic Politics of Irrational Intelligence Oversight," Political Science Quarterly, Vol. 126, No. 1, Spring 2011.

Richard A. Best Jr, "The National Security Council: An Organizational Assessment," CRS Report, December 28, 2011.

The White House, "National Strategy for Counterterrorism," June 2011, https://www.obamawhitehouse.archives.gov/sites/default/files/counterterrorism_strategy.pdf.

ODNI and Office of General Counsel, "Intelligence Community Legal Reference Book," Winer 2012, https://www.dni.gov/files/documents/IC_Legal_Ref_2012.pdf.

The White House, "National Strategy for Information Sharing and Safeguarding," December 2012, https://www.obamawhitehouse.archives.gov/sites/default/files/docs/2012sharingstrategy_1.pdf.

Jeffrey T. Richelson, "The US Intelligence Community, Sixth Edition," Boulder: Westview Press, 2012.

Michael Kelley, "Confirmed: US Counterterrorism Agency Can Amass Data on Any Citizen," Business Insider, December 14, 2012.

Office of General Counsel, "Intelligence Community Legal Reference Book," Office of the Director of National Intelligence, Winter 2012.

Jessica Zuckerman, "National Terrorism Threat Level: Color – Coded System Not Missed," September 26, 2012, http://thf_media.s3.amazonaws.com/2012/pdf/ib3743.pdf.

Mark M. Lowenthal, "Intelligence: From Secret to Policy," CQ Press, 2012.

Louise K. Comfort, William L. Waugh, Jr., "Emergency Management Research and Practice in Public Administration: Emergence, Evolution, Expansion, and Future Directions," Public Administration Review · July/August 2012.

Office of General Counsel, "Intelligence Community Legal Reference Book," Office of the Director of National Intelligence, Winter 2012.

Erik J. Dahl, "Intelligence and Surprise Attack: Failure and Success from Pearl Harbor to 9/11 andBeyond," Georgetown University Press, 2013.

Paul D. Miller, "Organizing the National Security Council: I Like Ike's," Presidential Studies Quarterly, 43, No. 3, 2013.

Anne Gearan, " 'No Such Agency' Spies on the Communications of the World," The Washington Post, June 7, 2013.

"Sandy Recovery Improvement Act of 2013," http://www.fema.gov/sandy-recovery-improvement-act-2013.

"FEMA: Historic Disasters Hurricane Sandy," https://www.fema.gov/zh-hans/disaster/historic.

"Department of Defense Directive," Number 3115.16. December 5, 2013. https://fas.org/irp/doddir/dod/d3115_16.pdf.

ODNI, "U.S. National Intelligence – An Overview 2013," April 2013, https://www.dni.gov/files/documents/USNI%202013%20Overview_web.pdf.

ODNI, "The 2014 National Intelligence Strategy," September 2014, https://www.dni.gov/files/documents/2014_NIS_Publication.pdf.

Office of the Director of National Intelligence, The National Intelligence Strategy of the United States of America 2014.

George D. Haddow, Jane A. Bullock, Damon P. Coppola, "Introduction to Emergency Management (Fifth Edition)," Butterworth – Heinemann, 2014.

Daniel Byman and Benjamin Wittes, "Reforming the NSA: How to Spy After Snowden," Foreign Affairs, May/June 2014, https://www.foreignaffairs.com/articles/united-states/2014-04-17/reforming-nsa.

Roger Z. George and James B. Bruce, "Analyzing Intelligence: National Security Practitioners Perspectives," Georgetown University Press, 2014.

Shawn Brimley, Julianne Smith and Jacob Stokes, "Reforming the NSC: What the Next President Needs to Know," War on the Rocks, July 1, 2015.

Christopher Lamb, "How System Attributes Trumped Leadership," in Richard D. Hooker Jr. and Joseph Collins, eds., "Lessons Encountered, Learning from the Long War,"," Washington, D. C. : National Defense University Press, 2015.

MathieuDeflem, Shannon McDonough, "The Fear of Counterterrorism: Surveillance and Civil Liberties Since 9/11," Society, Vol. 52, Issue 1, February 2015.

Jeffrey T. Richelson, "The U. S. Intelligence Community (7th Edition)," New York: Routledge, 2015.

Office of the Director of National Intelligence "ODNI and DoD CIO's Embrace Information Sharing Between Interagency Computer Network 2015," http://www.dni.gov/press_releases/20080513_releases.pdf.

Arpad Palfy, "Bridging the Gap between Collection and Analysis: Intelligence Information Processing and Data Governance," International Journal of Intelligence and Counter Intelligence, Vol. 28, No. 2, 2015.

The White House, "The National Security Strategy of the United States of America," 2015, https://www.whitehouse.gov/sites/default/files/docs/2015_national_security_strategy_2.pdf.

John A. Gentry, "Has the ODNI Improved U. S. Intelligence Analysis?," International Journal of Intelligence and Counterintelligence, Vol. 28, No. 4, 2015.

ODNI, "Vision 2015: A Globally Networked and Integrated Intelligence Enterprise," July 2008, https://www.dni.gov/files/documents/Newsroom/Reports%20and%20Pubs/Vision_2015.pdf.

Department of Defense, "Cyber Strategy," April 2015, Francis X. McCarthy, "Federal Stafford Act Disaster Assistance: Presidential Declarations, Eligible Activities, and Funding," CRS Report RL33053, Washington D. C. : CRS Publishing Co, 2015, https://www.defense.gov/Portals/1/features/2015/0415_cyber-strategy/Final_2015_DoD_CYBER_STRATEGY_for_web.pdf.

F. G. Hoffman and Ryan Neuhard, "Avoiding Strategic Inertia: Enabling the National Security Council," Orbis, Spring 2016.

NCSC, "National Counterintelligence Strategy of the United States of America 2016," https://www.dni.gov/files/NCSC/documents/Regulations/National_CI_Strategy_2016.pdf.

United States Geospatial Intelligence Foundation, "2016 State of Geoint Report," Feb, 2016, https://usgif.org/system/uploads/4510/original/2016_SoG_book.pdf.

U. S. Department of Homeland Security, "National Protection Framework, Second Edition," June 2016, https://www.fema.gov/media-library/assets/documents/117782.

U. S. Department of Homeland Security, "Protection Federal Interagency Operational Plan, First Edition," August 2016, https://www.fema.gov/media-library-data/1472581208497-42ba23c551f5a502c4f0eab69c3c741b/Protection_FIOP_1st_v3.pdf.

Nick Hare and Peter Coghill, "The Future of the Intelligence Analysis Task," Intelligence and National Security, Vol. 31, No. 6, 2016.

"FEMA: Historic Disasters Hurricanes Irma, Maria and Harvey," https://www.fema.gov/zh-hans/disaster/historic.

Stephen Marrin, "Why Strategic Intelligence Analysis Has Limited Influence on American Foreign Policy," IntelligenceAnd National Security, Vol. 32, No. 6, 2017.

The Department of Homeland Security, "2017 National Preparedness Report," Stephen Marrin, "Why Strategic Intelligence Analysis Has Limited Influence on American Foreign Policy," Intelligence And National Security Vol. 32, No. 6, 2017.

Francis X. McCarthy and Jared T. Brown, "Congressional Primer on Major Disasters and Emergencies," CRS Report R41981, Washington, D. C.: CRS Publishing Co, 2017.

The White House, "National Security Strategy of the United States of America," https//www. whitehouse. gov/wp – content/uploads/2017/12/NSS – Final – 12 – 18 – 2017 – 0905 – 2. pdf.

Intelligence Community, Department of Homeland Security, and Department of Justice, "Review of Domestic Sharing of Counterterrorism Information," March 2017, https: //fas. org/irp/eprint/sharing. pdf.

National Counterterrorism Center, "Today's NCTC," August 2017, https: //www. dni. gov/files/NCTC/documents/features _ documents/NCTC – Primer _ FINAL. pdf.

The White House, "National Security Strategy of the United States of America," December 2017, https: //www. whitehouse. gov/wp – content/uploads/2017/12/NSS – Final – 12 – 18 – 2017 – 0905. pdf.

Department of Defense, "Nuclear Posture Review 2018," February 2018, https: //media. defense. gov/2018/Feb/02/2001872886/ – 1/ – 1/1/2018 – NUCLEAR – POSTURE – REVIEW – FINAL – REPORT. PDF.

Daniel R. Coats, "Statement for the Record: Worldwide Threat Assessment of the US Intelligence Community," March 2018, https: //www. dni. gov/files/documents/Newsroom/Testimonies/Final – 2018 – ATA – – – Unclassified – – – SASC. pdf.

NCSC, "National Counterintelligence and Security Center: Strategic Plan 2018 – 2022," https: //www. dni. gov/files/NCSC/documents/Regulations/2018 – 2022 – NCSC – Strategic – Plan. pdf.

ODNI, "U. S. Intelligence Community Budget," February 2018, https: //www. dni. gov/index. php/what – we – do/ic – budget.

The White House, "National Strategy for Counterterrorism of the United States of America," October 2018, https: //www. whitehouse. gov/wp – content/uploads/2018/10/NSCT. pdf.

James Andrew Lewis, "Rethinking Cybersecurity: Strategy, Mass Effect, and States," A Report of the CSIS Technology Policy Program, January 2018, https: //

csi - prod. s3. amazonaws. com/s3fs - public/publication/180108_Lewis_Reconsidering Cybersecurity_Web. pdf? ftGLYwJNUgSldpxN3g2K3g06kKVxicYq.

The Federal Emergency Management Agency, https：//www. fema. gov/about/organization/regions.

The Department of Homeland Security, "Threat and Hazard Identification and Risk Assessment (THIRA) and Stakeholder Preparedness Review (SPR) Guide：Comprehensive Preparedness Guide (CPG) 201 (Third Edition)," May 2018.

Russell Lundberg, "A Multi - Attribute Approach to Assess Homeland Security Risk," Journal of Risk Research, Vol. 21, No. 3, 2018.

The White House, "National Cyber Strategy of the United States of America," September 2018, https：//www. whitehouse. gov/wp - content/uploads/2018/09/National - Cyber - Strategy. pdf.

U. S. Director of National Intelligence Community, "Worldwide Threat Assessment," March 6, 2018, https：//www. dni. gov/files/documents/Newsroom/Testimonies/Final - 2018 - ATA - - - Unclassified - - - SASC. pdf.

The U. S. Department of Defense, "Nuclear Posture Review," Feb. 2018, https：//media. defense. gov/2018/Feb/02/2001872886/ - 1/ - 1/1/2018 - NUCLEAR - POSTURE - REVIEW - FINAL - REPORT. PDF.

The Department of Homeland Security, "Threat and Hazard Identification and Risk Assessment (THIRA) and Stakeholder Preparedness Review (SPR) Guide：Comprehensive Preparedness Guide (CPG) 201 (Third Edition)," May 2018.

Office of the Secretary of Defense, "Nuclear Posture Review," February 2018, https：//media. defense. gov/2018/Feb/02/2001872886/ - 1/ - 1/1/2018 - NUCLEAR - POSTURE - REVIEW - FINAL - REPORT. pdf.

"President Donald J. Trump is Unveiling an America First National Space Strategy," March 23, 2018, https：//aerospace. csis. org/wp - content/uploads/2018/09/Trump - National - Space - Strategy. pdf.

"National Terrorism Advisory System Bulletin," September 14, 2018, https：//www. dhs. gov/ sites/ default/files/ntas/alerts/18_0914_NTAS – Bulletin. pdf.

The Department of Homeland Security, "2018 National Preparedness Report," https：//www. fema. gov/media – library – data/1537797234445 – a0050f0d8822a81c6b6422bc4883bdec/2018NPRRprtExSumv508. pdf.

ODNI, "The 2019 National Intelligence Strategy," January 2019, https：//www. dni. gov/files/ODNI/documents/National_Intelligence_Strategy_2019. pdf.

Lyle J. Morris, Michael J. Mazarr, Jeffrey W. Hornung, etc. "Gaining CompetitiveAdvantage in the Gray Zone," Rand Corporation, 2019, https：//www. rand. org/content/dam/rand/pubs/research_reports/RR2900/RR2942/RAND_RR2942. pdf.

DoD, "2019 Missile Defense Review," January 2019, https：//media. defense. gov/2019/Jan/17/2002080666/ – 1/ – 1/1/2019 – MISSILE – DEFENSE – REVIEW. PDF.

"The National Intelligence Strategy of the United States of America," January 2019, https：//www. dni. gov/files/ODNI/documents/National_Intelligence_Strategy_2019. pdf.

Office of the Director of National Intelligence, "The National Intelligence Strategy of the United States of America 2019".

Director of National Intelligence, "National intelligence strategy of the United States of America 2019," https：//www. dni. gov/files/ODNI/documents/National_Intelligence_Strategy_2019. pdf.

Office of the National Counterintelligence Executive Washington, D. C., "The National Counterintelligence Strategy of the United States of America 2020 – 2022," Feb. 5, 2020, https：//www. dni. gov/files/NCSC/documents/features/20200205 – National_CI_Strategy_2020_2022. pdf.

The Department of Homeland Security, "2019 National Preparedness Report," https: //www. hsdl. org/? abstract&did = 831969.

Office of The Director of National Intelligence, "The National Intelligence Strategy of the United States of America," https: //www. dni. gov/files/ODNI/documents/National_Intelligence_Strategy_2019. pdf.

The Department of Homeland Security, "2020 National Preparedness Report," https: //www. hsdl. org/? abstract&did = 848274.

The White House, "Interim National Security Strategic Guidance," March 2021, https: //www. whitehouse. gov/wp – content/uploads/2021/03/NSC – 1v2. pdf.

The Department of Homeland Security, "2021 National Preparedness Report," https: //www. hsdl. org/? abstract&did = 862169.

"DHS Issues New National Terrorism Advisory System (NTAS) Bulletin," August 13, 2021, https: //www. dhs. gov/news/2021/08/13/dhs – issues – new – national – terrorism – advisory – system – ntas – bulletin.

"DHS Issues National Terrorism Advisory System (NTAS) Bulletin," November 10, 2021, https: //www. dhs. gov/news/2021/11/10/dhs – issues – national – terrorism – advisory – system – ntas – bulletin.

"Biden Addresses Intelligence Community for First Time As President," CNN, Jul 27, 2021, https: //www. cbs58. com/news/biden – to – address – intelligence – community – for – first – time – as – president.

Office of the Director of National Intelligence, "Annual Threat Assessment of the US Intelligence Community," April 9, 2021, https: //www. whitehouse. gov/wp – content/uploads/2021/03/NSC – 1v2. pdf.

"National Preparedness Report," December 2021, https: //www. fema. gov/sites/default/files/documents/fema_2021 – national – preparedness – report. pdf.

Antony J. Blinken, "Opening Remarks by Secretary Antony J. Blinken Before the House Committee on Foreign Affairs," March 10, 2021, https: //www. state. gov/opening – remarks – by – secretary – antony – j – blinken – before – the – house – committee – on – foreign – affairs/.

"Remarks by President Biden, Prime Minister Morrison of Australia, and Prime Minister Johnson of the United Kingdom Announcing the Creation of Aukus," September 15, 2021, https://www.whitehouse.gov/briefing-room/speeches-remarks/2021/09/15/remarks-by-president-biden-prime-minister-morrison-of-australia-and-prime-minister-johnson-of-the-united-kingdom-announcing-the-creation-of-aukus/.

Office of the Director of National Intelligence, "Annual Threat Assessment of the US Intelligence Community," April 9, 2021, https://www.whitehouse.gov/wp-content/uploads/2021/03/NSC-1v2.pdf.

Office of the Director of National Intelligence, "Annual Threat Assessment of the US Intelligence Community," April 9, 2021, https://www.whitehouse.gov/wp-content/uploads/2021/03/NSC-1v2.pdf.

The White House, "Interim National Security Strategic Guidance," March 2021, https://www.whitehouse.gov/wp-content/uploads/2021/03/NSC-1v2.pdf.

The Department of Defense, "Fact Sheet: 2022 National Defense Strategy," https://media.defense.gov/2022/Mar/28/2002964702/-1/-1/1/NDS-FACT-SHEET.PDF. Senate Armed Services Committee, "FISCAL YEAR 2022: NATIONAL DEFENSE AUTHORIZATION ACT," https://www.armed-services.senate.gov/imo/media/doc/FY22%20NDAA%20Executive%20Summary.pdf.

"Global Trends 2030: Alternative Worlds," http://www.odni.gov/files/documents/GlobalTrends2030.pdf.

五、部分网站文件

"Legislative History of the Senate Select Committee on Intelligence," August 16, 1978, https://sgp.fas.org/crs/intel/ssci-leghist.pdf.

"The FBI: Past, Present, and Future," October 2, 2003, https://irp.fas.org/crs/RL32095.pdf.

参考文献

ODNI, "Members of the IC," https：//www.odni.gov/index.php/what-we-do/members-of-the-ic.

"Intelligence Reform and Terrorism Prevention Act of 2004：National Standards for Drivers Licenses, Social Security Cards, and Birth Certificates," January 6, 2005, https：//irp.fas.org/crs/RL32722.pdf.

Office of the Director of National Intelligence (ODNI), "The History of ODNI," https：//www.dni.gov/index.php/who-we-ar.e/history.

Office of Disability Integration and Coordination of the Federal Emergency Management Agency (FEMA), "Cadre Management and Training Branch," The FEMA of the United States Department of Homeland Security, https：//www.fema.gov/disability.

The National Counterterrorism Center, https：//www.dni.gov/index.php/nctc-who-we-are/history.

"National Counterterrorism Center (NCTC)," CRS In Focus, July 11, 2018, https：//sgp.fas.org/crs/intel/IF10709.pdf.

"U.S. Intelligence Community Elements：Establishment Provisions," CRS In Focus, June 27, 2018, https：//sgp.fas.org/crs/intel/IF10527.pdf.

"Intelligence Community Support to Pandemic Preparedness and Response," CRS In Focus, May 6, 2020, https：//sgp.fas.org/crs/intel/IF11537.pdf.

"Foreign Intelligence Surveillance Act (FISA)：An Overview," April 6, 2021, https：//sgp.fas.org/crs/intel/IF11451.pdf.

"The Director of National Intelligence (DNI)," CRS In Focus, June 7, 2021, https：//sgp.fas.org/crs/intel/IF10470.pdf.

"Intelligence Planning, Programming, Budgeting and Evaluation Process (IPPBE)," CRS In Focus, July 9, 2021, https：//sgp.fas.org/crs/intel/IF10428.pdf.

"Controlled Access Programs of the Intelligence Community," CRS In Focus, April 20, 2022, https：//sgp.fas.org/crs/intel/IF12080.pdf.

"Congressional Research Service Reports Space Policy," https：//sgp.fas.org/crs/space/.

《应急指南》，中国人民共和国应急管理部，https：//www.mem.gov.cn/kp/yjzn/。

《中共中央政治局召开会议 分析研究 2017 年经济工作》，http：//news.xinhuanet.com/politics/2016 - 12/09/c_1120089875.htm。

《习近平：全面提升防范应对各类风险挑战的水平》，http：//www.chinanews.com/gn/2017/01 - 12/8122222.shtml。

《习近平：全面贯彻落实总体国家安全观 开创新时代国家安全工作新局面》，http：//www.xinhuanet.com/politics/leaders/2018 - 04/17/c_1122697734.htm。

《中共中央政治局召开会议〈审议国家安全战略（2021—2025 年）〉〈军队功勋荣誉表彰条例〉和〈国家科技咨询委员会 2021 年咨询报告〉中共中央总书记习近平主持会议》，http：//www.news.cn/2021 - 11/18/c_1128077610.htm。

后 记

书稿终于提交了，又完成了一项科研任务，即便如此也没有时间休息，因为下一阶段的任务早已经等待着，做学者不易。本课题原制定的研究进度与计划是2020年完成课题定稿，实际进度比原计划晚了两年，主要原因有二：一是新冠疫情的影响。新冠疫情期间，笔者作为课题负责人受到重大影响，课题成员也或多或少受到一定程度的影响。二是美国领导人更替。本来在2020年底，我们已经完成了课题修改稿，但由于拜登上台对课题内容产生了一定影响，我们又重新修改，尽量增加拜登上台后的内容，最后按照原课题论证的基本框架完成了课题。

本书以美国政治制度和安全体制为背景，以美国国家安全危机预警机制为研究对象，以安全情报为分析切入视角，主要通过政治学方法解读美国国家安全战略报告、美国情报战略报告、国家防务战略报告、美国领导人讲话，以及美国的安全系统和情报系统等，系统研究了美国国家安全预警体制机制，在研究方法、研究视角和研究内容上是一种创新。然而由于课题本身的限制，本课题成果还存在一些不足：一是关于美国国家安全危机预警体制机制案例研究的不足。本课题成果虽然有一些案例，但不够系统，如关于美国应急安全预警机制案例、美国反恐安全预警机制案例、美国军事安全预警机制案例、美国战略安全预警机制案例等，这是今后有待进一步深入研究的方向。二是关于美国与外国安全危机预警合作研究的欠缺，如美国与英国、加拿大、澳大利亚、以色列、法国、德国、日本、韩国等安全危机预警方面的合作，本课题成果基本没有涉及。三是关于美国与其他国家关于国家安全危机预警体制机制的比较研究明显不足，如美国与法国、德国国家安全危机预警体制机制的比较，美国与英国、加拿大、澳大利亚国家安全危机预警体制机制的比较，美国与日本、韩国国家安全危机预警体制机制的比较等，这些也有待进一步的深入研究。

本课题具体分工如下：刘胜湘（上海外国语大学）：拟定写作大纲，提出修改建议，最终修改定稿，参与写作全过程，具体负责导论和后记。李明月（中南财经政法大学）：第一章；朱宝林（湖北经济学院）：第二章；樊冰（上海对外经贸大学）：第三章；姚全（南京大学）：第四章；刘骞（同济大学）：第五章；刘明周（华中师范大学）、李虎平（华东师范大学）：第六章；许超（山东政法学院）：第七章和第九章；辛田（江苏大学）：第八章。

图书在版编目（CIP）数据

美国国家安全危机预警体制机制及启示研究 / 刘胜湘等著. -- 北京：时事出版社，2024.11. -- ISBN 978-7-5195-0607-0

Ⅰ.D771.235

中国国家版本馆 CIP 数据核字第 2024810KK8 号

出 版 发 行：时事出版社
地　　　　址：北京市海淀区彰化路 138 号西荣阁 B 座 G2 层
邮　　　　编：100097
发 行 热 线：（010）88869831　88869832
传　　　　真：（010）88869875
电 子 邮 箱：shishichubanshe@sina.com
印　　　　刷：北京良义印刷科技有限公司

开本：787×1092　1/16　印张：29　字数：420 千字
2024 年 11 月第 1 版　2024 年 11 月第 1 次印刷
定价：198.00 元

（如有印装质量问题，请与本社发行部联系调换）